Carl Rottmann
1797–1850

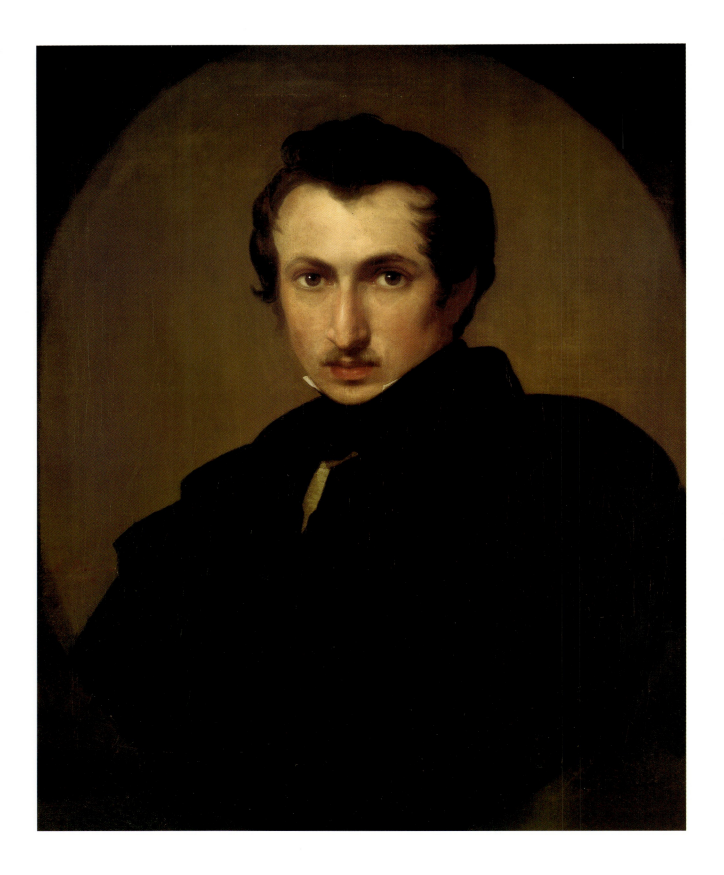

Landschaft als Geschichte
Carl Rottmann
1797–1850
Hofmaler König Ludwigs I.

Herausgegeben von
Christoph Heilmann und Erika Rödiger-Diruf

Kurpfälzisches Museum
der Stadt Heidelberg
16. November 1997 bis 18. Januar 1998

KUNSTHALLE
der Hypo-Kulturstiftung
30. Januar bis 13. April 1998

Die Ausstellung wird veranstaltet von
der Kunsthalle der Hypo-Kulturstiftung und
den Bayerischen Staatsgemäldesammlungen München

Stiftungsvorstand: Dr. Hans Fey, Dr. Eberhard Martini,
Martin Kölsch

Fachbeirat: Peter A. Ade, Prof. Dr. Götz Adriani,
Dr. Johann Georg Prinz von Hohenzollern,
Prof. Dr. Dietrich Wildung

Organisation: Peter A. Ade

Ausstellungssekretariat: Rita Seitz, Monika von Hagen

Konzeption der Ausstellung und des Katalogs:
Christoph Heilmann

Assistenz: Andreas Hahn

Beiträge von: Barbara Eschenburg, Andreas Hahn,
Christoph Heilmann, Jens Christian Jensen, Erika
Rödiger-Diruf, Raimund Wünsche

Restauratorische Betreuung: Konrad Laudenbacher,
Werner Müller, Wolfgang Zech

Sekretariat: Christina Schwill

Umschlag: *Palermo*, 1832, Ausschnitt (Kat. 77)

Vorsatz: *Colosseum*, 1826/27, Ausschnitt (Kat. 58)

Nachsatz: *Terracina*, 1827, Ausschnitt (Kat. 69)

Frontispiz: August Riedel: *Porträt Carl Rottmann*, 1824
(Kat. A 1)

CIP-Titelaufnahme der deutschen Bibliothek

Landschaft als Geschichte - Carl Rottmann : 1797 - 1850 ;
Hofmaler König Ludwigs I. / hrsg. von Christoph Heilmann
und Erika Rödiger-Diruf. - München : Hirmer, 1998
ISBN 3-7774-7740-0

© 1998 Kunsthalle der Hypo-Kulturstiftung und
Hirmer Verlag, München
Satz: Max Vornehm GmbH., München
Lithographie: Brend'amour, Simhart & Co., München
und Repro-Knopp, Inning
Papier: BVS matt von Scheufelen, Oberlenningen
Druck: Passavia, Hutthurm
Bindung: Conzella, Pfarrkirchen
Printed in Germany
ISBN 3-7774-7740-0

Inhalt

Leihgeber   6

Vorwort   7

Jens Christian Jensen
Erziehung zum Maler. Bemerkungen
zu Carl Rottmanns Jugend in Heidelberg   9

Christoph Heilmann
Carl Rottmann und München   21

Erika Rödiger-Diruf
Carl Rottmann im Zeitvergleich. Aspekte der Deutung
von Licht- und Wetter-Phänomenen in der
Landschaftsmalerei zwischen 1800 und 1850   31

Gisela Scheffler
Von der Naturstudie zum inszenierten Landschaftsbild.
Zur Funktion von Zeichnung und Aquarell in
Rottmanns Werk   49

Barbara Eschenburg
Die historische Landschaft. Überlegungen zu Form
und Inhalt der Landschaftsmalerei im späten 18. und
frühen 19. Jahrhundert   63

Raimund Wünsche
Der gekrönte Philhellene.
Ludwig I. und Griechenland   75

Ausgestellte Werke

I. Motive aus Deutschland und dem Alpenraum
(*Andreas Hahn*) – Kat. 1-39   94

II. Bildthemen aus Italien und der Landschaftszyklus im Hofgarten (*Christoph Heilmann*) –
Kat. 40-100   145

III. Antikischer Figurenzyklus für die Residenz
(*Christoph Heilmann*) – Kat. 101-103   227

IV. Bildthemen aus Griechenland und der Landschaftszyklus der Neuen Pinakothek (*Erika Rödiger-Diruf*) –
Kat. 104-181   232

V. Das Spätwerk: Rottmanns kosmische Landschaften
(*Erika Rödiger-Diruf*) – Kat. 182-192   326

Anhang (*Andreas Hahn*)

Werkkatalog mit Literatur in Auswahl   349

Carl Rottmann – Hofmaler König Ludwigs I.
Lebensdaten   369

Bibliographie   373

Fotonachweis   381

Leihgeber

Wir danken den Museen, öffentlichen Sammlungen, Galerien und privaten Sammlern für die freundliche Überlassung von Leihgaben.

Museen und öffentliche Sammlungen

Öffentliche Kunstsammlung Basel, Kupferstichkabinett
Schloßmuseum Berchtesgaden, Wittelsbacher Ausgleichsfonds
Staatliche Museen zu Berlin, Kupferstichkabinett
Staatliche Museen zu Berlin, Nationalgalerie
Herzog Anton Ulrich-Museum, Braunschweig, Kupferstichkabinett
Hessisches Landesmuseum Darmstadt
Staatliche Kunstsammlungen Dresden, Kupferstichkabinett
Kunstmuseum Düsseldorf im Ehrenhof
Museum Folkwang Essen
Städelsches Kunstinstitut, Frankfurt am Main
Altonaer Museum in Hamburg
Hamburger Kunsthalle
Kurpfälzisches Museum der Stadt Heidelberg
Staatliche Kunsthalle Karlsruhe
Städtische Galerie Karlsruhe
Kunsthalle zu Kiel
Museum der bildenden Künste Leipzig
Bayerische Staatsgemäldesammlungen, München
Bayerische Verwaltung der staatlichen Schlösser, Gärten und Seen, München
Staatliche Graphische Sammlung München
Städtische Galerie im Lenbachhaus München
Münchner Stadtmuseum
Germanisches Nationalmuseum Nürnberg
Landesmuseum für Kunst und Kulturgeschichte Oldenburg
Museum Narodowe Poznań (Posen)
Museum Boijmans Van Beuningen Rotterdam
Kunstmuseum St. Gallen
Staatsgalerie Stuttgart
Bibliothek und Kupferstichkabinett der Akademie der bildenden Künste Wien
Museum Oskar Reinhart am Stadtgarten, Winterthur

Galerien und private Sammler

Kunsthaus Bühler, Stuttgart
Prof. Dr. Guido Dessauer, Tutzing
Sammlung Maibaum, Lübeck
Stiftung Ratjen, Vaduz
Sammlung Georg Schäfer, Schweinfurt

sowie Leihgeber, die nicht genannt werden möchten.

Vorwort

Der äußere Anlaß für diese in Gemeinschaft mit den Bayerischen Staatsgemäldesammlungen veranstaltete Carl Rottmann-Retrospektive ergibt sich aus dem 200jährigen Jubiläum des Künstlers, der, 1797 in Handschuhsheim bei Heidelberg geboren, im Alter von 24 Jahren nach München kam. Hier hat er mit seinen beiden in königlichem Auftrag gemalten Wandzyklen Italienischer und Griechischer Landschaften zum Ruhm Münchens als Zentrum zeitgenössischer Kunst in Deutschland wesentlich beigetragen.

Von diesen beiden Großaufträgen – neben den Fresken des Cornelius in den Festsälen der Glyptothek die zweifellos bedeutendsten Leistungen der Zeit auf dem Gebiet der Wandmalerei – leitet sich der hohe Stellenwert hauptsächlich her, den man Rottmann seitens der zeitgenössischen Kritik wie auch noch im 20. Jahrhundert eingeräumt hat.

An dieser Stelle ist Erika Rödiger-Diruf besonders herzlich zu danken, daß sie trotz größter Arbeitsbelastung bereit war, sich an der Ausstellungsvorbereitung wesentlich zu beteiligen und Beiträge für den Katalog zu verfassen.

Für das Zustandekommen der Ausstellung ist in erster Linie den vielen Leihgebern zu danken, öffentlichen Institutionen und Privatsammlern, die mit verständnisvoller Zustimmung auf unsere Leihanfragen reagiert haben. Stellvertretend für sie alle seien hier drei Hauptleihgeber hervorgehoben: die Staatliche Graphische Sammlung in München mit ihrem Direktor Dr. Tilman Falk und Dr. Gisela Scheffler, der für die große Unterstützung und den Katalogbeitrag ganz besonders herzlicher Dank gebührt. Weiter ist zu nennen die Graphische Sammlung des Hessischen Landesmuseums Darmstadt, deren Leiter Dr. Peter Märker es ermöglicht hat, daß erstmalig Rottmanns Kartons und die gleichformatigen Italien-Fresken in der Residenz miteinander verglichen werden können. Als weiterer öffentlicher Hauptleihgeber sei die Städtische Galerie im Lenbachhaus hervorgehoben; ihrem Direktor Professor Dr. Helmut Friedel, ebenso wie seiner Mitarbeiterin Dr. Barbara Eschenburg sind wir für die herausragenden Wolkenstudien und mehrere wichtige Werke Rottmanns sehr verbunden. Ihr wie auch Professor Dr. Jens Christian Jensen und Professor Dr. Raimund Wünsche ist für ihre Katalogbeiträge hier sehr zu danken. Der Schlösserverwaltung mit ihrem Präsidenten Herrn Egfried Hanfstaengl, Dr. Gerhard Hoyer und Dr. Sabine Heym wissen wir Dank für die in der nahen Residenz zur Verfügung gestellten Räumlichkeiten, mittels derer es erst ermöglicht werden konnte, Einzelbeispiele aus Rottmanns Griechenlandzyklus sowie Kartons aus Darmstadt zum dort ebenfalls ausgestellten Italienzyklus zu zeigen. Ohne diese Höhepunkte in Rottmanns künstlerischem Schaffen hätten der Jubiläumsausstellung ganz gewichtige Akzente gefehlt. Hierbei kommt die bedeutende ökonomische Verbindung vom Gründer der Hypotheken- und Wechselbank Simon Baron Eichthal zu König Ludwig I. ins Spiel, der mit dieser seiner Hausbank das ehrgeizige Programm der Industrialisierung Bayerns in die Wege leitete. Baron Eichthal war selbst ein namhafter Kunstsammler und von Anfang an Mitglied im Münchner Kunstverein.

Daß von acht bislang noch deponierten, weil durch Kriegseinwirkungen beschädigten Wandbildern des Griechenland-Zyklus neuerdings einige bereits ganz restauriert werden konnten und jetzt zu diesem Anlaß in der Residenz ausgestellt sind, wurde durch zwei großzügige Spenden der Ernst von Siemens-Stiftung München (Dr. Heribald Närger) und der Wacker-Chemie (Dr. Peter-Alexander Wacker) ermöglicht. Es steht zu hoffen, daß eines Tages der Zyklus in seiner Gesamtheit – und nicht wie jetzt auf mehrere Häuser verteilt – wieder zu sehen sein wird.

Wir danken S.K.H. Herzog Franz von Bayern für die Erlaubnis, zur Katalogbearbeitung das Geheime Hausarchiv zu nutzen, sowie Dr. Sigrid von Moisy für ihre große, hilfreiche Unterstützung beim Recherchieren von Daten aus den Tagebüchern König Ludwigs I. Zuletzt sei allen denen gedankt, die aus dem Bereich der Bayerischen Staatsgemäldesammlungen und der Hypo-Kunsthalle zum Gelingen der Ausstellung beigetragen haben. Besonders hat sich Dr. Andreas Hahn als Ausstellungsassistent und Autor um das gesamte Projekt sehr verdient gemacht, wofür ihm aller Dank gebührt. Bleibt noch zu betonen die traditionell gute Zusammenarbeit mit dem Hirmer-Verlag.

Kurpfälzisches Museum
Heidelberg

Bayerische Staatsgemäldesammlungen
München

Kunsthalle der Hypo-Kulturstiftung
München

Jens Christian Jensen
Erziehung zum Maler
Bemerkung zu Carl Rottmanns Jugend in Heidelberg

Heidelberger Romantik

Über die sogenannte »Heidelberger Romantik« ist viel geschrieben worden, zuletzt und zusammenfassend in dem Aufsatzband »Heidelberg im säkularen Umbruch«, der, herausgegeben von Friedrich Strack, bei Klett-Cotta im Jahre 1987 in Stuttgart erschienen ist. Diese Einleitung zum kunsthistorischen Teil meines Textes gründet im wesentlichen auf den dort von verschiedenen Autoren ausgeführten Aspekten dieses Begriffs.

Die Geburt Heidelbergs als Ort romantischen Lebensgefühls – eine Auferstehung anderer Art nach der Zerstörung von Stadt und Schloß in den Jahren 1689 und 1693 und nach dem Fortzug des kurfürstlichen Hofes nach Mannheim 1720 – hängt aufs engste mit der Universität zusammen, die schon im 18. Jahrhundert die Lebens- und Wirtschaftsquelle der Stadt war.

Ausgelöst wurde diese Erweckung durch die tiefgreifende Reorganisation der Universität, die von 1803 bis 1805 aus einer verknöcherten Jesuitenhochschule mit zum Teil erblichen Professuren eine dem neugeschaffenen Großherzogtum Baden direkt unterstellte Universität mit neuberufenen, jungen Professoren entstehen ließ. Da die katholische theologische Fakultät an die Universität Freiburg abgegeben wurde, kann man die Heidelberger Hochschule als protestantisch und liberal bezeichnen. Deren Charakter, Lehre und Ansehen prägten ab 1805 der Philosoph Jakob Friedrich Fries, die Theologen Heinrich Eberhard Paulus und Wilhelm de Wette, die Philologen, allen voran Friedrich J. Creuzer, dann Heinrich Voß d. J. und August Böckh, der Historiker Friedrich Wilken und schließlich die dominierenden Juristen mit Friedrich J. Thibaut, Christoph Martin und Arnold Heise. Nicht zuletzt die Berufung des Dichters, Übersetzers und Altertumsforschers Johann Heinrich Voß, 1805 als Professor ohne Lehrverpflichtung durch Großherzog Karl Friedrich wirkte wie ein Signal.

Es war die Universität, die nun die lebendigen Geister anzog. Joseph von Görres war dort von 1805 bis 1808 Privatdozent, der seine Freunde, die Dichter Achim von Arnim und Clemens von Brentano dorthin lockte. Eichendorff, der sich in den Jahren 1807 und 1808 als Student der Jurisprudenz in Heidelberg aufhielt, hat seine Eindrücke in einem Erlebnisbericht geschildert. Schelling und Schleiermacher hatten sich um Lehrstühle beworben, wurden aber bei den Besetzungen nicht berücksichtigt. Der Philosoph Friedrich Hegel lehrte 1816 in Heidelberg bis zu seiner Berufung nach Berlin 1818. In Heidelberg waren also zeitweilig einige der führenden Köpfe der deutschen Romantik versammelt. Die anderen verfolgten von außen aufmerksam, was an dieser Universität vor sich ging.

Dieser neuerstandene Glanz der ältesten deutschen Universität hatte sich rasch bei den Studenten herumgesprochen. Hatten sich im Jahre 1802 nur noch 48 Studenten neu eingeschrieben, so war Heidelberg 1809/10 mit 437 Studenten zur meistbesuchten deutschen Universität herangewachsen. Es ist kein Zufall, sondern zeigt die in Maßen freie Lebensart, daß sich nach der Niederwerfung Napoleons 1814/15 gerade in Heidelberg die republikanisch gesinnten, antifeudalistisch und nationalistisch eingestellten Studenten versammelten. Nach dem Vorbild der Schriften Ernst Moritz Arndts wurde 1814 eine »Teutsche Gesellschaft« durch den ehemaligen Angehörigen des Lützower Freicorps, Ludwig von Mühlenfels, gegründet, die 1815 in den »Teutonen« aufging. Die Mitglieder gelobten, »sich teutsch zu tragen, sich in den Waffen zu üben und sich der teutschen Sprache besonders zu befleißigen, um so durch vereinte Kraft jede fernere fremde Unterdrückung abzuwehren«. Aus dem Kreis der Teutonen und der Landsmannschaften gründete dann 1818 der Hegel-Schüler Friedrich Wilhelm Carové in Heidelberg die erste Burschenschaft. – Carl Philipp Fohr hat 1814 bis 1816 Hauptakteure der »Teutonen«, auch Mühlenfels, porträtiert.

Der wissenschaftliche, literarische und geistesgeschichtliche Aufschwung spiegelt sich in der Bedeutung der Buchhandlungen, die zugleich verlegerisch tätig waren. Im Jahre 1805 übernahm Johann Georg Zimmer die »akademische Buchhandlung«, eine Filialgründung von Buchhandlung und Verlag Mohr in Frankfurt. Zimmer hat in seinem Heidelberger Verlag allein in den ersten fünf Jahren über 130 Titel herausgebracht, darunter die für die Romantik wirkungsreichen Werke wie der zweite und der dritte Band von »Des Knaben Wunderhorn«, die »Zeitung für Einsiedler« (1808), Georg Wickrams »Goldfaden« in der Bearbeitung Brentanos und von Armins »Halle und Jerusalem«. Zimmer verlegte Jean Paul und Johann Heinrich Voß, die »Heidelbergischen Jahrbücher der Literatur« (seit 1808), Görres' Schrift über »Die teutschen Volksbücher« (1807) und Karl von Savignys »Geschichte des römischen Rechtes im Mittelalter« (1805-1831). Die Leistung dieses Verlages und die gesellschaftliche Rolle, die Zimmer mit seiner Buchhandlung im Geistesleben der Stadt spielte, können nur angedeutet werden.

Mit Zimmer war der Leiter der Druckerei, Joseph Engelmann, nach Heidelberg gekommen. Im Jahre 1808 wurde die Druckerei selbständig von Engelmann geführt, der in den folgenden Jahren »der Drucker der Heidelberger Romantik« werden sollte. Ab 1812 vertrieb er in eigenem Verlag die Ansichtenfolgen von Stadt und Schloß Heidelberg, wie sie von dem Bewahrer des Schlosses, dem Grafen Karl Friedrich von Graimberg und von seinen Nachfolgern in immer neuen Varianten verfertigt wurden. So hat Engelmann zur Verbreitung des romantischen Heidelbergbildes Entscheidendes beigetragen.

1815 schied Zimmer aus dem Verlag Mohr aus, und Christian Friedrich Winter trat als Associé ein; Mohr und Winter blieben bis 1822 zusammen; dann gründete Winter seinen Universitätsverlag, der noch heute tätig ist.

Im Jahre 1810 brachten die Brüder Sulpiz und Melchior Boisserée ihre in Köln und Umgebung gesammelten Werke altdeutscher Malerei nach Heidelberg, wo die Bildwerke im ehemaligen Adelssitz der Freiherrn von Sickingen ausgestellt wurden. Für knapp zehn Jahre wurde diese Sammlung, die »an historischer Vollständigkeit der einzelnen Bilder die altdeutschen Sammlungen in Wien und München übertrifft, und somit einzig in ihrer Art ist«[1], zum Focus romantischer Geschichtserfahrung und zur Initialzündung für die Wiederentdeckung der deutschen Kunst des Mittelalters, deren Sammlung, Bewahrung und wissenschaftliche Bearbeitung. (Mit dem Schloß besaß ja Heidelberg ein historisches Denkmal ersten Ranges und ein Beispiel für die Notwendigkeit denkmalpflegerischer Bemühungen). Überdies wurde die Boisserée-Kollektion für die »gebildeten Stände« zu einer Sehenswürdigkeit, deren Anziehungskraft sich kaum jemand entziehen konnte, der auf dem Gebiet von Geschichte, Kunst und Literatur mitreden wollte. Der Besuch Goethes ist allgemein bekannt.

Während der Heidelberger Jahre haben die Brüder Boisserée die Sammlung mit Nachdruck erweitert. Sulpiz vermerkt in seinem Tagebuch (Bd. VII, 1827): »Die Sammlung großenteils in Heidelberg angelegt. Der Anfang in Köln. Die Jahre 1810-1814 sind die ergiebigsten gewesen.« — Diese Nachricht ist wichtig, weil sie zeigt, daß die Sammlertätigkeit der Brüder in Heidelberg ihren Höhepunkt erreicht hat. Es war immer etwas Neues zu sehen, das neue Erkenntnisse erbrachte und ständigen Gesprächsstoff lieferte.

Mit Gewißheit kann man davon ausgehen, daß der Heidelberger Fabrikant Christian Adam Fries (von ihm wird noch zu reden sein) seine Gemäldegalerie »moderner« Malerei als Ergänzung und Fortsetzung einer Sammlertätigkeit in die Gegenwart begriffen hat, die durch die Boisserée-Kollektion ihre historische Tiefendimension erhielt. Es bürgerte sich denn auch ein, daß die Besucher der altdeutschen Gemälde im Hause Boisserée anschließend die Fries'sche Gemäldegalerie aufsuchten. So hielten es am 20. Juni 1815 auch der österreichische Kaiser Franz I. und der russische Zar Alexander I.

In seinem biographischen Text »Halle und Heidelberg« hat Joseph von Eichendorff ein wesentliches Element benannt, das die geistige Ausstrahlung der Stadt und ihrer Universität nach einer bisher nicht zur Sprache gebrachten, dennoch vielleicht ausschlaggebenden Seite ergänzt und damit vervollständigt: »Insbesondere aber gab es dazumal in Heidelberg einen tiefen, nachhaltenden Klang. Heidelberg ist selbst eine prächtige Romantik; da umschlingt der Frühling Haus und Hof und alles Gewöhnliche mit Reben und Blumen, und erzählen Burgen und Wälder ein wunderbares Märchen der Vorzeit, als gäb's nichts Gemeines auf der Welt. Solch' gewaltige Szenerie konnte zu allen Zeiten nicht verfehlen, die Stimmung der Jugend zu erhöhen und von den Fesseln eines pedantischen Komments zu befreien; die Studenten tranken leichten Wein anstatt des schweren Bieres, und waren fröhlicher und gesitteter als in Halle.«

Hier ist alles benannt: Die Landschaft, die man mit neuen Augen sah und die die Maler neu entdeckten, das südliche Ambiente, das Blühen und Klingen, die Heiterkeit des Weins, das mächtige Schloß, das die ruhmreiche Geschichte der Deutschen symbolisiert, die Freiheit, die der Neckarfluß, der in die weite Ebene mündet, verkörpert, die märchenhafte Verwunschenheit des Neckartals mit seinen Burgen und Wäldern, überhaupt das aus aller Alltäglichkeit, aus dem »Gemeinen« Herausreißende.

Daß dieses schöne Bild seine Schattenseiten hatte, daß Gegensätze in Lehre und Forschung die Professoren entzweiten bis hin zu dem an die Substanz gehenden »Romantikerstreit« zwischen Voß und Creuzer, auch die Klage Brentanos über den »elendigeren Brotneid und eine so innerliche Erbitterung der Lehrer untereinander«, die er 1808 niederschrieb — all das soll so wenig verschwiegen werden wie die endlosen Sitzungen des Universitätssenats, auf denen über die Händel der Studenten, ihr Hundehetzen auf Bürger, ihre Duelle, ihre gegenseitigen Beleidigungen und rabiaten Rüpeleien auf den Straßen und in den Wirtshäusern Gericht gehalten werden mußte.

Aber auch das bezeugt ja, daß in die im 18. Jahrhundert dahindämmernde Stadt und ihre strohtrockene Universität ein neuer, selbstverständlich damit auch aufrührerischer »lebendiger Geist« – so Gundolfs Motto für das sogenannte Neue Universitätsgebäude von 1931/33 – eingezogen war.

Carl Rottmann und sein Vater Friedrich Rottmann

Karl Lohmeyer hat in seinem immer noch lesenswerten und informativen Buch »Heidelberger Maler der Romantik« mit der heute seltenen schönen und mutigen Fähigkeit zu bekenntnishaften Urteilen über Kunst und Künstler geschrieben: »Den stärksten Gegensatz zur Kunst Karl Fohrs bildet sein Heidelberger Studiengenosse und Jugendfreund Karl Rottmann ... Dem phantasiereichsten Zeichner dieses Kreises, der es allein verstand, Landschaft und Staffage in so großem Stil zu vereinen, steht hier der schlechteste Zeichner gegenüber, der aber ein großer Meister im Erschauen atmosphärischer Lichtwunder und klassischen Berggefüges und damit der Begründer einer neuen Schule werden sollte, die ihrerseits wieder die noch immer weiterwirkenden Überlieferungen einer klassischen Landschaftskunst aufgriff.«[2] Präziser kann man Rottmanns Landschaftsauffassung in solcher Kürze kaum benennen. Wie es aber mit dem Zeichner Rottmann steht, wird noch zu klären sein.

Über den ersten Unterricht bei seinem Vater Friedrich Rottmann (geb. 1768) sind von verschiedenen Seiten her immer wieder Überlegungen angestellt worden. Denn der junge Rottmann erlernte wie Carl Philipp Fohr und Ernst Fries, die zusammen nach Lohmeyers etwas pathetischer, dennoch irgendwie treffender Formulierung »Das Dreigestirn der romantischen Malerei in Heidelberg«[3] bilden, die künstlerischen Grundlagen bei und durch den Universitätszeichenmeister. Dieser Lehrer war kein Maler, sondern Zeichner und Radierer, einerseits stark beeinflußt von der englischen gesellschaftskritischen Karikatur, wie sie von William Hogarth (geb. 1697) und besonders drastisch von Thomas Rowlandson (geb. 1756) (an dessen Zeichnungen Rottmanns Szenen besonders erinnern) begründet worden ist.

Andererseits stand er als Vedutenzeichner, auch als Verfertiger von zum Verkauf bestimmten kolorierten Ansichtenradierungen, in der Tradition von Ferdinand Kobell und der zumal Schweizer Vedutisten des ausgehenden 18. Jahrhunderts; bei Wilhelm von Kobell in München hatte er ja noch 1803 im Alter von 35 Jahren Unterricht genommen. Dessen Beispiel mag ihn zu seinen späteren Kriegsdarstellungen ermutigt haben.

Lassen wir indessen die Einwirkungen Friedrich Rottmann auf seinen Sohn beiseite, weil dieser Komplex vorerst erschöpfend behandelt worden ist.[4] Mir scheinen diese übrigens auf C. Ph. Fohr tiefgreifender gewesen zu sein als gerade auf Carl Rottmann. Ich möchte demgegenüber Bemerkungen zu drei biographischen Konstellationen machen, die für des jungen Rottmann künstlerische Grundposition meines Erachtens besonders wirksam geworden sind. Dabei fuße ich selbstverständlich auf den umfassenden und gründlichen Arbeiten von Erika Bierhaus-Rödiger bzw. Rödiger-Diruf.

Rottmann und Fohr

Die erste Bemerkung betrifft das Verhältnis zu dem fast drei Jahre älteren Carl Philipp Fohr. Man muß ja davon ausgehen, daß die jungen Schüler des alten Rottmann nicht nur selbstverständlich einander kannten, sondern auch untereinander durch die Schülerschaft, durch verwandte künstlerische Ziele und sicherlich auch durch Freundschaft verbunden waren. Im Falle Fohr – Rottmann läßt sich diese Verbindung bis zu einem gewissen Grade dingfest machen.

Den noch nicht 15jährigen Fohr hatte der Maler und Hofrat Georg Wilhelm Issel im Sommer 1810 entdeckt, als er vor Stift Neuburg, das heißt »vor der Natur« zeichnete. Außer in der traditionellen Lehrmethode des Kopierens nach Stichvorlagen pflegte also Friedrich Rottmann seine Schüler zu Naturstudien anzuhalten. Im Juni ging Fohr zu Issel nach Darmstadt, der von nun an für die künstlerische und geistige Ausbildung des Heidelbergers sorgte. Seitdem arbeitete und lebte Fohr in Darmstadt und Heidelberg, bis er Anfang Juni 1815 nach München aufbrach, um dort an der Kunstakademie zu studieren.

Nun sind Carl Rottmanns frühe Zeichnungen offensichtlich stark von Fohrs Zeichenweise beeinflußt. Das zeigen der *Blick aus den Felspartien an der Ziegelhäuser Landstraße auf Schloß Heidelberg und Karlstor* (Abb. 1), dazu der *Blick auf Ziegelhausen und Schlierbach* auf der Rückseite des Blattes (Abb. 2),[5] das zeigt eine jüngst aufgetauchte Zeichnung *Die Schwalbe zu Neckarsteinach*, die »September 1812« bezeichnet ist (Abb. 3).[6] Das zeigen schließlich die 35 Zeichnungen – alle Bleistift,

1 Carl Rottmann, Blick aus den Felspartien an der Ziegelhäuser Landstraße auf Schloß Heidelberg und Karlstor (Vorderseite). Heidelberg, Kurpfälzisches Museum

2 Carl Rottmann, Blick auf Ziegelhausen und Schlierbach (Rückseite von Abb. 1). Heidelberg, Kurpfälzisches Museum

3 Carl Rottmann, Die Schwalbe zu Neckarsteinach, 1812. Privatbesitz

vielfach mit Feder/Tusche übergangen – des Studienbuches von Carl Rottmann, das erst 1986 in Privatbesitz wiederentdeckt wurde.[7] Dargestellt sind Orte und Gegenden aus der Umgebung Heidelbergs und des Neckargebiets – schon das erinnert an C. Ph. Fohrs Studien derselben Situationen, die dann in seinem Neckar-Skizzenbuch ihre vollendete Form gefunden haben.[8]

Rottmanns Studienbuch wird von Rödiger-Diruf aufgrund der Datierung auf der Umschlaginnenseite »CRottmann 1811« in dieses Jahr zeitlich angesetzt. Es gibt aber mindestens eine Studie unter den 36 Blättern, die direkt auf Fohr verweist: Es ist die *Ansicht von Schlierbach nach Stift Neuburg* auf der Rückseite einer Landschaftsstudie *Auf dem Weg nach Neckargemünd*. Rödiger-Diruf bildet nicht nur diese Zeichnung ab, sondern auch denselben Blick von C. Ph. Fohr und bemerkt: »... aufgrund gewisser Schwächen gegenüber der Fohr-Zeichnung ist zu vermuten, daß es sich hier um eine Kopie Rottmanns nach Fohr handelt. Es ist aber nicht auszuschließen, daß beide Künstler nebeneinander vor dem gleichen Motiv gearbeitet haben und sich Rottmann, wofür es Hinweise in der Literatur gibt, am Stil des begabteren Fohr orientiert hat ...«[9]

Ich denke, die zweite Vermutung Rödiger-Dirufs trifft das Richtige. Die beiden jungen Künstler saßen nebeneinander – und zwar Rottmann rechts von Fohr. So erklären sich die deutlichen Abweichungen in den Sichtwinkeln, die eine Kopie unbedingt ausschließen. Peter Märker datiert die Ansicht Fohrs zu Recht auf »1813«. Das gibt einen Hinweis auf die zeitliche Ansetzung von Rottmanns Studienbuch. Auf der Innnseite des Rückeneinbandes befindet sich neben anderen Ortsnamen das mit Feder/Tusche geschriebene »Ingelsheim/1814« (Abb. 4) – die Lesart »1814« statt »1811« scheint mir eindeutig zu sein. Hinzu kommt die Datierung der *Schwalbe zu Neckarsteinach* (Abb. 3) auf 1812, dazu die Zeichnung eines *Mannes mit Dreispitz, der in einem Kahn steht und rudert* (Abb. 5).[10]

Auf der Rückseite der Zeichnung (Abb. 6) lesen wir folgende mit Feder/Tusche geschriebenen Zeilen, wohl von der Hand Rottmanns:[11] »Als wir zum ersten/mahl, Fohr/u. ich nach der Natur zeichnen gingen/in den Stiftswald den 3ten März/1813«.

Jens Christian Jensen

Ich fasse zusammen: Bisher wurden die ersten Zeichnungen des jungen Rottmann zu früh auf 1811 datiert – der Zeichner war damals erst dreizehn Jahre alt. Die frühesten bekannten Zeichnungen Fohrs stammen aus den Jahren 1810/11, also aus einer Zeit, als Fohr, der Begabtere, vierzehn/fünfzehn Jahre alt war. Zur Ansicht des *Riesenstein bei Heidelberg* aus dem Jahre 1810 bemerkt Issel: »Fohrs erster Versuch im Naturzeichnen v. J. 1810«.[12] Es ist ganz unwahrscheinlich, daß Rottmann schon 1811 eine Zeichnung wie Abb. 1, die mit dem Zeichner auf dem Felsen im Mittelgrund – ist es C. Ph. Fohr? – wie eine spätere Variation auf Fohrs *Riesenstein* wirkt, geschaffen haben soll. Die Zeichnung der *Schwalbe zu Neckarsteinach* (Abb. 3) zeigt meines Erachtens eine gröbere, ungelenkere und damit frühere zeichnerische Stufe als Abb. 1 u. 2. Der Schluß liegt

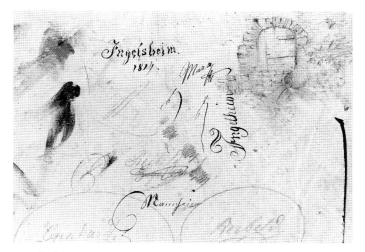

4   Carl Rottmann, Studienbuch. Einträge auf der Innenseite des Rückeinbandes. Heidelberg, Kurpfälzisches Museum

5   Carl Rottmann, Mann mit Dreispitz, der in einem Kahn steht und rudert, 1813. Staatliche Museen zu Berlin, Kupferstichkabinett

6   Carl Rottmann, Rückseite von »Mann mit Dreispitz...«. Staatliche Museen zu Berlin, Kupferstichkabinett

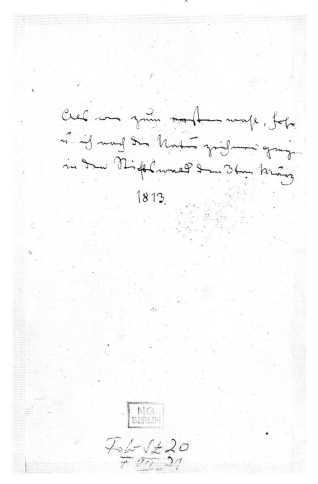

Erziehung zum Maler

7 Carl Philipp Fohr, Das Heidelberger Schloß von Osten, 1813/14. Darmstadt, Hessisches Landesmuseum

nahe, daß Rottmanns Studienbuch Zeichnungen enthält, die im wesentlichen 1812/13 entstanden sind: Es wurde Ende 1811 vielleicht nur angelegt, vielleicht begonnen und bis 1814 geführt. Die Darstellungen auf der Vorder- und der Rückseite des *Blicks aus den Felspartien an der Ziegelhäuser Landstraße auf Schloß und Karlstor* (Abb. 1 u. 2) sind aufgrund der feineren Zeichenweise nach meinem Dafürhalten nicht vor 1813 anzusetzen.[13] Der *Mann mit Dreispitz im Kahn* zeigt die für den jungen Rottmann charakteristische stereotype Lineatur und erinnert im übrigen deutlich an Fohrs Genrestudien aus bäuerlichem Milieu.

Rottmanns künstlerische Anfänge sind also von Fohrs Zeichnen und Aquarellieren geprägt, deutlicher als durch den Vater.[14] Vermutlich veranlaßte dieser die beiden Schüler, gemeinsam vor der Natur zu zeichnen und sich zeichnend die Neckargegenden zu erwandern – der Sohn konnte ja nur von dem begabteren Fohr profitieren. Sicherlich hat Carl Rottmann dann auf diesen Spuren selbständig gezeichnet, denn Fohr war ja immer nur wenige Wochen in seiner Heimatstadt.

Rottmanns Zeichnen nun deutet Fohrs höchst sensible, ungemein detailreiche, mit feinsten Mischungen der Tusche arbeitende Zeichenweise mit bemerkenswertem Selbstbewußtsein um. Die anfängliche Vergröberung, wie sie *Die Schwalbe* (Abb. 3) von September 1812 demonstriert, wird diszipliniert und gleichzeitig verfeinert (Abb. 1 und 2): Eine durchgehende Schraffurtechnik verbindet z. B. auf Abb. 1 Vorder-, Mittel- und Hintergrund, die – in der Nachfolge Fohrs – durch zweimalige Verdünnung der Tusche unterschieden sind und so Nähe und Ferne verdeutlichen. Dabei geht Fohrs Detailreichtum, der auf einer höchst variablen Linienführung beruht, verloren. Das mag Lohmeyer veranlaßt haben, Rottmann im Vergleich mit Fohr als »schlechtesten Zeichner« zu tadeln.

Aber schon in diesen frühen Zeichnungen geht es Rottmann um eine Gesamtschau der Landschaft, deren einheitliche Wachstumsstruktur er herausarbeitet. Felsen, Gräser, Bäume und Büsche, der Fluß, alles dies ist deutlich durch zwei, drei Strichvarianten unterschieden, jedoch gehören sie der gleichen Linienstruktur an. Tor und Schloß versinken gleichsam in dieser Struktur. Das wirkt im Aufblick zu Fohrs phantasiereichem, geistvollem Zeichnen langweilig, auch ein bißchen öde. Doch darf die künstlerische zukunftweisende Substanz der Rottmannschen Zeichnungen deshalb nicht unterschätzt werden.

Zu »Heidelberg. 1. März 1815« widmete C. Ph. Fohr seinem jüngeren Freund ein Stammbuchblatt, auf dem sich eine schon 1813 entstandene Federzeichnung über Bleistift vom Heidelberger Schloß von Osten befindet (Abb. 7).[15] Vor seiner Abreise nach Darmstadt, der sich dann die Reise zur Münchner Akademie anschloß, hat Fohr dieses Blatt »Zur Erinnerung an deinen Dich liebenden Freund« Rottmann gewidmet. Die drei Studenten, die von links in den bühnenhaften leeren Vordergrund spazieren, wären also mit Rottmann, Fohr und einem dritten Gefährten, vielleicht Ernst Fries, zu identifizieren.

Im Grunde waren die beiden Älteren ja so etwas wie Studenten. Fohr war im Winter 1814/15 förmlich an der Universität in Heidelberg als Externer eingeschrieben.[16] Für Rottmann wird vermutet, er habe in Heidelberg um 1814/16 philosophische Vorlesungen von Jakob Friedrich Fries gehört und sich auf dessen Anregungen hin »besonders intensiv mit Kant befaßt«.[17]

Sollte Rottmann auch in dieser Hinsicht von Fohr angeregt und bestätigt worden sein? Jedenfalls ist die Darstellung des Heidelberger Schlosses auf Fohrs Stammbuchblatt der auf Rottmanns Aquarell von 1813 verwandt.[18] Fohr scheint diese Ansicht, auf der links ebenfalls – allerdings nur zwei – Figuren im Gespräch gezeigt sind, geradezu listig zu variieren, indem er das Schloß in ein bildmäßiges Konzept einbindet, das vielleicht nicht zufällig an Rottmanns großes Aquarell *Heidelberger Schloß*, datiert 1815 (Kat. 2), erinnert.[19] Diese Anregungen können sich durchaus auch auf die Besuche in der Sammlung der Brüder Boisserée bezogen haben, die Fohr wohl zuerst im Frühsommer des Jahres 1815 sah und von der er dem Freund seine Eindrücke vermittelte.

Merkwürdig bleibt es, daß der Kontakt zwischen den beiden Künstlern während Fohrs Studienzeit in München offenbar abgerissen ist. Als Fohr vom 8. Mai bis 18. Oktober 1816 zum letzten Mal in Heidelberg lebte, ein stürmischer Bursche im Kreis der republikanisch gesinnten Studenten um Adolf Ludwig Follen, weist nichts drauf hin, daß noch nähere Beziehungen zu Carl Rottmann bestanden. Fohr hatte die historische Illustration und das Bildnis als Aufgabe entdeckt, dazu eine andere Art historischer Landschaft, deren Bildgestalt in Nachfolge von Joseph Anton Koch auf einem idealen Liniengerüst beruhte. Rottmann hingegen war von der Malerei des Schotten George Augustus Wallis beeindruckt, die ihm nicht nur die heroische Landschaftsauffassung Joseph Anton Kochs mit anderer Tendenz vermittelte, sondern die ihn vor allem als atmosphärisch-dichte, aus der Farbe selbst kommende, wirkungsreiche szenische Gestaltungsmöglichkeit fasziniert haben muß. Wenn man Fohrs bildmäßige, 1816 in Heidelberg entstandene *Ansicht des Heidelberger Schlosses von Osten*[20] mit Rottmanns großem Aquarell *Heidelberger Schloß* (Kat. 2)[21] vergleicht, sieht man auf den ersten Blick die grundlegende Verschiedenheit der beiden Bildkonzepte. – Überdies starb Rottmanns Vater am 29. Januar 1816. Der älteste Sohn mußte sich also um die Familie, um Mutter und Brüder kümmern und konnte nicht mithalten beim studentischen, kraftmeierischen Treiben.

Rottmann und Wallis

Die zweite Bemerkung betrifft denn auch die vorbildliche Funktion der Malerei von Wallis, der von 1812 bis 1816 in Heidelberg weilte, dort mit dem Kunstsammler und Fabrikanten Christian Adam Fries, dem Vater der Maler Ernst, Bernhard und Wilhelm Fries, in enger Verbindung stand, der auch mindestens zwölf Gemälde des Künstlers besaß.[22] Wie ich schon angedeutet habe, gehörte das Haus Fries mit seiner Gemäldegalerie neben der Sammlung mittelalterlicher Kunstwerke der Brüder Boisserée bis gegen 1820 zu den Sehenswürdigkeiten Heidelbergs und war ein Treffpunkt für Kunstfreunde wie für Professoren und Studenten der Universität.

Die beiden großformatigen Ansichten des Heidelberger Schlosses, Gegenstücke, die Wallis 1812 in Heidelberg malte und von denen sich das eine, *Blick von Osten, vom Wolfsbrunnenweg auf das Heidelberger Schloß*[23] mit Sicherheit, das andere *Heidelberger Schloß unter doppeltem Regenbogen* (Abb. 8)[24] sehr wahrscheinlich in der Fries'schen Sammlung befanden, müssen auf Carl Rottmann zu eben dem Zeitpunkt einen tiefen, fortwirkenden Eindruck gemacht haben, als Fohrs Einfluß verblaßte, also im Laufe des Jahres 1815. Ich halte diese Begegnung mit Wallis' Malerei, die in Heidelberg und Mannheim nicht ihresgleichen fand, ja die mit diesen beiden Heidelberg-Imaginationen Schloß und Stadt aus allem Vedutenmäßigen heraushob und in eine geistige wie phantastisch-romantische Sphäre transportiert hatte, für die entscheidende Stufe in der Entwicklung des jungen Rottmanns zum Maler und Meister der historischen Landschaftsdarstellung. Frucht dieser ihn doch wohl begeisternden Begegnungen ist das Aquarell *Blick auf das Heidelberger Schloß* (Kat. 2), das man allgemein mit Recht als erstes Werk Rottmanns ansieht, in dem sich eine originäre Begabung kundtut.[25] Lohmeyer hat das in diese Worte gefaßt: »In diesen Heidelberger Jah-

8 George Augustus Wallis, Das Heidelberger Schloß unter dem Regenbogen, 1812. Frankfurt a. M., Freies Deutsches Hochstift, Goethemuseum

ren wurde eben auch sein – gemeint ist Wallis – weit wirksamer Einfluß auf die deutsche Kunst geboren, als Karl Rottmann sein Schüler war und wie durch ein Wunder und vor allem durch das große Wallisbild vom Wolfsbrunnenweg aus das herrliche farbentrunkene Aquarell von 1815 der Kunst dieses jungen Heidelbergers urplötzlich entwuchs, als ihm so recht die Augen aufgingen für sein besonderes malerisches Talent im Erschauen der Lichtwunder des Himmels.«[26]

Ich glaube deshalb auch nicht, daß man die frühen Gemälde Rottmanns wie z. B. das 1820/22 entstandene vom *Heidelberger Schloß* (Kat. 1)[27] in der von Erika Rödiger-Diruf vorgeschlagenen Weise in seiner Andersartigkeit einem Bild von Wallis gegenüberstellen kann, es sei denn, man belaste das doch harmlose Bildchen mit überinterpretiertem Gehalt.[28]

Festzuhalten ist vielmehr dies: Wallis' Malerei hat Rottmann demonstriert, daß die Vorzeichnung[29] für die Malerei nur Anhaltspunkte liefert, die die Bildgestalt gliedern – mehr nicht. Das Entscheidende, das Bildkonstituierende in Ausdruck, Anspruch und Wirkung ist Aufgabe der Malerei, der Farbe. Das, was Rottmann schon in seinem Aquarell von 1815 und dann später in München am Wallis'schen Konzept veränderte, ist die Kraft zu kühner Farbwahl und die heraufrufende Macht des Lichts, das das Bild wie eine Theaterbühne erleuchtet. Aber auch hier darf man nicht vergessen, daß es Wallis war, der Rottmann zuerst auf Claude Lorrains Landschaften hinwies.

Auch im Gehalt ist bei Wallis in nuce das meiste richtungweisend vorgebildet. Seine – ungewöhnliche – Ansicht des Schlosses von Westen (Abb. 8) ist eine historische Landschaft, in der Joseph Anton Kochs heroische Landschaftskunst fortwirkt. (Als Rottmann nach München kam, war er also auf die Begegnung mit den Landschaften Kochs vorbereitet!). Wie eine Vision erfüllt der breit hingelagerte Schloßbau den Hintergrund, durch den doppelten Regenbogen feierlich bekrönt. Eine ferne historische Zeit leuchtet auf: die Utopie liegt in der Vergangenheit. Im Vordergrund mühen sich die Figuren der Gegenwart mit ihren Arbeiten vor ärmlicher Hütte. Das Paar auf der linken Bildhälfte, unmittelbar an der Grenze zum unwirtlich bewaldeten Mittelgrund, blickt staunend und wohl auch unverständig zur fernen Erscheinung auf. Auch für Rottmann hat Rödiger-Diruf »die Trennung zwischen gegenwartsbezogener Vorderzone und dem der Geschichte zugeordneten Landschaftsbereich, dessen Anblick Vorstellungen zur Historie weckt«[30], als Essenz seiner Landschaftskunst mit Recht definiert. Freilich, Rottmann wird seine historischen Landschaften in ganz anderer Weise und effektvoller inszenieren als der in seiner Farbigkeit offenbar Tintorettos geisterhaft-ekstatischem Farbklang verpflichtete George Augustus Wallis. Auch die »kulturpessimistischen Visionen«, den »Katalog von Vanitasmotiven«, den »Rottmann im Lauf der Jahrzehnte zusammengetragen« hat, finden sich in diesem und in anderen Gemälden von Wallis vorgebildet. Selbstverständlich ist Rottmann, auch hier einer jüngeren Generation zugehörig, konsequenter. Im Sinne seiner Zeit ist sein Bildkonzept angeschärfter, präziser.

Rottmann und die Nazarener

Die Wirkungen von George Augustus Wallis auf Carl Rottmann sind um so weitreichender einzuschätzen, als nach dem Weggang des Schotten aus Heidelbrg andere Künstler auf den jungen Maler Einfluß genommen haben. Im Frühjahr 1817 riefen die Brüder Boisserée Christian Xeller (geb. 1784) als Restaurator ihrer Sammlung »Altdeutscher Werke« nach Heidelberg, wo er bis 1824 lebte und arbeitete. Nach dem Wegzug der Boisserées nach Stuttgart 1819 wirkte er im Kreis des Verlegers Christian Friedrich Winter, für den er auch als Lehrer und Zeichner tätig war.[31] Xeller wurde Rottmanns Lehrer und soll ihn in die Ölmalerei eingeführt haben. Sicherlich ist das zusammenkopierte Kompilat nach Dirk Bouts' *Perle von Brabant* und Hans Memlings *Christus erscheint Magdalena*[32] (Bilder, die sich in der Boisserée-Sammlung befanden und an denen Rottmann 1819 – vielleicht während eines Aufenthalts in Stuttgart – gearbeitet hat) von Xeller veranlaßt worden.

Denn dieser war ein enger Freund von Peter Cornelius, den er als Mitschüler an der Düsseldorfer Kunstakademie kennengelernt hatte. Zum Freundeskreis gehörten Carl Mosler und der Kupferstecher Carl Barth, die wir in Italien im Kreis der Nazarener um Friedrich Overbeck antreffen. Mit Cornelius war Xeller 1811 nach Rom gekommen, war noch vor Overbeck vermutlich unter dem Einfluß des Lukasbruders Josef Wintergerst 1812 konvertiert, hatte sich dort an die Lukasbrüder angeschlossen und mußte zusammen mit Wintergerst im Frühjahr 1813 nach Deutschland zurückkehren, weil das Stipendium des württembergischen Königs aufgebraucht war.

Xeller hat Rottmann also nazarenisches Gedankengut und nazarenische Mal- und Zeichentechnik vermittelt; sicherlich zusammen mit dem Freund Wintergerst, der seit 1815 als Professor der Zeichenkunst am Ellwanger Gymnasium wirkte und sich regelmäßig in Heidelberg aufhielt, bis ihn Cornelius 1824 an die Düsseldorfer Akademie berief.[33] Zusammen mit Wintergerst und Xeller unternahm Rottmann in einem größeren Künstlerkreis im Herbst 1818 für sieben Wochen eine Studienreise, um im Auftrag des Heidelberger Verlegers Joseph Engelmann die 1826 erschienenen »Malerischen Ansichten des Rheins, der Mosel, der Haardt- und Taunusgebirge« vor Ort zeichnend vorzubereiten.

Diese Einwirkungen muß man sich also sehr massiv vorstellen – nur ist es offensichtlich: Auf Carl Rottmann haben sie keinen Eindruck gemacht. Die Kopie nach Bouts/Memling blieb singulär. Wirkt das Gemälde *Heidelberg mit der Ebene vom Wolfsbrunnenweg aus*[34] aus dem Jahre 1820 konventioneller als das Aquarell von 1815, muß man vor seinem *Salzburg, Kapuzinergarten*[35] von 1822 (Kat. 5) mit Bierhaus-Rödiger auf Ferdinand Olivier als Vorbild verweisen, so setzt seit Rottmanns Übersiedlung nach München (1821) offensichtlich seit 1823 eine Malerei ein, die vollkommen frei ist von nazarenischer linearer Härte und Lokalmalerei. Das Gemälde *Ammersee* und die im Jahr 1823 folgenden Werke[36] dokumentieren dies ebenso eindrucksvoll wie die 1822/23 entstandenen Aquarelle und Zeichnungen[37] mit ihren malerischen Werten und den freien Wirklichkeitsnotaten eines ohne Scheuklappen beobachtenden Künstlers. Indessen macht sich noch im Jahre 1822 die Auffassung von George Augustus Wallis deutlich bemerkbar in dem Gemälde *Gebirgslandschaft mit See und Störchen*,[38] und diese Reminiszenen gehen bis in Details des Baumschlags und der Tierstaffage.

Eines jedoch hat Carl Rottmann aus seiner Berührung mit nazarenischer Kunstanschauung für sein Leben mitgenommen. Ich meine das Beispiel von Peter

Cornelius als Künstler, Ideologe und Akteur einer neuen Monumentalität, die in die Öffentlichkeit erzieherisch einwirken sollte. Friedrich Pecht hat vor mehr als hundert Jahren auf diesen Sachverhalt hingewiesen:[39]

»Wie die Seelengröße die erste aller Tugenden, die Krone aller anderen ist, so bleibt ihr Ausdruck auch die höchste und seltenste aller künstlerischen Eigenschaften: vielleicht, weil er am wenigsten nachgeahmt oder geheuchelt werden kann, Charakter und Talent hier am untrennbarsten verbunden bleiben müssen. Macht der Besitz solcher angebornen Hoheit des Sinnes Cornelius zu unserem ersten Historienmaler, giebt er allein ihm ein Recht, als Geistesverwandter eines Rafael und Michel Angelo für alle Zeiten geehrt zu werden, so hat auch Rottmann diesen Adelsbrief von der Natur erhalten, und gehört zu den wenigen Auserwählten, nicht nur zu der großen Zahl der Berufenen. Ja er hat in seinem Geiste eine solche Verwandtschaft mit diesem Haupte der Münchener Schule, daß man ihn sehr wohl den Cornelius der Landschaft nennen kann, in der er es sogar zu vollendeteren und harmonischeren Schöpfungen gebracht hat als dieser. Das Menschenalter, welches bereits zwischen seinem Tode und der Gegenwart liegt, hat seinen Hauptwerken nichts von ihrem Zauber zu nehmen vermocht, im Gegenteil ihren Wert nur endgültig festgestellt ... Mit seinem großen Zeit- und Strebungsgenossen Cornelius theilt Rottmann auch die Aehnlichkeit, daß seine Richtung, die erst einen so gewaltigen Einfluß auf die Münchner Landschaft übte, heute nicht weniger verlassen, ja ebenso ohne jede sichtbare Nachwirkung auf die Produktion der Gegenwart geblieben ist, als die des Stifters der Münchner Schule.

Ohne Zweifel aus demselben Grunde: weil alles Große und Vornehme dem demokratischen Zuge, den plebejischen Neigungen einer Zeit zuwider ist, die in der Kunst fast nur mehr im Kleinen groß zu sein versteht. — Nicht minder aber auch, weil beide, Cornelius und Rottmann, obwohl im innersten Kerne in hohem Grade deutsch, es doch in ihren Formen und Stoffen viel weniger sind, nur der idealisierenden Richtung des nationalen Geistes entsprechen, aber ganz und gar nicht seiner die Gegenwart so durchaus beherrschenden realistischen und individualisierenden, auf einen innigeren Anschluß an die heimische Natur, an die künstlerische Gestaltung des Nächstliegenden hindrängenden Tendenz. Gewiß ist es kein schlechtes Zeichen für unsere Zeit, daß sie die Freude an der Heimat und der Gegenwart endlich wieder gefunden, von denen jene beiden Männer sich unbefriedigt abgewandt.«

Pecht spricht hier aus, was als Vermutung naheliegt: Sah sich nicht auch Carl Rottmann selbst als Bruder im Geiste eines Cornelius? Seine Fresken, waren sie nicht in einem viel umfassenderen Sinne Ziel seiner Kunst, die sich außerhalb der Museen, in der Öffentlichkeit bewähren und auf die Menschen erzieherisch einwirken sollte? Er, nicht gebunden an ein Lehramt und darin Cornelius überlegen, zwar abhängig von den Launen und den indezenten Zumutungen eines Königs als Auftraggeber — aber aus freien Stücken, denn ohne diesen war das Ziel nicht zu erreichen.

Er, Rottmann, jedenfalls würdigte die Kunst nicht herab zum Bauerntheater, zu Viehmarkt und Hirtenoperetten wie diese Bürkel, Habenschaden, Kauffmann, Marr und Voltz. Spitzwegs humorige, manchmal geistreichen Idyllen und Antiidyllen müssen ihm ein Greuel gewesen sein. Wie Cornelius hielt er an der Idealität seiner Kunst fest, an seiner historischen weitschauenden Perspektive, an der Kunst als Medium der Welterfahrung und Sinnstiftung.

Anmerkungen

1   Briefwechsel/Tagebücher Bd. 1, S. 302.
2   Karl Lohmeyer, Heidelberger Maler der Romantik, Heidelberg 1835, S. 264.
3   Karl Lohmeyer (Anm. 2), Überschrift des Kapitels 13, S. 231 ff.
4   Vgl. Erika Rödiger-Diruf, Landschaft als Abbild der Geschichte. Carl Rottmanns Landschaftskunst 1820-1850. Mit einem Nachtrag zum Werkkatalog von 1978 ... In: Münchner Jahrbuch der bildenden Kunst Bd. XL, 1989, S. 153 ff.; dort besonders S. 160 ff. Dies., Friedrich Rottmann — Universitätszeichenmeister in Heidelberg. In: Kat. Ausst. Baden und Württemberg im Zeitalter Napoleons, Bd. II, Württembergisches Landesmuseum Stuttgart 1987, S. 561 ff.
5   Feder/Tusche über Bleistift, 316 x 446 mm, unbezeichnet. Heidelberg, Kurpfälzisches Museum, Inv. Nr. Z1374, vgl. Erika Bierhaus-Rödiger, Carl Rottmann 1797-1850. Monographie und kritischer Werkkatalog. München 1978, S. 154, Nr. 1.
6   Feder/Tusche über Bleistift, 221 x 274 mm, bezeichnet rechts oben: Die Schwalbe zu Neckarsteinach. September 1812. Privatbesitz. Nicht bei Bierhaus-Rödiger (Anm. 5), nicht bei Rödiger-Diruf (Anm. 4).
7   Die einzelnen Ansichten sind im »Nachtrag zum Werkkatalog von 1978« von Rödiger-Diruf aufgeführt, vgl. Rödiger-Diruf (Anm. 4), S. 221 ff. Nr. 1, fol. 1-36.
8   Vgl. Jens Christian Jensen, in: Kat. Ausst. Carl Philipp Fohr. Skizzenbuch der Neckargegend — Badisches Skizzenbuch, Heidelberg, Kurpfälzisches Musem 1968, Nr. 1-30.
9   Siehe Rödiger-Diruf (Anm. 4), S. 212 unter fol. 19. — Die Zeichnung Fohrs befindet sich im Hessischen Landesmuseum Darmstadt, vgl. Kat. Ausst. Carl Philipp Fohr. Romantik — Landschaft und Historie, Darmstadt 1995, Nr. 80 mit Abb.

10 Feder/Tusche über Bleistift, 160 x 96,5 mm, unbezeichnet. Kupferstichkabinett der Staatlichen Museen zu Berlin, Preußischer Kulturbesitz. Dort als Werk C. Ph. Fohrs: Inv. Nr. Fohr St 20/F VII 21.
11 Frau Dr. Rödiger-Diruf konnte mir weder bestätigen, daß die Zeilen von Rottmann stammen, noch daß sie nicht von seiner Hand sind. Sie könnten im übrigen später niedergeschrieben sein, das legt die ungelenkere Beschriftung der Studie von 1812 *Die Schwalbe zu Neckarsteinach* nahe.
12 Vgl. Kat. Ausst. Darmstadt 1995 (Anm. 9), unter Nr. 72; vgl. dort auch die frühen Zeichnungen Nrn. 23, 49, 68, 71 usw.
13 Das gilt auch für Rottmanns Aquarell *Heidelberger Schloß von Osten* (Bierhaus-Rödiger) [Anm. 5], S. 154, Nr. 2, das, wie die Verfasserin erkannte, eng mit Fohrs Aquarell *Das Heidelberger Schloß von Osten mit der Weißen Kuh* von 1813 verbunden ist (s. Kat. Ausst. Darmstadt 1995 [Anm. 9], Nr. 32, Farbtaf. VII). – Die Gouache *Türkischer Reitüberfall* (vgl. Bierhaus-Rödiger [Anm. 5], S. 154, Nr. 3) erinnert zudem daran, daß auch Fohr Baschkiren (= nicht Türken) der russischen Armee in einem Aquarell mit Deckfarben (!) 1814 dargestellt hat (s. Kat. Ausst. Darmstadt 1995 [Anm. 9], Nr. 271, Farbtaf. XIII).
14 Eine genaue Untersuchung der Studien in Rottmanns Studienbuch unter dem Aspekt des Vergleichs mit Fohr-Zeichnungen, die ich nicht leisten konnte, ist jedenfalls anzustreben.
15 Feder und Pinsel (Sepia und Tusche) über Bleistift, 103 x 184 cm. Darmstadt, Hessisches Landesmuseum, Inv. HZ 2759; vgl. Kat. Ausst. Darmstadt 1995 [Anm. 9], Nr. 34 mit Abb. – Peter Märker folge ich sowohl in seiner Vermutung des Widmungsnehmers als auch in seiner Datierung auf 1813/14.
16 Vgl. Ph. Dieffenbach, Das Leben des Malers Karl Fohr, zunächst für dessen Freunde und Bekannte geschrieben. Darmstadt 1823, Neuausgabe Frankfurt a. M. 1918, S. 46 f.
17 Vgl. Rödiger-Diruf (Anm. 4), S. 155, S. 202, Anm. 12 und (Zitat) 24 a.
18 Vgl. hier Anm. 13.
19 Vgl. Bierhaus-Rödiger (Anm. 5), S. 155, Nr. 6, Farbtaf. 1.
20 Farbabb. siehe Jens Christian Jensen, Aquarelle und Zeichnungen der deutschen Romantik, Köln 1992 (3. Aufl.), S. 95, Abb. 54, Kat. Nr. 20. – Ders. Heidelberg in der Bildkunst um 1800. In: Heidelberg im säkularen Umbruch. Traditionsbewußtsein und Kulturpolitik um 1800, hrsg. von Friedrich Strack. Stuttgart 1987, S. 371-373, Abb. 6.
21 Vgl. hier Anm. 19.
22 Fries war wie auch Karl von Graimberg Taufpate von zwei Kindern des Künstlers; vgl. Klaus Graf v. Baudissin, Georg August Wallis. Maler aus Schottland, 1768-1847. Heidelberg 1924, S. 33.
23 Öl auf Leinwand, 80 x 105 cm, bez. rechts unten auf dem Stein: Wallis / Heidelberg 1812. Privatbesitz Heidelberg. Farbabb. siehe K. Lohmeyer (Anm. 2), gegenüber von S. 216, Farbtaf. VI.
24 Öl auf Leinwand, 79 x 106 cm, bez. unten in der Mitte auf dem Stein: Wallis / Heidelberg 1812. Freies Deutsches Hochstift, Frankfurter Goethemuseum, Inv. IV – 1941-1.

25 Vgl. Anm. 19.
26 Vgl. Karl Lohmeyer 1935 (Anm. 2), S. 215.
27 *Heidelberger Schloß*, Öl auf Holz, 27,2 x 26,7 cm, bez. rechts unten: Rottmann. Heidelberg, Kurpfälzisches Museum, Inv. G 2501. – Vgl. Rödiger-Diruf (Anm. 4), S. 215, Nr. 2, S. 166, Abb. 8.
28 Vgl. Rödiger-Diruf (Anm. 4), S. 165 ff., Abb. 8 und Abb. 9.
29 Vgl. die Vorzeichnungen zu den beiden Heidelberg-Ansichten von G. A. Wallis, siehe Graf v. Baudissin 1924 (Anm. 22), S. 34, Abb. 6 und S. 38, Abb. 7.
30 Vgl. Rödiger-Diruf (Anm. 4), S. 167.
31 Vgl. Peter Griesinger, Christian Xeller. Ein Biberacher Landschaftszeichner der Romantik. Biberach an der Riß 1966, S. 32 f.
32 Vgl. Bierhaus-Rödiger (Anm. 5), S. 158, Nr. 12 mit Abb.
33 Über Wintergerst siehe Jens Christian Jensen: Das Werk des Malers Josef Wintergerst. In: Ztschr. d. deutschen Ver. f. Kunstwissenschaft, B. XXI, Heft 1/2, Berlin 1967, S. 21 ff.
34 Vgl. Bierhaus-Rödiger (Anm. 5), S. 159, Nr. 14 mit Abb.
35 Vgl. Bierhaus-Rödiger (Anm. 5), S. 159 f., Nr. 15 mit Abb.
36 Vgl. Bierhaus-Rödiger (Anm. 5), S. 164 ff. Nr. 27 ff.
37 Vgl. Bierhaus-Rödiger (Anm. 5), S. 160, Nr. 16 - 21.
38 Vgl. Bierhaus-Rödiger (Anm. 5), S. 164, Nr. 25.
39 Friedrich Pecht, Deutsche Künstler des neunzehnten Jahrhunderts. Studien und Erinnerungen, zweite Reihe. Nördlingen 1879, S. 1 ff. (Kapitel Carl Rottmann).

Folgende Seite:

Joseph Stieler (1781-1858)

A 4

Ludwig I. als Kronprinz in altdeutscher Tracht, um 1816

Öl/Leinwand, 70 x 55 cm
München, Wittelsbacher Ausgleichsfonds

Christoph Heilmann
Carl Rottmann und München

»Der Künstler bestimmt die Schönheit, er nimmt sie nicht an!« (Goethe)[1]

Als Carl Rottmann von seiner ersten Studienfahrt aus Italien im Juli 1827 nach München heimkehrte, war er mit seinen 30 Jahren noch alles andere als ein besonders erfolgreicher Maler. Für den aus dem badischen (bis 1803 noch kurpfälzischen) Heidelberg stammenden Neu-Münchner, der hier 1824 eine Tochter seines Onkels, des Kgl. Hofgartenintendanten Friedrich Ludwig von Sckell geheiratet hatte, waren damit immerhin gewisse Voraussetzungen gegeben, um ihm als Künstler den Zugang zur Münchner Gesellschaft oder auch zum Hof zu erleichtern. Aber die Konkurrenz in der sich ihrer neuen kulturellen Rolle allmählich bewußt werdenden Landeshauptstadt des Königreichs Bayern war enorm. Ein erstes Auftreten in der akademischen Kunstausstellung oder die zeitige Mitgliedschaft im 1823 gegründeten Kunstverein konnten da hilfreich sein, und hier hatte Rottmann auch schon im Jahr seiner Aufnahme 1825 gleich einen schönen Erfolg zu verzeichnen mit dem vielbeachteten Ankauf seines *Eibsee*-Gemäldes (Kat. 22) durch Leo von Klenze, den Stararchitekten des Kronprinzen und nunmehrigen Königs. Auch nahm Schorns Kunstblatt daraufhin gleich in der ersten Januar-Nummer des folgenden Jahres aufgrund zweier weiterer ausgestellter Bilder »erfreut« die Gelegenheit wahr, »hier in der Reihe sehr achtbarer Meister zum ersten Mal [mit Carl Rottmann] einen Künstler aufführen zu können, in dessen Werken ein ganz eigener Genius waltet, den wir durch und durch poetisch nennen möchten...«[2] Der sachkundige Autor des Artikels, Kanonikus Speth, weist aber bei aller Eigentümlichkeit und Originalität der damals vom König angekauften *Berchtesgadener Landschaft mit Watzmann* auf den Mangel an Naturcharakter in manchen Partien hin. Ein paar Bilder, die Rottmann dann etwas später zur Aufbesserung seiner Reisekasse aus Italien an den Kunstverein gesandt hat, waren von der Kritik enttäuscht aufgenommen worden, wie z.B. *Eine Gegend am Ufer von Genua*.[3] Man bemerkte jetzt in der Landschaftsauffassung Rottmanns, die sich »eigentümlich« von den gewohnt gegenständlich erzählenden Landschaftsdarstellungen der etablierten Münchner Maler unterschied, daß hier zuviel Kopf und zuwenig Naturgefühl, wie man es denn seitens der Akademie-Gegner verstand, zum Ausdruck kam. Da war zu wenig Detailakribie, zu wenig freudiges Blühen und Gedeihen, zu wenig Sonniges, als daß man diese gemalten Gegenden, seien es bayerische oder solche aus Italien, hätte wiedererkennen können oder wollen.

In dem Zusammenhang sei an den bekannten Grundsatzstreit erinnert, der zwischen der Akademie der Schönen Künste unter ihrem Direktor Johann Peter von Langer einerseits und dem überzeugten Gegner akademischen Regelzwangs und Befürworter des Studiums der Natur, dem Gemäldegaleriedirektor Johann Christian von Mannlich andererseits seit langem schwelte. Obschon für beide das Antikenstudium eine traditionelle Selbstverständlichkeit war, herrschte »unter Münchens 86 Malern ein elendes feindliches Verhältnis«. So schrieb der mit den Münchner Verhältnissen vertraute Darmstädter Maler Georg Wilhelm Issel 1814 an Schleiermacher,[4] und Carl Philipp Fohr, Rottmanns Heidelberger Jugendfreund, schildert den bis zur Groteske gesteigerten Zwist ein Jahr später während seiner Akademie-Ausbildung: »Die Anfangszeit meines hiesigen Aufenthaltes bis zur Vakanz ... benutze ich mit Zeichnen nach den Antiken in der Akademie, und mit Kopieren auf der Gallerie [damals noch am Hofgarten], welches ich aber heimlich tun mußte, indem der Direktor Langer ... allen Eleven dieses verbietet, blos weil er ein Feind des Herrn Galeriedirektors von Mannlich ist...«[5] Solch kleinliche Parteiung und Engstirnigkeit war einer der Gründe, weshalb Johann Georg von Dillis seine Professur für Landschaftsmalerei an der Akademie 1814 aufgab. In den nur sieben Jahren seit der Neugründung der Kunstakademie 1807 hatte sich die Lehrpraxis von den freiheitlichen Grundsätzen der Gründungsstatuten Schellings bereits so weit entfernt,[6] daß zur Abwendung der Gefahr, künstlerisch in die alte Bedeutungslosigkeit zurückzufallen, eine durchgreifende Initiative dringlich wurde. Diese bestand in der Gründung des Kunstvereins im Jahr 1823 nach Karlsruher Vorbild, in dem sich die Künstler der Residenzstadt, bald auch aus Bayern und anderen deutschen, dann auch fremdsprachigen Ländern unter der Schirmherrschaft des Königs zu einer Interessengemeinschaft mit Kunstliebhabern zusammenschlossen. Die zudem von schnell steigender Mitgliederzahl begünstigte Institution sollte in der Tat eine ganz wesentliche Bedeutung für die Entfaltung der Künste haben. Zweck solcher in der Folge bald überall in Deutschland und später auch

1   Domenico Quaglio, Das alte Turnierhaus mit dem Café Tambosi im Jahre 1822, 1822. Leinwand, 62 x 83 cm. München, Neue Pinakothek

darüber hinaus entstehenden Vereine war hauptsächlich die Förderung des Kunstlebens durch häufig wechselnde Ausstellungen, Verlosungen zeitgenössischer Kunstwerke und verbesserte Kommunikation über regionale und Landesgrenzen hinaus. Die auf die Initiative der Hofmaler Joseph Stieler, Domenico Quaglio, Peter Heß und des Architekten Friedrich Gärtner zurückgehende Gründung des Münchner Kunstvereins war in der Tat einem echten Bedürfnis entsprungen mit dem Ziel, zu der unter König Max I. Joseph allein maßgeblichen Akademie und den dort nur alle vier Jahre organisierten Ausstellungen auf breiter Basis ein bürgernahes Gegengewicht zu schaffen. Auch den nicht der Akademie angehörenden Künstlern sollte damit die Möglichkeit gegeben werden, das wachsende Interesse des Publikums am Sammeln und an der zeitgenössischen Kunst überhaupt auf sich zu lenken. Unter dem Protektorat zuerst Max Josephs, dann Ludwigs I. zog der schnell und nachhaltig aufblühende Verein von Jahr zu Jahr weitere Kreise und schloß sich mit anderen Kunstvereinen im In- und Ausland eng zusammen. In der Konkurrenz mit der den Primat beanspruchenden Akademie kam dem Kunstverein die Vermittlerrolle für sämtliche Kunstgattungen zu, mit Schwergewicht auf den in der Akademie verachteten »Fächlern«. Aber gerade auf die Kunst dieser solchermaßen von Peter Cornelius abschätzig beurteilten Landschafts- und Genremaler kam es Ludwig I. bei seinem den Publikums-

geschmack fördernden Programm besonders an, weshalb er die im Kunstverein stattfindenden Ausstellungen neben denen der Akademie nicht nur regelmäßig besuchte, sondern dort auch eine Vielzahl von Gemälden für seine Neue Pinakothek erwarb.[7]

In das Konzept einer solchen Popularisierung des Kunstschaffens paßte dann auch, daß der Kunstverein in dem mit der Hofgartengalerie verbundenen Neubaukomplex untergebracht war, der auch das neue Bazargebäude – so genannt nach orientalischem Vorbild – beherbergte. Dessen Fertigstellung meldet das alle Kunstbestrebungen in Bayern und im Ausland begleitende Schorn'sche Kunstblatt am 8. Februar 1827, wenige Monate also vor Rottmanns Rückkehr aus Italien. Die noch heute existierende Gebäudezeile von Leo von Klenze ersetzte das 1822 abgerissene Turnierhaus (Abb. 1, 2) aus Maximilianischer Zeit und schließt den Hofgarten mit seinen alten Arkadengängen nach Westen ab. Es war das erste moderne Kaufhaus in München und wohl auch in Süddeutschland, wo man alle möglichen Gewerbe unter einem Dach vereint fand. Die ausführliche Notiz im »Kunstblatt« anläßlich der Fertigstellung des Gebäudes ist sehr aufschlußreich und soll deshalb hier in voller Länge zitiert werden: »Diese neue, dem öffentlichen Nutzen und Vergnügen gewidmete Anlage nimmt die ganze westliche Seite des Hofgartens ein und ist bereits im Äußern und im Innern ganz vollendet. Die Länge beträgt fast 600 Fuß. Im Innern des Gartens zieht sich ein hoher Arkadengang, welcher theils mit historischen theils mit anderen Dekorationen a Fresco geziert werden soll. 16 große Felder werden Darstellungen aus der Geschichte des Hauses Wittelsbach enthalten. An diesem Gange liegen *Kaffehäuser und Kaufläden*, welche doppelt, auch nach der Seite der Ludwigsstraße sich öffnen. Im ersten und zweiten Stockwerke sind schöne Wohnungen und das Lokal des Kunstvereins. Das ganze, nach dem Entwurf von Herrn Klenze erbaut,[8] erinnert in Hinsicht der Anordnung und Verzierung des Aeußern an den Styl der venetianischen Architektur, und ist mit flachen Kupferdächern gedeckt.«[9]

Das städtebaulich herausragende und für München damals ungewöhnliche Ensemble ist hier in seiner zweckmäßigen Vielseitigkeit wie in seiner ästhetischen Form charakterisiert. Man könnte es eine früh gefundene Verbindung von Kunst und Kommerz nennen, um so mehr, als der Bauherr Baron Eichthal war, Hausbankier König Ludwigs und mit dessen und seines Hofarchitekten Klenze Intentionen seit Jahren vertraut. Das Entscheidende einer solchen Lösung ist die Verknüpfung zweier weit auseinanderliegender Bereiche, die

Christoph Heilmann

2   Domenico Quaglio, Abbruch des Alten Turnierhauses in München, ca. 1822. Leinwand, 40 x 63 cm. München, Neue Pinakothek

sich bis dahin ausgeschlossen hatten und hier unversehens ineinander übergehen.[10] Hinzu kommt die strategisch günstige Lage an prominentester Stelle, neben der Residenz und am Beginn der gerade im Entstehen begriffenen Ludwigstraße, unmittelbar vor dem Schwabinger Tor, so daß auch für das Kaufhaus die besten Voraussetzungen für eine hohe Publikumsfrequenz aus dem nahgelegenen mittelalterlichen Stadtkern gegeben waren. Klenzes Vorschlag, den Zyklus Italienischer Landschaften durch Rottmann *al fresco* gerade dort ausführen zu lassen, stand zu dem Zeitpunkt noch aus.

Anstelle einer hier vom Leser vielleicht erwarteten Kurzfassung der weit ausgreifenden Zusammenhänge ludovizianischer Kulturpolitik wird auf die einzelnen Beiträge des Katalogs verwiesen; sie sind thematisch konzipiert und zeigen, genauer als das an dieser Stelle geschehen könnte, die Komplexität der historischen Implikationen bis hin zu maltechnischen und theoriebezogenen Untersuchungen. Statt dessen sollen im folgenden einige Akzente gesetzt, auch Fragen aufgeworfen werden in Hinblick auf die beiden Protagonisten, König Ludwig als Auftraggeber und Mäzen und Rottmann als sein Auftragnehmer und Herold einer neuen, durch ihn zu hohen Ehren gelangten Kunstgattung: der Landschaftsmalerei.

Eingangs sei ein – wie ich glaube – bislang kaum beachteter Bericht eines Zeitzeugen aus dem Jahr 1828 auszugsweise zitiert; sein anonym gebliebener Autor ist Wissenschaftler, Katholik, Diener eines protestantischen Staates – Preußen, wie sich herausstellt –, weshalb er sich im Urteil über die Münchner Verhältnisse für objektiv hält.[11] Für uns haben seine Aussagen jedenfalls einen hohen Informationswert, denn wir haben es hier nicht mit panegyrischem Untertanentum zu tun, sondern mit der authentischen Meinung eines Zeitgenossen. Nach einer Einleitung vom 1. Mai 1828, die sich über die geistig-moralische Entwicklung in Deutschland enthusiastisch äußert und hierfür einerseits König Ludwig I. von Bayern, andererseits Goethe als Zeugen benennt, kommt der Schreiber dann speziell auf München zu sprechen, das ihm »einen sogar physisch mächtigen Eindruck« macht, dabei aber noch zu wenig einheitlich sei. Den Fortschritt seit dem Tod des Kurfürsten Carl Theodor sieht er unaufhaltsam und unvergleichlich wie »einen fließenden Strom«. Seit der Thronbesteigung Ludwigs 1825 zeige sich für diesen Monarchen große Sympathie überall in Deutschland (»mehr noch als in Bayern«), insbesondere für »seinen eifrigen Willen für das Gute«. Rechte der Krone, Verfassung, monarchische Grundsätze und gesetzliche Freiheit, Forschen, Wissen und der Glaube »im Ausgleich« seien für ihn schon als Kronprinz programmatische Ziele gewesen. »Er hat die Gewissen und Presse frey gegeben.« Seine Beliebtheit in der Öffentlichkeit wird angesprochen, die auf der Konstitution als Grundlage beruhe. Auch seien »die Protestanten ein wichtiger Bestandteil der Intellektuellen und industriösen Entwicklung«.

Über Wissenschaft und Kunst folgt ein eigener Absatz, der des Königs frühe Neigung zur Literatur bestätigt; darüber hinaus seine »fast täglich auch noch im Mannesalter« stattfindenden Übersetzungen »seitenweise« aus Herodot und Sallust. »Geschichte und Kunst und die populärste Verherrlichung beider in ihrer vorzugsweisen Anwendung auf vaterländische Gegenstände, das war und ist die vorherrschende Idee all seines Tuns.« Ruhelose Arbeitsamkeit, strenger Staatshaushalt, keine verpaßte Gelegenheiten« werden benannt und: »der Sinn für das Große, Edle im deutschen Volk bezeugt der Gedanke an die Walhalla, als Deutschland darnieder lag in tiefster Schmach.« Der Schreiber weiß auch von Johannes von Müllers dem Kronprinzen gegenüber geäußerter Verehrung für dessen ungebrochenen Vorsatz im Jahr 1809, »des deutschen Vaterlandes eingedenk gewesen zu sein, ... das Gefühl der Nationalkraft nicht untergehen zu lassen«. Auch wird erwähnt, wie Ludwig für diesen sein Geschichtsbild früh prägenden Schweizer Historiker treue Anhänglichkeit bewies, indem er seine Grabstätte in Kassel kaufen ließ, um sie mit einem Denkmal auszustatten. Im Zusammenhang mit dem von Rottmann so häufig thematisierten Untersberg bei Salzburg interessiert uns besonders folgende Stelle: Für den Bau der Walhalla würden bereits Marmorblöcke in Massen dorthin geschafft, stromaufwärts »aus der unterirdischen Residenz des Barbarossa und seiner Tafelrunde aus dem Untersberg«, und es seien schon bald 100 Büsten großer Deutscher, die zuvor mit Sorgfalt vom König ausgewählt worden seien ... etc. etc.

In diesen frühen Jahren der Regierung Ludwigs I. erhielt Rottmann mit dem Freskenzyklus der 28 Italien-Landschaften im Hofgarten seinen ersten Großauftrag, welchem dann in den dreißiger Jahren der dem König ebenso angelegentliche Griechenlandzyklus folgte. Die Bindung zwischen dem königlichen Auftraggeber und Rottmann, der 1841 zum Hofmaler ernannt wurde, war eine zunehmend enge, trotz aller rücksichtslosen Ungeduld Ludwigs gegenüber dem von einem unheilbaren Augenleiden heimgesuchten Maler.

Der Eindruck des hier zitierten kursorischen Berichts eines wohlinformierten, unparteiischen Beobachters deckt sich mit unserer Vorstellung der ersten Regierungsjahre Ludwigs I. und entspricht vor allem ganz den genau recherchierten Darlegungen in Gollwitzers Monographie.[12] Dort wird der unerhört weitgespannte, auf einem planvollen inneren Zusammenhang aufbauende Bildungshorizont des Königs in seinen Verzweigungen und Einschränkungen geschildert und seine Kunstpolitik als die international renommierte, enorme Leistung eines Dilettanten erkannt, eines Kunst*liebhabers*, wobei »nur von einer über der Fachfron stehenden Herrscherpersönlichkeit wie Ludwig die Initiativen und Direktiven ausgehen konnten, die ihn mit Recht von sich selbst als einem *conservator et creator* sprechen ließen«.[13]

Beides war Ludwig schon in jungen Jahren, als er, ausnahmsweise einvernehmlich mit König Max I. Joseph und hierin von ihm unterstützt, die Entwicklung Münchens als Hauptstadt des Königreichs Bayern und Zentrum der Bildenden Künste in Deutschland planmäßig und weitblickend vorantrieb.

Das staunenswerte, riesige Bauprogramm, das er bereits als Zweiundzwanzigjähriger zu planen begann und mit dem dann Klenze zuerst als Privatarchitekt des Kronprinzen seit 1816 in Ablösung Karl von Fischers beauftragt war, prägt noch heute den unverwechselbaren Charakter des Münchner Stadtbildes. Unter seiner Regierung dann hat Ludwig I. weitere erprobte Architekten wie Friedrich von Gärtner, Georg Friedrich Ziebland, Joseph Ohlmüller, August von Voit u. a. berufen, die mit teils ebenso umfangreichen Bauaufgaben für ganz Bayern betraut wurden, womit sich die Modernisierung von Städten und Gemeinden bis weit in die Jahre nach der politisch erzwungenen Thronentsagung im Jahr 1848 fortsetzte. Hierzu gehört auch die Fertigstellung der Neuen Pinakothek im Jahr 1854, die, 1843 nach den Plänen Friedrich von Gärtners begonnen, in

Europa als der erste Neubau einer öffentlichen Galerie für ausschließlich zeitgenössische Malerei zu gelten hat. Dort fand in einem von Rottmann selbst noch konzipierten Saal mit indirektem Oberlicht der Griechenlandzyklus Aufstellung.[14]

Von allem, was Ludwig als Kronprinz, während seiner Regierungszeit und in den 20 Jahren danach bis zu seinem Tod an kulturellen Programmen im weiteren Sinn, begleitet von seinen Beratern oder alleine auf sich gestellt, angeregt und durchgeführt hat, kann hier ebensowenig gesprochen werden wie von seinen politischen Aktivitäten und Ambitionen. Vielmehr gilt es festzustellen, wie eng doch diese selbstgestellten Aufgaben miteinander zusammenhängen und von langer Hand aufeinander abgestimmt waren, als läge ihnen so etwas wie ein »Plan der Vorsehung« zugrunde, wie es Herder in Ablehnung des aufklärerischen Fortschrittsgedankens formuliert hat.

Dem entwicklungsgeschichtlichen Denken seiner Zeit entsprechend, begriff Ludwig die zur Lösung anstehenden Probleme als seine Aufgabe im Sinne eines an den Naturgesetzen orientierten *Ganzheitsprinzips* und handelte danach, sei es beim Ausbau etwa der traditionsreichen Wittelsbacher Kunstsammlungen, denen er folgerichtig dann auch neue Sammelgebiete hinzufügte, sei es in den Zielsetzungen seiner Bildungspolitik oder der Förderung der auch in Bayern anstehenden industriellen Entwicklung u.v.m. Für uns klingt es heute wie das goldene Zeitalter der Moderne, wenn man die damals von Johann Gottlob von Quandt gesprochenen Worte liest, der die Bedeutung der industriellen Entwicklung nicht »in gemeiner Betriebsamkeit aus Gewinnsucht sieht, sondern in jener entwickelten Tätigkeit des Geistes, welche die Werke der Hand leitet und veredelt und zur Arbeit freudig auffordert. Die Industrie«, so fährt er fort, »setzt daher eine harmonische Bildung der Volkskräfte voraus, nicht bloß ein Erlernen mechanischer Handgriffe, sondern auch des Denkens bei der Arbeit, und zwar über das, was gemacht werden soll.«[15] So verstanden liegt auch, und erst recht, in der Förderung aller Künste eine erstrangige gesellschaftspolitische Verantwortung, die dem Gesamtwohl des Staates zugute kommt.

Die mit der Architektur aufs engste verschwisterte Wandmalerei war von Kronprinz Ludwig in Rom wiederentdeckt und von ihm als große öffentliche Aufgabe für München erkannt worden. Das ergab sich, wenn man so will, wie selbstverständlich aus dem Programm von großen, meist öffentlichen Neubauten, das aus der mittelalterlich provinziellen Residenzstadt einen angemessenen Rahmen für die moderne Hauptstadt des jungen Königreichs Bayern geschaffen hat. Und um die Bildung seiner Bürger und ihre Sensibilisierung für zeitgenössische Kunst zu verbessern, waren nach damaliger Auffassung Bildprogramme historischen bzw. literarischen Inhalts ausgesprochen geeignet. Von München ausgehend, verbreitete sich diese monumentalisierte Bildsprache nationaler Geschichte und Mythen damals nicht nur in anderen deutschen Staaten, sondern griff sehr schnell auf westeuropäische Zentren über, zuerst auf London, dann auf Versailles und Brüssel. Jakob Burckhardt, der dies bereits 1843 feststellte, mahnte aber zugleich eine psychologisch eingängige Darstellungsweise solch bedeutender Mythen oder Ereignisse der nationalen Historie an, damit auch das einfachere Volk davon berührt werde. Damit ist allerdings eine Richtung der Historienmalerei angesprochen, die das exakte Gegenteil von dem war, was ein Peter Cornelius mit seinen antiken Götter- und Heldenmythen in ihrem zeitlosen Gültigkeitsanspruch vermitteln wollte. Und mindestens ebenso distanzieren sich von solch populärer Wissensvermittlung die beiden Landschaftszyklen Carl Rottmanns. Für das Verständnis des Italien- und des Griechenlandzyklus, deren Motiven jeweils ein kulturgeschichtlich signifikanter Sachverhalt zugrunde liegt, ist vielmehr eine profunde Kenntnis antiker Geschichte Voraussetzung, die den Sinngehalt von Rottmanns Landschaftsgemälden in ihrer stilisierten Naturhaftigkeit erst erfassen läßt. Wenig von diesem spektakulären Auftakt bildhaften Geschichtsverständnisses hat in München die Bomben des Zweiten Weltkriegs überdauert, und es bleibt ein kleines Wunder, daß gerade die beiden Zyklen Carl Rottmanns den geringsten Verlust zu verzeichnen haben.

Unserer Kenntnis von Rottmanns Arbeitsweise zufolge brachte er das, was ihn in der Natur beeindruckte, nie unmittelbar zu Papier, ja er vermied es sogar, etwas von dem Gesehenen und Erkannten einer »großen« Naturlandschaft festzuhalten, bevor er das Ganze gefühlsmäßig und intellektuell verarbeitet und erfaßt hatte. Diese Vorgehensweise ist es, die ihn so ganz außerhalb jeder Vergleichbarkeit mit zeitgenössischen Landschaftern in Deutschland erscheinen läßt. Rottmann hat das selbst ebenso empfunden, wie es einsichtige Kunstkritiker schon damals wie auch später festgestellt haben.

In unserem Zusammenhang gilt es, diesem Phänomen Rottmannscher Kunstauffassung nachzuspüren und dabei vielleicht auch ein wenig Klarheit darüber zu gewinnen, inwieweit hier ein Gleichklang mit seinem königlichen Auftraggeber festzustellen ist. Denn König Ludwig hat sich den von Klenze protegierten Maler von so eigentümlichen Landschaften, die, ob Voralpen,

3 Joseph Karl Stieler, Bildnis Goethes. Aquarell/Bleistift, 27,9 x 36,3 cm. München, Neue Pinakothek

Apennin oder das Taygetos-Gebirge darstellend, irgendwie ähnlich ausfielen, nicht aufdrängen lassen. So etwas wäre bei Ludwigs kritischem Verstand und eigenwilligem Blick niemals zu erwarten. Im Hinblick auf die Kunst muß vielmehr eine Art Gemütsverwandtschaft zwischen diesen beiden so unterschiedlichen Charakteren bestanden haben. Alleine schon die konziliante, immer versöhnliche Art des auch unter den konkurrierenden Münchner Künstlern allseits hochbeliebten Malers ist gewissermaßen als ein Äquivalent zu des Königs oft recht hochfahrendem Wesen zu verstehen. Das wohl treffendste und authentischste Zeugnis von Rottmanns Charakter ist uns durch Sulpiz Boisserée überliefert, der den jungen alten Freund aus Heidelberger und Stuttgarter Tagen in München besuchte, kurz nachdem dieser von seiner ersten Italienreise zurückgekehrt war. »Besuch bei Rottmann«, heißt es im Tagebuch unter dem 10. August 1827: »ganz der alte, unbefangen, natürlich, bescheiden, von der Phantasie beherrscht« – und abschließend: »üppige Frau« – wahrscheinlich die einzige überlieferte Beschreibung von Friederike Rottmann, die ihren auf langen Studienreisen weilenden Mann noch des öfteren entbehren und sich mit seinen unregelmäßig eintreffenden Briefen – den uns so wichtigen Quellen – begnügen mußte.

Die Tagebücher König Ludwigs geben uns einige Hinweise, daß zwischen Auftraggeber und Künstler eine persönliche Sympathie bestanden haben muß. So sind außer den unregelmäßigen, aber häufigen Besuchen des Königs »bei Rottmanner unter den Bögen des Kaufhauses am Hofgarten« hie und da auch Erinnerungen an einen Besuch des noch ganz jungen Kronprinzen in Rottmanns Vaterhaus zu lesen, auch anteilnehmendes Verständnis für Arbeitsausfälle Rottmanns krankheitshalber, während er bei fast jeglicher Witterung unter den Bazarbögen am Hofgarten *al fresco* malte. Die oft drängende Rücksichtslosigkeit des Königs, mit der er Rottmann bis zur völligen Erschöpfung alles an Arbeitsfortschritt abverlangte, bezeugt nur die Zielgespanntheit Ludwigs. Gleiches kennen wir von ihm beispielsweise in bezug auf Dillis. Aufschlußreich für uns ist auch, daß der König später Rottmann immer häufiger aufsuchte, während dieser an den Griechischen Wandbildern malte, die zuerst in einem geeigneten Raum in der Residenz, später in einem im Besitz des Königs befindlichen Haus in der Arcisstraße entstanden sind. Eine Reihe weiterer Anhaltspunkte ließe sich nennen.

Bei der Umschau nach einem möglichen Katalysator für diese bis zu Rottmanns Tod anhaltende Gleichgestimmtheit, die wie gesagt auch eine verwandte Gesinnung verrät, wird man an jemanden wie Goethe denken, den schon der noch ganz junge Kronprinz für sich entdeckt hatte.[16] Für Goethes Gedichte wie auch für die Werke Schillers war Ludwig schon vor seinem Göttinger Semester sehr empfänglich. Gollwitzer sieht in Goethe und in Schiller literarisch die für Ludwig entscheidenden Bildungserlebnisse.[17] Wir wissen, daß er vieles aus Goethes Werken mit seiner Lieblingsschwester Karoline wie auch mit den Brüdern Boisserée besprach, die, seit langem schon mit Goethe verkehrend, ihrerseits dem ihnen derart vertrauten Dichter den Ankauf ihrer Sammlung altdeutscher Gemälde durch Ludwig sofort in einem Brief zur Kenntnis geben. Noch als Kronprinz hatte dieser Goethes Wunsch, einen Abguß der von Ludwig für München erworbenen Medusa Rondanini zu erhalten, freudig erfüllt. Bekannt ist auch, daß Goethes »Römische Elegien« den König an seine eigenen Erlebnisse erinnerten und er bei seinem Besuch in Weimar anläßlich Goethes 77. Geburtstag auch hierzu Fragen stellte, die noch heute als nicht eben sehr sensibel angesehen werden. Der Briefwechsel zwischen den beiden ist jedoch von gegenseitiger sehr hoher Wertschätzung getragen, und die schöne Geste der Verehrung des Königs durch seinen persönlichen Besuch findet dann nochmal eine Krönung durch Stielers Porträt von Goethe (Abb. 3, 4),[18] zu dessen Ausführung Stieler sich Ende Mai 1828 im Auftrag des Königs für sechs Wochen nach Weimar begab. Bei Ludwigs Besuch

4 Joseph Karl Stieler, Bildnis Johann Wolfgang von Goethe, 1828. Leinwand, 78,2 x 63,8 cm. München, Neue Pinakothek

war Rom wohl ein Hauptgesprächsthema, denn zweieinhalb Jahre später, am 26. März 1829 benachrichtigte der König Goethe sofort nach dem erfolgten Kauf der Villa Malta, in der der Dichter seinerzeit selbst zu Gast gewesen war. In Eckermanns Gesprächen mit Goethe ist nachzulesen, welch hohe Meinung Goethe von König Ludwig hatte: »Da sehen Sie einen Monarchen, der neben der Königlichen Majestät seine angeborene schöne Menschennatur gerettet hat. Es ist eine seltene Erscheinung und darum um so erfreulicher.«[19]

Es ist durchaus vorstellbar, daß Ludwigs Besuch in Weimar im Jahr 1826 auch Einfluß auf eine schon vorhandene erste Idee des Italienzyklus gehabt hat und daß der über Johann Martin von Wagner an Rottmann übermittelte Auftrag einer Sizilienreise sich schon damals abzeichnete.[20] Eine erste, unmittelbare Gelegenheit, die eben erschienenen beiden ersten Teile von Goethes »Italienischer Reise« kennenzuernen, bestand womöglich für Kronprinz Ludwig schon 1817 im Hause von Niebuhr in Rom, wo sie vor versammelten Gästen, darunter auch Cornelius, gelesen wurden. Die Romantiker unter ihnen sollen beklagt haben, daß Goethe bei der Niederschrift in Italien sein Herz gewaltsam unterdrückt habe.[21]

Das führt uns zurück auf die schon angesprochene Eigentümlichkeit Rottmanns, Idee und Wirklichkeit einer bedeutsamen vorgefundenen Landschaft nach seinem »Begriff« miteinander in Einklang zu bringen. Diesen geistigen Destillationsprozeß zu der jeweils entsprechenden, in sich stimmigen Bildfindung hin kann man an zahlreichen Beispielen innerhalb der ausgestellten Motivgruppen verfolgen. Friedrich Pecht, der nur um 20 Jahre jüngere Historienmaler und bedeutende Kunstschriftsteller, hat Rottmanns Kunst offenbar ganz in dem hier angesprochenen Sinne verstanden, indem er ihn »den Cornelius der Landschaft« nennt, »in der er es sogar zu vollendeteren und harmonischeren Schöpfungen gebracht hat als dieser«.[22]

Im Einvernehmen mit Pecht und seinem Verständnis von Rottmanns künstlerischer Umsetzung von Landschaft finden wir ganz entsprechende Äußerungen von Goethe. Während seiner Italienreise läßt er sich ziemlich zu Anfang schon in einem Brief aus Vicenza vernehmen: »Man muß auf alle Fälle wieder und wieder sehen, wenn man einen reinen Eindruck der Gegenstände gewinnen will. Es ist ein sonderbares Ding um den ersten Eindruck, er ist immer ein Gemisch von Wahrheit und Lüge im hohen Grade.«[23] Es seien deshalb gegensätzliche Stimmungen, Verhältnisse des Sujets zu kombinieren.[24] Die einzelnen Bilder desselben Gegenstandes werden verbunden und in ein Einziges zusammengelegt, indem die Besinnung Veränderliches von Unveränderlichem unterscheidet, Dauer und Wechsel zusammenfaßt als »Begriff«. Am 5. November 1786 in Rom: »Nun bin ich 7 Tage hier, und nach und nach tritt in meiner Seele der allgemeine Begriff dieser Stadt hervor.« Oder schließlich, um alle statische Sinngebung zu vermeiden, spricht Goethe vom »lebendigen Begriff«.[25] Am 27. Juni 1787 kommt in Erweiterung dazu das Wissen um die Gegenstände, um ihre historische Bedeutsamkeit. Unausweichlich gehe vom klassischen Boden eine verlebendigende, inspirative Wirkung aus, auch »wenn man hier nicht phantastisch verfährt, sondern die Gegend real nimmt, wie sie daliegt, so ist sie doch immer der entscheidende Schauplatz, der die größten Taten bedingt, und so habe ich immer bisher den geologischen und landschaftlichen Blick benutzt, um Einbildungskraft und Empfindung zu unterdrücken und mir ein freies, klares Anschauen der Lokalität zu erhalten.«[26]

Rottmann seinerseits ist sich dieses unvermeidlichen, jedenfalls am Anfang seines ersten Italienaufenthaltes noch mühevollen Weges bewußt. Während

5   Franz Catel, Straße am Golf von Palermo. Leinwand, 75,5 x 99 cm. Schloßmuseum Berchtesgaden

der frühen Jugendzeit in Heidelberg schon mag ihm diese Erfahrung über den älteren Freund Fohr nicht unbekannt geblieben sein, der 1814 auf Studienausflügen von Baden-Baden aus klagt, er könne in den ersten Tagen »nichts aufnehmen, nur schauen«. Erst nachdem er ganz gesättigt gewesen sei, habe er wieder arbeiten können.[27] Fohrs Kenntnisse über Goethe sind zweifellos über die Brüder Boisserée vermittelt worden, in deren Haus in Heidelberg er viel verkehrte und ihre Sammlung altdeutscher Gemälde studierte.[28]

Ein anderes wesentliches Merkmal der Landschaftskunst Rottmanns ist, wie schon Erika Bierhaus-Rödiger in ihrer Monographie herausgestellt hat, die bildliche Darstellung von historischen Zeiträumen, wofür Rottmann hier weit über die Darstellungsmittel von Joseph Anton Koch oder George Augustus Wallis hinausgreift. Bei ihm geschieht das nicht durch hintereinander gestaffelte Bühnensegmente mit den epochetypischen Merkmalen, sondern – fast immer von erhöhtem Standort aus – mittels naturhafter Erlebnisebenen, denen die Spuren der vergangenen Zeit (gegebenenfalls bis hin zur fast völligen Erosion) anzusehen sind. Wenn letzteres infolge der nachhaltigen Reiseeindrücke aus Griechenland hauptsächlich für das Spätwerk gilt, wo Vorstellung und Wirklichkeit besonders weit auseinanderklaffen, so sind die Landschaftsmotive aus Italien und Sizilien meist doch weit lebensvoller dargestellt und vom Betrachter als Lebensraum erfahrbar, weil die Zeitsprünge von der Antike mit ihren noch ansehnlichen Spuren zum Heute des Betrachters von lebendiger Atmosphäre durchsetzt sind. Im Prinzip gilt dies genauso für Eindrücke kürzerer Zeiträume, wie etwa Goethe sie anläßlich seines zweiten Besuchs in Heidelberg im August 1797 – dem Geburtsjahr Rottmanns – notiert hat: In ihrer Lage habe die Stadt »etwas ideales, das man sich erst deutlich machen kann, wenn man mit der Landschaftsmahlerei bekannt ist, und wenn man weiß, was denkende Künstler aus der Natur genommen und in die Natur hineigelegt haben ... über dem Thore [Karlstor] steht das alte verfallene Schloß in seinen großen und ernsten Halbruinen. Den Weg hinauf bezeichnet, durch Büsche und Bäume blickend, eine Straße kleiner Häuser, die einen sehr angenehmen Anblick gewährt, indem man die Verbindung des Alten Schlosses und der Stadt bewohnt und belebt sieht.«

Wiewohl das Interesse an meteorologischen Beobachtungen ebenso wie an erdgeschichtlichen Entwicklungen über Jahrmillionen hinweg seit dem 18. Jahrhundert in Westeuropa Thema vielfältiger Auseinandersetzung ist, so dürfte es bei den dichten Querverbindungen zwischen Goethes Schriften und Rottmanns Kunst doch angebracht sein, auch in diesem Zusammenhang an eine solche Bezugnahme zu denken. Bei den auffallend zahlreichen geognostisch zu interpretierenden Bildmotiven Rottmanns, die mit *Eibsee* (Kat. 22) und *Kochelsee* (Kat. 23) 1825 einsetzen und über karge Berglandschaften des Apennin bis in die vielen Darstellungen verkarsteter Gegenden in Griechenland reichen, hat Erika Bierhaus auf Goethes Schrift vom Granit von 1784 hingewiesen. Ob dessen lebenslange Beschäftigung mit »geognostischen« Fragen, seine Parteinahme für die Evolutionstheorie der Neptunisten (im Gegensatz zu den schließlich obsiegenden Vulkanisten, den Anhängern der Theorie einer eruptiv vulkanischen Erdentstehung) auf Rottmanns Kunst Auswirkungen hatte ist eine Vermutung, über die sich wahrscheinlich noch einige Entdeckungen machen ließen.[29] Alleine die geologischen Beobachtungen während seiner Reise in Sizilien wären unter diesem Aspekt noch genauer untersuchenswert. Möglicherweise erhielte auf dem *Messina*-Bild (Kat. 91) der eigentümlich hinzukomponierte Vordergrund mit dem zu Tal fließenden Bach eine neue Interpretation aufgrund von Goethes Anmerkung, beim Sammeln von Gesteinsarten im Bachbett könne man leicht »sich eine Vorstellung von jenen ewig klassischen Höhen des Erdaltertums machen.«[30] Das historische Moment wäre somit in diesem bedeutenden Landschaftsbild des Italienzyklus von Rottmann auf den kleinstmöglichen Nenner gebracht. Einen solch außergewöhnlichen Grad an Diskretion in der Bildaussage – sollte sie denn zutreffen –

wird schwerlich bei einem anderen Künstler der Zeit zu finden sein.

In dem Zusammenhang mag hier an einen Maler wie Franz Catel erinnert werden, der, gemeinhin als eher harmloser, gefälliger (und deshalb so erfolgreicher) Vedutist und Maler italienischen Volksgenres angesehen, einmal von Peter Klaus Schuster als hochinteressanter Historienmaler dingfest gemacht wurde, und zwar im Hinblick auf seine 1831 gemalte *Ansicht am Golf von Neapel*.[31] Die darin entdeckte realistische Bildungslandschaft basiert auf Goethes früher Dialogidylle »Der Wanderer«, zu der auch Ernst Förster ein illustrierendes Gemälde schuf.[32] Bei Kenntnis der literarischen Bezugsquelle ist es spannend, die Einzelheiten richtig zu interpretieren, die Bedeutung der Personen als zeitgenössisch, ihren dürftigen Lebenszuschnitt als glücklich zu erkennen und die Behausung im ruinösen Tempel als Urhütte zu verifizieren. Catels Gemälde waren auch von König Ludwig hochgeschätzt; unter den acht Bildern dieses Künstlers, die er für die Neue Pinakothek erwarb, befand sich auch eines mit der Ansicht von *Palermo* (Abb. 5). Das nicht datierte Gemälde kam 1832 aus dem Würzburger Schloß nach München. Es scheint jedoch, daß Catel es wesentlich früher gemalt hat,[33] und zwar auf Bestellung um 1820, wahrscheinlich im Zusammenhang mit der ersten Sizilienreise des Kronprinzen 1818. Es war zum damaligen Zeitpunkt das einzige Bild, das der König von Catel besaß.[34] Man sollte deshalb doch die Frage anschneiden, weshalb der König 1827 als Probestück von Rottmann gerade ein Bild von Palermo verlangte, welches die Sizilienreise notwendig machte und damit die Kosten für ein Reisestipendium. Rottmanns Eignung für den Auftrag des italienischen Freskenzyklus hätte auch aufgrund eines anderen Motivs geprüft werden können. Oder sollte er sich mit dem schon in des Königs Besitz befindliche *Palermo*-Bild von Catel messen?[35] Dann würde dies einmal mehr für den gezielten Anspruch stehen, den König Ludwig I. an die Kunst im Dienst der Öffentlichkeit stellte.

Anmerkungen

1 Goethe, Schriften zur Kunst. Bd. I, 1961, S. 332 (Von der Natur zur Kunst).
2 Vorgestellt waren eine *Gegend bei Brannenburg* und eine *Gegend bei Berchtesgaden mit Ansicht des Watzmann* (Bierhaus-Rödiger 1978, Nrn. 56, 58). Beide Bilder sind verschollen. Das zweite genannte Bild wurde von Ludwig I. damals erworben und 1830 seiner Stiefmutter Königin Caroline zum Geschenk gemacht.
3 Kunstchronik 21. Dez. 1826, Nr. 102, S. 407.
4 Kat. Ausst. C. Ph. Fohr 1997, S. 16. – Zit. nach Lohmeyer 1929, S. 69.
5 ebda, S. 17.
6 E. v. Stieler 1909, S. 34 f.
7 Kunstverein München. Jahresberichte. München 1824-1881; vgl. die den konkurrierenden Gegensatz beider Institutionen stark herausstellende Arbeit von B. Eschenburg, in: Kat. Ausst. Münchner Landschaftsmalerei 1800-1850. München 1979, S. 93-115.
8 Ältere Literatur nennt hier als Auftraggeber Baron Eichthal, als Architekten alleine oder in Gemeinschaft mit Klenze Johann Ulrich Himbsel, Kgl. Baurat und Ingenieur. (M. Döberl, 1931, S. 46, Anm. 2, u. a.). – Rottmann verkehrte freundschaftlich mit Familie Himbsel und hielt sich gerne auch in deren Sommerhaus in Leoni am Starnberger See auf, wo er auch eine Supraporte gemalt hat.
9 Kunstblatt, 8. Jg., 1827, Nr. 12, S. 46.
10 Die aus fürstlichen Wunderkammern zur Aura hehren Bildungsgutes aufgestiegenen Kunstobjekte waren damals kaum je mit Gewerbebetriebsamkeit in Verbindung gebracht worden.
11 Briefe über Kunst, Alterthum und Wissenschaft auf einer Reise durch Italien und Süddeutschland. In: Morgenblatt für gebildete Stände. 1828, Bd. 22, 2, Nr. 250 (17. Okt. 1828).
12 Gollwitzer gibt in seiner auf genauer Quellenforschung aufbauenden Monographie (1986) ein ausgewogenes Bild des in jeder Weise außergewöhnlichen Monarchen, dessen Persönlichkeit im privaten wie im öffentlich-politischen Bereich Gerechtigkeit widerfährt.
13 Gollwitzer 1986, S. 758.
14 Mittlmeier 1977. – Bierhaus-Rödiger 1978, S. 48-52.
15 Artistisches Notizenblatt, 1825.
16 Gollwitzer 1986, S. 88, 107. – Ebda. S. 104 f. wird klargestellt, daß Ludwigs Sinn und Verstand nicht auf philosophische oder rein kunsttheoretische Lektüre ausgerichtet war, somit also Spekulationen dieser Art in neuerer Zeit der eigentlichen Grundlage entbehren.
17 Gollwitzer 1986, S. 109.
18 C. Lenz, Stielers Bildniszeichnung von Goethe. In: Pantheon, Bd. 42, Nr. I, 1984, S. 90 - 91. – G. Kröner, Goethe im Porträt. In: Kat. Ausst. Goethe und die Kunst. Frankfurt und Weimar 1994, S. 174 f., Nr. 123, 124.
19 J. P. Eckermann, Gespräche mit Goethe in den letzten Jahren seines Lebens. München 1984 (Ausgabe Beck Verlag). Hrsg. von R. Otto u. P. Wersig.
20 Rottmann muß wohl bereits im Frühjahr 1826 während seines Aufenthalts in Genua eine Ahnung von einem größeren Projekt gehabt haben (s. dazu S. 46 und passim).
21 E. Staiger 1956, Bd. II, S. 18.
22 F. Pecht, 1879, Bd. II, S. 1.
23 E. Staiger 1956, Bd. II, S. 14 ff. (24. Sept. 1786).
24 Ganz das Gegenteil einer solch objektivierten Erfahrung findet sich in Jean Pauls »Titan«, indem Albano (einer der jungen Leute) beim Betreten der Isola Bella die Sensation des Ein-

drucks noch steigert durch eine Augenbinde, die dann plötzlich gelöst wird und den Blick frei gibt.

25 Goethes Werke, Bd. XI (Italienische Reise), Hamburger Ausgabe. S. 130. – E. Staiger, Bd. II, S. 15.

26 Italienische Reise, S. 122 (27. Oktober 1786).

27 Kat. Ausst. Darmstadt 1996, S. 14.

28 ebda. S. 15.

29 W. Busch, Der Berg als Gegenstand von Naturwissenschaft und Kunst. Zu Goethes geologischem Begriff. In: Kat. Ausst. Goethe und die Kunst. Frankfurt und Weimar 1994, S. 485 - 497, bes. S. 493.

30 Goethes Werke Bd. XI (Hamburger Ausgabe). München 1928, S. 233.

31 P. K. Schuster, Zur Entstehung der realistischen Bildungslandschaft. In: Literaturwissenschaft und Geistesgeschichte, 1982, S. 164-199.

32 Städt. Galerie im Lenbachhaus, Inv. Nr. G4430. – Fünf weitere Bilder nach Goethes Gedichten malte Förster im Schlafzimmer der Königin in der Münchner Residenz.

33 GHA, Akt I A40, II: Am 9.1.1820 schreibt Graf Jenisson an den Kronprinzen unter anderem, Catel werde sein Bild von Palermo nächstens vollenden.

34 1842 kam als zweite Sizilienansicht mit der Sammlung Klenze noch ein *Kapuziner Garten von Syrakus* dazu.

35 Diese Vermutung könnte der Titel eines im Dezember 1826 im Münchner Kunstverein ausgestellten und vom Kritiker des Kunstblattes (21. Dez. 1826, S. 407) harsch abqualifizierten Bildes bestätigen (*Eine Gegend am Ufer von Genua*). Demnach hätte Rottmann gleich zu Anfang seiner ersten Italienreise mit der schon in des Königs Besitz befindlichen *Ansicht von Palermo* von Catel in Konkurrenz treten wollen, die ebenfalls eine Gegend am Ufer der Stadt zeigt. Leider ist Rottmanns Version verschollen, wie auch Nr. 80 bei Bierhaus-Rödiger, die dort irrtümlich als identisch angesehen wird.

Erika Rödiger-Diruf

Carl Rottmann im Zeitvergleich

Aspekte der Deutung von Licht- und Wetter-Phänomenen
in der Landschaftsmalerei zwischen 1800 und 1850

Es war speziell die europäische Landschaftsmalerei, von der in der ersten Hälfte des 19. Jahrhunderts entscheidende Impulse für Innovationen auf dem Gebiet der Malerei ausgingen. Abseits der Kunstakademien, wo die Landschaftsmalerei zumeist ein – wenn überhaupt – nur untergeordnetes Lehrfach war,[1] konnte sich hier eine Freiheit des malerischen Stils und des Denkens entfalten, die durchaus spiegelbildlich als Parallelerscheinung zum erstarkenden Bürgertum im Verlauf des 19. Jahrhunderts anzusehen ist. Die Akzeptanz öffentlicher Kunstkritik setzte für die Landschaftsmalerei um 1870 mit dem französischen Impressionismus ein. Dieser Durchbruch war bereits im ersten Viertel des 19. Jahrhunderts durch zukunftweisende Künstler englischer Herkunft wie Richard Parkes Bonington und vor allem John Constable vorbereitet worden, die in Paris um die Mitte der 1820er Jahre mit ihren dort ausgestellten Werken für Aufsehen sorgten. Constable wie Bonington überzeugten gleichermaßen durch ihre naturnahe Landschaftsauffassung, indem sie die Stilmittel der spontanen Freilichtstudie in die durchdachte, vielfach großformatige Atelierkomposition übertrugen und – dem Stilmittel analog – Bildsujets von schlichter Alltäglichkeit wählten. So beschäftigte sich Bonington in seinem genialischen, kurzen Leben (1802–1828) überwiegend mit der bretonischen Landschaft und dem archaischen Alltagsleben ihrer Küstenbewohner, Bauern und Fischer. Seine den gekrönten Häuptern der englischen Geschichte gewidmete Historienmalerei zeichnete sich durch unprätentiöse, lebensnahe Szenenwahl und eine juwelenartige Farbigkeit auf relativ kleinem Format aus (Abb. 1).[2] Constable hingegen beschwor in seinen gemütvollen Landschaften immer wieder Erinnerungen an seine Kindheit in England (Abb. 2), die einfache Lebensweise auf dem Lande, und bestach die Zeitgenossen durch den elementaren, alle Sinne anspre-

1   Richard Parkes Bonington, Heinrich IV. und der Gesandte Spaniens, 1827. Leinwand, 38,4 x 52,4 cm. London, Wallace Collection

2   John Constable, Das Kornfeld, 1826. Leinwand, 142,9 x 122,5 cm. London, National Gallery

3 Joseph Anton Koch, Heroische Landschaft mit Regenbogen, 1815. Leinwand, 188 x 171,2 cm. München, Neue Pinakothek (WAF 447)

Erika Rödiger-Diruf

chenden Charakter der naturbeobachteten Farbigkeit und harmonischen Lichtgebung.

Ab den 1830er Jahren haben die französischen Künstler der sogenannten »Schule von Barbizon« diese Impulse aufgenommen und eine Malerenklave im Wald von Fontainebleau nahe Paris gegründet, der Théodore Rousseau, Charles-François Daubigny, Jules Dupré, Narcisse Diaz de la Peña, Camille Corot und Jean François Millet angehörten.[3] Diesem Vorbild einer Künstlerkolonie im Sinne von Jean Jacques Rousseaus »Zurück zur Natur«, deren Mitglieder der Großstadt, der aufkommenden Industrialisierung, mithin den zivilisatorischen »Errungenschaften« und nicht zuletzt den starren Systemen der Kunstakademien den Rücken kehrten, sollten vor allem gegen Ende des 19. Jahrhunderts weitere Gruppierungen folgen. Erwähnt seien hier nur die »Haag'sche Schule«, »Pont Aven« oder »Worpswede«, »Dachau« und »Grötzingen« in den 1880er und frühen 1890er Jahren bis hin zur Gründung der Dresdener »Brücke« im Jahr 1905.

Die Frage, ob Rottmann von der avantgardistischen Bewegung der »Schule von Barbizon« Kenntnis hatte, kann hier nur rhetorisch gestellt werden, zumal die künstlerische Bedeutung dieser progressiven französischen Landschaftsauffassung, deren Legitimation sich aus einem uneingeschränkt individuellen wie subjektiven Empfinden der Künstler gegenüber der Natur – *Paysage intime* – ableitete, erst ab etwa 1850 ihren europaweiten Siegeszug antrat. Auf ihrer Parisreise von 1850 erhielten beispielsweise die Münchner Maler Carl Spitzweg und Eduard Schleich d. Ä. erste Impulse, gefolgt von Adolf Lier, der das Gedankengut der Barbizon-Künstler ab den 1860er Jahren den Münchner Landschaftsmalern vermittelte.

In Hinblick auf das Phänomen der Vereinigung von Malern an sich, das seit dem frühen 19. Jahrhundert eine wichtige Rolle spielte, dürften es eher die Deutsch-Römer im Umkreis von Joseph Anton Koch und die Nazarener gewesen sein, denen sich Rottmann während seines Italienaufenthalts 1826/27 und auch noch später in München verbunden gefühlt hat. Kochs klassizistisch geprägte Naturästhetik und die tiefromantisch an einfachen Lebens- und Kunstformen des Mittelalters orientierte, antiakademische Malerei der sogenannten »Lukasbrüder« stand in diametralem Gegensatz zur Auffassung der um etwa eine Generation jüngeren Barbizon-Künstler. So heterogen diese Gruppierungen von Malern in ihren theoretischen Ansatzpunkten auf den ersten Blick erscheinen mögen, hatten sie doch eines gemeinsam: Sie alle waren aus einer retrospektiven Sicht auf der Suche nach dem Uranfänglichen, Ur-

4 George Augustus Wallis, Das Heidelberger Schloß bei Sonnenuntergang und aufziehendem Mond, 1813. Holz, 30 x 40 cm. Heidelberg, Kurpfälzisches Museum

sprünglichen und Unverfälschten in der Natur und der Kunst als Idealzustand.

Künstlerisch vorbildliche »Vaterfiguren«, die Rottmann Zeit seines Lebens begleiteten, waren in erster Linie der Schotte George Augustus Wallis, der von 1812 bis 1816, von Rom aus dem Kreis Washington Allstons und Joseph Anton Kochs kommend, in Heidelberg lebte und außer Carl Rottmann noch Carl Philipp Fohr und Ernst Fries innovative Ideen vermittelte,[4] sowie Joseph Anton Koch selbst, dessen Gemälde *Heroische Landschaft mit Regenbogen* (Abb. 3) der junge Rottmann nach seiner Ankunft in München 1821 als erstes kopierte. Die darin formulierten, von Schellings Philosophie zum Natur- und Kulturkreislauf angeregten Ideen zur Geschichte sollten für Rottmanns künftige Landschaftsauffassung von grundlegender Bedeutung werden.[5] Ist bis heute diese Kopie nach Kochs Komposition nicht wieder aufgetaucht,[6] so fand sich 1985 im Kunsthandel eine Paraphrase Rottmanns (Kat. 1) nach Wallis' Gemälde *Das Heidelberger Schloß bei Sonnenuntergang und aufziehendem Mond* von 1813 (Abb. 4). Ein Glücksfall hat die Ansichten beider Maler im Kurpfälzischen Museum Heidelberg wieder zusammengeführt. Diese Komposition, eine seiner ersten Ölbilder, dürfte Rottmann um 1820 geschaffen haben, und es treten bereits hier manche Momente in Erscheinung, die in seinem späteren Werk eine gesteigerte Rolle spielen. So ist in enger Anlehnung an Wallis das Motiv des tiefrötlichen Sonnenuntergangs dominant, kombiniert mit der Ruine, dem aufgehenden Mond sowie dem Käuzchen, was Rottmann wortwörtlich in seiner *Ägina – Aphaiatempel*-Komposition nach etwa 20 Jahren wiederaufnimmt (Kat. 148, 149). Auf seiner bekanntesten Gemäldekomposition aus den 1840er Jahren, dem Hohen Göll (Kat. 28), zitiert Rottmann ebenfalls die elegische, rotglühende Sonnenuntergangsstimmung zusammen mit der aufgehenden Mondsichel, freilich ohne die an die Präsenz des Menschen und sein Werk erinnernde Verfallsarchitektur. Der Verfall als Faktor der Zeit spiegelt sich hier vielmehr allgemein im Erosionszustand der Landschaft.

Zu Rottmanns Arbeitsweise oder von der Balance zwischen Sinnlichkeit und Stilisierung, Form und Inhalt

Vor Ort hat Rottmann den gewählten Landschaftsausschnitt zunächst naturgetreu, zuweilen äußerst detailliert und großformatig, in einer Bleistiftzeichnung aufgenommen (vgl. Kat. 127). Markante Einzelmotive wie eine seinen Intentionen entsprechende Baum- oder Felsgruppe, eine Wolkenformation oder Genreszenen eignete sich Rottmann oftmals in Gegenden an, die mit der originären italienischen, vor allem aber griechischen Landschaftsansicht nichts mehr zu tun hatten. So bot sich ihm beispielsweise die der *Ägina – Apollotempel*-Komposition entsprechende Wolkenbildung realiter erst im Anschluß an die Griechenlandreise 1836 über dem Starnberger See (vgl. Kat. 145). In seiner Arbeitsweise ging Rottmann also nicht anders vor als der Historienmaler, der seine idealen Figurendarstellungen aus schönen Einzelmotiven assemblierte. Die Kompositionen erarbeitete sich Rottmann monatelang, ja oft über Jahre im Atelier und bei jeder Gelegenheit. Selbst auf Servietten oder Manschetten soll er seine plötzlichen Einfälle zu Bildideen skizziert haben. Auf dem Weg vom detailgebundenen oder skizzenhaften Erfassen eines Landschaftseindrucks bis hin zur durchdachten Komposition durchlief Rottmanns Bildfindung also viele Etappen. So ist davon auszugehen, daß die Einzelheiten seiner Gemälde – jeder Strauch, jede Baumgruppe, die Gebäude, jedwede Figurenstaffage, vor allem die Lichtführung und die tageszeitliche Lichtstimmung – keine Zufallsprodukte sind oder aufgrund von Spontaneinfällen zustandekamen. Vielmehr ist jedes landschaftliche Ensemble Rottmanns als Ergebnis eines langanhaltenden Klärungsprozesses anzusehen, an dessen Ende mittels der Naturemblematik gemachte, allgemeine Aussagen zur Zeit- und Kulturgeschichte, mithin auch zur eigenen gegenwärtigen Wirklichkeit standen.

In dieser Grundhaltung, die allegorisierende Ausdrucksfähigkeit der Landschaft mit malerischen Mitteln zu instrumentalisieren, knüpft Rottmann direkt an die glänzende Epoche der europäischen Landschaftsmalerei im 17. Jahrhundert an, vor allem aber an das durch Wallis vermittelte große Vorbild seiner Heidelberger Jugendzeit: Joseph Anton Koch. Doch übertraf er jenen, den reinen Theoretiker, indem er sich von dessen Befangenheit in der konturorientierten, idealisierenden Formgebung löste und der Landschaft die ihr eigene Lebendigkeit zurückgab. Stilisierung bzw. die Dominanz der Linie als ein Darstellungsmittel, das die von Unregelmäßigkeiten bestimmte Natur überhöht und veredelt und bei Koch durchgehend bildbeherrschend ist, wird von Rottmann in den zwanziger und dreißiger Jahren zumeist nur in den fernen Bildzonen eingesetzt; dies gilt für Küstengestade ebenso wie für Gebirgsketten. Immer ist in Rottmanns Werk die Erdoberfläche freigelegt, das heißt, es findet sich keine Darstellung, aus der sich eine spezielle Jahreszeit außer den Sommermonaten schlechthin ablesen läßt. Stilisierung bildet formal und auch farblich innerhalb von Rottmanns gemalter Wirklichkeit häufig einen extremen Gegensatz zu Momenten natürlichen Wachstums und gegenwärtigen menschlichen Lebens, die die vorderen Bildzonen bestimmen. Landschaft wird so unmerklich wie eindeutig zum philosophischen Reflexionsraum. Mit der formalen Kontrastierung von Ferne und Nähe definiert Rottmann gegenüber dem Betrachter seine Vorstellungen von Ideal und Wirklichkeit, aber auch, analog dazu, von Vergangenheit und Gegenwart. Die Unvereinbarkeit dieser beiden Pole menschlicher Existenz wird dem reflektierenden Betrachter somit ins Bewußtsein gerückt. Darüber hinaus wird die stilisierte, idealisch gestaltete Ferne visionär als mythischer Ursprung und wieder anzustrebendes utopisches Ziel der Geschichte definiert. Das Gemälde *Meerenge von Messina* (Kat. 91), das unter den genannten Aspekten marginale Bedeutung erhält, ist hierfür beispielhaft.[7] Mythos und Utopie als Ursprung und Ziel der Menschheitsgeschichte spielen in den Überlegungen der philosophischen Denker um 1800 auf der Suche nach einer »Neuen Mythologie«, vorrangig in den literarischen Überlegungen zur Poesie, die sich aber auch auf die bildende Kunst übertragen lassen, eine zentrale Rolle.[8]

Zwischen Vordergrund und Ferne liegen – analog zu historischen Prozessen – auf Rottmanns Bildern Zonen der schrittweisen Veränderung und des Verfalls. Dieser Aspekt findet sich in den Werken der zwanziger und dreißiger Jahre zunächst nur in einer auf drei Gründe beschränkten Landschaftsdarstellung und einem gewissermaßen begrenzten, darauf bezogenen Himmel verifiziert. Der Kreislauf der natur- bzw. kulturgeschichtlichen Abläufe wird also in dieser Schaffensphase gleichsam in einem überschaubaren, geschlossenen Landschaftsszenarium gespiegelt.

Die Idee vom Kreislauf der Geschichte findet in Rottmanns Bildern ab etwa 1840 seine grandiose Erweiterung durch die kosmische Dimension, das All, als außerhalb der Zeit liegender Uranfang irdischer Existenz und zugleich Projektionsraum menschlicher, auf Transzendenz gerichteter Glaubensfragen. Das Gemälde *Marathon* (Kat. 187), auf das ich im folgenden ausführlich zu sprechen komme, ist hierfür von zentraler Bedeutung. Darüber hinaus wird aus Rottmanns künstlerischer Entwicklung als Auftragnehmer Ludwigs I. deutlich, daß er ab 1840 in seinen von architektonischen Denkmalen bestimmten und selbst denkmalartig aufgefaßten Landschaften zunehmend Momente ins Spiel bringt, die die mit dem historischen Ortsbegriff verbundene Bildvorstellung einer grandiosen Natur oder eines großartigen Bauwerks nicht mehr einlösen. Gleich zu Beginn seiner Griechenlandreise bekennt Rottmann: »So geht es oft mit vielgerühmten Orten; die Maler stimmen nicht immer mit überein; denn bedeutungsvolle Namen, wenn sich auch hundertfältige erhabene geschichtliche Erinnerungen damit verbinden, sind noch keine Motive für eine Landschaft, sie geben dieser aber, wenn die Formen von der Natur glücklich gestaltet worden sind, erst den höheren Werth.«[9]

Es ist das tageszeitliche Licht, es ist vor allem die Dramaturgie phänomenologischer Licht-Wetter-Verhältnisse, der Rottmann nun breiten Raum gibt und mittels derer er der Landschaft einen atmosphärischen, dem Pathos eines orchestralen Klangkörpers vergleichbaren psychologisierenden Stimmungsgehalt verleiht. Dieser oszilliert zwischen der Melancholie angesichts eines tiefrötlichen Sonnenuntergangs (z. B. *Epidauros*, Kat. 192), der Aufbruchstimmung bei einem Sonnenaufgang in hellerem Blaurot (*Delos*, Kat. 174) – zuweilen sind die Tageszeiten im Kolorit nicht eindeutig zu unterscheiden – und der Verklärung angesichts der Fülle eines verzaubernden Gegenlichts in der Art Claude Lorrains (*Aulis*, Kat. 156) sowie existentieller Bedrohung bei Gewittersituationen (*Tiryns*)[10], den Bildern Ruysdaels nicht unähnlich.

Rottmanns Hinwendung zum Kosmos als Ereignisraum

Zeit seines Lebens gilt das verstärkte Interesse des Künstlers dem himmlischen Bereich, auch wenn er von ihm im Verhältnis zur irdischen Situation sehr unterschiedlich aufgefaßt und malerisch behandelt wird. Allein unter diesem Aspekt ist der Bogenschlag von Rottmanns frühem Meisterwerk, dem Aquarell *Blick auf das Heidelberger Schloß* von 1815 (Kat. 2) oder dem programmatisch anmutenden Ölbild nach Wallis' Ansicht des Heidelberger Schlosses von ca. 1820 (Kat. 1) zu *Ägina – Apollotempel* aus den 1840er Jahren (Kat. 147) bzw. *Epidauros* von 1843 nur ein relativ kleiner. Lediglich in der zunehmenden Beherrschung und Fortentwicklung der malerischen Mittel sowie der intellektuell immer komplexer angegangenen Naturthematik in Analogie zur Geschichte werden die entscheidenden Unterschiede dieser künstlerischen Entwicklung faßbar.

Der Bogenschlag von den Heidelberger Anfängen zu den Bildern der vierziger Jahre, in denen der Kosmos im Mittelpunkt von Rottmanns künstlerischem Interesse steht, wird unterbrochen durch die Arbeit in den dreißiger Jahren. In den Wand- und Ölgemälden dieses Jahrzehnts offenbart sich eine entschiedene Hinwendung zu den Denkmälern der Erd- und Kulturgeschichte, sind Gebirgsmassive, historisch bedeutsame Landstriche und Architekturensembles das zentrale Bildthema. Ausgangspunkt für diese Landschaftsauffassung war das 1825 geschaffene *Eibsee*-Bild (Kat. 22), mit dem sich Rottmann als Maler einer erhabenen Naturauffassung dem neuen Bayernkönig empfahl.[11]

Aus heutiger Sicht erscheint mir der Italienzyklus wie ein Solitär innerhalb des Gesamtwerks, der, in den Jahren 1829 bis 1833/34 entstanden, mit der Dominanz vedutenhaft aufgefaßter, historischer monumentaler Bauwerke und Städte in erster Linie als Reverenz Rottmanns an die Liebe König Ludwigs I. zu diesem Land und zu dessen eigener Bautätigkeit gesehen werden muß. Die hier verifizierten himmlischen Licht- und Wetter-Phänomene wirken im Vergleich zu denen der griechischen Wandbilder ab 1840 eigentümlich begrenzt, räumlich nicht mehr als die gezeigte Landschaft überspannend und dieser häufig als interpretierendes Moment lediglich hinzugefügt. Beispielhaft sei hier nur *Syrakus – Archimedes' Grabmal* (Kat. 89) und das antike Trümmerfeld von *Selinunt*[12] genannt, wo keine Kausalität zwischen dem fernen Blitzschlag und der Vordergrundsituation mit dem zu Boden Geschmetterten erkennbar wird. Hier ist die Phantasie des Betrachters gefragt, der die bühnenmäßig inszenierte Symbolik des himmlischen Dramas und dessen Auswirkung auf die Historienstätte analog zum menschlichen Schicksal als Memento-mori-Motiv wahrnehmen soll.

Kosmologie, Historie und Abstraktion: Zur Deutung von Rottmanns *Marathon*-Motiven

Rottmanns Hinwendung zum Kosmos als überzeitliche, sowohl raumhaltige als auch entgrenzte Tiefendimension hinter bzw. über dem erdgeschichtlichen Ereignisfeld oder jenseits von diesem ist um 1840 anzusetzen. Damit wird der Himmel als attributive Komponente zur Landschaft formal und inhaltlich ausgeweitet zum Allumfassenden, zum Urgrund allen Seins und geschichtlich Präexistenten. Als Konsequenz daraus verliert die irdische Landschaft als Ansicht oder Wiedergabe von Naturgegebenheiten mehr oder minder an Bedeutung. Zu den Gründen, die zu diesem Paradigmenwechsel in Rottmanns Werk geführt haben, gibt es mehrere spekulative wie plausible Antworten. So ist hier vor allem die Entwicklungsgeschichte des Griechenlandzyklus relevant (s. S. 232ff.). Mit der dreimaligen Änderung des Standorts, was jeweils unterschiedliche architektonische Voraussetzungen bedeutete, unter denen der Zyklus präsentiert werden sollte, spielte ab 1840 zunehmend das gezielt auf die Gemälde gerichtete Oberlicht eine Rolle. Die von Wandgemälde zu Wandgemälde anders gelagerte, dominant stimmungshafte Lichtgebung, je nach Tageszeit und Witterung — Morgen und Abend, milder Spätnachmittag und aufziehendes Gewitter sowie dessen dramatische Entladung — sollte reflexiv zu den wechselnden Phasen allgemeiner Geschichte verstanden werden.[13]

Parallel zu diesen für die Öffentlichkeit bestimmten Wandgemälden schuf Rottmann in den späten vierziger Jahren privatim Bilder wie die *Kosmische Landschaft* (Kat. 190), denen der alttestamentarische Schöpfungsmythos im 1. Buch Mose, Kap. 1, 1-5, zugrunde gelegen zu haben scheint, wo es heißt: »Am Anfang schuf Gott Himmel und Erde. / Und die Erde war wüst und leer, und es war finster auf der Tiefe; und der Geist Gottes schwebte auf dem Wasser. / Und Gott sprach: Es werde Licht. Und es ward Licht. / Und Gott sah, daß das Licht gut war. Da schied Gott das Licht von der Finsternis / und nannte das Licht Tag und die Finsternis Nacht. Da ward aus Abend und Morgen der erste Tag.«

Auf dem genannten Gemälde sind ein stürmischer Himmel mit sich auftürmenden Wolkenmassen und eine nahezu vegetationslose Erde aufeinander bezogen und zugleich voneinander geschieden. Mensch und Kreatur fehlen in diesem dramatischen Szenario der Naturgewalt — noch, oder wieder? Assoziationen mit dem Uranfänglichen erdgeschichtlicher Entwicklung bieten sich ebenso an wie Visionen von einem kulturgeschichtlichen Endzeitstadium. Doch nicht nur dies: Der malerische Vortrag in großen, breit verschliffenen Formen und in einer auf Braun-Schwarz, Blau und Weiß-Grau reduzierten Palette steigert den insgesamt urzeitlich-kosmischen Charakter der Darstellung. Die physikalischen Grundelemente Wasser (Wolken, Meer), Erde (Erdgrund) und Licht (Kosmos) sind der eigentliche Bildgegenstand und zentral für die Bildbedeutung. Das Feuer als prometheisches Symbol menschlicher Überlegenheit über die Kreatur fehlt.[14]

Den in der *Kosmischen Landschaft* erreichten Grad an malerischer Abstraktion steigerte der Künstler freilich noch in einem Schwarz auf lichtem Braun gehaltenen, kleinformatigen Bild gleichen Titels (Kat. 189), das ebenfalls das uranfängliche Werden oder das Ende der lebendigen Welt zum Inhalt hat. In seinem experimentellen Charakter nimmt es im Spätwerk Rottmanns eine Sonderstellung ein, die schon von den künstlerischen Zeitgenossen wahrgenommen wurde, wie überhaupt Rottmann Zeit seines Lebens immer wieder maltechnische Versuche unternahm.[15] In die fixierte(?) Tusche-, Kohle-, Öl- oder Wasserfarbe von eigenartiger Transparenz, die in ihrer diffusen Wirkung etwa an das Werk Eugène Carrières am Ende des 19. Jahrhunderts denken läßt, sind die Lichter nicht weiß aufgesetzt, sondern im Negativverfahren im nachhinein aus dem Papier gekratzt — eine die Papieroberfläche verletzende Technik, wie sie sich schon um 1820 beispielsweise auf den Aquarellen von Richard Parkes Bonington findet. In den frühen vierziger Jahren hat Rottmann dieses Verfahren auf seinem berühmten Aquarell *Marathon* (Kat. 152) ebenfalls eingesetzt. Auf der Rückseite der erwähnten kleinen *Kosmischen Komposition* findet sich der Vermerk: »von Carl Rottmann getuscht, unterzeichnet Chr.[istian] Morgenstern 1851, München 10. März. Eigenthum von W. Xylander.«

Weiterhin nimmt das in Berlin befindliche, wohl bekannteste Gemälde Rottmanns zum Thema *Marathon* von 1848/50 (Kat. 187) eine herausragende Stellung ein, nicht nur innerhalb des Gesamtwerks, sondern überhaupt in der europäischen Landschaftsmalerei des 19. Jahrhunderts. Das Unfertige der freien Formgebung, wie es den oben erwähnten *Kosmischen Landschaften* eignet, ist hier zur ausgereiften und nicht zuletzt komplizierten Komposition entwickelt. Über dem warmbraunen Erdgrund, der an eine ferne ozeanische Wasserfläche grenzt, mit summarisch angedeuteten, gleichsam vertrocknet anmutenden Relikten von Wäldern im Mittelgrund und einem archäologischen Architekturfragment links im Vordergrund, wölbt sich ein in zwei Zonen unterteilter wolkenreicher, wie stürmischer Himmel. Über dem Meer im Hintergrund ist schachtartig eine lichte Öffnung im dunklen Wolkenhimmel sichtbar, die die darunter liegende Wasserfläche erhellt. Eine weitere Bogenform ergibt sich kompositionell in der vorderen Himmelszone, gebildet durch die dunklen Eckzwickel und das zwischen unterschiedlichen Wolkenformationen sichtbare helle Himmelsblau.

Die konkave Bogenform der beiden himmlischen Lichtzentren korrespondiert mit der latent vorhandenen, konkaven Struktur des Erdgrundes. Das querovale, an die Drehbühne des Theaters erinnernde Kompositionsschema vermittelt den Eindruck eines gewaltigen Rotationsraumes, der Himmel und Erde gleichermaßen umfaßt und zentriert. In ihn ist auch der erhellte Vordergrund eingebunden, gezeichnet von bildeinwärts führenden Schlammansammlungen oder Wegespuren.

Direkt zu Füßen des Bildbetrachters einsetzend, ist hier der Bildraum optisch als begehbare Landschaft definiert – eine Intention, die dieses bemerkenswerte Spätwerk des Künstlers von den meisten seiner vorangegangenen Kompositionen unterscheidet. Dort ist jeweils der erhöhte, eine Überschau vermittelnde Blickpunkt des Betrachters bildbestimmend und die riegelartig wirkende, den Betrachter vom Bildgeschehen ausgrenzende Verschattung auf den Vordergrund konzentriert (vgl. z. B. Kat. 84, 91). Auf dem *Marathon*-Gemälde hingegen hat Rottmann – analog zu den beiden himmlischen Lichtzonen – die riegelartig wirkende Dunkelzone als horizontales Trennelement in den Mittelgrund verlegt. Zu einem schmalen Streifen verdichtet, tritt der Schatten tiefdunkel noch einmal am Horizont auf, sei es, daß die aufkommende Nacht, sei es, daß eine heranziehende Gewitterfront damit gemeint ist. In ähnlicher Bedeutung hat Caspar David Friedrich, wie weiter unten zu zeigen ist, dieses Moment auf dem *Mönch am Meer*-Gemälde verwendet.

Auch die Verdüsterung des Horizonts als Zeichen von Bedrohung ist ein Phänomen, das sich so in den Werken Rottmanns der zwanziger Jahre bis etwa 1840 kaum findet. In diesen Jahrzehnten überwiegt das formal wie inhaltlich relevante Stilprinzip der durchlichteten Mittel- oder Hintergrundzone mit einem markanten Landschafts- oder Architekturmotiv und – reflexiv dazu – ausdrucksstarken oder farblich äußerst sensibel gestalteten phänomenologischen Licht-Wetter-Erscheinungen.

Die gestalterische Kraft des Berliner *Marathon*-Bildes spiegelt eine außergewöhnlich innovative künstlerische Leistung Rottmanns, und dies am Ende seines Schaffens! Die Bildschöpfung bildet nicht nur den Höhepunkt der konsequenten künstlerischen Entwicklung des Malers, vielmehr ist sie darüber hinaus vollendeter Ausdruck einer historisch bedeutsamen Landschaftsdarstellung, die nicht nur der figürlich bestimmten Historienmalerei beispielsweise eines Peter von Cornelius oder Ludwig Schnorr von Carolsfeld gleichrangig war, sondern sie dieser sogar in ihrer Sinnlichkeit und Symbolkraft weit überlegen machte. Diese Leistung Rottmanns hat später unter anderem dazu geführt, daß sein Werk in unmittelbarer Nähe zu dem des Engländers William Turner und dessen »Historical Landscapes« gesehen wurde. Wie berechtigt oder unberechtigt dieser Vergleich ist, soll weiter unten erörtert werden.

Der Titel »Schlachtfeld bei Marathon«, wie das Rottmann-Gemälde im Sammlungskatalog der Nationalgalerie Berlin von 1976 benannt wird, irritiert. Denn nichts auf diesem Gemälde erinnert konkret an das historische Ereignis von 490 vor unserer Zeitrechnung, den Sieg der Griechen unter Miltiades über die Perser, mit nachhaltigen Folgen für die abendländische Geschichte.

Für die Darstellung dieses, aus eurozentrischer Sicht universalhistorischen Ereignisses gab es für Rottmann in unmittelbarer Nähe ein kunsthistorisches Vorbild. Im Besitz der Wittelsbacher befand sich das berühmte Gemälde Albrecht Altdorfers *Die Alexanderschlacht*, das, 1529 im Auftrag Herzog Wilhelms IV. von Bayern entstanden, Rottmann bekannt gewesen sein dürfte (Abb. 5). Hier findet die »hin und her wogende Schlacht ... [von 333 vor Christi Geburt] in der dräuenden Wolkenbrandung ihr Echo, ihren steigenden Widerklang. Das Thema selbst, der Entscheidungskampf zwischen Okzident und Orient, der glorreiche Sieg des auch im Mittelalter von Glanz und Ruhm umwitterten Alexander über den persischen Großkönig hat weltgeschichtlich epochalen Charakter. Altdorfer hat das Welthaltige, Universalhistorische des Kampfes mit visionärem Blick und zwingender Symbolkraft geformt«.[16] Es ist mehr als wahrscheinlich, daß es hier – wie auch in anderen Fällen[17] – Ludwig I. war, der Rottmann das Altdorfer-Gemälde als Vorbild für die *Marathon*-Komposition anempfahl.

Auf Altdorfers *Alexanderschlacht* ist das historische Ereignis hauptsächlich im Kampfgetümmel thematisiert, symbolisch überhöht durch die Schrifttafel am Himmel und das im kosmischen Bereich dramatisch

5   Albrecht Altdorfer, Die Alexanderschlacht, 1529. Holz, 158 x 120 cm. München, Alte Pinakothek

reflektierte irdische Geschehen. In der Intention, das Geschichtsereignis um die Dimension des Kosmischen zu erweitern, es mithin ins Weltgeschichtliche zu überhöhen, liegt das Altdorfer und Rottmann Gemeinsame, ja möglicherweise ein Schlüssel zu Rottmanns Stilwandel um 1840.

Bereits 1841 hatte Rottmann von König Ludwig I. das Honorar für einen Aquarellentwurf *Marathon* erhalten, der mit dem bekannten Blatt (Kat. 152) in der Staatlichen Graphischen Sammlung München gleichzusetzen ist. Als Studie vor Ort ist meines Wissens nicht mehr als eine relativ schlichte Bleistiftzeichnung von 1835[18] nachweisbar. Auf der bildmäßig angelegten, aquarelltechnisch außerordentlich hochrangigen Komposition von 1840/41 unterteilt Rottmann das Geschehen in drei Ereignisbereiche: stilisierte Landschaftsformationen definieren den durchsonnten Hintergrund; darüber wölbt sich ein hoher Himmel, in dem sich transparente Licht- und Schattenbahnen diagonal überschneiden und die Gewitterfront rechts am Horizont im Rückzug begriffen ist, so daß der aufklarende Gutwetterhimmel dominiert. Lediglich der aus dem Gewitterzentrum hervorzuckende Blitz stellt die Verbindung her zu dem auf den schattigen Vordergrund konzentrierten Ereignisfeld als dritte Zone, wo die verheerenden Auswirkungen des darüber hinweggegangenen Unwetters beschrieben werden. Rottmann greift hier auf Einzelmotive zurück, die er bereits vorher im Sinne von Zeit, Verfall und Zerstörung verwendet hat: so die Felsengruppe, die in manchem an einen Trümmerhaufen antiker Tempelarchitektur erinnert,[19] die entwurzelten oder abgerissenen Baumfragmente[20] sowie das stehende Gewässer[21]. Die menschenleere Landschaft erhält im Vordergrund ihren spezifischen Akzent durch das Pferd, das, den Folgen der Unwetterkatastrophe entkommen, offenbar einem unbekannten Ziel (Athen?) entgegenjagt. Lediglich die leuchtend rote Decke (oder ein Manteltuch?) auf dem Rücken der dahinstürmenden Kreatur läßt auf einen (abgeworfenen?) Reiter schließen.

In der Ausdeutung des historischen Ereignisses von Marathon konzentriert sich Rottmann ausschließlich auf rein landschaftsimmanente, freilich symbolisch aufgeladene Naturmotive. Allein der Bildtitel sollte entsprechende Assoziationen beim gebildeten Betrachter freisetzen. Das Kriegsgeschehen wird hier analogisiert mit Unwetter, Schatten, Dunkelheit und Naturzerstörung. Der für die Griechen entscheidende Sieg wird in der Dominanz lichter himmlischer Kräfte gespiegelt. Das rasende Pferd versinnbildlicht blinde kreatürliche, durch das Kriegsgeschehen entfesselte Kräfte, die einst – so ist es hier wohl zu verstehen – auch den legendären Läufer im Siegestaumel beflügelt haben mögen.[22]

Etwa ein Jahrfünft später als der Aquarellentwurf *Marathon* entstand 1846/48 Rottmanns enkaustische Wandgemäldekomposition gleichen Titels für den Saal mit griechischen Ansichten in der Neuen Pinakothek. Hierfür lassen sich einige wenige Vorarbeiten nachweisen.[23] Im Vergleich zu dem 1841 honorierten Aquarellentwurf sind die inhaltlichen Akzente entscheidend verändert. Die historisch-bedeutsame Landschaft ist einem unruhigen Wechsel von schattigen und lichten Zonen unterworfen, zudem sind die tiefenräumlichen Dimensionen unendlich geweitet. Das rasende Pferd sprengt in die magisch erhellte Leere einer Hochebene, die von archaischen Felsformationen umringt ist. Unter diesen findet sich die bereits erwähnte, auf dem Aquarellentwurf von 1841 zitathaft eingefügte, trümmerartige Gesteinsgruppe sowie nun auch das von dem Wandbild *Olympia* bekannte Felsmotiv mit Rinnsal im

Vordergrund.²⁴ An *Olympia* erinnern auch die abgerissenen Baumäste ebenso wie die Piniengruppe (vgl. Kat. 172), die hier aber nicht statuarisch idealisiert, sondern sturmgepeitscht in die Vordergrundsituation rechts eingebunden ist.²⁵ Die Umdeutung dieser Motive vom Friedlichen ins kriegerisch Gewalttätige ist evident.

Im Gegensatz zum Aquarellentwurf *Marathon* ist die ferne Landschaft auf dem Wandbild überwiegend in Dunkel gehüllt. In Einklang mit der ins Dramatische gesteigerten Grundstimmung ist auch der Himmel als kosmisches Szenarium theatralisch gestaltet: Die Gewitterfront ist hier nicht im Rückzug begriffen, sondern expandiert bedrohlich in die lichte Himmelszone. Das Pathos dieser opernbühnenmäßig anmutenden Inszenierung unter dem Titel »Marathon« ist unübersehbar. Es diente der zeitgemäßen, breitenwirksamen Übermittlung des großen historischen Ereignisses abendländischer Geschichte und wurde so als Stimmungsbild von den meisten der damaligen Betrachter verstanden. Entsprechend positiv hat die Kunstkritik gerade dieses Wandbild Rottmanns kommentiert: »Noch eine politische Landschaft! nein, eine historische. Das Schlachtfeld von Marathon von C. Rottmann. Das Bild gehört ... zu seinen schönsten, wenn es nicht das schönste ist.«²⁶ König Ludwig I. selbst äußerte sich dazu Ende 1848, nachdem er bereits abgedankt hatte, mit den Worten: »... das Schlachtfeld von Marathon [hat mir] sehr, ja sehr gefallen. Es ist von ausgezeichneter Wirkung.«²⁷ Darüber hinaus ist mehr als wahrscheinlich, daß Rottmann in dem Aufruhr der Elemente auch die vormärzliche Zeitstimmung in München kurz vor dem Sturz Ludwigs I. gespiegelt hat.

Stellt man nun in vergleichender Betrachtung dieser für den öffentlichen Raum bestimmten enkaustischen Wandgemäldekomposition Rottmanns das eingangs besprochene Berliner Leinwandbild *Marathon* gegenüber, so wird ad hoc der krasse Unterschied sowohl in der malerischen Wiedergabe als auch in der inhaltlichen Auffassung deutlich. Auf dem Berliner Bild deutet nichts, aber auch gar nichts mehr auf das für die abendländische Geschichte entscheidende historische Ereignis von 490 vor unserer Zeitrechnung hin. Statt dessen ist eine Vision verbildlicht, die keine Landschaft im Sinne eines von Terraingliederung, Vegetation, Kreatur, Architektur und menschlicher Existenz bestimmten Naturausschnitts zum Inhalt hat. Auch findet sich kein Hinweis auf eine zu benennende Tages- oder Jahreszeit oder eine bestimmte Gegend. Alles ist auf das Irdische schlechthin, auf die Elemente und den Kosmos konzentriert. In dem innerbildlichen Rotationsraum, der Himmel und Erde gleichermaßen umfaßt, wird in abstracto lediglich der physikalische, ewig sich wiederholende Kreislauf des Wassers angesprochen.²⁸

Die Unterteilung des Himmels in eine Zone, in der das Licht durch einen Wolkenschacht verdeckt auf das Wasser fällt, und einen Bereich, der das Himmelsblau offenlegt, verweist auf zwei unterschiedliche Bedeutungsebenen der dargestellten Himmelsregion: Erscheint – analog zu barocken Inszenierungen im kirchlichen Bereich – das schachtartig einfallende Licht überirdisch wie der tröstliche Rückverweis auf Transzendenz, die göttliche Präsenz im Irdischen, so steht im Gegensatz dazu die Wahrnehmung des Himmelsblau über dem Vorgrund im klaren Kontext einer optischen, physikalischen Wirklichkeitserfahrung.

Speziell in diesem Gemälde Rottmanns wird Natur als sich selbst überlassen beschrieben, freilich nicht in Form der unkontrolliert sich entfaltenden, wildwüchsigen Vegetation und Kreatur. Natur ist vielmehr als geschichtslose Metapher des Naturkreislaufs schlechthin definiert, als Einheit in dem Zusammenwirken von Erde und Kosmos, urzuständlich und unabhängig von menschlicher Präsenz sowie deren projizierenden Vorstellungen zur Historie. Zudem wird aber auch die Ambivalenz eines modernen religiösen Bewußtseins deutlich, das der Künstler im Nebeneinander von transzendenten und rein physikalischen Momenten des Himmels und des Lichts ausdrückt.

Rottmanns Berliner *Marathon*-Gemälde läßt sich als Vision des im Mythos überlieferten, göttlichen Schöpfungsakts im Alten Testament ebenso interpretieren wie auch als Zustandsbeschreibung der Erde nach der Vertreibung der ersten Menschen aus dem Paradies oder auch als zukunftsgerichtete Fiktion am Ende der Apokalypse. Das von Menschenhand geformte, archäologisch anmutende Steinfragment und die verwaschenen Wegespuren im Vordergrund eröffnen in jedem Fall diese und vielleicht noch weitere Deutungsmöglichkeiten des Bildes.

Inhaltliche Aspekte von Licht-Wetter-Phänomenen bei zeitgenössischen Landschaftsmalern

Es ist davon auszugehen, daß Rottmann sowohl über die Vorgänger seiner Spezies als Landschaftsmaler gute Kenntnisse hatte als auch über diesbezügliche zeitgenössische Tendenzen. Über die ältere Kunst war er durch graphische Reproduktionen und durch hochwertige Sammlungen informiert, die er unter anderem in Heidelberg, München und Rom kennengelernt hat. Daß er zu Akademie- oder Kunstvereinsausstellungen zeit-

6   Caspar David Friedrich, Der Mönch am Meer, 1809/10. Leinwand, 110 x 171,5 cm. Staatliche Museen zu Berlin, Schloß Charlottenburg

genössischer Malerei in Paris und London oder Dresden, Düsseldorf und Berlin gereist wäre, ist nicht belegt und wenig wahrscheinlich. Dennoch war er über das nationale wie internationale Kunstgeschehen seiner Zeit durch die aktuellen Berichte in den Kunstzeitschriften und durch persönliche Künstlerkontakte unterrichtet. So ist eine vergleichende Betrachtung mit etwa zeitgleichen anderen europäischen Landschaftsmalern naheliegend. Sie erhellt Rottmanns eigenständige, vor allem der Geschichtsphilosophie verpflichtete Naturästhetik ebenso wie dem Zeitgeist entsprechende Wahlverwandtschaften. Im Januar 1835 schreibt Rottmann aus Athen an seine Frau Friederike nach München: »Wäre meine eigene deutsche Künstlernatur nicht so sehr von der eines Engländers oder Franzosen verschieden und hätte ich nicht eine so große Andacht für die griechische Welt, so könnte ich freilich leichter zum Ziele kommen ...«[29] Es ist nicht nur Rottmanns »deutsche« Natur, sondern auch seine Position als Auftragnehmer Ludwigs I. und die Arbeit für den öffentlichen Raum, durch die er unter den Landschaftsmalern seiner Zeit eine Sonderstellung einnimmt.

Auf Rottmanns intensive Auseinandersetzung mit Joseph Anton Koch bin ich bereits anderen Orts ausführlich eingegangen;[30] John Constables herausragende Stellung für die europäische Landschaftsmalerei des 19. Jahrhunderts, die so gut wie keine direkten Vergleichsmomente zu Rottmann bietet, habe ich eingangs skizziert. Im folgenden geht es vorrangig um die Bedeutung des Kosmos und die Gestaltung des Himmels, respektive der Lichtgebung in Relation zum irdischen Geschehen und zur Geschichte als ein – wie am Beispiel *Marathon* ausgeführt – zentrales Thema bei Rottmann. In diesem Zusammenhang möchte ich exemplarische Einzelwerke Caspar David Friedrichs, William Turners und Karl Blechens heranziehen, die spezifische Aspekte des jeweiligen geistigen Gehalts erhellen und vor allem die gegensätzlichen, aber auch analogen Intentionen dieser Maler im Vergleich zu Rottmanns Naturästhetik verdeutlichen. Ungeachtet ihrer künstlerischen Entwicklung als Ganzes, auf die hier nicht weiter eingegangen werden kann, vertreten die drei Landschafter zeitrelevante Haltungen, die sich – vereinfacht ausgedrückt – auf religiöse Glaubensfragen (Friedrich), Geschichte als Vergangenheitsvision und unmittelbare Gegenwartserfahrung (Turner) sowie auf die mythisch-magische Aneignung von Wirklichkeit (Blechen) reduzieren lassen.

Rottmann und Caspar David Friedrich (1774-1840)

Caspar David Friedrichs Bildfindung *Der Mönch am Meer* von 1809/10 (Abb. 6) fordert den Vergleich mit Rottmanns Berliner *Marathon*-Komposition geradezu heraus. Es artikuliert in einzigartiger Weise das Krisenbewußtsein des modernen Menschen bis heute, den Schock der Aufklärung, den Verlust einer Glaubenszuversicht, mithin existentielle Ängste des auf sich selbst gestellten menschlichen Individuums. Die dargestellte Landschaft ist reduziert auf Erde, Wasser, Luft und Himmel und auf die einsame Gestalt des Menschen – hier ein Mönch. Die panoramatisch aufgefaßte Komposition, ihre Offenheit gegen die Bildseiten, die das Gemälde lediglich als minimierten Ausschnitt aus einem globalen Weltzusammenhang erscheinen läßt, verstärkt den Eindruck von Zeitlosigkeit, Verlassenheit und Hoffnungslosigkeit in dieser unwirtlich-trostlosen Öde.

Den Himmel als transzendenten Bereich und Projektionsraum für den hilfesuchenden Gläubigen gibt Friedrich eigentümlich zugezogen, ja verschlossen wieder. Zwischen der Dunkelheit am oberen Bildrand und der von der Horizontlinie sich nach vorne ausdehnenden Wolkenwand ist eine diffuse, lichte Zone freigelassen, in der die Sonnenscheibe (oder Mondsichel?) lediglich als kleiner punktartiger Himmelskörper auszumachen ist. Friedrich unterscheidet in seinem Gemälde zunächst zwischen Universum und der optisch-physikalischen Wahrnehmungsdimension des Himmels, wenngleich nicht im naturwissenschaftlich studierten Sinn, sondern als stimmungsgebendes Moment. Faktisch läßt Friedrichs Darstellung offen, ob die düsteren Wolkenschwaden in Kürze den Himmel gänzlich überzogen haben werden, oder ob die Aufklarung voranschreiten wird. Die einsame Mönchsgestalt am Strand des Ozeans weckt Assoziationen von Bildern der Bibel wie von der Nichtigkeit des Menschen als Sandkorn im Weltenmeer.

Vergegenwärtigt man sich, daß nur wenige Jahrzehnte vor Entstehung dieses zentralen Werkes der deutschen Romantik in den barocken Kirchen und Palästen vor allem die lichtvolle illusionistische Ausmalung der Decken den Innenraum bestimmte, die in der Beschreibung einer jubelnden, himmlischen Unendlichkeit den Gläubigen tröstliche Hoffnung auf jenseitige Erlösung versprach, so wird deutlich, daß Friedrichs Gemälde *Der Mönch am Meer* eine realitätsorientierte Antwort auf diese kirchliche wie weltliche, von der katholischen Kirche und von den vorrevolutionären Feudalsystemen getragene Auftragskunst war. Dies freilich nicht im politischen Sinn, sondern aus dem desillusionierten Bewußtsein des aufgeklärten, wenn auch gläubigen Künstlers und in eine Existenzkrise gestürzten Christenmenschen, dessen Weltbild sich verändert hat. An die Stelle der allegorisierenden Himmelsmotivik tritt die physikalische Weltsicht, wenngleich verschlüsselt in einer sinnbildlichen, modern-subjektiven Naturmetaphorik. Friedrich thematisiert in seinem Bild *Der Mönch am Meer* das jahrhundertealte, letztlich literarische Moment des »irdischen Jammertals« aus dem Blickwinkel des zwar im religiösen Glauben verankerten Menschen, hier aber des zwischen existentieller Hoffnung und des auf sich selbst zurückgeworfenen Individuums hin- und hergerissenen Gegenwartsmenschen. Die Gottsuche findet bei Friedrich nicht im Kirchenraum statt, sondern in der Natur selbst. Die verheißungsvolle, mythisch wie mystisch besetzte Dimension des barocken Himmels als visionäre Gegenwelt zur Wirklichkeit deutet Friedrich auf diesem Gemälde um in die Sicht auf die Unendlichkeit eines dunklen, unbeseelten Universums.

Auf dem Bild *Abtei im Eichwald* (Abb. 7), dem Pendant zu der *Mönch am Meer*-Komposition, wird Friedrichs um 1810 extrem zugespitzte, quasi existentialistische Position in der nachbarocken Allegorisierung des Himmels noch deutlicher. In der winterlich abgestorbenen Schneelandschaft mit laublosen Eichen, einer gotischen Abteiruine und Grabmalen prozessieren dunkle Mönchsgestalten, formal kaum von den Grabmalen zu unterscheiden. Der warm durchlichtete, davon abgegrenzte Himmel nimmt etwa Dreifünftel der Bildhöhe ein, prozentual deutlich weniger als auf dem *Mönch am Meer*-Bild. Die damit verbundene, ins säkularisierte Naturbild übersetzte Botschaft göttlicher Präsenz ober- und außerhalb des »irdischen Jammertals« findet hier ihren speziellen bildlichen Ausdruck. Die vom Künstler imaginierte Verbindung beider Bereiche ergibt sich zum einen aus der in den Mönchen angedeuteten grenzüberschreitenden Glaubenshaltung, zum anderen aus den in den Himmel hineinragenden Silhouetten der Bäume, die, im kommenden Frühjahr aus ihrer Winterstarre erwachend, neues Leben hervorbringen werden.

In Rottmanns ca. 40 Jahre später entstandenem Berliner *Marathon*-Gemälde sind durchaus Friedrichs *Mönch am Meer* vergleichbare inhaltliche Intentionen erkennbar, wenn auch aus einer anderen geistigen Grundhaltung heraus. Was *Die Abtei im Walde* anbetrifft, so hat Rottmann im Gegensatz zu Friedrich die winterliche Jahreszeit in ihrer vielschichtigen inhaltlichen Dimension als Memento-mori-Motiv oder Teil des Jahreszeitenzyklus zu keinem Zeitpunkt in seinem Werk thematisiert. Die Gestaltung und Dominanz des Himmels ist auf Friedrichs *Mönch am Meer* ebenso wie auf Rottmanns *Marathon*-Bild jeweils wesentlich für die inhaltliche Aussage der Komposition. Hier wie dort wird die irdische Landschaft auf die Grundelemente Erde, Luft und Wasser reduziert, hier wie dort versinnbildlicht die Dunkelzone über dem Horizont eine Bedrohung gegenüber einer wie auch immer gearteten, spannungsvollen menschlichen Hoffnungs-/Erwartungshal-

7   Caspar David Friedrich, Abtei im Eichwald, 1809/10. Leinwand, 110,4 x 171 cm. Staatliche Museen zu Berlin, Schloß Charlottenburg

tung, wie sie beispielsweise Richard Oelze in seinem hochpolitischen Bild *Erwartung* von 1936 erneut aktualisiert hat.[31]

In Friedrichs abstrahiertem, ikonenartig aufgefaßtem Naturbild artikuliert sich in bis heute zeitlos gültiger Zuständlichkeit die verlustreiche Befindlichkeit des auf sich selbst zurückgeworfenen menschlichen Individuums, die sich aus den Negativfolgen der Französischen Revolution ergeben hat. Im diametralen Gegensatz dazu thematisiert Rottmann in seinen Gemälden die Zeit im Kontext historischer Entwicklungsprozesse analog zu naturgeschichtlichen Abläufen. Seine *Marathon*-Komposition von ca. 1850 beinhaltet das ausgereifte Fazit einer jahrzehntelangen Beschäftigung mit dynamischen Prozessen der Geschichte. Reflektiert Rottmann in den zwanziger und dreißiger Jahren in seinen Kompositionen tiefenräumlich Ideen zu Ursprung (Mythos) und Ziel (Utopie) der Geschichte,[32] so stellt er in dem Berliner Spätwerk Geschichte zwar als ein Perpetuum mobile dar, als eine in sich kreisende, nicht mehr zielgerichtete Bewegung, doch bleibt in ihr das Bewußtsein einer metaphysischen Dimension präsent, die schicksalhaft auf die irdischen Abläufe Einfluß nimmt.

Rottmann und William Turner (1775-1851)

Rottmanns Kunst ist immer wieder mit der des Engländers William Turner verglichen worden. Schon 1816 las man zu Turners Malerei: »Dies sind Bilder der Elemente von Luft, Erde und Wasser. Dem Künstler gefällt es, zum ersten Chaos der Welt zurückzugehen, oder in jenen Zustand, als das Wasser vom Land, das Licht von der Dunkelheit getrennt wurde, aber noch nichts Lebendiges, kein fruchttragender Baum auf Erden zu sehen war. Alles ist ohne Formen und leer. Jemand bemerkte zu diesen Landschaften, sie seien Bilder von nichts und sehr ähnlich.«[33] Für sich betrachtet, könnte dieser Kommentar ebenso auf Rottmanns kosmische Landschaftsbilder und einige seiner späten Aquarelle bezogen werden.

Doch Turners begnadete Befähigung als Maler, die auf ihre Art wegbereitend für den französischen Impressionismus sein sollte, war letztlich aus der Sicht des Malerischen gänzlich anderen Ursprungs als die des Wahl-Bayern Rottmann. Ein »Varnishing-day«, wie ihn Turner in der Royal Academy veranstaltete und bei diesem öffentlichen Anlaß mit unkonventionellen Mitteln spontan Bilder produzierte, wäre für Rottmann kaum denkbar. Und doch gibt es Schnittpunkte zwischen diesen beiden Malern, auf die im folgenden einzugehen ist.

Turners wie Rottmanns zeitweise gemeinsames Thema ist die Visualisierung einer geschichtlichen Dimension im Landschaftsbild. Zu Turners berühmtesten frühen Gemälden gehört *Schneesturm: Hannibal und seine Armee die Alpen überquerend* von 1811/12.[34] Auf ihm findet sich ein grandioser, in der verdunkelten Sonne zentrierter Lichteinfall, wie ihn Rottmann später ähnlich auf seinen *Marathon*-Kompositionen dargestellt hat.[35] Die optische Betonung der räumlichen und zeitlichen Distanz zum historisch Zurückliegenden spielt bei Rottmann stets, bei Turner nur temporär eine wichtige Rolle, wobei der Lichtführung jeweils eine zentrale Funktion in der Interpretation des geschichtlich bedeutsamen Ereignisfeldes zukommt, wenn auch unterschiedlich instrumentalisiert. Zu unterscheiden sind vor allem die Medien und der Zeitpunkt, in denen diese Ideen bei beiden Künstlern bildliche Form erhielten. Bereits im ersten Drittel des 19. Jahrhunderts schuf Turner Aquarelle, die in einem bis heute unerhört modernen Abstraktionsgrad sowohl historische Ereignisse als auch atmosphärische Licht-Wetter-Situationen wiedergeben. Beispielhaft hierfür soll das *Gewitter über Paestum* von ca. 1825 erwähnt sein, das das historisch bedeutende Motiv mit dem dramatischen himmlischen Licht-Wetter-Phänomen vereint (Abb. 8). Parallel zu dieser offen lavierten Motiverfassung schuf Turner durchkomponierte Aquarelle mit bildmäßigem Charakter, immer jedoch von einer gegenstandsauflösenden Bildlichtwirkung mehr oder minder stark bestimmt. Rottmann erreichte den Turner analogen Grad an Frei-

8 William Turner, Gewitter über Paestum, um 1825. Bleistift und Aquarell, 21,3 x 30,5 cm. London, British Museum

heit in der Aquarellmalerei erst im Verlauf der 1840er Jahre (vgl. Kat. 183). Scheinbar vergleichbare, zeitlich davor anzusetzende Arbeiten Rottmanns wie die *Bucht von Genua* (Kat. 49) sind Ausnahmen und in der Regel wohl als unvollendet anzusehen. Tritt im gleichzeitig Entstandenen der beiden, etwa um eine Generation auseinanderliegenden und vor einem jeweils vollkommen anders gearteten kulturspezifischen Hintergrund arbeitenden Künstler sehr Unterschiedliches zutage, so findet auf der inhaltlichen Ebene ab Ende der zwanziger Jahre allmählich eine gewisse Annäherung statt. Beiden Malern geht es hier, grob vereinfacht, um die Verdeutlichung von Vergangenheit als zeitlicher wie räumlicher Gegensatz zur gegenwärtigen Wirklichkeit und zu der historisch bedeutsamen Stätte. Zahlreiche von Turners Kompositionen zeigen – wie beispielsweise die Frankreich-Ansichten von 1828/29[36] oder das Gemälde *Santa Maria della Salute in Venedig*[37] – im Vordergrund verdichtete Menschenansammlungen, zeitlos entindividualisiert in ihrer Kostümierung und Kommunikationslosigkeit untereinander. Letztlich nehmen sie die Funktion von Zuschauern ein, häufig der Emporensituation im Theater nicht unähnlich. Man sieht sie angesichts einer zwar wiedererkennbaren, aber im Licht mehr oder minder aufgelösten architektonischen oder landschaftlichen, visionär anmutenden Hintergrundmotivik. Innerhalb der allgemein entstofflichten Darstellung, in der die Bauten nur durch ein unendlich zart gesponnenes Liniengerüst vage architektonische Form gewinnen, findet bei Turner eine zunehmende Konkretisierung der Farbe statt, und zwar von äußerster Transparenz in der durchlichteten Ferne bis zu ihrer Verdichtung im Vordergrund, begleitet von einer zunehmend schärfer werdenden Umrißführung.

Auf formaler wie auf inhaltlicher Ebene wird deutlich, daß sowohl Turner als auch Rottmann in ihren historischen Landschaften zwar die Distanz zum Gewesenen auf ganz unterschiedliche Weise zu verdeutlichen suchen, bei Turner aber das historische Motiv durch atmosphärische Unschärfe als Gegenstand der Erinnerung und der träumerischen Phantasie definiert wird. Farbe ist hier gleichsam Urstoff, aus dem heraus der Künstler die materielle Welt sukzessive entstehen läßt. In dieser Auffassung liegt einer der grundlegenden Unterschiede von Turners und Rottmanns Auseinandersetzung mit der Ferne als romantischer Projektionsraum der Geschichte. Für Turner ist sie diffuser, rein malerisch aufgefaßter Assoziationsbereich, auf Rottmanns Landschaften hat dagegen gerade der pointiert stilisierte Hintergrund zusammen mit der klaren tageszeitlichen bzw. wetterphänomenologischen Lichtgebung

9   William Turner, Der Brand des Londoner Parlamentsgebäudes, 16. Oktober 1834, 1835. Leinwand, 93 x 123 cm. Cleveland Museum of Art, John L. Severance Collection

vielfach einen erhöhten Realitätsgrad, was vor allem in dem ihm eigenen philosophisch orientierten Gestaltungskonzept zur Natur- und Kulturgeschichte begründet liegt.

Auch in der Interpretation der Präsenz von Gegenwartsmenschen vor einem historisch bedeutsamen Hintergrund unterscheiden sich die beiden Maler. Thematisiert Turner sie als anonymes, den Vordergrund belebendes Ensemble von Zeitgenossen, verleiht Rottmann ihnen – hierin eher Constable und Bonington vergleichbar – die Gültigkeit der in natürlichem Einklang mit ihrem historischen Ambiente lebenden Landbevölkerung. Daß Turner wie Rottmann die historische Landschaft und die menschlich belebte Vordergrundszenerie jedoch als Einheit sehen, der sie als reflektierende Gegenwartskünstler distanziert gegenüberstehen, machen sie kompositionell – und das ist ihnen wiederum gemeinsam – durch einen erhöhten Standpunkt gegenüber der Gesamtansicht deutlich.

Die Wiedergabe von beobachteten Licht-Wetter-Phänomenen ist in Turners reifer Zeit vielfach an tatsächliche Tagesereignisse gebunden. Auf einem seiner faszinierendsten Gemälde *Der Brand des Londoner Parlamentsgebäudes, 16. Oktober 1834* von 1835 (Abb. 9) wird der Künstler regelrecht zum zeitgenössischen Sensationsreporter, der, noch unter dem Eindruck der Katastrophe stehend, dem Ereignis als unmittelbarer Zeuge malerischen Ausdruck verleiht. Einer gewaltigen Fackel gleich quellen hier die rot-gelben Brandschwaden aus dem glühenden Gebäude im Hinter-

10   William Turner, Einweihung der Walhalla, 1842, 1843. Leinwand, 112,5 x 200,5 cm. London, Tate Gallery

grund, dehnen sich aus über den frühabendlich blauen Himmel, leuchtend gespiegelt im Wasserlauf der Themse. Der Maler befindet sich offenbar in sicherer Distanz zum Geschehen unter den Zuschauern am diesseitigen Themseufer. Die Heerschar von Mitzuschauern ist als dunkle Reihung anonymer Menschenmassen erfaßt, auf deren Gesichtern teilweise das von den Brandschwaden ausgehende Licht rötlich widerscheint. Der unglaubliche Realismus, mit dem Turner das katastrophale Spektakel vor allem in der Wiedergabe der Feuersbrunst erfaßt hat, ist nicht nur bar jeder transzendenten Dimension, sondern auch beispiellos in der Geschichte der Landschaftsmalerei.

Nie hat sich Rottmann in dieser Eindeutigkeit und diesem Realismus mit den Dramen aktueller Zeitgeschichte befaßt, und wenn, dann subversiv im Sinne der Ironie. Seine Sonnenuntergangsstimmungen auf *Epidauros* (vgl. Kat. 192), den *Ägina*-Motiven (Kat. 145-150) oder dem *Hohen Göll* (Kat. 30-33), allesamt aus den 1840er Jahren, bei denen sich ein Vergleich mit Turner und seinem Gemälde vom *Brand des Londoner Parlamentsgebäudes* besonders anbietet, bezeugen eher das Konträre als das Gemeinsame dieser beiden Meister der historischen Landschaftsmalerei. Turner gebiert in seiner Kunst aus einem Farbmagma die gegenständliche Welt, als Künstler frei und als Maler – mehr noch als Constable – ungeheuer innovativ schaffend. Rottmann artikuliert und erarbeitet sich hingegen systematisch die malerische Formulierung einer inhaltlich anspruchsvollen Komposition, durch seinen königlichen Auftraggeber zwar fremdbestimmt, aber dies durchaus in Einklang mit seinem eigenen künstlerischen Wollen. Ob Rottmann Turner während dessen Deutschlandreise 1842 begegnet ist – bei diesem Aufenthalt entstand die Idee zu dem Gemälde *Einweihung der Walhalla, 1842: Zu Ehren des Königs von Bayern*, 1843 (Abb. 10)[38] – ist ungewiß.

Rottmann und Carl Blechen (1798-1840)

Vielfach ist die Meinung geäußert worden, daß Rottmanns Landschaftskunst mit der des Berliners Carl Blechen vergleichbar sei. Tatsächlich kommen die Ölstudien und manche Kompositionen Blechens, die dieser während seines Italienaufenthalts 1828/29 ausgeführt hat, mit ihren schmalen Querformaten, tiefgelegten Horizonten und hohen südlichen Himmeln jenen Bildern Rottmanns nahe, in der die Landschaftsauffassung aufs Kosmische gerichtet ist. Vergleiche bieten sich an wie mit Rottmanns – freilich überwiegend in Wasserfarbe ausgeführten – Studien von der ersten Italienreise (vgl. Kat. 48, 49, 72) und Ölbildern aus den 1840er Jahren (vgl. Kat. 146). Überlegungen, ob aus diesen Ähnlichkeiten künstlerische Abhängigkeiten herzuleiten sind, halte ich für müßig, selbst wenn sich die beiden Maler während Rottmanns zweitem Italienaufenthalt 1829 begegnet sein sollten.

Wie die Berliner Blechen-Ausstellung von 1990 deutlich machte, gehört dieser Künstler zu einer der faszinierendsten deutschen Erscheinungen in der ersten Hälfte des 19. Jahrhunderts. Die Faszination liegt vor allem in seinen phantastischen Bildfindungen, die schon im Frühwerk latent obsessive Komponenten seiner Landschaftsauffassung erkennen lassen.[39] Unter diesem Aspekt bilden die frischen Pleinair-Studien der Italienreise, mit denen er sich künstlerisch unter den

11   Carl Blechen, Die Ruinen des Septizoniums auf dem Palatin, 1829. Öl auf Papier, auf Holz, 18 x 33,5 cm. Stiftung Oskar Reinhart, Winterthur

Erika Rödiger-Diruf

Progressiven seiner Zeit erweist, innerhalb des Gesamtwerks eher die Ausnahme. In der Ölstudie *Die Ruinen des Septizoniums auf dem Palatin* von 1829 (Abb. 11) beispielsweise ergibt sich in der Wärme des Lichts und der malerischen Behandlung der antiken Architektur eine direkte Verbindung zu Camille Corots Italienstudien von 1826.

In der Emotionalisierung und Reflexion der Nachtseiten der eigenen seelischen Befindlichkeit und einer diesbezüglichen Wahrnehmung von Wirklichkeit, aus der heraus eine beklemmende Bildwelt geschaffen wird, steht Blechen in mancher Hinsicht den Werken der um eine Generation älteren, figürlich arbeitenden Maler wie Heinrich Füssli, Francisco Goya und William Blake, vor allem aber dem zeitgleichen Literaten E.T.A. Hoffmann ungleich näher als denen seiner Vorgänger und Zeitgenossen in der Landschaftsmalerei.

Das berühmte Gemälde *Bau der Teufelsbrücke* (Abb. 12), von Helmut Börsch-Supan zuletzt wohl zu Recht um 1833 datiert, ist für diesen Aspekt besonders aufschlußreich. Es ist beispielhaft für das Übersinnliche, rational nicht Erklärbare, mithin für die Dämonisierung der real erfahrbaren Welt. Die malerische Verfremdung wie bei Turner spielt in der präzisen Wiedergabe der Gegenstände keine Rolle, ganz im Gegenteil. Die dingliche Welt selbst wird hier rätselhaft. Durch die hochalpine Felsenschlucht hat sich ein lichtblauer Wasserlauf den Weg gebahnt. Die Felswände fallen rechts steil, links in abgeflachten Sprüngen ab; die Steinplatten, die sich schichtweise über den linken Hang ergießen, hat Blechen, wie Börsch-Supan anmerkt, nicht in der Nähe des St. Gotthard, sondern auf seiner Harzreise von 1833 beobachtet. Bergriesen verweisen auf den weiteren Verlauf des Tales im Hintergrund. Dort wird die zunehmende Distanz der Berge durch Staffelung und die dunstig-atmosphärische Lichtgebung realitätsnah verdeutlicht. Ebenso entspricht der schmale Ausschnitt des Himmels über den Gipfeln wie auch der scharf begrenzte Lichteinfall von links durchaus den Gegebenheiten im Hochgebirge.

Auch die Situation im Vordergrund, die Blechen aus der Erinnerung beschreibt, ist an sich nicht ungewöhnlich: Die neue Teufelsbrücke ist gerade im Bau befindlich und höher angelegt als die davor liegende alte.[40] Der steinerne Brückenbogen, gestützt von einem symmetrischen hölzernen Innengerüst, ist nahezu fertiggestellt; der daneben stehende Kran wird offenbar noch benötigt. In Kürze können wohl die seitlichen Erdaufschüttungen für die Aufgänge erfolgen. Die beteiligten Handwerker haben ihre Arbeit kurzfristig unterbrochen und sich einer Siesta hingegeben.

12   Carl Blechen, Bau der Teufelsbrücke, nach 1829. Leinwand, 77, 6 x 104,5 cm. München, Neue Pinakothek

Dieser Sachverhalt wird allerdings durch den scharf von links oben einfallenden Lichtstrahl in eigentümlich bizarrer Weise verändert. Aus der distanzierten, visionär anmutenden Zusammenschau des Künstlers ergeben sich Kausalitäten, die die vorgefundene Situation der Wirklichkeit entrücken, sie zum seltsamen Erscheinungsbild machen. Der neu angelegte Brückenbogen ist durch die Lichtbahn gleichsam aus seinem Umfeld herausgeschnitten. Er wirkt so wie ein frei stehendes, ruinöses Tor ohne erkennbare Funktion, innerhalb dessen das filigrane, symmetrische Holzkonstrukt als magisches Zeichen mit apotropäischen Zügen anmutet. Der Kran daneben ähnelt einem bedrohlichen Galgen. Der surreale Charakter der Darstellung verdichtet sich in der Beschreibung der Handwerker. Auf dem Boden sitzend, hockend oder liegend, spiegelt sich in den Haltungen eine individuelle Reaktion auf den scharfen Lichteinfall, so als seien die Menschen von der Magie einer überirdischen Macht plötzlich überwältigt.

Blechen fühlte sich angesichts dieser Vision assoziativ wohl an gespenstisch anmutende Szenerien des Mythos, der Legende und des Märchens erinnert wie etwa an »Dornröschen«, wo der böse Zauber blitzartig die Schloßbewohner bei ihren unterschiedlichen Tätigkeiten überrascht und für ein Jahrhundert in den Tiefschlaf versetzt. Auch bietet die unterschiedliche Haltung einzelner Schlafender den kunsthistorischen Vergleich mit den schlafenden Jüngern Christi am Ölberg an.

Das himmlische Schlaglicht als interpretierender Faktor im Kontext des landschaftlichen Bildganzen trägt auf Blechens *Bau der Teufelsbrücke* entscheidend zur literarischen Verdichtung und Verrätselung des Dargestellten bei. Es gewinnt die metaphysische Dimension eines jähen schicksalhaften und unbegreiflichen Eingriffs von außen im Kontext einer letztlich alltäglichen Situation. Das historische Moment spielt hier so gut wie keine Rolle. Für die Darstellung bieten sich mehrere Deutungsmöglichkeiten an. Börsch-Supan beispielsweise unterlegt dem *Bau der Teufelsbrücke* einen religiösen Sinngehalt. Der Brückenneubau stehe für das Tor zum Jenseits, der Schlaf verweise auf das Stadium zwischen Leben und Tod, und das Licht über dem rückwärtigen Tal wirke »wie eine Verheißung, Erlösung aus dem Tal der Mühen und des Todes«.[41] Christoph Heilmann sieht dagegen in dem Bild den Konflikt von Natur und zivilisatorischen Eingriffen durch den Menschen thematisiert.[42]

Darüber hinaus könnte die vielschichtig ins Symbolische überhöhte Komposition auch vor einem zeitspezifischen Hintergrund gesehen werden. So ist an das Scheitern der französischen Juli-Revolution von 1830 zu erinnern und an das Hambacher Fest vom Mai 1832 als Ausdruck einer deutsch-nationalen, demokratischen Bewegung, die vor der 1848er Revolution zur folgenschweren Unterdrückung der Presse- und Versammlungsfreiheit im damaligen Deutschland führte. Unter diesem Aspekt ließe sich die alte Brücke auf Blechens Bild als Sinnbild für das herrschende restaurative System deuten, während das noch fragile Konstrukt der neuen Brücke für einen vorerst gescheiterten demokratischen Aufbruch steht.

Diesem Deutungsvorschlag lassen sich alle Einzelheiten der Darstellung emblematisch zuordnen: die elementare und formverändernde Kraft des Wassers am Fußpunkt der »erhabenen« Bergriesen; das noch Unvollendete des neuen Brückensystems und die Dominanz des ihm zugeordneten Kran-Galgens sowie das dem Bogen einbeschriebene hölzerne Gerüst als möglicherweise in diesem Zusammenhang entschlüsselbares Geheimzeichen. Der Schlafzustand würde die geängstigte, ins Private gekehrte Reaktion der Bürger und Handwerker, des Biedermeiers schlechthin reflektieren. Die vorgehaltenen, spitzigen Baubretter im Vordergrund, Spießruten ähnlich arrangiert, stünden unter dem Aspekt der Ereignisse von 1830/32 hier als vorläufig funktionslos gewordene Werkteile des Neubaus. In diesem Kontext gewinnt der Hinweis Börsch-Supans, daß die Felsplatten im Vordergrund auf ein deutsches Motiv zurückgehen, eine zentrale Bedeutung.

Anmerkungen

1 Die Landschaftsmalerei wurde 1825 an der Münchner Kunstakademie, kurz bevor Wilhelm von Kobell in den Ruhestand trat, mit dem Hinweis aufgegeben, daß sie als Fachmalerei »eine Art von Moos oder Flechtengewächs am Stamme der großen Kunst« sei (Ernst Förster, Peter von Cornelius. Bd. 1, Berlin 1874, S. 368). Gleiches gilt für die Düsseldorfer Kunstakademie, wo freilich 1827 Johann Wilhelm Schirmer und Carl Friedrich Lessing einen vom akademischen Lehrbetrieb unabhängigen »landschaftlichen Komponierverein« gründeten. 1831 erhielt durch die Vermittlung Karl Friedrich Schinkels der Landschaftsmaler Karl Blechen zwar den Status eines Professors an der Berliner Kunstakademie, doch blieb dies für den Ausbildungsbetrieb weitgehend folgenlos. Erst mit der Berufung Johann Wilhelm Schirmers von Düsseldorf nach Karlsruhe 1854, wo er zum ersten Direktor der neugegründeten Kunstakademie ernannt wurde, erhielt ein Landschaftsmaler den bis dahin vor allem den Historienmalern vorbehaltenen akademischen Status. Carl Rottmann wurde zwar 1841 Königlicher Hofmaler, doch blieb ihm die Professur an der Münchner Kunstakademie zeitlebens verwehrt.

2 Kat. Ausst. Richard Parkes Bonington (1808-1828), Paul Sandby (1730-1809). Wegbereiter der Aquarellmalerei. Karlsruhe, Städtische Galerie im Prinz-Max-Palais, S. 41, 42. — Malcolm Cormack, Bonington. Oxford 1989, z. B. Farbtafel 52: Heinrich IV. und der spanische Botschafter, 1827, Öl auf Leinwand, 38,4 x 52,4 cm. London, Wallace Collection.

3 Kat. Ausst. Corot, Courbet und die Maler von Barbizon, Les amis de la nature. Hrsg. von Christoph Heilmann, Michael Clarke und John Sillevis. Haus der Kunst München, 4.2.-21.4.1996.

4 Karl Graf von Baudissin, Georg August Wallis. Maler aus Schottland 1768-1847. (Heidelberger kunstgeschichtliche Abhandlungen, VII), Heidelberg 1924. — Monika von Wild, George Augustus Wallis. Englischer Landschaftsmaler. Monographie und Œuvre-Katalog. Frankfurt/M. 1996.

5 Erika Rödiger-Diruf, Landschaft als Abbild der Geschichte. Carl Rottmanns Landschaftskunst 1820-1850. Mit einem Nachtrag zum Werkkatalog von 1978, in: Münchner Jahrbuch der bildenden Kunst. 3. Folge, Bd. XL, 1989, S. 153-211.

6 Vgl. Kat. Ausst. Joseph Anton Koch 1768-1839. Ansichten der Natur. Hrsg. von Christian von Holst. Staatsgalerie Stuttgart, 26.8.-29.10.1989, S. 216, 217, Farbtafel 144, Kat. 77. Meines Erachtens handelt es sich bei dieser Wiederholung der Komposition Kochs mit Sicherheit um eine Kopie von anderer Hand, aus stilistischen Gründen sehr wahrscheinlich von der des jungen Rottmann. Gegen die Zuweisung an Rottmann sprechen freilich die Maße, die Hugo Decker in seinem Werkverzeichnis von 1957 unter Kat. Nr. 14 angibt. — Zur Bedeutung dieses Gemäldes für die Studenten an der Münchner Akademie siehe: Armin Zweite, Aspekte der Münchner Landschaftsmalerei, in: Kat. Ausst. Münchner Landschaftsmalerei 1800-1850. Städtische Galerie im Lenbachhaus, München, 8.3.-20.5.1979,

S. 20 ff.
7   Wie Anm. 5, S. 174-184.
8   Siehe hierzu: Karl Heinz Bohrer, Mythos und Moderne. Begriff und Bild einer Rekonstruktion, Frankfurt am Main 1983, vor allem die Beiträge: Manfred Frank, Die Dichtung als »Neue Mythologie« (S. 15 ff.), Peter Bürger, Über den Umgang mit dem andern der Vernunft (S. 41 ff.) und Karl Heinz Bohrer, Friedrich Schlegels Rede über die Mythologie (S. 52 ff.)
9   Bierhaus-Rödiger 1978, Dok. 46 (Corfu, 26.8.1834).
10 Bierhaus-Rödiger 1978, Kat. Nr. 582.
11 Bierhaus-Rödiger 1978, Kat. Nr. 51, und Barbara Eschenburg, in: Spätromantik und Realismus, Gemäldekataloge Bd. 5. Hrsg. von den Bayerischen Staatsgemäldesammlungen, München 1984, S. 364-366.
12 Bierhaus-Rödiger 1978, Kat. Nr. 243.
13 Ludwig Lange, Die griechischen Landschaftsgemälde von Karl Rottmann in der königlichen Pinakothek zu München, München 1854, Einleitung.
14 Bierhaus-Rödiger 1978, Kat. Nr. 699: Unter dem Titel »Waldbrand« hat Rottmann nachweislich das Feuer Ende der 1840er Jahre thematisiert.
15 Bierhaus-Rödiger 1978, Dok. 71 (München, 8.6.1841), dort gegenüber dem Darmstädter Landschaftsmaler Carl Ludwig Seeger eine ausführliche Darstellung Rottmanns von seinen maltechnischen Versuchen.
16 Ernst Buchner, Albrecht Altdorfer, Die Alexanderschlacht, Stuttgart 1956, S. 4.
17 Sowohl beim Italien- als auch beim Griechenlandzyklus hat sich Rottmann wohl auf Veranlassung Ludwigs I. bei einigen Motiven an Vorlagen beispielsweise von Carl Ludwig Frommel, Johann Georg von Dillis und Otto Magnus Freiherr von Stackelberg gehalten, weil er selbst über keine entsprechende Studie verfügte – sei es, daß er den historisch bedeutsamen Ort von einem anderen Standpunkt aus aufgenommen, sei es, daß er ihn gar nicht selbst aufgesucht hat. Siehe Bierhaus-Rödiger 1978, die Vergleichsabbildungen S. 461, 462.
18 Bierhaus-Rödiger 1978, Kat. Nr. 442.
19 Bierhaus-Rödiger 1978, auf *Korinth – Umgebung* von 1835, Kat. Nr. 376, im Vordergrund dominant erstmalig formuliert, später wieder zitiert auf *Sikyon – Korinth* (Kat. Nrn. 548-552) und *Ägina – Aphaiatempel* (Kat. Nr. 578).
20 Bierhaus-Rödiger 1978, erstmalig Anfang der 1830er Jahre dominant im Vordergrund auf dem italienischen Wandbildmotiv *Campagna* (Kat. Nrn. 214, 215) und auf *Staufen – Walser Heide* (Kat. Nrn. 295-297) sowie auf *Olympia* Ende der 1830er Jahre (Kat. Nrn. 556-558).
21 Bierhaus-Rödiger 1978, Kat. Nrn. 213-215: Auf dem der römischen *Campagna* gewidmeten Phantasielandschaft des Italienzyklus beispielsweise analogisiert Rottmann das stehende Gewässer mit dem Stillstand der Zeit im Gegensatz zum fließenden Gewässer als sich ständig veränderndes und erneuerndes Element.
22 Erstaunlicherweise hat auch Henri Rousseau, der »naive« Zöllner, den *Krieg* (Öl auf Leinwand, 114 x 195 cm, Paris, Musée National du Louvre) 1894 als dahinrasende Chimäre dargestellt, auf dem ein Kind reitend Degen und Fackel in den erhobenen Händen hält.
23 Bierhaus-Rödiger 1978, Kat. Nrn. 609-611.
24 Bierhaus-Rödiger 1978, Kat. Nr. 558.
25 1997 wurde der Verfasserin eine Zeichnung im Auktionshaus Hartung und Karl, München, vorgelegt, die eine Skizze zu der sturmgepeitschten Baumgruppe darstellt.
26 Schorns Kunstblatt, 26.3.1849.
27 Bierhaus-Rödiger 1978, Dok. 180 (Tagebuchnotiz Ludwigs I., 7.12.1848).
28 Barbara Eschenburg hat den Aspekt des geschichtlichen perpetuum mobile für den Griechenlandzyklus als Ganzen geltend gemacht (Barbara Eschenburg, Das Verhältnis von Natur und Mensch in Rottmanns Landschaften, in: Bierhaus-Rödiger 1978, S. 69-88, speziell S. 80).
29 Bierhaus-Rödiger 1978, Dok. 51 (Athen, Januar 1835).
30 Wie Anm. 5, S. 177 ff.
31 Richard Oelze, *Erwartung*, 1936, Öl auf Leinwand, 81,6 x 100,6 cm. New York, Museum of Modern Art, in: Renate Damsch-Wiehager, Richard Oelze. Ein alter Meister der Moderne. München/Luzern 1989, Kat. Nr. G 12, Farftafel S. 54.
32 Wie Anm. 5, S. 172-184.
33 Kat. Ausst. William Turner und die Landschaft seiner Zeit, Hamburg, Hamburger Kunsthalle, 19.5.-18.7.1976, S. 40.
34 William Turner, *Schneesturm: Hannibal und seine Armee, die Alpen überquerend*, Öl auf Leinwand, 145 x 236 cm. London, Tate Gallery.
35 In dezidierter Form auf Kat. Nr. 610, in: Bierhaus-Rödiger 1978.
36 Wie Anm. 33, zum Beispiel Kat. Nrn. 78-83.
37 William Turner, *Santa Maria della Salute in Venedig*, 1843, Farbtafel, in: Time-Life Library of Art (ed. by Diana Hirsh), The World of Turner 1775-1851, New York 1969, S. 157.
38 Vgl. Ausst. Kat. William Turner in Deutschland, Kunsthalle Mannheim, 24.9.1995 - 14.1.1996, Kat. Nr. 109, Farbtafel S. 109.
39 Kat. Ausst. Carl Blechen. Zwischen Romantik und Realismus. Nationalgalerie, Staatliche Museen Preußischer Kulturbesitz Berlin, Staatliche Museen zu Berlin, 31.8.-4.11.1990, Kat. Nr. 12 (*Dämonische Landschaft*) und Kat. Nr. 16 (*Morgendämmerung*)
40 Kat. Mus. Winterthur, Stiftung Oskar Reinhart, Deutsche und österreichische Maler, bearbeitet von Peter Vignau-Wilberg. Zürich 1979, Kat. Nr. 12, S. 43-45. Daselbst Farbabb. der Ölskizze zur Berliner Komposition und Hinweise zur Ikonographie und zum zeitgeschichtlichen Hintergrund des Motivs.
41 Wie Anm. 39, S. 121.
42 Kat. Mus. München, Bayerische Staatsgemäldesammlungen, Neue Pinakothek, Erläuterungen zu den ausgestellten Werken. München 1982^4, S. 29.

Gisela Scheffler
Von der Naturstudie zum inszenierten Landschaftsbild
Zur Funktion von Zeichnung und Aquarell in Rottmanns Werk

Rottmann widmete seine Tätigkeit als Zeichner wie als Maler von Jugend an der Landschaft. Daß er sich als angehender Landschafter 1821 an der Münchner Kunstakademie dennoch nicht in der Landschaftsklasse, sondern im Fach Historienmalerei einschreiben ließ,[1] erscheint als ein ahnungsvoller Vorgriff auf die Zukunft. Durch den eigenen Anspruch, sich nicht mit dem bloßen Abbild der vor Augen stehenden Landschaft zu begnügen, sondern die vielgestaltigen Zufälligkeiten der Natur zu großer Form zusammenzufassen, sollte er der Landschaftsdarstellung eine neue Dimension eröffnen. Der unabdingbare Zwang, das sichtbare Ganze nicht anders als in Teilansichten erfassen zu können, ließen ihn im unbegrenzt Ausschnitthaften seiner Landschaften ein Gleichnis finden für die Grenzenlosigkeit der darin waltenden Geschichte. Deren Wirken nicht allein unter dem Aspekt der Vergänglichkeit zu sehen, sondern auch als manifest gewordene Erinnerung historischer Größe, gelang ihm vornehmlich durch den interpretierenden Einsatz von Farbe und Licht.

Seine künstlerische Laufbahn, wie auch jeden zukünftigen Werkprozeß, begann Carl Rottmann als Zeichner. Und obgleich er in einer Epoche heranwuchs, die unter der Vorherrschaft linear-zeichnerischer, nicht koloristisch-malerischer Tendenzen stand – die Namen seiner jugendlichen Mitstreiter Carl Philipp Fohr und Ernst Fries sind gleichsam Synonyme für romantische Zeichenkunst –, wurde er zum Schöpfer eines von der Farbe bestimmten Lebenswerkes. Gemälde und bildhaft ausgeführte Aquarelle beanspruchen in diesem Œuvre gleich hohen künstlerischen Rang. Die lineare Zeichnung dagegen hat als Naturaufnahme (auch wenn sie aquarelliert ist), Kompositionsskizze und Karton eine dienende Funktion zu erfüllen. Alle drei sind Schritte innerhalb des Werkprozesses, die selbst noch nicht das Ziel bedeuten.

Landschaftszeichnen in traditioneller Sicht

Erste Unterweisung im Landschaftszeichnen erhielt Carl Rottmann durch seinen Vater Friedrich Rottmann, der als kleinteiliger Landschaftszeichner und -radierer die naturnah nüchterne Richtung des Realismus vom Ende des 18. in das 19. Jahrhundert weiterführte.[2]

Beleuchtungs- und Gegenlichteffekte, die bereits in Carl Rottmanns Studienbuch von 1811 die grau lavierten Neckarlandschaften beleben und räumlich vertiefen,[3] verdankte der vierzehnjährige Adept sehr wahrscheinlich dem Vorbild seines wenig älteren, genialen Mitschülers Carl Philipp Fohr.

Die erwähnten Neckargegenden und mehr noch Rottmanns Anteil an den gemeinsam mit Ernst Fries, Christian Xeller u. a. gezeichneten Vorlagen zu den 1818/20 erschienenen *Malerischen Ansichten des Rheins, der Mosel, des Haardt- und Taunus-Gebürges*[4] zeigen den jungen Künstler vertraut mit den Regieregeln derart malerischer Prospekte (die in druckgraphischen Techniken Verbreitung fanden): Das Hauptmotiv, von tatsächlich oder fiktiv erhöhtem Standort aufgenommen, liegt in der fernen Bildmitte; es wird in seiner Maßstäblichkeit gesteigert durch winzige Menschen und rahmende Bäume im dazuerfundenen Vordergrund. In vielfältigen Abwandlungen werden diese Gestaltungsprinzipien in Rottmanns Schaffen lebenslang präsent bleiben.

Wie von Heidelberg an Neckar und Rhein, so führten seit 1822 auch Rottmanns Studienwanderungen von München aus in kein erst von ihm zu entdeckendes Land. Brannenburg (Kat. 8), Oberaudorf (Kat. 10), Traunstein, Schlehdorf, Kochelsee und Ammersee waren bereits Ziele des jungen Dillis, seiner Zeitgenossen und Zeichenschüler gewesen; das Salzburger und Berchtesgadener Land, Ramsau und Watzmann (Kat. 20)[5] gehörten spätestens seit den von Schlotterbeck und Strüdt um 1803-07 veröffentlichten Aquatinta-Folgen dieser Gegenden[6] zum Itinerar fußreisender Künstler in den Alpen und auf dem Wege nach Italien. Die Anziehungskraft dieser Landschaften wurde noch stärker, nachdem Ferdinand Olivier 1823 seine lithographische Folge der *Sieben Gegenden aus Salzburg und Berchtesgaden. Geordnet nach den Sieben Tagen der Woche...* ediert hatte. In einem an der Dürerzeit orientierten »ernsten historischen Style« sind Oliviers Landschaften nicht allein Abbilder, sondern auch Sinnbilder. Mit strenger und zugleich lebensvoller Stilisierung erhob er die Landschaft in den Rang des vollkommenen göttlichen Schöpfungswerks.[7] Ihm geistesverwandt, wird auch Rottmann in der Landschaft das Walten höherer Schicksalsmächte erkennen.

Übernahme und Anleihe reflektieren beim jungen Rottmann vorbildsuchende Offenheit gegenüber Kunst- und Künstlerbegegnungen. Für die Ansicht von *Baden-Baden* (Kat. 3) bediente er sich – wie hin und wieder auch später – eines druckgraphischen Vorbilds von Carl Ludwig Frommel; die Felsformation der Landschaft mit *Burg Eltz* entnahm er einem in der Sammlung Boisserée kopierten Altarflügel des Dirk Bouts.[8] Das 1822 geschaffene bildhafte Aquarell *Salzburg, Kapuzinergarten* (Kat. 5) wirkt im Vergleich mit der zwei Jahre früher entstandenen Zeichnung des gleichen Motivs von Ferdinand Olivier fast wie mit dessen Augen gesehen.[9] Kaum je wieder wird Rottmann dem nahen Vordergrund und der figürlichen Staffage solche Aufmerksamkeit widmen.

Auch in späteren Jahrzehnten, während der Arbeit an den italienischen und den griechischen Landschaften, wählte Rottmann den gleichen Blickwinkel wie andere, die vor ihm dort gearbeitet hatten. So skizzierte er in Agrigent vom gleichen Standort aus die Tempel von *Girgenti*, wie Dillis zehn Jahre zuvor.[10] Oder er wandelte eigene Naturstudien ab, um sie – wohl auf Wunsch König Ludwigs I. – in den Wandbildern der Theater von *Syrakus* und *Taormina* der Sicht anzunähern, die 1817/18 bereits Dillis festgehalten hatte, und zwar in den vom König hochgeschätzten Aquarellen des Reiseportefeuilles der *Ansichten aus Rom, Neapel und Sizilien*.[11] Für Sizilien hatte zudem 1819 Friedrich von Gärtner mit den großformatigen Lithographien der *Ansichten der am meisten erhaltenen griechischen Monumente Siciliens*... verläßliches Anschauungsmaterial vorgelegt, das Rottmann für die Wandbilder von *Girgenti* und *Selinunt* zu Rate ziehen sollte.[12]

Regelrecht auf fremde Vorbilder angewiesen war Rottmann dann, wenn Gegenden zu malen waren, die er so nicht erfaßt oder selbst nicht bereist hatte, wie dies für *Olympia* zu vermuten ist. Dafür mußte er offenbar auf Details einer Lithographie von Otto Magnus von Stackelberg zurückgreifen.[13] Dessen lithographisches Werk *La Grèce. Vues pittoresques et topographiques...* beeinflußte, soweit es bis 1834 erschienen war, sehr wahrscheinlich schon im Planungsstadium die Auswahl der griechischen Reiseziele und die Bestimmung von Standorten des Griechenlandzyklus.[14] Darüber hinausgehende Vorstellungen von berühmten Stätten Griechenlands dürften vor Reisebeginn weniger auf Anschauungsmaterial als auf der Kenntnis von Geschichte und literarischen Beschreibungen beruht haben.[15] – Die maßgebliche älteste *Beschreibung von Hellas*, nämlich die des Pausanias, war soeben in deutscher Übersetzung in München herausgegeben worden (von E. Wiedasch 1826-1833).

Aus der Tradition der idealen Landschaftsmalerei übernahm Rottmann die künstlerische Freiheit, die Natur komponierend zu korrigieren, Teile aus urprünglichen Zusammenhängen auszugliedern und als Bausteine in eine neue Umgebung einzufügen. So versetzte er eine Baumgruppe der *Serpentara* an den Golf von *Messina* und die *Quelle Kallirhoe* von Athen nach *Pronoia* und *Korinth*.[16] Derartiges Auswählen als ein Prinzip klassischer Landschaftskunst hatte er an Joseph Anton Kochs *Heroischer Landschaft mit Regenbogen* studieren können (vgl. Abb. S. 32). Das von kraftvoller Naturschilderung neu belebte Ideal stand seit 1815 den Studenten der Münchner Kunstakademie im Atelier der Landschaftsklasse als exemplarisches Vorbild zur Verfügung.

In einer Zeit zunehmend realistischer Strömungen bekannte Rottmann sich 1826, am Anfang der ersten Italienreise, zu dieser idealen Tradition: »Studien aus großer Natur sind nöthig; und einen erhabenen Charakter, der den Stiel eines Bildes, wie ich es mir denke, ausmacht, muß man gesehen und begriffen haben, um die Studien des Details anwenden zu können.«[17]

Naturerlebnis mit eigenem Blick

Den »erhabenen Charakter« einer naturgegebenen Landschaft zu erkennen, ist bereits ein Akt künstlerischer Intention. »Denn«, so konstantierte Rottmann zu Beginn der Griechenlandreise 1834 mit Blick auf Corfu: »... bedeutungsvolle Namen, wenn sich auch hundertfältige erhabene geschichtliche Erinnerungen damit verbinden, sind noch keine Motive für eine Landschaft, sie geben dieser aber, wenn die Formen von der Natur glücklich gestaltet worden sind, erst den höheren Werth.«[18]

Äußerungen dieser Art lassen erahnen, daß es Rottmann als Zeichner vor der Natur nicht gegeben war, sich eines vor ihm auftauchenden Motivs im spontanen Zugriff zu bemächtigen. Im Gegenteil: es muß ihm oft schwergefallen sein, sich vor dem breiten Panorama der ihn umgebenden Landschaft für einen Ausschnitt zu entscheiden. Wenn er am Walchen-, Kochel- und Staffelsee »Bilder gesucht [hat] um sie nicht zu zeichnen«, wenn er nach sechs Tagen am Kochelsee »fast nichts in der Mappe« hat und in Schlehdorf versichert, zwar in 14 Tagen keine einzige Zeichnung fertiggebracht, wohl aber durch Sehen und Laufen sich »mit Ideen bereichert« zu haben,[19] so wird erkennbar, daß das schauende Einfühlen in die Natur für ihn Vorrang hatte vor der gezielten »Bilderjagd«. »... ein Tag, eine Woche vergeht nach der anderen und noch ist nichts auf dem Papier«, klagte er 1827 in Rom: »... die Erinnerungen sollen mir darbieten, was die Umstände mir nicht erlaubten.«[20]

Briefberichte von Gewittern und Regenbögen bezeugen Rottmanns auf »herrliche Lufteffekte«, Farb- und Lichtphänomene konzentrierte sinnliche Erlebniskraft. Er beschrieb »Duft und Nebel«, die sich morgens »an den Bergen aufheben«, den Regenbogen, der »durch die grauen Wolken« kam und die »Luft ... feurig grau ..., in der Mitte des Regenbogens ein rother Regenstrom ..., durch den Blize herunter fuhren«.[21] Dieses eigene Landschaftserlebnis war das unverzichtbare Fundament seiner interpretierenden Landschaftskunst. Er verachtete die »sublimirten Naturschilderungen« der aus zweiter Hand schöpfenden *Nach*empfinder« ebenso wie die daraus entstandene »Phrase[o]logie der Alpenempfindsamkeit«. Denn: »Nur der eigene Eindruck bleibt, weil er zugleich auf Leib u. Geist wirkt.«[22]

Der Zeichner vor der Landschaft

Anders als die stimmungsvollen Erlebnisschilderungen erwarten lassen könnten, ist Rottmann beim ersten Erfassen des Natureindrucks ein unemotional sachlich beobachtender Zeichner. Sein Zeichenstift folgt registrierend dem Auge, das trotz weiter Entfernungen Geländeformationen nahsichtig abtastet. Nicht ein sensibles An- und Abschwellen der Linie, sondern die Absicht gleichmäßig genauer Wiedergabe bestimmen das einheitliche Strichbild. Wie um Distanz und Übersicht zu wahren, bleibt der Vordergrund meistens ausgespart. Am Horizont zeichnen sich die großen Formen mit scharf gezogenem Kontur von der Fläche des hohen Himmels ab. Die in Aufsicht erfaßte, seitlich unbegrenzte Landschaft wirkt wie ein Ausschnitt aus einem großen Panorama (Kat. 127, 179).

Um die vor ihm liegende Landschaft auch in ihrer farbigen Erscheinungsweise der bildlichen Erinnerung zu bewahren, bedient sich Rottmann des Aquarells. Er hält sich mit dem Pinsel an die von der Zeichnung vorgegebenen Grenzen. Der Farbauftrag hat nicht modellierenden, sondern flächigen Charakter (Kat. 165, 170). Die tiefenräumliche Folge unterschiedlicher Terrainformen und -schichtungen wird durch den scheinbar vom Lichteinfall bewirkten Wechsel heller und dunklerer Farbzonen veranschaulicht. Die Sicht ist klar, es gibt keine atmosphärisch verunklärende Luftperspektive (Kat. 61, 72).

Rottmann beläßt der Naturaufnahme den Charakter des Unvollständigen und Unvollendeten; sie ist nicht Selbst- und Endzweck, sondern die formale Grundlage des sich anschließenden mehrstufigen Werkprozesses. Die vor der Natur erfaßte Landschaftsformation wird erst in kompositorisch verdichteter Form zum Hauptmotiv eines Bildes.

Diese allgemeinen Beobachtungen versuchen, Konstanten in Rottmanns Verhältnis und Verhalten gegenüber der Natur aufzuzeigen. Sie stützen sich auf die Studien der beiden Italienreisen 1826/27 und 1829 und der Griechenlandreise 1834/35. Da Rottmann sich während dieses Jahrzehnts vom Landschafter intimen Formats zum Maler großer Bildungslandschaften im öffentlichen Raum entwickelte, mußten sich mit der neuen Aufgabenstellung auch seine Seherfahrungen gegenüber der landschaftlichen Natur verändern. Dieser Wandel ist an den Naturstudien der zweiten Italienreise zu verfolgen, die bereits in königlichem Auftrag unternommen wurde mit dem ausdrücklichen Zweck, die Grundlagen für den italienischen Wandbildzyklus zu erarbeiten.

In Italien

Obwohl stilistische Argumente nicht immer ausreichen, um Studien der beiden Italienreisen zu unterscheiden – die Route der Reisen war teilweise identisch –, sind Entwicklungstendenzen erkennbar. Auf der ersten Reise ist Rottmann mit einigen privaten Aufträgen ausgestattet, sonst aber frei in der Wahl seiner Motive, um sie zur späteren Verwendung in seinem »Portefeuille« zu sammeln. Mit dem *Blick aus der Villa d'Este in Tivoli* (Kat. 63), dem Blick über den *Golf von Bajae* (Kat. 72) und den Landhäusern in *Marino* (Kat. 62) widmet er sich in kleinen stillen Aquarellen mehr dem landschaftlich Schönen als dem historisch Bedeutsamen. Weit ausgedehnte, landschaftliche Überblicke erfaßt er in etwa einen halben Meter breiten, von der Aquarellfarbe dominierten Blättern: *Nizza* (Kat. 48), *Bucht von Genua* (Kat. 49), *Campagna – Sedia del Diavolo* (Kat. 61). Die individuelle Gestalt topographischer Sehenswürdigkeiten – Stadtansichten, antike Stätten – und deren Einbettung in die Landschaft gibt er in ebenfalls großen, umrißbetonten Bleistiftzeichnungen wieder: *Terracina* (Kat. 69), *Reggio* (Kat. 95), *Syrakus – Ohr des Dionysos* (Kat. 88). Die beiden letztgenannten Blätter zeigen mit zeichnerischer Dichte und ausgedehnten Flächenschraffuren bereits Merkmale, die für Bleistiftstudien der zweiten Italienreise charakteristisch sind.

Die zweite Reise ist bestimmt vom Vorhaben des *al fresco* zu malenden Italienzyklus. Vorrang hatte die Aufnahme der mit dem König vereinbarten Motive – neben historisch bedeutsamen Orten auch »reine« Landschaften; für letztere standen schon Studien von der ersten Reise zur Verfügung. Im Hinblick auf die knapp 150 x 175 cm messenden Wandbilder werden jetzt die Blattformate der Naturaufnahmen noch größer und verlangen mehr Durchführung im Detail. Anfangs entstehen ca. 70 - 90 cm breite, akzentuierend mit der Feder überarbeitete Aquarelle, in denen auch Himmel und Vordergrund ausgeführt oder zumindest zeichnerisch angelegt sind: die *Serpentara* (Kat. 65), *Monte Serone* (Kat. 67), der *Blick auf die Mamellen* (Kat. 66). Gegen Ende der offenbar knapp bemessenen Reisefrist blieb Rottmann neben dem akribischen Zeichnen gebäudereicher Stadtphysiognomien und antiker Stätten (*Florenz*, die *Ruinen Roms*) kaum mehr Zeit zum Aquarellieren, ein Mangel, den er manchmal durch farbbeschreibende Notizen zu kompensieren suchte (*Syrakus – Ohr des Dionysos*, Kat. 88).

In Griechenland

Als Rottmann im August 1834 nach Griechenland aufbrach, verfügte er über mehr grundsätzliche Einsichten als zu Beginn seiner Italienreisen 1826 und 1829. Sie betrafen zum einen das sinnliche Erlebnis großformatiger südlicher Landschaft und mediterranen Lichts. Deren anfangs schwierige Umsetzung in Zeichnung und mehr noch in Aquarell hatten ihn 1826 angesichts des Golfes von Genua noch in eine arbeitshemmende Unentschlossenheit gestürzt. Zum anderen kannte er inzwischen die Vorgaben besser, die Naturaufnahmen zur Umsetzung in großes Format zu erfüllen hatten.

Folgerungen aus der gewonnenen Erfahrung waren neben nahsichtigen Detailstudien zur charakteristischen Gestaltung von Vordergründen: *Tiryns*, *Naxos – Geröllhalde* (Kat. 116, 175), vor allem ungemein dicht und ausführlich gezeichnete Naturaufnahmen: *Santorin* und *Korinth von Westen* (Kat. 179, 127), häufig, wie das letztgenannte, aus mehreren Bögen zusammengesetzt und mit mehr als einem Meter Breite von bisher nicht verwendeter Größe. Die Fülle gesammelter Information sollte mit Sicherheit dem künftigen Bildformat gerecht werden, das beim Griechenlandzyklus mit 157 x 200 cm die Gemälde des Italienzyklus in der Breite noch um 25 cm übertraf.

Rottmanns zeichnerische Akribie mag stimuliert worden sein von dem Bewußtsein, daß die Reise für ihn unwiederholbar war und er für die zukünftige Arbeit nahezu ausschließlich auf selbstgeschaffene Grundlagen angewiesen sein würde. Denn für Griechenland gab es noch nicht, wie für Italien, kanonisierte Reiserouten und daran orientierte Ansichtenserien. Außer auf Zeichnungen seines Reisegefährten Ludwig Lange hätte er im Bedarfsfalle nur auf Stackelbergs schon genanntes lithographisches Werk *La Grèce* zurückgreifen können. Aber dessen ihm bereits bekannte *Vues pittoresques et topographiques* gaben über die individuelle Gestalt eines Gebirges oder die charakteristische Formation einer bestimmten Landschaft nur eine idealisch verallgemeinernde und über die farbige Erscheinungsweise gar keine Auskunft.

So genau wie die Struktur beobachtete Rottmann auch die farbige Erscheinung der Landschaft. Sie ist gleichfalls ein Charakteristikum, von dem die künstlerische Interpretation auszugehen hat. Die Aquarellierung der breiten, in mehrtägiger Zeichenarbeit aufgenommenen Panoramen ist innerhalb eines Spektrums weniger Grundtöne fein abgestuft: *Kalamata* und die baumreiche *Ebene von Sparta* (Kat. 170, 167), die ausgedehnten Gebirgsketten von *Pronoia*, *Nemea* und *Sparta – Taygetos* (Kat. 118, 137, 166). Der Farbauftrag ist ebensowenig spontan wie die Vorzeichnung. Die Farbtöne mischen sich nicht durch nasses Ineinanderfließen, sondern durch das Übereinanderlegen einzelner Lasuren, wobei die jeweils vorangehende bereits angetrocknet war, ehe die nächste folgte. Farbauftrag und Pinselführung sind so genau kontrolliert, daß die Trockenränder sich häufig mit der Vorzeichnung zu einem Kontur vereinen. Rottmann arbeitete lasierend mit Wasserfarben in aufeinanderfolgenden Lagen prinzipiell genauso wie mit Öl als Bindemittel.

Im Gegensatz zur flächen- und umrißbestimmten Freskotechnik des Italienzyklus, die auf dem feuchten Putz in genau festgelegten raschen, nicht nachbesserungsfähigen Arbeitsschritten ausgeführt werden mußte, versprach die für den Griechenlandzyklus vorgesehene Wachs-Harzmalerei der Enkaustik die Möglichkeiten tonreicher Übergänge und Lasierungen. Die Intensität der nuancenreichen Aquarellierung läßt vermuten, daß Rottmann schon beim Arbeiten vor der Natur die neue Technik der Enkaustik, die für den Griechenlandzyklus gewählt werden sollte, in Betracht zog.

Freilicht-*Malerei* vor der Natur?

Wenngleich in diesem Beitrag ausschließlich die Werkgattungen in den Blick gefaßt werden sollen, für die Papier der Bildträger ist, stellt sich beim Studium nach der Natur doch die Frage, in welchem Maße Rottmann sich zusätzlich zu Wasserfarben hier auch der Malerei mit Öl als Bindemittel bediente. Über seine aktuelle Arbeit an Ölbildern schrieb der Maler von unterwegs jeweils nur vom ersten Teil seiner Reisen, solange er sich noch nicht unter akutem Zeitdruck fühlte. Am Beginn der ersten Italienreise bemühte er sich, nicht nur im Quartier, sondern auch auch vor der Natur die Ölmalerei zu betreiben. Denn es ist ihm »angenehm, das nach der Natur malen zu können, was mir früher nur in der Idee lag.«[23] Er schreibt aus Genua 1826 von untermalten Bildern, meist kleineren Formats, die er würde »zu Hause besser fertig malen können, das was nach der Natur sein soll ist darauf, es fehlt nur noch die Wirkung des Bildes«.[24] Die Erwähnung der Untermalung weist eher auf technisch sorgfältig aufgebaute Gemälde hin als auf rasch hingeworfene Ölskizzen.

Der Umfang dessen, was er tatsächlich prima vista vor der Natur als Ölskizze auf Papier (Kat. 81) oder, material- und zeitaufwendiger, auf Leinwand gemalt haben könnte, bleibt unklar und ist eher als gering einzuschätzen.[25] Die Mal-Produktion während des griechischen Winters bis Mai 1835 beschränkte sich auf ganze »zwei schlecht Wetter Bildchen« *Korinth* (Kat. 126) und *Korfu* (Kat. 105). Beide sind wohlkomponierte kleine Gemälde mit Figurenstaffage (auf dem letztgenannten ausgeführt von Carl Wilhelm von Heideck), die bei schlechtem Wetter unter Dach entstanden, als das Arbeiten im Freien nicht möglich war.

Zu beachten ist zudem, daß Rottmann von »Bildern« auch im übertragenen Sinne spricht – etwa von Bildern, die er »ausgewählt« hat, damit aber das bildwürdige Motiv meint, das ihm bildhaft vorerst nur vor dem geistigen Auge steht. Im gleichen Zusammenhang stellt er auf der Griechenlandreise fest: »Eine große Studie in Öl zu malen wie ich vor hatte daran darf ich nicht denken, da jede Zeichnung für sich so viel Zeit erfordert als ich für eine größer gemalte Studie verwenden müßte ... denn wenn ich so ... der Reise, des Auffindens der geeigneten Punkte und des Zeichnens nur 14 Tage rechne so käme ich noch mit 38 Bildern, d. h. Gegenstände zu den Wandgemälden noch nicht mit der mir zugemessenen Zeit aus ...«[26]

Die zeitaufwendige Beschwerlichkeit des Reisens überhaupt in dem touristisch unerschlossenen Griechenland wurde Rottmann erst unterwegs recht deutlich. Die hier vorgefundenen Verhältnisse hinderten ihn daran, alle mit König Ludwig I. und Klenze vereinbarten Ziele aufzusuchen.[27] Für die gesamte Reise stand ihm nur etwa ein Jahr zur Verfügung.

Von der Naturaufnahme zum komponierten Bild

Wollte man Rottmann allein nach seinen Naturstudien beurteilen und deren Rang messen an der spontan-subjektiven Zeichenkunst der mit ihm im gleichen Jahrfünft geborenen Carl Philipp Fohr, Carl Blechen und Franz Horny, hätte man es schwer, ihn als ebenbürtig zu erkennen. Zu sehr fasziniert bei den anderen das unmittelbare Erleben. Das Sich-Zurücknehmen aber, das in diesem Vergleich für Rottmann als Mangel empfunden werden könnte, ist seine Methode: die bewußt »neutrale« Wiedergabe des Natureindrucks, die frei ist von emotionaler Wertung. Sie beläßt der Landschaft alle Offenheit für die erst im weiteren Werkprozeß einsetzende Sinngebung. Diese über das optisch Wahrnehmbare hinausgehende geistige Dimension erschließt Rottmann der Landschaft durch kompositionelle Gestaltung, Farbgebung und Lichtführung.

Für die griechischen Landschaften vollzog Rottmann den qualitativen Schritt der sinngebenden Erschließung mit der Ausführung von 37 bildhaften Aquarellen, die er zwischen 1838 und 1847 für Ludwig I. schuf, zuzüglich weiterer drei, die Neufassungen bereits vorliegender Landschaftsmotive sind und nicht in den Besitz Ludwigs I. gelangten.[28] Die Aquarellentwürfe bildeten, den Bozzetti der Barockzeit vergleichbar, die Entscheidungsgrundlage für die Auftragserteilung zu den Wandbildern. Sie wurden (ausgenommen die drei Neufassungen) vom König angekauft und 1868 aus dessen Nachlaß an die damals Königliche – heute Staatliche – Graphische Sammlung München überwiesen.

Mit diesen Aquarellen als Vorstufen zu den Wandbildern gelang es Rottmann, die Landschaftsdarstellung zu einer ranghöheren historischen Richtung zu nobilitieren. Er verlieh den Landschaftsaquarellen eine weit über das beschränkte Blattformat hinausweisende Aussagekraft. Um die von Naturgewalten und Menschenkraft geprägte Geschichtlichkeit eines Ortes zu erläutern, bedarf er keiner Staffage, sondern er veranschaulicht sie durch große Form und die Stimmung von Farbe und Licht. Mit dieser Verdichtung von ästhetischer Erscheinung und geistiger Aussage gehören Rottmanns bildhaft ausgeführte Landschaftsaquarelle zum Bedeutendsten der Aquarellkunst im 19. Jahrhundert.

Der Werkprozeß

Rottmann arbeitet – pauschalierend zusammengefaßt – in einem vierstufigen Werkprozeß. Die Werkstufen sind[29] für den Italienzyklus:
Naturstudie – Kompositionsskizze – Karton – Wandbild;
für den Griechenlandzyklus:
Naturstudie – Kompositionsskizze – Aquarellentwurf – Wandbild.

Naturstudie: Rottmanns Arbeitsweise vor der Natur und seine Naturstudien wurden oben bereits ins Auge gefaßt. Das vor der Landschaft aufgenommene Motiv findet im Mittel- oder Hintergrund der nach ihm benannten Bildkomposition seinen Platz. Ihm wird ein Proszenium vorgelagert, das auf die reale Topographie des Ortes meist keine Rücksicht nimmt.

Kompositionsskizze: Die Komposition wird mit rein zeichnerischen Mitteln erarbeitet, vorwiegend mit Bleistift, selten mit Feder akzentuierend übergangen, oder mit schwarzer Kreide. Für den Italienzyklus haben die Kompositions»skizzen« im Ausführungsgrad bereits den Charakter von Kompositionsentwürfen, sie sind zur Übertragung auf den Karton (im Größenverhältnis etwa 7 - 8:1) mit einem Liniengitter quadriert.[30] Die Kompositionsskizzen zum Griechenlandzyklus dagegen wirken flüchtig, trotz weitgehender Festlegung von Konturen und modellierenden Schatten, und bei seriellen Abwandlungen des Motivs in mehreren Varianten fast wie hingeschrieben; die Größen sind unterschiedlich, im Verhältnis zum Wandbild etwa 6 - 7:1.[31]

Karton: Die Kartons zum Italienzyklus entsprechen in Komposition und Größe dem zukünftigen Wandbild. Sie sind mit Kohle gezeichnet, gewischt und mit weißer Kreide gehöht. Schraffuren, Wischungen, Weißhöhungen und braune oder blaue Papiergründe bewirken bereits ein malerisches Erscheinungsbild. Die Helligkeitswerte haben weniger den Zweck der modellierenden Naturnachahmung als der sinnfälligen Hervorhebung, der Überhöhung des namengebenden Motivs ins bedeutungsvoll Erhabene. Die Übertragung der Kartonzeichnung auf die Wand erfolgte über eine extra Pause. Daher sind die Kartons weder perforiert noch gegriffelt. Die Pausen wurden dem feuchten Wandputz aufgelegt und die Umrißlinien eingeritzt; die eingetieften Ritzlinien bleiben auf dem Fresko erkennbar.[32]

Aquarellentwurf: Die bildhaft ausgeführten Aquarellentwürfe erfüllen mit der weitgehenden Festlegung der Komposition für den griechischen Wandbildzyklus eine den Kartons der Italienbilder entsprechende Funktion, allerdings in viel kleinerem Format und in bereits farbiger Gestalt.

Über die Hilfsfunktion als letzte Vorstufe zum Wandbild hinaus sind diese Aquarelle vollkommen eigenständige Kunstwerke höchsten Ranges. Diese Wertschätzung teilten Künstler und König, denn die Aquarelle wurden unabhängig vom Wandbild extra bezahlt. Für ein solches bildhaftes Aquarell erhielt Rottmann 160 Gulden, für ein Wandgemälde 500 Gulden. Die vermeintliche Unverhältnismäßigkeit von Preis und Arbeitsaufwand relativiert sich, wenn man in Betracht zieht, daß mit dem Aquarellentwurf zugleich die schöpferische Invention honoriert wurde.[33]

Stellvertretend für die Gesamtheit beider Wandbildzyklen soll im folgenden für einige Motive die Werkgenese von der Naturstudie zum Wandbild verfolgt werden. Ausgewählt wurden Kompositionen, die mit mehr als einer Version in Ausstellung und Katalog vertreten sind und für die außerdem zum nachvollziehenden Vergleich weitere Werkstufen im Bestand der Staatlichen Graphischen Sammlung München zur Verfügung stehen und hier abgebildet werden.

Italienzyklus
Golf von Bajae
Der Hintergrund wird Hauptmotiv.

Werkstufen: aquarellierte Naturstudie, 1827 (Kat. 72) – Erster Karton (nicht ausgeführt; Abb. 1) – Zweiter Karton (Kat. 74) – Wandbild, 1832 (Kat. 75)[34]

Während des ersten Italienaufenthaltes besuchte Rottmann im Frühjahr 1827 von Neapel aus sowohl vor als auch nach der Sizilienreise das hochgelegene Kloster Camaldoli.[35] Es war berühmt wegen seiner weitreichenden Aussicht über die Golfe von Neapel, Pozzuoli, Bajae und Gaeta. Die Sicht umfaßt, wie Rottmann auf dem unteren Blattrand der Aquarellstudie – in der blauen Ferne beginnend – vermerkt hat, die »Insel Ischia, Procida, Cap Missene, Mare Morto il Salvatore u. Lago d'Averno«. Einen etwa 3 x 20 cm großen Ausschnitt mit Kap Misenum, Procida und Ischia grenzt Rottmann aus dem Hintergrund der Naturstudie aus, um ihn, zu großer Form gesteigert, zum Hauptmotiv des Wandbildes *Golf von Bajae* zu erheben.

In einem bisher unbeachtet gebliebenen ersten Karton (80 x 93,4 cm) ist die vorgelagerte steile Felsbucht in Erinnerung an die Phlegräischen Felder im Vordergrund der Naturstudie fast bis zum rechten Bildrand geschlossen. Im endgültigen Karton und im Wandbild öffnet sich die Bucht des Golfes von Bajae bereits im Vordergrund zum Meer. Auf dem Wandbild heben sich die Inseln in gedämpftem Blau aus dem fast gleichfarbigen Wasser in das etwas hellere Element der »unendlichen Luft«.[36] Die Komposition gipfelt in der Pyramide des Epomeo, dem Hauptberg von Ischia. Doch der Titel des Bildes heißt nicht »Ischia« sondern *Golf von Bajae*. Konsequent, wie in allen Bildern des Italienzyklus, hat Rottmann auch hier die namengebende Hauptsache des Bildes ins rechte Licht gerückt: Die Meeresoberfläche reflektiert gleißend die Morgensonne, und hell beleuchtet sind die Küsten des Golfes, wo einst Kult und Kultur der Römer gediehen, bis sie im Ansturm des Meeres und fremder Völkerschaften untergingen.

Griechenlandzyklus
Sparta – Taygetos; Korinth von Westen
Das Hauptmotiv wird Hintergrund.

Sparta – Taygetos
Werkstufen: Naturstudie, 1835 (Abb. 2) – aquarellierte Naturstudie, 1835 (Kat. 166) – Kompositionsstudie (Abb. 3) – Aquarellentwurf, vor 1839 (Kat. 165) – Wandbild 1841[37]

Als Rottmann im Frühjahr 1835 die Peloponnes bereiste, bereitete er für Sparta zwei Wandbildmotive vor: *Sparta – Ebene* und *Sparta – Taygetos*. Die Bergkette des Taygetos hat Rottmann in zwei mehr als meterbreiten Naturstudien aufgenommen: in einer Bleistiftzeichnung, die das Relief des Gebirges mit

1   Golf von Bajae, 1. Karton, 80 x 93,4 cm. Schwarze Kreide, laviert, weiß gehöht. Inv. Nr. 45660; Bierhaus-Rödiger, Kat. Nr. 163a

Mistra und anderen Siedlungen auf den Vorbergen detailreich wiedergibt, und in einer aus größerer Distanz aufgenommenen Aquarellstudie, die die Bergkette mit ihren beschatteten Klüften und besonnten Flanken durch die grauviolette Lavierung zu einer grandiosen Einheit zusammenfaßt.

2   Sparta – Taygetos, Naturstudie, 40,1 x 108,2 cm. Bleistift. Inv. Nr. 14951; Bierhaus-Rödiger, Kat. Nr. 458

Das Taygetos-Gebirge wird zum Hauptmotiv im Hintergrund des zukünftigen Bildes, dessen Komposition Rottmann in einer Reihe von Bleistiftskizzen findet, die in der Lebhaftigkeit des Strichbildes wie rasche Ideenniederschriften wirken. Er überhöht die hintere Kette der Schneeberge und legt davor die weite fruchtbare, baumbestandene Ebene, auf die der Betrachter von irrealer Höhe herabblickt.

4   Korinth von Westen, konturierende Naturstudie, 37 x 54,5 cm. Bleistift. Inv. Nr. 35838; Bierhaus-Rödiger, Kat. Nr. 386

5   Korinth von Westen, Aquarellentwurf I, 32,7 x 46,5 cm. Bleistift, Aquarell. Inv. Nr. 21395 recto; Bierhaus-Rödiger, Kat. Nr. 652 recto

3   Sparta – Taygetos, Kompositionsstudie, 21,5 x 25,9 cm. Bleistift. Inv. Nr. 1915:48 verso; Bierhaus-Rödiger, Kat. Nr. 452 verso

Die Landschaft des Aquarellentwurfs, die im Hintergrund die gedämpfte Farbigkeit der grau-violett aquarellierten Naturstudie aufnimmt, hat mit einem pflügendem Bauern und weidenden Tieren bukolischen Charakter. Auf dem Wandbild dagegen erinnert der einem Jüngling gewidmete Gedenkstein mit seiner Inschrift an die strenge Erziehung der stets kampfbereiten spartanischen Jugend.[38]

Korinth von Westen
Werkstufen: Naturstudie, 1834/35 (Kat. 127) – Konturierende Naturstudie, 1834/35 (Abb. 4) – Aquarellentwurf I, 1845 (Abb. 5) – Aquarellentwurf II, 1845? (Kat. 128)[39]

Nachdem Rottmann auf der Durchreise im September 1834 Korinth als »eine der großartigsten Landschaft[en]« kennengelernt hatte, die er »je gesehen habe«, kehrte er im November zu längerem Studienaufenthalt zurück, denn hier gab es für ihn »viel viel zu thun«. Zu zeichnen vorgenommen hatte er sich »zwei der schönsten Gegenstände ... wovon [er] einen für ein Wandgemälde bestimmt habe«.[40] Obwohl sich seit 1845 für *Korinth von Westen* zwei alternative Aquarellentwürfe im Besitz Ludwigs I. befanden (die Bezahlung erfolgte in der nur einem Entwurf entsprechenden Höhe), wurde nicht diese Komposition, sondern *Korinth mit Akrokorinth (Korinth – Stadt)* 1847 als Wandbild ausgeführt (Kat. 129).[41]

Die Arbeitsschritte sind bis zu den Aquarellentwürfen prinzipiell die gleichen, die bei *Sparta – Taygetos* beschrieben sind. Nur war der winterliche Sonnenstand so ungünstig, daß Rottmann sich »darum mit Conturen begnügen« mußte.[42] So sind denn auch von Korinth und Umgebung erstaunlich viele sehr große, überaus präzise mit dem Bleistift gezeichnete Naturstudien entstanden.

In der über einen Meter breiten Naturstudie für *Korinth von Westen* erfaßt Rottmann das Gelände in seiner zerfurchten Struktur mit der Genauigkeit eines Kartographen. Auf Akrokorinth und in den Ausläufern zur Ebene sind Bauwerke und Besiedlung zu erkennen – wie häufig bei Rottmann: ein Griechenland ohne Säulen. Die halb so breite zweite, auf die großen Reliefkonturen und Schattenschraffuren konzentrierte Naturstudie wirkt wie eine Reinschrift der ersten. Sie ist vielleicht die Vorstufe für die Aquarellentwürfe gewesen.

Ganz winzig sind dort – die Landschaft durch ihren Maßstab ins Riesige steigernd – zwei Menschen, die sich im Vordergrund vorsichtig zu einem dunklen Wassertümpel hinabbeugen. Die Komposition beider Aquarellentwürfe weicht nur in der »Staffierung« der Vordergründe ab und in der Inszenierung. Vielleicht ist die rückseitig mit »I« bezeichnete Fassung mit den Gerippen toter Bäume im Vordergrund wirklich die erste, deren chaotische Hoffnungslosigkeit die zweite korrigiert. Hier gibt es noch Vegetation, und der Burgberg steht verheißungsvoll wie ein leuchtender Gral vor der Gewitterfront. Die Farbigkeit entspricht den Notizen, die sich Rottmann auf einem aus größerer Entfernung aufgenommenen Überblick notierte: »Die fernen berge sind von sanftem Violet/Neapel Roth mit Kob.[alt]/- röthliches grau und heller Akro Corinth, die Felsen links darunter blendend hell... Der große bergrücken ist rothgrau... Die Hügel ob. im Mittelgrund haben einen grauen Tuschton, hier und da grünlich bewachsen darüber...«[43]

Sehr ungewöhnlich sind die im Vordergrund mit dem Tuschpinsel über die Farbe gelegten schwarzen Schraffuren und Konturen sowie die großflächig Naß-in-Naß verfließenden Farben im rechts aufsteigenden Gewitter.

Pronoia – Eleusis
Sinngebung durch Lichtsymbolik

Pronoia
Werkstufen: Naturstudie, 1834 (Abb. 6) – aquarellierte Naturstudie, 1834 (Kat. 118) – Kompositionsentwurf (Kat. 122) – Aquarellentwurf, 1841 (Kat. 119) – Wandbild, 1847 (Kat. 123) – Gemäldeversionen (Kat. 120, 121)[44]

6 Pronoia, Naturstudie, 36,8 x 71 cm. Bleistift. Inv. Nr. 18694; Bierhaus-Rödiger, Kat. Nr. 335

7   Eleusis, Naturstudie, 32 x 48,9 cm. Bleistift. Inv. Nr. 14935; Bierhaus-Rödiger, Kat. Nr. 404

Die etwa 70 cm breite, kleinteilig gezeichnete Naturstudie von Pronoia bei Nauplia entstand zu Beginn der Griechenlandreise im Herbst 1834. Man erkennt in der Zeichenweise Rottmanns Bereitschaft zu unbedingter gegenständlicher Treue gegenüber der Natur. Auch ist in dem Sicheinlassen auf die genaue Wiedergabe der Formen zu spüren, daß der Künstler am Anfang der einjährigen Reisezeit noch nicht unter Zeitdruck stand. Die gleichfalls angesichts der Natur geschaffene, knapp 50 cm breite Aquarellstudie gibt einen zusammenfassenden Überblick.

8   Aulis, Naturstudie, 33 x 51 cm. Bleistift. Inv. Nr. 35878; Bierhaus-Rödiger, Kat. Nr. 477

Später zeichnete Rottmann in Orientierung an der großen Naturstudie den Kompositionsentwurf, dem 1841 der Aquarellentwurf folgte: Vor den wie ewige Denkmäler aufragenden Felsen liegt der Friedhof gefallener Bayern. Sie hatten zu dem bayerischen Korps gehört, das Ludwig I. zur Unterstützung des griechischen Befreiungskampfes entsandt hatte. Das Gewitter weicht zurück, das Gräberfeld liegt im Licht. Über Friedhof und Siedlung, über den Toten und den Lebenden wölbt sich der Regenbogen als das göttliche Zeichen der Versöhnung und des Friedens. Im Wandbild sind die Hell-Dunkel-Kontraste zu Schlaglichtern gesteigert; die Quellöffnung im Vordergrund ist nach dem Vorbild der athenischen Quelle Kallirhoe gebildet.[45]

Eleusis
Werkstufen: Naturstudie, 1835 (Abb. 7) – Aquarellentwurf, 1839 (Kat. 160) – Wandbild 1843[46]

Dem Aquarellentwurf liegt eine etwas größere, sehr exakt gezeichnete und ebenso weiträumig offene Naturstudie zugrunde. Bei der Umsetzung in den Aquarellentwurf hat Rottmann, wie anschließend bei der neuerlichen Übertragung in das Wandbildformat, durch Senkung des Horizonts die Aufsicht erhöht und den Mittelgrund in die Ferne geweitet. Aus den Wolken senken sich Strahlenbündel auf die von Athen kommende, nach Eleusis führende Heilige Straße, wo auch das der Göttin Demeter geweihte Mysterienheiligtum hell beleuchtet liegt. Die einzige mit einer Jenseitsverheißung verbundene altgriechische Stätte wird der Gnadensonne teilhaftig wie ein christliches Heiligtum.

Auf dem Aquarellentwurf kehrt eine antikisch wirkende Menschengruppe von Eleusis zurück Richtung Athen. Im Wandbild streben neu-griechische Landleute, über die ganze Straße verteilt, Eleusis zu. Der Himmel öffnet sich in einer Lichtkuppel, die das weite Feld des Mittelgrundes beleuchtet.

Aulis – Santorin – Marathon
Verklärende Überhöhung durch phänomenale Beleuchtung

Aulis
Naturstudie, 1835 (Abb. 8) – Aquarellentwurf, 1841 (so nicht ausgeführt, Kat. 155) – Kompositionsentwurf (Abb. 9) – Kompositionsskizze (Abb. 10) – Aquarellentwurf (Kat. 154) – Wandbild, 1847 (Kat. 157)[47]

Eine große Bleistiftzeichnung mit der vollkommen unbehausten Ebene von Aulis, der gleichnamigen Bucht und der Fernsicht bis zum Parnaß und nach Euböa ist

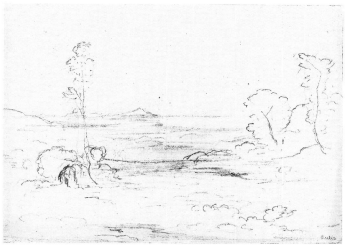

9   Aulis, Kompositionsentwurf, 49,8 × 64,3 cm. Kohle, gewischt
Inv. Nr. 891; Bierhaus-Rödiger, Kat. Nr. 606

10 Aulis, Kompositionsskizze, 28,4 × 38,8 cm. Bleistift. Inv.
Nr. 1915:32; Bierhaus-Rödiger, Kat. Nr. 605

Rottmanns künstlerische Ausgangsbasis für die Komposition. Der 1841 dem König eingereichte Aquarellentwurf folgt dieser Naturstudie weitgehend. Topographisch benennbar sind die Bergprofile jenseits der Bucht, erahnbar ist die Enge des Euripos, wo der antike Hafen lag. Eine Lichtbahn läßt die Farben der Ebene aufleuchten.

In dieser Ebene hatten sich, wie Homer überliefert, die Griechen zum Kampf gegen Troja vereinigt. Agamemnon opferte in Aulis, um günstigen Wind für die Fahrt nach Troja zu erlangen, seine Tocher Iphigenie.

Abweichend vom ersten Aquarellentwurf, vielleicht um diese im homerischen Mythos so bedeutende Stätte aus dem Lokal-Topographischen ins Überzeitliche zu heben, idealisierte Rottmann die Landschaft nach den seit Claude Lorrain geltenden Regeln. Auf den türkischen Brunnen, der im Kompositionsentwurf der neuen Bildkonzeption an das zeitgenössische Griechenland erinnert, verzichtete er in der nachfolgenden, flüchtig gezeichneten und mit »Aulis« beschrifteten Studie. Die Komposition ist so sehr ins Ideale abgewandelt, daß Kompositionsstudien zu *Poros* ihr zum Verwechseln ähnlich sind.[48]

Auf dem Aquarellentwurf und dem ihm folgenden Wandbild lagern Tiere und Menschen in dem von Bäumen gerahmten Vordergrund. In mittäglich hohem Stand verströmt die Sonne auf dem Wandbild ihr Licht in einer riesigen Gloriole. »Wie Claude Lorrain ... mehr als Cl. Lor. die Sonne in der [Landschaft] von Aulis«, notierte sich Ludwig I. im Dezember 1849.[49]

Könnte, wie für das Wandbild *Marathon* die revolutionären Ereignisse von 1848, auch für *Aulis* (das in der Neuen Pinakothek die Mitte des Zyklus bildete) ein Bezug zur zeitgeschichtlichen Gegenwart intendiert sein? Kann in dem vom Licht glorifizierten *Aulis* als dem Ort, wo vor dem Kampf gegen Troja »die Geschichte der Griechen ihre erste gemeinschaftliche Basis erhielt«,[50] eine Anspielung auf das nationale Zusammengehen der Deutschen in den Befreiungskriegen gegen Napoleon vermutet werden? – In dessen Erleben wurzelte das »Teutschtum« des auftraggebenden Königs.

Santorin
Werkstufen: Naturstudie, 1835 (Kat. 179) – aquarellierte Naturstudie, 1835 (Kat. 180) – Kompositionsskizze (Abb. 11) – Kompositionsentwurf (Abb. 12) – Aquarellentwurf, 1845 (Kat. 181)[51]

Gegen Ende seines Griechenlandaufenthaltes unternahm Rottmann im Sommer 1835 eine Kykladenreise, die ihn auch zur Insel Santorin (Thera) führte. In einer sehr genau Gestein und Bebauung erfassenden großen Bleistiftstudie schuf er sich die Grundlage für die Bildkomposition, in die auch eine große Vorzeichnung zu dem Riff im Vordergrund einging. Vielleicht entstand die Heidelberger Aquarellstudie, die die Farbigkeit der beiden folgenden Aquarellentwürfe vorbereitet, noch vor der Natur. In mehreren kleinen Kompositionsskizzen suchte Rottmann nach der Gesamtkomposition, für die er auf der Rückseite des Aquarellentwurfs in einer Bleistiftzeichnung die endgültige Form fand. Ihr folgte 1845 der Aquarellentwurf für den König und eine wei-

11 Santorin, Kompositionsskizze, 17,9 x 17 cm. Bleistift. Inv. Nr. 1915:40; Bierhaus-Rödiger, Kat. Nr. 526

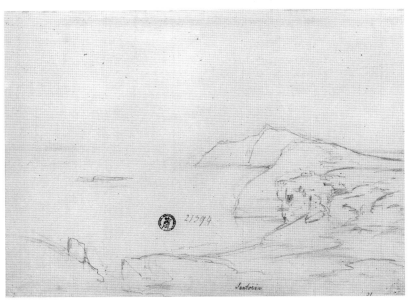

12 Santorin, Kompositionsentwurf, 27,7 x 38 cm. Bleistift. Inv. Nr. 21394 verso; Bierhaus-Rödiger, Kat. Nr. 651 verso

tere Aquarellversion. In den Wandbildzyklus wurde *Santorin* nicht aufgenommen.

Mit dem gebuchteten Kraterwall aus rotem Tuff, weißem Bimsstein (dem sich die gekalkten Häuser angleichen) und schwarzer Lava und mit dem in die Kratermitte eingebrochenen Meer veranschaulicht Rottmann die vulkanische Vergangenheit der Insel. In der Mitte des Kratereinbruchs steht eine Rauchfahne über der kleinen Vulkaninsel Kaimeni. Der Gewitterhimmel spiegelt sich in dem styxhaft dunklen Wasserspiegel der Buchten. So verband Rottmann die objektiven Gegebenheiten der Landschaft mit Gedanken über ihre erdgeschichtliche Vergangenheit zu dem Eindruck immer gegenwärtiger Bedrohung.

Marathon
Werkstufen: Kompositionsstudie (Abb. 13) – Aquarellentwurf, 1841 (Kat. 152) – Wandgemälde, 1848[52]

Obgleich Rottmann im Sommer 1835 »das berühmte Schlachtfeld von Marathon« im Nordosten Athens aufsuchte,[53] ist davon keine Naturstudie überliefert. In einem auf das Relief der Landschaft konzentrierten Kompositionsentwurf sind die Buchten mit Blick auf Euböa und das sumpfige Vorland in großen Zügen festgelegt. Zum Festland hin steigt das Gelände an zu den Höhen, von denen aus die Athener im Jahr 490 v. Chr. die hier gelandeten Perser beobachteten, ehe sie den siegreichen Überraschungsangriff wagten. In großen Zügen ist diese Landschaftsstruktur im Aquarellentwurf wiederzuerkennen. Doch die Ebene ist von viel höherem Standort gesehen und vor niedrigerem Horizont mehr in die Tiefe geweitet.

Das historische Kriegsgeschehen wird durch den Aufruhr entfesselter Naturgewalten versinnbildlicht, der sich im Wandbild als ein Kampf zwischen Licht und Finsternis darstellt. In ihm sahen schon die Zeitgenos-

13 Marathon, Kompositionsstudie, 20,5 x 32,5 cm. Bleistift. Inv. Nr. 1915:27; Bierhaus-Rödiger, Kat. Nr. 442

sen eine Parallele zu den tagesgeschichtlichen Ereignissen der 1848er Revolution, die zur Abdankung König Ludwigs I. geführt hatten.

Der Aquarellentwurf, den Ludwig I. bereits im Sommer 1841 ankaufte, ist noch keine »politische Landschaft, nein, eine historische«.[54] In der für Europa schicksalsentscheidenden Schlacht ist das aus den Wolken brechende Licht ein Gleichnis für den Sieg des Hellenentums über die Perser. Es ist mächtiger als der griechische Gestade treffende Blitz. Das über die sturmgepeitschte Erde herrenlos dahinjagende Pferd erinnert an den Bericht des Pausanias, daß an der Kampfstätte noch zu hören sei, wie »jede Nacht Pferde wiehern und Männer kämpfen«.

Rottmanns Kunst, durch das Pathos von Farbe und Licht historische Bedeutung zu veranschaulichen, erreichte in den *Marathon*-Landschaften die größte Ausdruckskraft und in der abstrakten Farbvision des Berliner *Marathon*-Bildes[55] das letztmögliche, unübertreffbare Ziel.

Anmerkungen

1 Hugo Decker, in: Bierhaus-Rödiger 1978, S. 14. – Obwohl das Professorat für Landschafts- (und Genre-)malerei 1821 noch bestand und von Wilhelm von Kobell wahrgenommen wurde. Als Kobell 1826 ausschied, zog Rottmann eine eigene Bewerbung nicht in Betracht, da er »noch nichts bedeutendes geleistet« habe, vermutete aber sehr richtig, das »wahrscheinlich ... das Landschaftsfach ganz unbesetzt bleiben« würde (s. Bierhaus-Rödiger 1978, Dok. 33, S. 117). Ludwig I. besetzte diesen Lehrstuhl nicht wieder, da Cornelius und Dillis ihn für unnötig hielten – vgl. Dillis, in: Briefwechsel zwischen Johann Georg von Dillis und Ludwig I. von Bayern, hrsg. v. Wilhelm Messerer, München 1966, Nr. 569, S. 646 f.
2 Krauß 1930, S. 3 - 7.
3 Rödiger-Diruf 1989, S. 211 - 213, Kat. Nr. N1.
4 Bierhaus-Rödiger 1978, Kat. Nrn. 7-10.
5 Bierhaus-Rödiger 1978, Kat. Nrn. 15 f., 22 f., 26 f., 33 - 56, 44 f., 48 - 57.
6 Heinrich Schwarz, Salzburg und das Salzkammergut, Salzburg (4. Aufl.) 1977, S. 12, Abb. 2 - 7.
7 Ludwig Grote, Die Brüder Olivier und die Deutsche Romantik, Berlin 1938, S. 212 ff. – Kat. Ausst. München 1979, S. 88 f. und Kat. Nr. 229.
8 Bierhaus-Rödiger 1978, Kat. Nr. 13, Vergleichsabb. 3, S. 460; Kat. Nrn. 11, 12.
9 Bierhaus-Rödiger 1978, Kat. Nr. 15 im Vergleich zu Heinrich Schwarz (Anm. 6), Abb. 44.
10 Bierhaus-Rödiger 1978, Kat. Nr. 177, Vergleichsabb. 10, S. 461.
11 *Syrakus:* Bierhaus-Rödiger 1978, Kat. Nrn. 178, 251; Vergleichsabb. 11, S. 461. – *Taormina:* a. a. O., Kat. Nrn. 257 - 259; Vergleichsabb. 13, S. 462.
12 Ansichten der am meisten erhaltenen griechischen Monumente Siciliens, nach der Natur und auf Stein gezeichnet von Friedrich Gärtner, München 1819; – siehe Kat. Ausst. Friedrich von Gärtner. Ein Architektenleben, München 1992, S. 68 f.
13 Bierhaus-Rödiger 1978, Kat. Nrn. 476, 556 - 558; Vergleichsabb. 18, S. 463; siehe auch a. a. O., Dok. 95, S. 144.
14 G. Rodenwaldt, Otto Magnus von Stackelberg. Der Entdecker der griechischen Landschaft. 1786 - 1837. München-Berlin (1957). – Barbara Eschenburg wies nach, daß sich ein Exemplar des Werkes im Nachlaß Ludwigs I. befand und daß für Rottmann vorbildhafte Ansichten vorwiegend im ersten Teil enthalten sind – siehe Kat. Mus. München 1984, S. 379 f.
15 Zusammenfassende Übersichten der für Griechenland bis ins frühe 19. Jahrhundert erschienenen Reisebeschreibungen und archäologischen Tafelwerke geben Klaus Fräßle und Gerhard Neumann, in: Kat. Ausst. Carl Haller von Hallerstein in Griechenland 1810 - 1817. Architekt – Zeichner – Bauforscher, Berlin 1986, S. 47 f. und 73 f. – Carl Haller von Hallersteins Zeichnungen aus Griechenland blieben durch seinen plötzlichen Tod 1817 unveröffentlicht und unbekannt. Sie umfassen neben archäologischen Aufnahmen auch Landschaften von großer Dichte. An Aussagekraft sind sie den Ansichten des mit Haller gereisten Stackelberg überlegen. In topographischer Genauigkeit und panoramaartiger Breite weisen sie auf Rottmanns Naturstudien voraus.
16 *Serpentara:* Bierhaus-Rödiger 1978, Kat. Nr. 171 im Vergleich zu Kat. Nr. 186; – *Quelle Kallirhoe:* a. a. O., Kat. Nrn. 406, 408 im Vergleich zu *Pronoia*, Kat. Nr. 603 und *Korinth von Westen*, Kat. Nr. 652.
17 Bierhaus-Rödiger 1978, Dok. 28, S. 114.
18 Bierhaus-Rödiger 1978, Dok. 46, S. 124.
19 Bierhaus-Rödiger 1978, Dok. 15 und 16, S. 108; Dok. 19, S. 109.
20 Bierhaus-Rödiger 1978, Dok. 35, S. 119.
21 Bierhaus-Rödiger 1978, Dok. 6 und 7, S. 103; Dok. 15, S. 108.
22 Bierhaus-Rödiger 1978, Dok. 12, S. 106.
23 Bierhaus-Rödiger 1978, Dok. 24, S. 111.
24 Bierhaus-Rödiger 1978, Dok. 29, S. 115; zur Ölmalerei unterwegs überhaupt siehe auch Dok. 25, S. 111 und Dok. 28 - 30, S. 114 f.
25 Das Fazit von Erika Bierhaus-Rödiger 1978, S. 59, Anm. 2: »Tatsächlich ist Rottmann nur in seltenen Fällen wirklich Freilichtmaler gewesen.«
26 Bierhaus-Rödiger 1978, Dok. 51, S. 127.
27 Bierhaus-Rödiger 1978, Dok. 94, 95, S. 144.
28 Bierhaus-Rödiger 1978, Kat. Nrn. 583, 589, 607; S. 45
29 Zur Systematik dieser vier Werkgattungen siehe Bierhaus-Rödiger 1978, S. 153 und Peter Märker, in: Kat. Ausst. Darmstadt 1989, S. 15.
30 Bierhaus-Rödiger 1978, Kat. Nrn. 206, 210, 224, 243 a – *Aqua Acetosa, Ruinen Roms, Terracina, Selinunt*.

31 Bierhaus-Rödiger 1978, Kat. Nr. 452 f. *Salamis*; 502 f., 508-17 *Naxos*; 592-600 *Poros*.
32 Peter Märker in: Kat. Ausst. Darmstadt 1989, S. 13 ff.
33 Angaben zu den Bezahlungen lt. Kgl. Ausgabs-Manual bei Bierhaus-Rödiger 1978 passim; zu Bezahlung von Aquarell und Wandbild *Sparta* und *Ägina* siehe beispielsweise dort Kat. Nrn. 575-578.
34 Zu erstem Karton und Wandbild: Bierhaus-Rödiger 1978, Kat. Nrn. 163 a und 232. – Zu Gemäldefassungen von 1830 und 1831/32: ebda, Kat. Nrn. 176, 274, 287. – Die Kompositionsskizzen a. a. O., Kat. Nrn. 230 f. sind sicher nicht Vorstufen zu *Bajae*, sondern Wiederaufnahmen/Ricordi für verwandte Motiv in der Zeit des Griechenlandzyklus; dafür sprechen ihr stenogrammartiger Zeichenstil und weitere Skizzen auf der Rückseite einer Skizze zur Insel *Poros*, a. a. O., Kat. Nr. 489.
35 Bierhaus-Rödiger 1978, Dok. 37 und 38.
36 Haderer, 1834, S. 51.
37 Zu Bleistiftstudie, Kompositionsstudien und Wandbild siehe Bierhaus-Rödiger 1978, Nrn. 458, 452 verso, 461-462, 574. – Zum Wandbild: Kat. Mus. München 1984, WAF 865, S. 395 f.
38 Lange 1854, S. 28 ff.
39 Zu konturierender Naturstudie und Aquarellentwurf I siehe Bierhaus-Rödiger 1978, Kat. Nrn. 386, 652.
40 Bierhaus-Rödiger 1978, Dok. 47, S. 125 und Dok. 50, S. 127.
41 Bierhaus-Rödiger 1978, Kat. Nr. 604; Kat. Nr. 619: Aquarellentwurf *Korinth-Akrokorinth*, 1840.
42 Bierhaus-Rödiger 1978, Dok. 50, S. 127.
43 Kat. Ausst. Darmstadt 1989, Nr. 38, S. 102 f.
44 Zu Naturstudie und Wandbild: Bierhaus-Rödiger 1978, Kat. Nrn. 335, 603. – Kat. Mus. München 1984, WAF 854, S. 412 f.
45 Bierhaus-Rödiger 1978, Kat. Nr. 406, 408.
46 Zu Naturstudie und Wandbild: Bierhaus-Rödiger 1978, Kat. Nr. 404, 581. – Kat. Mus. München 1984, WAF 872, S. 400 f.
47 Zu Naturstudie, Kompositionszeichnung, Kompositionsskizze und Wandbild: Bierhaus-Rödiger 1978, Kat. Nrn. 477, 606, 605, 608; Kat. Mus. München 1984, WAF 862, S. 416 f.
48 Vgl. Bierhaus-Rödiger 1978, Kat. Nrn. 593-601.
49 Bierhaus-Rödiger 1978, Dok. 185, S. 149.
50 Lange 1854, S. 25.
51 Zu den Bleistiftstudien nach der Natur, weiteren Kompositionsentwürfen und der vielleicht ersten Aquarellversion: Bierhaus-Rödiger 1978, Kat. Nrn. 522; 524-526, 651 verso; 650.
52 Zur Gemäldeversion siehe Kat. Nr. 153. – Zu Kompositionsstudie und Wandbild: Bierhaus-Rödiger 1978, Kat. Nrn. 442, 613. – Kat. Mus. München 1984, WAF 860, S. 418 f.
53 Bierhaus-Rödiger 1978, Dok 55, S. 131.
54 Aus Schorns Kunstblatt 1849 zum Wandbild, zit. nach Bierhaus-Rödiger 1978, Kat. Nr. 613, S. 384.
55 Bierhaus-Rödiger, 1978, Kat. Nr. 698.

Barbara Eschenburg
Die historische Landschaft

Überlegungen zu Form und Inhalt der Landschaftsmalerei
im späten 18. und frühen 19. Jahrhundert

Der Begriff »historische Landschaft«

In der zeitgenössischen Literatur wird für Rottmanns Bilder, vor allem für seinen Italien- und den Griechenlandzyklus der Ausdruck »historische Landschaft« gebraucht. Meines Wissens taucht diese Bezeichnung erst im 18. Jahrhundert auf. Vorher hatten die Begriffe »heroisch«, »ideal« oder im »großen Stil« ausgereicht. So gab es in Roger de Piles »Cours de Peinture par principes« (Paris 1708), worauf sich die meisten späteren Autoren beziehen, nur zwei Stile der Landschaftsmalerei, den »style héroique« und den »style pastorale« oder »champêtre«, wobei der erste mit den Italienern und Franzosen identifiziert wurde, der zweite mit den Niederländern. Der Übergang zu der neueren Bezeichnung ist in Ludwig Hagedorns »Betrachtungen über Mahlerey« (Leipzig 1762) zu erkennen. Hagedorn übersetzt die Begriffe de Piles in »heroischen« und »landmässigen Stil«. Den »heroischen Stil« definiert er näher als geprägt durch »Vorstellungen aus der sogenannten Heldenzeit und der Geschichte«, und es heißt in diesem Zusammenhang ausdrücklich: »Der heroische Stil erhöhet sich durch die nahe Verwandtschaft mit der Geschichte« (S. 362). Mit dieser Formulierung wird jedoch nichts Neues gesagt, sondern an die Anfänge der neuzeitlichen Kunsttheorie in der Renaissance angeknüpft, wo seit Alberti die höchste Stufe der Malerei die »Historie« war. Und schon im 17. Jahrhundert verdankt die Landschaftsmalerei ihren Aufstieg zur idealen oder heroischen Landschaft bei Annibale Carracci, Nicolas Poussin oder Claude Lorrain der Verbindung mit der Historie.[1]

In der neueren Malerei wurde der Begriff »historische Landschaft« zuerst auf die Bilder Joseph Anton Kochs angewandt. Carl Friedrich von Rumohr spricht in seinen »Denkwürdigkeiten der Kunstausstellung des Jahres 1814« (München 1815) von Kochs »historischer Auffassung landschaftlicher Gegenstände« (S. 25), und im »Conversations-Lexikon« von Brockhaus (Neue Folge, Leipzig 1825, Stichwort »Joseph Koch«) heißt es: »Sein Anfangs ungeregeltes Talent, später das Bestreben die Landschaftsmalerei mit der Geschichtsmalerei zu verbinden, erregte Aufmerksamkeit« (S. 22). Diese beiden Zitate zeigen, daß sich mit dem Begriff inzwischen ganz verschiedene Vorstellungen verbinden konnten, denn es ist ein Unterschied, ob man von »historischer Auffassung landschaftlicher Gegenstände« oder von der »Verbindung der Landschaftsmalerei mit der Geschichtsmalerei« spricht. Die letzte Formulierung gibt die traditionelle Auffassung wieder, während diejenige Rumohrs auf eine grundsätzlich neue Sicht in der Landschaftsmalerei selbst verweist.

In den Kommentaren zu Rottmanns Bildern tauchen ähnliche Bedeutungsgegensätze auf. Die neuere Auffassung findet man erstaunlicherweise in dem älteren Artikel von Ludwig Schorn im »Kunstblatt« von 1829 über Rottmanns Ansicht von *Palermo* (Kat. 77). Wenn er schreibt, es »wird niemand in Abrede stellen, daß sie [seine tiefsinnige Naturauffassung] im eigentlichsten Sinn eine *historische* genannt zu werden verdiene...« (S. 5), so erinnert dies an die Formulierung Rumohrs von der historischen Auffassung landschaftlicher Gegenstände. Friedrich Theodor Vischer dagegen benutzt in seiner »Aesthetik oder Wissenschaft des Schönen« die alte Bedeutung. In dem 1851, also ein Jahr nach Rottmanns Tod erstmals erschienenen Teil über die Malerei wird der Künstler in § 699 unter der »historischen oder heroischen Landschaft«, die auch als »Stilbild« bezeichnet wird, besprochen. Hier werden die Begriffe wieder synonym gesetzt, was auch daran zu erkennen ist, daß Vischer diese Form der Landschaftsmalerei eigentlich als vergangen einstuft, weshalb er an Rottmanns Bildern, die er sehr schätzt, den »modernen« Stimmungscharakter hervorhebt.[2]

Die theoretische Neubestimmung des Begriffs der »historischen Landschaft« wird in den Schriften von Carl Ludwig Fernow und Carl Gustav Carus vollzogen. Beide standen im engen Kontakt mit den Künstlern ihrer Zeit, Fernow mit den in Italien lebenden Idealisten wie Johann Christian Reinhart oder Joseph Anton Koch, Carus dagegen, der selbst Maler war, mit den Dresdner Romantikern und Naturalisten Caspar David Friedrich oder Johann Christian Clausen Dahl.

Fernow hat seinen Artikel »Über die Landschaftsmalerei« im zweiten Teil der »Römischen Studien« (Zürich 1806) »Reinhart in Rom« gewidmet. In diesem Artikel lehnt er die Einteilung von de Piles in »ländlichen oder Pastoralstil« und »heroischen Stil« als zu eng ab und betrachtet die Landschaftsmalerei nach drei Kategorien, nämlich nach ihrem »natürlichen Karakter«, ihrem »ästhetischen Karakter« und ihrem »poetischen Karakter«. Die Neueinteilung wird deshalb notwendig, weil nach dem »natürlichen Karakter« zu der niederländischen und italienischen Richtung im 18. Jahrhundert die »Schweizer Landschaft« hinzugekommen ist, die sich keiner der beiden gängigen Richtungen einfügt. Alle drei Landschaftstypen können laut Fernow auf der ästhetischen Ebene auch »historische Landschaften« sein, über die es heißt: »In *historischen* Landschaften, wo die Scene der Begebenheiten bestimmt ist, wird die Beobachtung des natürlichen Karakters umso nothwendiger, damit man auch in der Kunst, z. B. eine niederländische Ebene von einer lombardischen, eine Schweizer-Gebirgsgegend von einer italienischen, mit einem Worte eine nördliche Gegend von einer südlichen, so wie in der Natur, auf den ersten Anblick unterscheide« (S. 60). Vorzugsweise wird aber von Fernow die ideale italienische Richtung als »historisch« bezeichnet. Mit dem folgenden Satz befindet sich Fernow noch innerhalb der Tradition: »Wie sehr ein bedeutender historischer Inhalt, und ein edlerer Geschmack in den Beiwerken, den Stil, also auch den Kunstwerth landschaftlicher Darstellungen erhöhet, zeigen die Landschaften des *Nikolaus Poussin*, deren Vortrefflichkeit grossentheils auf diesen Vorzügen beruhet« (S. 85). Doch nennt er Poussins Landschaften gerade deshalb »mehr gedankenreich und bedeutend, als schön«. Schön sind für ihn erst die Landschaften von Caspar Dughet und Claude Lorrain, da in ihren Bildern die Poesie in der Landschaft selbst liege. Entsprechend hatte Ludwig Schorn in dem genannten Artikel im Kunstblatt von 1829 geschrieben, daß »man unter historischen Landschaften im Allgemeinen keine andere als *poetische* versteht«.

In diesem Zusammenhang sei auf Leonardos Feststellung in seinem berühmten und immer wieder zitierten »Buch über die Malerei« verwiesen, wonach der Maler sich dadurch vor den anderen Künstlern auszeichne, daß er *alle* Dinge darstellen könne: »Verlangt ihn [den Maler] nach bewohnten Gegenden oder Einöden, schattigen oder dunklen Oertern zur Zeit der Hitze, er stellt sie vor, und so zur Zeit der Kälte warme. Will er Thalgründe, will er von hohen Berggipfeln weite Gefilde vor sich aufgerollt sehen und hinter diesen den Meereshorizont erblicken, er ist Gebieter darüber und ebensowohl, wenn er aus Tiefen der Thäler zu Gebirgshöhen hinan, oder von diesen zu tiefen Thälern und Abhängen hinabschauen will. Und in der That, Alles, was es im Weltall gibt, sei es nun in Wesenheit oder Dasein, oder in der Einbildung, er hat es, zuerst im Geist und dann in den Händen, und die sind von solcher Vorzüglichkeit, dass sie eine gleichzeitige, in einem einzigen An- und Augenblick zusammengedrängte Verhältnisharmonie hervorbringen, wie die (wirklichen, sichtbaren) Dinge thun.«[3] Als dies geschrieben wurde, gab es noch keine Akademien und deshalb auch noch keine Klassen der Malerei. Leonardo äußert sich generell über die Fähigkeiten des Malers. Die oben genannten Texte dagegen gehen von einer solchen Klasseneinteilung aus, innerhalb derer die Landschaftsmalerei erst eine geschätzte Position erringen mußte, ein Vorgang, der um die Mitte des 19. Jahrhunderts abgeschlossen war. Was an Leonardos Text im Gegensatz zu Fernow hier interessiert, ist die Liste der Naturgegenstände. Leonardo geht es anders als Fernow nicht um italienische, niederländische oder gar Schweizer Landschaften, sondern um die Vielfalt der Erde als Teil der Schöpfung. In der Erfindung von Gegenständen, die der Natur entsprechen, betätigt sich der Maler als Schöpfer. Wollte man sich Leonardos Text verbildlichen, so würde man an die klassischen Landschaften von Poussin (Abb. 1) oder auch Claude Lorrain denken, in denen aus Beobachtungen in der Natur eigene der Natur nachempfundene landschaftliche Zusammenhänge geschaffen wurden. Die Teilung in nationale Landschaften mit spezifischem Charakter findet sich innerhalb der Kunsttheorie erst bei de Piles zu Anfang des 18. Jahrhunderts, weil er das Anliegen hat, auch die niederländische Landschaftsmalerei zu würdigen, wenn er ihr auch gegenüber der idealen, die er mit der Italienlandschaft gleichsetzt, einen nachgeordneten Platz gibt. Und in der niederländischen Landschaftsmalerei des 17. Jahrhunderts ging es ja in der Tat um eine nationale Landschaft, auch wenn das keineswegs ihre einzige Bestimmung ist.

Mit dem Auftauchen der Schweizer Landschaft wird die nationalstaatliche bzw. regionale Einteilung der landschaftlichen Stoffe nur bestätigt. Die Schweiz verdankt ihre Berücksichtigung durch die Malerei zunächst ihrer Lage: Die Wege von England und Frankreich nach Rom führten über die Schweiz. In diesen beiden Nationen gehörte der Romtourismus im 18. Jahrhundert zur Bildung. Des weiteren war die der Schweiz von den Aufklärern beigelegte Bedeutung als »Land der Freiheit« Grund für die hohe Bewertung der Schweizer Landschaft. Denn man führte die Unabhängigkeit der Schweizer Bauern, die Leibeigenschaft nicht kannten, auf die Natur dieses Landes zurück. Albrecht von Haller sieht in seinem Gedicht »Die Alpen« von 1729 diese als Schutzwall gegen den Sittenverfall in den höfisch und

1   Nicolas Poussin, Landschaft mit Mann, der von einer Schlange getötet wird, 1648. Leinwand, 119 x 198,5 cm. London, National Gallery

städtisch orientierten Ländern. Aus Schillers »Die Braut von Messina« von 1803 stammen die noch von Alexander von Humboldt 1808 in der Vorrede zu seinen »Ansichten der Natur« zitierten Verse: »Auf den Bergen ist Freiheit! Der Hauch der Grüfte / Steigt nicht hinauf in die reinen Lüfte; / Die Welt ist vollkommen überall, / Wo der Mensch nicht hinkommt mit seiner Qual.«

Mit der Aufnahme der Schweizer Landschaft in den Kanon der Landschaftscharaktere war jedoch auch der Weg freigemacht für die Aufnahme jedweder geographischer oder nationaler Landschaft als eigener Typus dieser Gattung. Alexander von Humboldt hatte in seinem Aufsatz »Ideen zu einer Physiognomik der Gewächse«, im zweiten Band der »Ansichten der Natur« (1. Ausg. 1808), die Maler aufgefordert, Bilder außereuropäischer Weltgegenden, vor allem der Tropen, nach den von Humboldt aufgestellten physiognomischen Charakteren zu malen: »Es wäre ein Unternehmen, eines großen Künstlers werth, den Charakter aller dieser Pflanzengruppen, nicht in Treibhäusern oder in den Beschreibungen der Botaniker, sondern in der großen Tropen-Natur selbst, zu studiren. Wie interessant und lehrreich für den Landschaftsmaler wäre ein Werk, welches dem Auge die aufgezählten sechzehn Hauptformen, erst einzeln und dann in ihrem Contraste gegen einander darstellte!«[4] Das, was hier gefordert wurde, erfüllte Rottmann zwar nicht für die Tropen, wohl aber für Griechenland. Seine Bilder dieses Landes geben dessen eigentümlichen landschaftlichen Charakter in einer Form wieder, die in keiner der bisher bekannten Landschaftsarten — italienisch, niederländisch oder schweizerisch — vorkam. Er wurde der Maler der griechischen Landschaft, so wie Caspar Wolf oder Joseph Anton Koch Maler der Schweizer Landschaft waren. Humboldt strebte wie Leonardo eine vollständige Darstellung der Welt an. Doch geht es ihm nicht mehr um die Summe aller in ihr möglichen Formen und Vorgänge als Thema der Malerei, sondern er möchte, daß die Landschaftsmalerei Landschaftsregionen wiedergibt, bei denen ein in sich stimmiger Zusammenhang zwischen allen Teilen existiert, dessen Notwendigkeit naturwissenschaftlich nachgewiesen werden kann.

Die historische Landschaft

Diese Einteilung nach lokalen oder nationalen Gesichtspunkten ebnet die hierarchischen Unterschiede zwischen dem heroischen und dem ländlichen Stil – das heißt der italienischen oder der niederländischen Landschaftsmalerei – zu zwei grundsätzlich vergleichbaren Richtungen innerhalb dieser Gattung ein. Die Genauigkeit der Beobachtung wird zum Kriterium für den Wert des jeweiligen Bildes gemacht, von Fernow zumal dann, wenn es sich um »historische«, also mit bestimmten historischen Ereignissen verbundene Landschaften handelt.

Carl Gustav Carus ist in seinen »Neun Briefen über die Landschaftsmalerei«, die in den Jahren 1815 bis 1824 geschrieben wurden und 1831 in Leipzig erschienen, einen wesentlichen Schritt weitergegangen. Im VI. Brief hatte er, in Analogie zu Goethes Aufsatz über die Wolkenbildungen, den er zitiert, bemerkt, daß an der jeweiligen Gestalt der Gebirge ihre Geschichte ablesbar sei. In der Darstellung dieser Geschichte der Natur sieht er die neue Aufgabe der Landschaftsmalerei, deren künftige Werke er im VII. Brief erstmals als »Erdlebenbilder« bezeichnet. Im VI. Brief heißt es: »...wie deutlich spricht sich diese Geschichte in gewissen Lagerungen und Bergformen aus, daß selbst dem Nichtwissenden dadurch die Ahnung einer solchen Geschichte aufgehen muß, und es steht nun dem Künstler nicht frei, solche Punkte hervorzuheben und im höheren Sinne historische Landschaften zu geben? – Wie bedeutungsvoll ist nicht die Art der Vegetation für den Charakter der Gegend; und die Geschichte der großen Formationen der Pflanzenwelt uns im schönen und sinnigen Gewande vorzuführen, wäre sicher eine edle Aufgabe der Kunst...«[5] Es ist dieselbe Forderung, die Humboldt in seinen »Ansichten der Natur« erhoben hatte, und dieses Werk wird auch im nächsten Brief als Grundlage der ausgeführten Gedanken genannt.

Fernow hatte die Darstellung des natürlichen Zusammenhangs schon wegen der Erkennbarkeit einer Landschaft gefordert. Carus geht weiter und möchte, daß der Landschaftsmaler ein historisches Bild des Zusammenhangs der Natur selbst und ihrer Entwicklung vorstellt, und dieses nennt er »historische Landschaft im höheren Sinne« oder »Erdlebenbilder«. Hier ist deutlich ausgesprochen, was von Rumohr gegenüber den Landschaften Kochs und von Schorn gegenüber den Landschaften Rottmanns angedeutet war. Das Attribut »historisch« bezieht sich jetzt auf die Natur selbst und bezeichnet nicht mehr eine Zutat aus der menschlichen Geschichte, die der Darstellung der Natur durch die Landschaftsmalerei erst den gewünschten Adel verleihen soll.

Die geologische Sicht der Natur: das Gebirge[6]

Wie das Zitat aus den »Neun Briefen über Landschaftsmalerei« zeigte, hat Carus seine Vorstellung über eine »historische Landschaftsmalerei« vor allem am Gebirge exemplifiziert. Zudem hat er dieser Schrift eine Beilage mit dem Titel »Andeutungen zu einer Physiognomik der Gebirge« angefügt. Darin betrachtet er Urgebirge, Sandsteingebirge und Flözgebirge auf ihre äußere Gestalt hin und empfiehlt dem Landschaftsmaler, sich mit der Naturwissenschaft, in diesem Falle mit Geologie, zu befassen, um zur Naturwahrheit zu kommen. Daß er selbst diesen Vorschlag beherzigt hat, zeigt nicht nur sein Verweis auf Alexander von Humboldts Schrift »Ansichten der Natur« von 1808, sondern auch die geologische Terminologie, die er für die Kennzeichnung der Gebirgsarten verwendet.

Es gibt im späten 18. und frühen 19. Jahrhundert neben Carus noch andere Maler, deren unmittelbares Interesse für die Geologie oder deren Beziehung zu zeitgenössischen Geologen bekannt ist. So war Caspar Wolf auf seinen Touren, die er im Auftrag des Berner Verlags Wagner für eine Reihe von Alpenbildern machte, in Begleitung des Berner Pfarrers, Naturwissenschaftlers und Alpenforschers Samuel Wyttenbach.[7] Eine enge Beziehung zu den geologischen Forschungen der Zeit hatte auch der bedeutendste Maler von Schweizer Landschaften, Joseph Anton Koch. Christian von Holst ist im Katalog seiner Ausstellung über Koch (Stuttgart 1989) ausführlich auf die Beziehung von dessen Landschaftsmalerei zu Alexander von Humboldts Landschaftsbeschreibungen eingegangen. Holst bezieht sich ebenfalls auf Humboldts schon erwähnte Schrift »Ansichten der Natur«, deren Titel er als Untertitel der Ausstellung wählte. Zu diesem Vorgehen war er durch die Tatsache legitimiert, daß Koch Illustrationen für Humboldt geschaffen hat. Außerdem war er im »Mappiren« und Kartographieren erfahren, da er in seiner Jugend einem Feldmesser assistiert hatte.

Für Rottmann ist eine ähnlich direkte Verbindung zur Naturwissenschaft, insbesondere zur Geologie, bisher nicht nachgewiesen worden. Jedoch gibt Ludwig Schorn in dem schon erwähnten Artikel über Rottmanns Ansicht von *Palermo* im Kunstblatt von 1929 einen entsprechenden Hinweis, wenn er schreibt: »...in Calabrien endlich, an den reichen Küsten von Neapel und in dem üppigen Sicilien erkannte unser Künstler jene vulkanischen und neptunischen Revolutionen der Erde, welche große Massen gestaltet und neben der Fülle des Pflanzenwuchses, neben dem Reichthum süßer Früchte, die in milden Lüften reifen, Asche,

Schwefel und Lava ausgebreitet haben, und die gewaltigen Berge, das weite Meer und die Denkmäler der Vorzeit, erschienen ihm nur als Zeugen jener fortwährenden Zerstörung, gegen welche das immer erneute Blühen und Grünen nur wie ein vorübergehender Schmuck erscheint« (S. 6). Diese Sätze unterstellen eine »historische Landschaftsmalerei« im Sinne von Carus. Sie legen aber auch Zeugnis von der Kenntnis der zeitgenössischen geologischen Theorien ab, denn »vulkanische und neptunische Revolutionen« sind damals aktuelle Begriffe dieser Wissenschaft, die sich noch Geognosie nannte.

Es stellt sich hier die Frage, ob Rottmann ähnliche Gedanken beim Malen der Bilder verfolgte wie der Rezensent. Schorn hat neben dem Bild von Palermo, das kaum solche Gedanken provoziert, vor allem die Aquarell- und Bleistudien von der zweiten Italienreise vor Augen und denkt hier wohl an die Darstellungen kahler Felspartien, etwa des *Monte Serone* (Kat. 67, 68). Zum *Monte Cavo* ist eine solche Vorzeichnung heute nicht mehr bekannt, doch der Vers, den Ludwig I. zu dem 1831 ausgeführten Fresko machte, lenkt die Gedanken in dieselbe Richtung. Es heißt dort: »Steine warfest du Berg, Eroberer die Gegend / Beide ruhet ihr nun, ruhet für ewig nunmehr.«[8] Im Fresko *Monte Serone* werden trotz der steinernen Festigkeit des Bergmassivs und seines Unterbaus Assoziationen an einen Vulkanausbruch wachgerufen, weil das Abendrot wie roter Feuerschein hinter dem Berg und wie glühende Lava auf dessen Hängen liegt. Auch hier läßt die jetzige Ruhe an frühere Bewegungen, im Sprachgebrauch der Zeit »Revolutionen« denken, und der Betrachter fühlt sich aufgefordert, die Gedanken in diese fernen, vergangenen Zeiten vor dem Auftreten des Menschen schweifen zu lassen, zumal die Landschaft menschenleer ist und nur sehr untergeordnete Zeichen an seine Existenz erinnern.

Das für Rottmann Entscheidende an Schorns Formulierung scheint mir der Satzteil: »und die gewaltigen Berge, das weite Meer und die Denkmäler der Vorzeit, erschienen ihm nur als Zeugen jener fortwährenden Zerstörung, gegen welche das immer erneute Blühen und Grünen nur wie ein vorübergehender Schmuck erscheint.« Hier wird die Parallelität von Natur und Kultur in ihrem Verlauf als zerstörerisch charakterisiert. Schorn schließt seine Überlegung folgendermaßen: »Wir wissen zwar nicht, ob unser Künstler sich dieser, wir möchten sagen weltgeschichtlichen Anschauungsweise deutlich bewußt geworden ist; aber die Studien, die er zurückbrachte [aus Italien] und die ersten Landschaften, die er nach seiner Heimkehr malte, eine Ansicht der römischen Campagna, eine andere des Colosseums im Abendlichte, schienen sie deutlich auszusprechen.« Wenn sich Rottmann einer solchen »weltgeschichtlichen Anschauungsweise« im Sinne einer Weltgeschichte der Natur, in der der Mensch nur ein Teil ist, damals noch nicht voll bewußt gewesen sein sollte, so hat ihn sicher Schorns Artikel in der schon eingeschlagenen Richtung weiter bestätigt, denn am Griechenlandzyklus wird diese Weltsicht überdeutlich.

Nimmt man etwa die gleichzeitig mit den ersten Griechenlandbildern entstandene Ansicht vom *Staufen – Walser Heide* von 1833 (Kat. 36), so fällt zunächst das Pathos der Darstellung auf, das sich sowohl in der Farbgebung als auch in der breiten Lagerung der Geländestufen und der Berge ausdrückt. Obgleich sich nichts in dieser Landschaft bewegt, da es keine Tiere und Menschen gibt, erscheint die dargestellte Natur doch als Ergebnis eines Prozesses, der durch die Beleuchtung und Farbigkeit dramatisiert wird. Der schmale Fluß auf der Hochebene zeigt deutlich, daß sein Bett auch größer sein oder sein Verlauf anders sein konnte oder kann. Die breit gelagerten Felsen vorn sind durch die Erosion am oberen Rand zersprengt und eingerissen, die Oberfläche ist mit magerem Erdreich bedeckt. Die Hänge der Berge im Mittelgrund sind mit der Zeit durch Ablagerungen flach geworden. Im Vordergrund wird ein solcher Prozeß der Zerstörung anhand des gefällten und seines Stammes beraubten Baumes dargestellt. Dieser Baum und der Weg deuten auf Benutzung durch den Menschen. Gegenüber all diesen vergangenen Bewegungen, die in der Landschaft ablesbar sind, wirken die Berge im Hintergrund in ihrer plastischen Schärfe wie unwandelbare Denkmäler innerhalb dieses Prozesses der Verwandlung und Zerstörung. Dies hängt mit der speziellen Perspektive Rottmanns zusammen, wonach die größte Sehschärfe nicht im Vordergrund, sondern im Mittel- bis Hintergrund liegt.

Vergleicht man ein solches Bild von Rottmann mit dem *Schmadribachfall* (Abb. 2) von Koch von 1821/22, so wird deutlich, daß hier ein ganz anderes geologisches Verständnis zugrunde liegt. Koch gibt in seinem hochformatigen, von oben bis unten in gleicher Nahsicht gegebenen Bild einen ideellen Ablauf der Naturgeschichte vom Anorganischen zum Organischen bis zu den Tieren und Menschen, wobei er alle Stufen durch den Kreislauf des Wassers mit seinen verschiedenen Aggregatzuständen verbindet. Dabei interessieren ihn viel genauer als Rottmann die Lagerungen der Felsen, ihre Risse, Kanten und Brüche. Doch wird in seinem Bild eher das Leben gefeiert, das die kahlen Felsen überlagert. Im Wasser ist eine gegenwärtige Bewegung veranschaulicht, während Rottmann Zeugen vergangener

Die historische Landschaft

2   Joseph Anton Koch, Der Schmadribachfall, 1821/22. Leinwand, 131,8 x 110 cm. München, Neue Pinakothek

und möglicher zukünftiger Bewegungen darstellt. Die Natur zeigt sich in seinen Bildern in der Form von Denkmälern der Verwandlung durch Zerstörung. Wenn es zuweilen in den späten Bildern des Griechenlandzyklus eine aktuelle Bewegung wie einen Sturm gibt (*Tiryns*, 1843 oder *Marathon*, 1847), dann dient diese nur der emotionalen Verstärkung der Wirkung vergangener Zerstörungen. Durch einen Brief aus Griechenland an seine Frau Friederike vom 20. September 1834 aus Nauplia (Bierhaus-Rödiger 1978, Dok. 48) wird dieses Weltbild bestätigt. Rottmann schreibt dort: »Griechenland ist das Land der Zerstörung, es ist gräulich schön...« Dies ist zwar aufgrund der Erlebnisse in Griechenland formuliert, doch dasselbe Weltbild konnte Ludwig Schorn schon seit der zweiten Italienreise in Rottmanns Bildern und Studien erkennen. Zur näheren Erläuterung von Rottmanns Weltbild hatte ich in meinem Aufsatz von 1978 auf Schellings Fragment »Die Weltalter« von 1811-14 hingewiesen. Dieses Fragment ist als Quelle jedoch nur bedingt tauglich, da es erst nach Rottmanns Tod aus dem Nachlaß Schellings veröffentlicht wurde. Trotzdem ist es wahrscheinlich, daß Rottmann mit den Gedanken Schellings vertraut war, der in späterer Zeit kaum noch etwas veröffentlichte, dessen Ansichten aber dem gebildeten Münchner Publikum durch seine ab 1826 an der Münchner Universität öffentlich gehaltenen Vorlesungen vertraut waren. Ludwig Schorn, der in dem mehrfach zitierten Aufsatz über Rottmanns Ansicht von *Palermo* dieselben Vorstellungen vertritt wie Schelling, war mit jenem gut bekannt und hatte 1826 Schellings frühere Stelle als Generalsekretär der Akademie der bildenden Künste übernommen. Er kann möglicherweise als Vermittler der Ideen Schellings an Rottmann angesehen werden, wenn es dessen überhaupt bedurfte.

Der Anschaulichkeit wegen sei hier noch einmal Schellings Text zitiert: »Nicht menschliche Begebenheiten allein, auch die Geschichte der Natur hat ihre Denkmäler, und man kann wohl sagen, daß sie auf ihrem weiten Schöpfungsweg keine Stufe verlassen, ohne etwas zur Bezeichnung zurückzulassen.« Und: »Dieß sind die Kräfte jenes inneren unaufhörlich sich selbst gebärenden und wieder verzehrenden Lebens, das der Mensch nicht ohne Schrecken als das in allem Verborgene ahnden muß, ob es gleich jetzt zugedeckt ist und nach außen ruhige Eigenschaften angenommen hat. Durch jenes stete Zurückgehen auf den Anfang und das ewige Wiederbeginnen macht es sich zur Substanz im eigentlichen Verstand (id quod substat), zum immer Bleibenden; es ist das beständige innere Trieb- und Uhrwerk, die ewig beginnende, ewig werdende, immer sich selbst verschlingende und immer sich selbst wieder gebärende Zeit.«[9]

Die Evidenz dieses Textes im Verhältnis zu Rottmanns Bildern liegt auf der Hand. Sogar die für Schellings Text grundlegende Dialektik von Substanz und Bewegung kann in Rottmanns Bildern in der unterschiedlichen Behandlung von Ferne und Nähe wieder angetroffen werden. Zudem ist Schelling nicht der einzige Philosoph, der diese Sicht der Natur reflektiert. In Hegels »Naturphilosophie« gibt es ganz ähnliche Vorstellungen, wie die folgende Stelle zeigt: »Die Geschichte ist früher in die Erde gefallen, jetzt aber ist sie zur Ruhe gekommen.« Kurz darauf spricht er von der Erde als »diesem Leichnahm« — nämlich des vergangenen Lebens —, an dem man zwar vieles, aber noch nicht alles begreifen könne.[10] Hegel verweist in diesem Zusammenhang (S. 467) auf die damals vielgelesene Schrift des Freiberger Mineralogen und Bergakademie-Inspektors Abraham Gottlieb Werner mit dem Titel »Kurze Klassifikation und Beschreibung der verschiedenen Gebirgsarten«, 1787 in Dresden erschienen, sowie auf das in Zürich 1808 publizierte Werk »Ueber den Bau der Erde in dem Alpen-Gebirge zwischen 12 Längen- und 2-4 Breitengraden. Nebst einigen Betrachtungen über die Gebirge und den Bau der Erde überhaupt« des in Frankfurt am Main und Zürich tätigen Mediziners und Naturforschers Johann Gottfried Ebel. Beide Autoren befassen sich mit der Abfolge und dem Alter der verschiedenen Gesteinsschichten. Doch das Werk von Ebel, der vermutlich durch die zeitgenössischen Geologen in Paris wie Georges de Buffon angeregt war,[11] erweist sich zumindest als eine der Quellen der bei den Philosophen kursierenden Vorstellungen, die auch Rottmanns Bilder prägen. Man kann das Zitat von Schelling fast wörtlich bei ihm wiederfinden, zumal sich einzelne Kapitel seiner Schrift durch ein ähnlich visionäres Pathos auszeichnen. Hier sind vor allem zwei Kapitel im zweiten Band von Interesse: Abschnitt IX § 90, wo »Spuren gewaltsamer Zerstörung, Zerreissung und Zertrümmerung in allen Gebirgen« behandelt werden, sowie Abschnitt XI §104 mit dem Titel »Zerstörungs-Zeiträume«. Es heißt im § 90 auf S. 234/35: »Eine furchtbare Gewalt hat über die festgeschlossenen Schichtensysteme aller Gebirge gewüthet, diese unter einander getrennt, ganze Theile derselben weggeführt, und diejenigen, welche widerstanden, auf das Schrecklichste durchbrochen, zerrissen, bis auf Stunden Tiefe eingefurcht und auf ihren Höhen zertrümmert. In allen Urfels- und ältesten Flötzgebirgen wiederholt sich das Bild einer schauerlichen Ruine, welches das Alpengebirge darbietet, überall die nämlichen unverkennbaren Kennzeichen einer gewaltsamen Zerstörung.« Noch dramatischer wird es, wenn er auf die jüngeren Schichten mit den fossilen Überresten zu sprechen kommt. In §104, S. 415/16 spricht er davon, daß periodisch die Weltmeere, die sich schon zurückgezogen hatten, wieder anschwollen, wodurch bestehende Länder wieder versanken, »welches Ereignis stets mit großen Zerstörungen der alten Gebirge und Vernichtung vieler lebendigen Geschöpfe begleitet seyn mußte. Daher die vielen Überreste einer Pflanzen- und Thier-Vorwelt in den Lagern der verschiedenen Flötzgebilde; daher die zahllosen Felstrümmer, woraus die verschiedenen Geschiebelager und Nagelfluegebilde zusammengesetzt sind.« Und: »Die schrecklichste dieser periodischen Meeresrevolutionen und der damit verknüpften Zerstörung und Vernichtung war die *letzte*, welche nach Absetzung aller Flötzgebilde eingetreten ist, und an der Zertrümmerung und Zerreißung aller Gebirge, an den tiefen Einwühlungen in den Felsgebilden, an den aufgeschwemmten Schuttländern, an den flach unter der Oberfläche derselben in ungeheurer Menge liegenden Wäldern, Gerippen aller Riesen- und anderer Säugethiere und großer Fische, den wild unter einander aufgeschütteten und zerbrochenen Meerthiergehäusen, und an den zahllosen weit ausgestreuten gerollten Steinen und ungeheuern Felstrümmern sehr allgemeine und große deutliche Spuren hinterlassen hat.«

Diese »Revolutionen« werden in vielen geologischen Schriften der Zeit diskutiert. Sie tauchen unter anderem auch bei Alexander von Humboldt auf in seinem Werk »Geognostischer Versuch über die Lagerung der Gebirgsarten in beiden Erdhälften« (Straßburg 1823) und finden einen gewissen Abschluß durch den französischen Geologen Georges Cuvier. Wie alle genannten Werke zur Geologie und Naturkunde befand sich auch dessen »Discours sur les révolutions de la surface du globe« in der Originalfassung (3. Auflage, Paris 1826) wie in den Übersetzungen von Jakob Nöggerath mit dem Titel »Ansichten der Urwelt« (2 Bände, Bonn 1822 und 1826) in der Bibliotheca Regia Monacensis, die in die Bayerische Staatsbibliothek überging. Nach diesem Befund ist der Schluß erlaubt, daß das in Rottmanns Bildern anzutreffende geologische Weltbild in München bekannt war und diskutiert wurde.[12]

Zum Abschluß dieses Kapitels sei noch einmal Humboldt zitiert, dessen Hinweis auf die griechische Landschaft in der Abhandlung »Ueber den Bau und die Wirkungsart der Vulkane in den verschiedenen Erdstrichen« von 1823 in der zweiten Auflage der »Ansichten der Natur« von 1826 wie eine Vorschau auf Rottmanns Griechenlandzyklus wirkt: Es heißt dort auf S.135: »Aehnliche Zeugen alter Erdrevolutionen findet man in vielen Theilen des griechischen Continents und in Vorder-Asien: Ländern, welche dem Geognosten einst reichen Stoff zu Untersuchungen darbieten werden, wenn das Licht dahin zurückkehrt, von wo es zuerst über die westliche Welt gestrahlt, wenn die gequälte Menschheit nicht mehr der wilden Barbarei der Osmanen erliegt.«

Exkurs: Die menschliche Geschichte

Besonders im Griechenlandzyklus nimmt die menschliche Geschichte eine untergeordnete Stellung ein. Sie ist von der Natur, die in ihren urzeitlichen – weil von Pflanzen kaum bedeckten – Zustand zurückgekehrt ist, wieder vernichtet worden. Es gibt mehrere Bilder im Griechenlandzyklus, in denen man die Ruinen oder Relikte der Natur und diejenigen der Kultur kaum voneinander unterscheiden kann, so etwa in den Vordergründen von *Sikyon – Korinth* (Kat. 133) oder *Delos* (Kat. 174, 191). Das gegenwärtige Leben auf diesen Bildern ist sehr pri-

Die historische Landschaft

3   Carl Rottmann, Nemea, 1849/50. Öl-Harzmalerei auf Steinguß, 157 x 200 cm. München, Bayerische Staatsgemäldesammlungen (WAF 851)

mitiv, und Rottmann hat sich in einem Brief an seine Frau dagegen verwehrt, es als »patriarchisch« zu bezeichnen (Bierhaus-Rödiger 1978, Dok. 50). An dieser Äußerung kann man seine Belesenheit und Vertrautheit mit den gängigen Kulturtheorien ablesen, denn der Begriff »patriarchisch« ist eine Anspielung auf die »Patriarchenzeit«, die Johann Gottfried Herder in »Auch eine Philosophie der Geschichte zur Bildung der Menschheit« von 1774 als kargen, aber freiheitlichen Urzustand der menschlichen Kultur beschworen hatte. In Rottmanns Bildern dagegen erscheint die Kultur selbst nur als Relikt höherer Formen, die in der übermächtigen Natur häufig kaum noch sichtbar sind. Zwar ist dies ein Geschichtsbild, das nicht neu ist und im Barock immer wieder am Fall von Rom vorgestellt wurde.[13] In der Malerei war vor allem die pastorale Landschaft, in der die Ruinen vergangener Größe mit dem einfachen Hirtenleben der Gegenwart konfrontiert wurden, Zeuge dieser Vorstellung. Doch bei Rottmann erhält sie in Verbindung mit dem als neu zu bezeichnenden Bild der Natur einen anderen Akzent.

In seinen Bildern werden Naturgeschichte und Menschheitsgeschichte ganz als innerweltliche Kreisläufe beschrieben. Es gibt kaum einen Hinweis auf versöhnliche, verklärende oder gar transzendentale Kräfte. Dies ist besonders auffällig bei dem Bild *Nemea*, in dem eigentlich ein Neubeginn durch die Herrschaft des Wittelsbachers Otto dargestellt werden sollte (Abb. 3). Zwar sind alle Elemente, die zum Huldigungsbild für einen Herrscher gehören – wie Palmzweige, Säulen, akklamierende Menschen – vorhanden, doch ist ihre Wirkung bescheiden angesichts der weiten unwirtlichen Leere des Raumes. Dabei hätte durchaus die Möglichkeit bestanden, die Säulen in den Mittelpunkt des Bildes zu rücken und den Herrscher darunter im Kreise des Volkes zu zeigen, eine Lösung, die Peter Hess für seinen *Empfang König Ottos von Griechenland in Athen am 12. Januar 1835* von 1939 (Neue Pinakothek) wählte. In diesem Zusammenhang muß auf die politische Situation hingewiesen werden, denn um 1849/50 war die Lage eine ganz andere als 1839. Zu diesem Zeitpunkt war die griechische Mission längst gescheitert, und auch Ludwig I. hatte abgedankt. In beiden Fällen hatten Volksaufstände dazu geführt, daß der Anspruch absoluten Königtums von Gottes Gnaden, den Ludwig auch in Griechenland durchsetzen wollte, aufgegeben werden mußte und Volksvertretungen eingeführt wurden. Das eigentliche Ende der Herrschaft Ottos in Griechenland hatte schon 1843 eingesetzt, als nach einer Volkserhebung eine Verfassung zugestanden wurde, deren für die bayerische Regierung entscheidender Artikel 3 lautete: »Nur hellenische Bürger sind zu Staatsämtern zuzulassen«, woraufhin die letzten bayerischen Beamten und Gelehrten Griechenland verließen und nach Bayern zurückkehrten.[14] Vermutlich wurde auch in diesem Zusammenhang die Verlegung des Griechenlandzyklus aus den Hofgartenarkaden in einen Innenraum der Neuen Pinakothek geplant, da möglicherweise Anschläge wie auf den Italienzyklus von unzufriedenen Bürgern zu erwarten waren mit dem Ziel, ähnliche politische Veränderungen einzuklagen, wie sie die Griechen schon erreicht hatten. Erst zu diesem Zeitpunkt wird in Rottmanns Bildern der düstere Tenor auch koloristisch immer deutlicher, wonach das Ende der Geschichte der Menschen durch eine übermächtige Naturgeschichte kaum noch umkehrbar erscheint. Das Bild *Nemea* macht jedem klar, daß ein solcher Versuch zum Scheitern verurteilt sein muß. Die durch geologische Vorstellungen geprägten Bilder Rottmanns waren dennoch für jede Deutung offen: Die ehemalige aber versunkene Größe konnte als Ansporn zu Neuem gelesen werden aber auch als Hinweis auf die Vergeblichkeit derartiger Versuche. Doch selbst, wenn man die letzte Lesart bevorzugte, war politisch kein Schaden angerichtet, denn die gegenwärtigen Gründe für das Scheitern wurden ja nicht berührt.

Die ästhetische Sicht der Natur: Das Erhabene[15]

Zumindest seit der zweiten Hälfte des 18. Jahrhunderts gab es immer wieder die Forderung, daß die Malerei auf das Gemüt des Betrachters wirken solle. Am Anfang dieser Entwicklung steht Diderots Besprechung des Salons von 1767. An der Art, wie Diderot anläßlich von Landschaftsbildern von Claude Joseph Vernet über das Verhältnis von Empfindung und Natur nachdenkt, indem er den Eindruck, den ein Kunstwerk machen soll mit den ersten Eindrücken eines Kindes vergleicht, merkt man, daß er sich auf noch wenig betretenem Boden bewegt. Es geht ihm nicht um ein auch von der vorausgehenden klassischen Landschaftskunst angestrebtes rhetorisches Überzeugen, sondern Diderot möchte, daß es der Kunst gelinge, tiefere, von der Kultur nicht berührte Regionen der menschlichen Seele anzusprechen. Nicht von ungefähr kommt er in diesem Zusammenhang auf den Schrecken zu sprechen, den das Erhabene in der menschlichen Psyche bewirke, denn Schrecken sei eines der stärksten und ursprünglichsten Gefühle. Deshalb wird den Künstlern von Diderot die Darstellung des Erhabenen anempfohlen, das sich bei ihm nicht nur auf Naturgegenstände beziehen muß. Bei der Aufzählung dessen, was erhaben genannt werden kann – Dunkelheit, Unendlichkeit, der aufgewühlte Ocean, die Leere, aber auch Altäre, Priester, blutige Szenen usw. –, stützt sich Diderot ohne Nennung der Quelle auf Edmund Burkes vielgelesene Schrift »A Philosophical Enquiry into the Origin of our Ideas of the Sublime and the Beautiful« (London 1757). Wie Burke kommt er zu dem Schluß, daß alles Erhabene auf Größe und Gewalt beruhe und deshalb Schrecken auslöse.

Der entscheidende Schritt für die Landschaftsmalerei liegt jedoch erst in der Unterscheidung zwischen der Darstellung des Erhabenen in der Kunst und dem Erhabenen in der Natur. Dies geschieht bei Burke ansatzweise, wenn für ihn das Erhabene, das Gefahr und Schmerz erzeugt, aus sicherem Abstand genossen – wie in der Kunst – sogar »delight«, Vergnügen oder Entzücken, verursachen kann. Am Ende des 18. Jahrhunderts hat Kant die zum Erhabenen gehörende Distanz klarer gefaßt. Er widmet dem Erhabenen in der »Kritik der Urteilskraft« von 1790 ein umfangreiches Kapitel. Nach Kant kann das Erhabene nicht in sinnlicher Form erscheinen, und darin kritisiert er Burke, sondern es ist eine Idee der Vernunft (2. Buch, § 23). Das Wesentliche, das sich für Kant an der Idee der Erhabenheit offenbart, ist der Widerspruch zwischen physischer Schwäche und sittlicher Größe des Menschen. Er schreibt: »... so gibt auch die Unwiderstehlichkeit ihrer Macht [der Natur] uns, als Naturwesen betrachtet, zwar unsere physische Ohnmacht zu erkennen, aber entdeckt zugleich ein Vermögen, uns als von ihr unabhängig zu beurtheilen, und eine Überlegenheit über die Natur, worauf sich eine Selbsterhaltung von ganz anderer Art gründet, als diejenige ist, die von der Natur außer uns angefochten und in Gefahr gebracht werden kann, wobei die Menschheit in unserer Person unerniedrigt bleibt, obgleich der Mensch jener Gewalt unterliegen mußte.«[16]

Für die Malerei werden seit dem Ende des 18. Jahrhunderts vor allem die Berge und das Meer bildliche Träger der Idee des Erhabenen. Ihnen eignen in der Natur unüberschaubare Größe und Macht. In der Wirklichkeit bargen sie für den Menschen Lebensgefahr und verursachten deshalb Furcht, in der Kunst dagegen wurden sie zu Bildern der Unendlichkeit der Natur, in der sich die Unendlichkeit Gottes spiegelt.

In diesem Zusammenhang muß die Einführung des Betrachters in das Landschaftsbild gesehen werden. Günter Herzberg hat 1944 nachgewiesen, daß die Landschaftsmaler des 18. Jahrhunderts durch Übernahme von Formen der Vedute einen neuen Weg einschlugen, der im romantischen Landschaftsbild des frühen 19. Jahrhunderts schließlich seinen Höhepunkt erreichte.[17] Auch die Betrachterfigur kommt aus der Vedute, wo sie, meist auf einer »Rampe« (Herzberg) des Vordergrunds geruhsam kommentierend die Naturwunder betrachtet. Jedoch wären ohne die Verbindung dieser Bildform mit den Vorstellungen über das Erhabene Caspar David Friedrichs nahezu bildfüllende, vom Rücken gesehene Betrachterfiguren nicht möglich gewesen, in denen sich das Bewußtsein des Bildes darstellt. Gerade in seinen Bildern wird der Zwiespalt unmittelbar deutlich zwischen der beschränkten körperlichen Existenz dieser Figuren und der Freiheit ihres auf das Unendliche der Landschaft gerichteten Geistes. Der Betrachter vor dem Bild, der sich mit diesen Figuren identifiziert, wird durch sie zur Reflexion dieses Verhältnisses geführt.[18] Eine solche der Vedute zwar noch nahestehende, aber mit dem Pathos des Erhabenen erfüllte Darstellung ist auch Rottmanns *Eibsee* von 1825 (Kat. 22). Die sehr kleinen Figuren sind als Jäger erkennbar, also als Menschen, die ein praktisches Interesse in die Natur geführt hat. Zugleich wird an ihnen durch die Konfrontation mit der ungeheuren Größe und Macht des Bergmassivs der Zugspitze eine ästhetische Stellung zur Natur reflektiert. Damit wird der Zwiespalt vorgeführt, der in der Darstellung des »Erhabenen« angelegt ist: Was dem Betrachter im Bild unendlich groß und unüberschaubar erscheinen muß, breitet sich dem Auge des Betrachters vor dem Bild, dessen Verhältnis zur Natur nur ästhetisch ist, als »Landschaft« und anschauliches Symbol der Unendlichkeit der Natur und des Geistes dar.

Auch in den Bildern des Italienzyklus gibt es ähnliche Konstellationen, so etwa in der Darstellung des *Monte Cavo*. Dort vertritt ein einsam wandernder Mönch auf der dem Berg gegenüberliegenden Seite eines Wassers den Standpunkt (im doppelten Sinne) des Bildbetrachters. Jedoch sind die eindrucksvollsten Bilder des Erhabenen seit den dreißiger Jahren im Werk Rottmanns solche, in denen der Betrachter im Bild nicht mehr erscheint und nur die Dunkelzone des Vordergrundes den Betrachter vor dem Bild auffordert, sich an seine Stelle zu versetzen. Das herausragendste Beispiel ist hier das Fresko mit dem *Monte Serone*. Zunehmend verkörpert das geologische Weltbild das Erhabene vollkommen ohne den Rekurs auf eine kommentierende Figur im Bild.

Nicht zufällig hatte der Münchner Geologe Karl Schafhäutl in einem Vortrag vor der Akademie der Wissenschaften im Jahr 1843 die Visionen der geologischen Wissenschaft mit dem Erhabenen gleichgesetzt. Er begründet seinen Vortrag über die Geschichte der Geologie damit, diese Wissenschaft sei »die heutige Lehre von der Bildung der Welt, eine Doktrin, vom Anfang her verwandt mit dem erhabensten Thema, mit jenem der Theogonie«.[19]

Wenn schließlich im Rottmann-Saal der Neuen Pinakothek ab 1843 eine Innenraumaufstellung der griechischen Landschaftsbilder mit indirekter Beleuchtung von oben geplant war und in dieser Weise nach Rottmanns Tod ausgeführt wurde, so ist darin die äußerste Konsequenz der hier besprochenen romantischen Bildform erreicht. Die in dieser Bildform als ästhetisches Verhältnis dargestellte Beziehung von Betrachter und Landschaft, hat sich im Rottmann-Saal in eine Scheinrealität verwandelt. Der Betrachter, im dunklen Raum vor den fenstergleich sich öffnenden Landschaften der Bilder stehend, in denen das Bildlicht von oben mit dem realen Licht identisch ist, erfährt nun an sich selbst die Trennung in Körper und Geist, die etwa von Caspar David Friedrich an der Betrachterfigur im Bild thematisiert wurde. Er ist nicht mehr frei im Verhältnis zur dargestellten Natur, dergegenüber die Figuren im Bild durch ihre Körperlichkeit beschränkt erschienen. Vielmehr muß er sich nun gegenüber den Bildern auch seiner eigenen Körperlichkeit bewußt werden, da seine Stellung nicht mehr rein ästhetisch ist. Ganz real ist er einem Lichtwechsel ausgesetzt, was seine eigene Position und den Gegenstand seiner Betrachtung betrifft. Zeichen dafür ist die Identität von ideellem Bildlicht und realem Raumlicht. Nicht zufällig wurde immer wieder das »Phänomenale« dieser Lichtsituation als übertrieben und kunstfern kritisiert. Vielleicht kann man sogar so weit gehen zu vermuten, daß der Gegensatz von realem Dunkel im Raum und quasi »realem« Licht im Bild von manchen Kunstfreunden als physisch unangenehm empfunden wurde. Das heißt, durch diese Aufstellung wurde in zweifacher Weise nicht die geistige Freiheit, sondern die körperliche Beschränkung des Betrachters – das heißt im romantischen Sinne »des Menschen«, für den er ja steht – zum Thema gemacht: einmal durch die Verwischung der Grenze zwischen der Wirklichkeit und der Bildwirklichkeit, zum andern durch den Inhalt der Bilder selbst. Indem in ihnen die Ferne nicht tröstlich wie etwa bei Claude Lorrain, sondern durch ihre körperliche Festigkeit wie in einem Guckkasten verschlossen erscheint, kann der Betrachter die Wirkung des dargestellten aussichtslosen Naturkreislaufs nur auf seine eigene physische Realität beziehen. Dem Geist ist hier der Sprung in eine andere Realität verwehrt. Dennoch bleiben weiterhin die für die Darstellung des Erhabenen nötigen Bedingungen erhalten: Der Betrachter erfährt sich als Körper und Geist, die Landschaft hat als zwar rein ästhetische Realität dennoch eine Macht, die der physischen Realität nahekommt. Attribute dieser Macht sind wie schon im 18. Jahrhundert die dem Erhabenen zugeordneten Kategorien der Leere, Lebensfeindlichkeit und Größe der dargestellten Räume. Die Überspannung des Zwiespalts zwischen Bildrealität und Rekurs auf die Wirklichkeit, der in der romantischen Bildform angelegt ist, erreicht hier die Grenze zur populären Panoramamalerei – übrigens eine Gattung, die Alexander von Humboldt schätzte, da sie dem Betrachter den Natureindruck in fast gleicher Stärke wie die Natur selbst vermitteln konnte und weite und beschwerliche Reisen ersparte.[20] Rottmann hat einen solchen Eindruck auf der Stufe der hohen Kunst zu erreichen versucht, und es ist nur konsequent, daß es über das in seinem Griechenlandzyklus erreichte Stadium hinaus keine weitere Entwicklung dieser Form der idealen Landschaftsmalerei mehr gibt.[21]

Hier ist noch einmal auf den Anfang zurückzukommen. Die Kategorie des »Erhabenen« ist um und nach 1800 die angemessene Form für die »historische Landschaft«, sie garantiert ihr den Rang der idealen Landschaftsmalerei. Wie die bis dahin bestimmenden ästhetischen Kategorien kommt auch die des Erhabenen aus der antiken Rhetorik. Neu ist ihre Verwendung in zweifacher Weise: Mit ihr soll nicht mehr der humanistisch Gebildete angesprochen werden, sondern der unverbildete, natürlich empfindende Mensch, mit dem sich das aufstrebende Bürgertum im 18. Jahrhundert identifizierte. Durch Verbindung mit naturwissenschaftlichen Vorstellungen über den Weltbau und die Bewegungen der Erdkruste mußte sich das Interesse der Maler vom Subjekt auf das Objekt verlagern. Dem wirkt entgegen, daß die naturwissenschaftlichen Thesen in poetischer Form als Weltanschauung in die Landschaftsmalerei eingingen, nicht als wissenschaftliche Modelle. Daß auch die Geologen zur Verbreitung ihrer Ideen eine künstlerische Form wählten,[22] zeigt etwa eine Kapitelüberschrift im Ersten Band von Alexander von Humboldts »Kosmos« von 1845: »Naturgemälde. Allgemeine Übersicht der Erscheinungen«. Wenn er darin unmittelbar den Sprung vom Sternenhimmel und damit der Entstehung der Himmelskörper zu den vulkanischen Erscheinungen macht, die aus dem Erdinnern kommen, so fühlt man sich an eines von Rottmanns letzten Gemälden erinnert, an die späte Fassung von *Marathon* (Kat. 187). Die atmosphärischen Erscheinungen im Austausch zwischen Himmel und schrundiger Erdoberfläche sind hier das »poetische« Thema. Wie jedes ideale Gemälde ist es mehr der Phantasie des Künstlers entsprungen, als daß es einen genau zu bestimmenden natürlichen Vorgang wiedergäbe.

Anmerkungen

1 Siehe dazu: Margaretha Rossholm Lagerlöf, Ideal Landscape. Annibale Carracci, Nicolas Poussin and Claude Lorrain. New Haven and London 1990.
2 Zweite Auflage, München 1923, Bd. 4: Kunstlehre – Bildnerkunst / Malerei, S. 363 - 365.
3 Leonardo da Vinci, Das Buch von der Malerei. Deutsche Ausgabe nach dem Codex Vaticanus 1270. Hrsg. von Heinrich Ludwig (Quellenschriften zur Kunstgeschichte XV), Bd. 1, Wien 1882, S. 18, 19.
4 Alexander von Humboldt, Ansichten der Natur, mit wissenschaftlichen Erläuterungen. Stuttgart und Augsburg 1859³, Bd. 2, S. 27.
5 Carl Gustav Carus, Neun Briefe über Landschaftsmalerei. Hrsg. und eingel. von Hans Kahn. Villingen o. J. (ca. 1947), S. 53.
6 Für Hinweise zur Literatur und freundschaftliche Beantwortung meiner Fragen zur Geologie danke ich Henning von Rochow. – Es kann sich im Folgenden nur um eine erste Annäherung an das Thema handeln, dessen genauere Behandlung in eine fernere Zukunft verlegt werden muß.
7 Caspar Wolf (1735-1783). Landschaft im Vorfeld der Romantik. Bearb. von Yvonne Boerlin-Brodbeck. Kat. Ausst. Kunstmuseum Basel 1980, vor allem S. 55, 56. – Mit Rottmanns Zyklen sind Wolfs Alpenbilder insofern vergleichbar, als sie im 18. Jahrhundert gemeinsam in dem sogenannten »Wagnerschen Kabinett« zu sehen waren, das der Buchhändler hatte einrichten lassen.
8 Erika Bierhaus-Rödiger zitiert 1978 zu diesem Bild ohne nähere Quellenangabe einen E. von Schrenck, der 1829 schreibt: »... wie besonders die Urgebirgsmassen gleichsam das Skelett der Erdrinde bilden ...« (S. 14), und verweist damit ebenfalls auf eine geologische Sicht Rottmanns, die auch Schorn erkannte.
9 F. W. J. von Schelling, Die Weltalter (Bruchstück aus dem handschriftlichen Nachlaß). In: Schellings Werke, Bd. 4, München 1927, S. 578 und 606.
10 Georg Wilhelm Friedrich Hegel, System der Philosophie (1817). 2. Teil: Die Naturphilosophie. In: Sämtliche Werke, hrsg. von Hermann Glockner, Stuttgart 1929, Bd. 9, S. 463 und 465.
11 Le Comte de Buffon, Les Époques de la Nature. 3. Aufl. Paris 1790 (zuerst 1778). Buffon war laut Titel des Buches »Intendant du Jardin et du Cabinet du Roi, de l'Académie Françoise, de celle des Sciences«.
12 Zur Erläuterung der direkten Verbindung zwischen der Geisteswissenschaft und der Naturwissenschaft in München sei darauf hingewiesen, daß Schelling mit dem Zoologen Johann Baptist von Spix befreundet war, der auf Schellings Fürsprache 1811 nach München berufen wurde. Der schon 1826 verstorbene Spix wiederum war mit dem Botaniker und Ethnographen Karl Friedrich Philipp von Martius befreundet, mit dem er zusammen 1817-20 auf der von der bayerischen Regierung ausgerichteten Expedition in Südamerika war. Und Martius seinerseits war ein Freund von Ludwig Schorn. Diese Informationen entstammen der Allgemeinen Deutschen Biographie.
13 Siehe dazu: Walter Rehm, Der Untergang Roms im abendländischen Denken. Ein Beitrag zur Geschichtsschreibung und zum Dekadenzproblem. Leipzig 1930.
14 Siehe dazu: Wolf Seidl, Bayern in Griechenland. Die Geburt des griechischen Nationalstaats und die Regierung König Ottos. München 1981, zur Verfassung S. 226.
15 Siehe dazu mein Buch: Landschaft in der deutschen Malerei. München 1987, Das Ideal des Erhabenen: Die Darstellung der Alpen, S. 111 ff.
16 Immanuel Kant, Kritik der Urteilskraft. 1. Teil: Kritik der ästhetischen Urteilskraft, 1. Abschnitt, 2. Buch, § 28. In: Kant's gesammelte Schriften. Hrsg. von der Kgl. Preußischen Akademie der Wissenschaften. Bd. V, Berlin 1908, S. 261, 262.
17 Siehe: Günter Herzberg, Mensch und Landschaft. Ein Beitrag zur Form- und Geistesgeschichte der europäischen Landschaftsmalerei. Frankfurt a. M. 1944.
18 In der alten Landschaftsmalerei gab es ebenfalls den Unterschied zwischen dem Standort des Betrachters und dem der Figuren im Bild. Doch war dies mehr ein Unterschied der Sicht wie im Theater, wo auch der Zuschauer mehr weiß als die handelnden Personen. Siehe dazu: Rossholm-Lagerlöf 1990 (Anm. 1), S. 155. Neu ist in der zweiten Hälfte des 18. Jahrhunderts, daß es sich um eine verdoppelte ästhetische Sicht auf die Natur handelt, denn auch die Betrachter im Bild nehmen eine ästhetische und nicht eine handelnde Position zur Landschaft ein.

Die historische Landschaft

19 Dr. Karl Schafhäutl, Die Geologie in ihrem Verhältnis zu den übrigen Naturwissenschaften. Festrede für die Feier des Ludwigstages am 25. August 1843, gelesen in der öffentlichen Sitzung der k. Akademie der Wissenschaften zu München. München 1843, S. 3.

20 Alexander von Humboldt, Kosmos. Entwurf einer physischen Weltbeschreibung. Zweiter Band, Stuttgart und Tübingen 1847, S. 93.

21 Auf einer neuen Stufe hat sich am Ende des Jahrhunderts Cézanne mit ähnlichen Fragen beschäftigt und ganz andere Antworten in der Malerei dafür gefunden.

22 Humboldt beschreibt die Natur der Form nach als »Landschaft« wie die Maler. Darauf hatte auch von Holst im Katalog der Koch-Ausstellung in Stuttgart 1989 Wert gelegt. Im »Conservations-Lexikon oder encyclopädisches Handwörterbuch für gebildete Stände«, Band 5, Stuttgart 1817 heißt es dazu (S. 533, 534): »Landschaft kann man eigentlich nicht jede An- oder Aussicht im Freien der Natur nennen, sondern nur dann bezeichnet man Theile der Natur mit dem Namen der Landschaften, wenn sich 1) alles Mannichfaltige der Anschauung, ohne irgend einen bewußten Einfluß unserer Dichtungskraft, in einem harmonischen Totalbilde vereinigt, welches sich als solches jedem Betrachter darbeut, und wenn 2) alles Mannichfaltige der Anschauung zusammenwirkt, um in dem Gemüthe des Anschauenden eine gewisse Stimmung zum Gedankenspiel, zu Bestrebungen und Gefühlen hervorzubringen. Zunächst ist es also ein ästhetischer Charakter, welcher eine Gegend zur Landschaft macht, wodurch dann analoge Gefühle in der Seele des Betrachters erweckt werden, und diese eine dem Charakter der Landschaft angemessene Stimmung erhält.« Nach diesem Artikel liegt der objektive Charakter einer eigentlich subjektiven Kategorie wie »Landschaft« darin, daß alle Subjekte ähnliche ästhetische Vorstellungen haben.

Raimund Wünsche
Der gekrönte Philhellene
Ludwig I. und Griechenland

»Endlich bin ich in Dir nun, Poseidonia, staune Tempel euch an,
nur ihr lasset zu wünschen nichts mehr.
Stückwerk verglichen mit euch, sind die römischen Bauten.
Es reihen Felsen an Felsen sich hier, halten einander sich selbst.
Wie aus dem Haupte des Zeus Athene gewaffnet entsprungen,
Steht, vollendet in sich, herrlich das griechische Werk;«,

so dichtete 1817 Kronprinz Ludwig beim Anblick der Tempel von Paestum.[1] Mit seiner Bewunderung dieser Bauten stand Ludwig damals nicht allein: Seit der Mitte des 18. Jahrhunderts waren diese Tempel das Ziel vieler Reisender. Für Winckelmann, Goethe und für viele andere wurden die Tempel Paestums zum Kristallisationspunkt ihrer Sehnsüchte nach dem fernen Griechenland, das, unter türkischer Herrschaft stehend, nur schwer zu bereisen war. An Plänen für solch eine Reise hat es bei Goethe und Winckelmann nicht gefehlt. Nur wurden sie immer wieder aufgeschoben. Vielleicht scheuten sie nicht nur die Strapazen des Unternehmens, sondern ahnten bei der Lektüre der so abenteuerlich klingenden griechischen Reisebeschreibungen, daß ihre liebgewonnenen Vorstellungen von diesem idealen Land an der Realität zerbrechen würden.

Ludwig hingegen träumte beim Anblick dieser Tempelruinen nicht nur von dem fernen Griechenland, seine Gedanken gingen noch weiter — die anfangs zitierte Elegie über Paestum endet mit dem Bekenntnis:

»Daß mir vergönnet nicht war, Griechen, zu leben bey euch!
Lieber, denn Erbe des Throns, wär' ich hellenischer Bürger.«

Die schwärmerische Liebe für das antike Griechenland — eine der wenigen konstanten Leidenschaften des so leicht verliebten Ludwig (Abb. 1) — wurde nicht durch eine entsprechende Erziehung entfacht: Der junge Prinz hatte höchst geringe Kenntnisse der antiken Sprachen, studierte nur zwei Semester neuere Geschichte, und dies ohne große Lust. Auch antike Kunstwerke von Rang können ihn in München nicht angeregt haben: Schon 1802 mußte der Antikensaal mit den Abgüssen berühmter Skulpturen geschlossen werden, da »die klassischen Werke der griechischen Kunst mißhandelt und verstümmelt, vom Hausgeflügel besudelt und endlich sogar zum Wäschetrocknen gebraucht wurden«.[2] Und die originalen Antiken im Antiquarium der Residenz konnten auf die Besucher nur wenig Eindruck machen, da die ganze Räumlichkeit, wie schon Goethe klagte, damals sehr vernachlässigt war.

Auch ein väterliches Vorbild gab es für Ludwig nicht: König Max I. Joseph stand der Antike völlig gleichgültig gegenüber; er hat sein Leben lang nie verstehen können, was seinem »fou de fils«, seinem närrischen Sohn, an diesen »zerbrochenen schmutzigen Puppen«, wie der König die Antiken zu bezeichnen pflegte, gefiel.[3]

Ludwigs Begeisterung für die Antike und für die Kunst im allgemeinen wurde vielmehr auf einer Italienreise geweckt, die er im Winter 1804/5 unternahm. Das augenöffnende Kunsterlebnis war eine »moderne«,

1 Bertel Thorvaldsen, Kronprinz Ludwig von Bayern, 1821. München, Glyptothek

2   Antonio Canova, Hebe, 1796. Staatliche Museen zu Berlin, Nationalgalerie

zeitgenössische Skulptur (Abb. 2): »Ich war in Schwetzingen erzogen« – erinnerte sich Ludwig später – »und keineswegs Kunstfreund, aber die scheußlichen Figuren im Hofgarten von Nymphenburg machten mich der Skulptur abgeneigt, bis ich nach Venedig kam und es mir vor Canovas Hebe wie Schuppen von den Augen fiel.«[4] Das Erlebnis dieser Statue hat er später in einem Sonett in Worte zu fassen versucht:

»Was für ein Zauber hält mich hier gefangen!
In mir ein wonnig nie gespürtes Regen,
Durchdrungen plötzlich von der Weihe Segen;
Der Sinn für Kunst war in mir aufgegangen...«

Die große Begeisterung Ludwigs für dieses Werk läßt sich erklären: Canova vermochte in dieser Statue das für Ludwig und viele seiner Zeitgenossen noch fremde, antike Ideal mit den vertrauten bildhauerischen Formen des Spätbarock zu verbinden. So erleichterte die *Hebe* das Verstehen der antiken Formensprache. Und das gilt nicht nur für die *Hebe*, sondern für viele Werke der klassizistischen Bildhauer, die damals als »Neuschöpfungen der Kunst des griechischen Alterthums« gefeiert wurden. Sie haben dem gebildeten Europa den Weg zum Verständnis der griechischen Skulptur geebnet. Nicht umsonst rühmte man den dänischen Bildhauer Bertel Thorvaldsen als den »nordischen Pheidias«, John Flaxman als den »englischen Pheidias« usw.[5] Erst Generationen später wurden ihre Werke abschätzig als »klassizistisch« bezeichnet, ein Wort, das Ludwig und seine Zeit gar nicht kannten: Man sprach vom »wahren«, vom »richtigen« Stil. J. J. Winckelmann hat dies mit den Worten ausgedrückt: »Der einzige Weg für uns, groß, ja, wenn es möglich ist, unnachahmlich zu werden, ist die Nachahmung der Alten.«[6] Der merkwürdig klingende Satz bedarf kurzer Erläuterung: Winckelmann hat unter »nachahmen« nicht ein äußerliches Imitieren gemeint, denn das führte – so Winckelmann – schon in der Antike zum Verfall der Kunst. »Nachahmen« heißt, in der Blüte der griechischen Kultur generell das »Höchste« zu erkennen und sich deshalb die Prinzipien ihrer Kunst und Kultur anzueignen und anzuverwandeln. Solch höchste Kultur konnte nach Winckelmann nur bei politischer Freiheit entstehen, also in einer Demokratie. In seiner berühmten »Geschichte der Kunst des Alterthums« (1764) schreibt er hierzu: »In Athen aber, wo nach Verjagung der Tyrannen ein demokratisches Regiment eingeführt wurde, an welchem das ganze Volk Antheil hatte, erhob sich der Geist eines jeden Bürgers und die Stadt selbst über alle Griechen... Mit den Wissenschaften ließen sich die Künste nieder; hier nahmen sie ihren vornehmsten Sitz, und von hier gingen sie in andere Länder aus.«[7] Neben der Freiheit war auch die geographische Lage eines Landes, also sein Klima und davon abhängige Nahrung, ein entscheidender Faktor zur Ausbildung höchster Kultur. Das warme Klima – so meinte er – befeuert die Geister und macht auch die Menschen schöner.

Es ist in diesem Zusammenhang nicht von Bedeutung, inwieweit diese Vorstellungen Winckelmanns zutreffend sind. Sein Gedanke, daß höchste Kultur nur in politischer Freiheit, in einer Demokratie entstehen könne, muß in einem Europa vor der Französischen Revolution provokant gewirkt haben. Es ist auch heute schwer zu beurteilen, wie viele Leser Winckelmanns Schriften damals fanden – aber wer hat schon die Werke von Karl Marx oder Sigmund Freud gelesen? –, entscheidend ist nur: Ihre Wirkung war enorm. Nicht nur Altertumsforscher, sondern fast das ganze gebildete Europa wurde von Winckelmanns Gedanken erfaßt.

Sein Einfluß auf Künstler wie auf Dichter, z.B. auf Goethe, Schiller, Byron ist unübersehbar. Sie dürften auch am ehesten verstanden haben, was für eine politische Sprengkraft in seinen Ansichten lag, denn die Idee der Freiheit und Gleichheit der Menschen war 1776 in der amerikanischen Unabhängigkeitserklärung festgeschrieben worden und ermöglichte somit ähnliche Entwicklungen auch in Europa.

Unerreichbar waren hingegen Winckelmanns weitere Vorraussetzungen zur »höchsten Kulturblüte«, denn wenn diese – wie er meinte – an Land und Menschen gebunden war, so konnte ein neues perikleisches Zeitalter eigentlich nur in Griechenland selbst wiedererstehen. Über den damaligen Zustand Griechenlands war sich Winckelmann im klaren. »Denn nicht zu gedenken, daß ihr Geblüt einige Jahrhunderte hindurch mit dem Samen so vieler Völker, die sich unter ihnen niedergelassen haben, vermischt worden; ist leicht einzusehen, daß ihre jetzige Verfassung, Erziehung, Unterricht, und Art zu denken, auch in ihre Bildung einen Einfluß haben könne.« Trotz dieser Bedenken glaubt Winckelmann versichern zu können: »Bei all diesen nachteiligen Umständen ist noch jetzt das heutige griechische Geblüt wegen seiner Schönheit berühmt; worin alle aufmerksamen Reisenden übereinstimmen; und je mehr sich die Natur dem griechischen Himmel nähert, desto schöner, erhabener und mächtiger ist dieselbe in Bildung der Menschenkinder.« Winckelmanns sehnsüchtiges Hoffen auf eine Wiedergeburt Griechenlands ist hier formuliert.

Diese Vision einer Auferstehung Griechenlands, des Landes der Freiheit und der Schönheit, erfaßte in der zweiten Hälfte des 18. Jahrhunderts immer weitere Kreise Europas, vor allem in England. Zur Verbreitung dieser Ideen hat eine uns heute etwas seltsam erscheinende Vereinigung, die »Society of Dilettanti«, viel beigetragen. Dort traf sich anfangs nur der wohlhabende und reiselustige englische Adel, der durch unkonventionelles Verhalten auffallen wollte. Der englische Dichter Horace Walpole spottete über sie: »The nominal qualification for membership is having been in Italy, and the real one, being drunk.«[8] Das mag gestimmt haben, aber es gab auch Ausnahmen: Lord Sandwich, »Erfinder« des nach ihm benannten belegten Brotes, reiste schon 1738-39 durch die Ägäis, und auch andere Lords und Sirs dieser »Society« wagten kühne Reisen. Allmählich wurde es zur Mode, für griechische Kultur zu schwärmen. 1751 schickte die »Society« zwei Architekten, James Stuart und Nicholas Revett mit dem Auftrag nach Athen, dort systematische Vermessungen der klassischen Denkmäler vorzunehmen. Weitere Unternehmungen folgten: Die Arbeiten der »Society of Dilettanti« stellen eine Wendemarke in der Erforschung des antiken Griechenland dar. Waren es zuvor Amateure oder phantasievolle Künstler, die in Zeichnungen und Beschreibungen von den antiken Resten aus dem griechischen Kulturraum berichteten, so fanden sich nun Bauforscher zusammen, denen Genauigkeit als oberstes Ziel galt.

Als vier Jahre später der erste Band der »Antiquities of Athens« von Stuart und Revett erschien, denen noch weitere folgten, schätzte man sie sofort weit höher ein als all die vorherigen romantisch gefärbten Publikationen. Diese Bände von »Stuart – The Athenian«, wie es damals hieß, wurden geradewegs zu Musterbüchern für die klassizistischen Architekten, die im Sinne Winckelmanns die griechische Baukunst nachzuahmen versuchten.

Aber die Bedeutung von J. Stuart und N. Revett liegt noch auf einem anderen Gebiet: die beiden sind die Begründer des englischen Philhellenismus gewesen. Ihre Schriften drücken neben der üblichen Bewunderung für das antike Griechenland auch ihre Liebe zu den »modernen« Griechen aus. Die Athener rühmen sie als begabt, mutig und witzig: »They want not for artfull Speakers and busy Politicians... and it is remarkable enough, that the Coffee-House which this species of Men frequent, stands within the ancient Poikile.«[9] In diesen Worten verbinden sie bewußt die Erinnerung an den Glanz der antiken athenischen Demokratie mit den Fähigkeiten der zeitgenössischen Griechen, die sich aber aufgrund der türkischen Unterdrückung nicht entwickeln können. Ganz im philhellenischen, die türkische Fremdherrschaft beklagenden Ton ist auch die Ankündigung Stuarts, daß der nächste Band von Bauwerken »erected while the Athenians were a free people« handele.[10]

Die Schriften Winckelmanns und die prachtvollen Stichwerke Stuart-Revetts waren Ludwigs Leitfäden zur griechischen Kultur. Ihre Gedanken, daß die Größe der griechischen Kunst von der Freiheit in diesem Lande abhängig war, verbanden sich leicht mit den Ideen der Französischen Revolution.

Kunstwerke in das Land der Freiheit!

Die große Revolution trug den Ruf nach Freiheit in alle Länder Europas. Aber es waren nicht die politischen Ideen, die Ludwig aufgrund seines Standes als Kronprinz und künftiger König natürlich wenig gefallen konnten. Ludwig sah mit Erstaunen ein anderes Phänomen:

Der patriotische Sinn der Revolutionäre hatte nämlich den Gedanken Winckelmanns, große Kunst könne nur in Freiheit entstehen, bald dahin erweitert, daß die großen Kunstwerke – ganz unabhängig davon, wo und wann sie entstanden – frei sein, also in das Land der Freiheit gebracht werden müßten, d. h. in die französische Republik.

So sprach am 20. September 1794 der Maler J. L. Barbier, damals Leutnant bei der Revolutionsarmee, die in den Niederlanden eingefallen war und mit Kunstbeute heimkehrte, vor der französischen Nationalversammlung die bezeichnenden Worte:

»Vertreter des Volkes! Die Früchte des Genies stellen das Erbe der Freiheit dar, und dieses Erbe wird stets von der Volksarmee respektiert werden. Die Armee des Nordens drang mit Feuer und Schwert in die Mitte der Tyrannen und ihrer Anhänger vor, aber sie schützte sorgfältig die zahlreichen Meisterwerke der Kunst, welche die Despoten in ihrer überstürzten Flucht zurückließen. Zu lange waren diese Meisterwerke durch den Anblick der Sklaverei beschmutzt worden. Im Herzen der freien Völker sollen diese Werke berühmter Männer ihre Ruhe finden; die Tränen der Sklaven sind ihrer Größe nicht würdig, und die Ehrung der Könige beunruhigt nur ihren Grabesfrieden. Nicht länger befinden sich diese unsterblichen Werke in fremdem Land; heute sind sie im Vaterland der Künste und des Genies, der Freiheit und Gleichheit, in der französischen Republik angekommen.«[11]

Napoleon perfektionierte in den folgenden Jahren den französischen Kunstraub: in kurzer Zeit war das Museé Napoléon im Louvre das größte Kunstmuseum, das die Welt jemals gesehen hat. Napoleons Kunstraub leitete die spätere, oft so fatale Entwicklung ein, daß das Kunstwerk seinen angestammten Platz verlor. Man empfand es als Gewinn und nicht als Verlust, Altarbilder aus den Kirchen, in denen sie oft jahrhundertelang verehrt worden waren, zu entfernen und in einem Museum in fragwürdige kunstgeschichtliche Ordnung einzureihen – genau dies ist allerdings die Grundlage der modernen Museumskultur geworden. Durch Napoleons Kunstraub wurde Zusammengehöriges, geschichtlich Gewachsenes willkürlich getrennt. Vieles, was bisher unverrückbar schien, war auf einmal beweglich geworden.

Besonders hart traf Napoleons Kunstraub Italien. Die dortigen Adeligen verarmten und waren gezwungen, ihren Kunstbesitz zu verkaufen. Dadurch kam bisher Unverkäufliches jetzt auf den Markt. Ludwig erkannte bei seinem Italienbesuch die Gelegenheit und faßte den Entschluß, eine Sammlung antiker Skulptur zu gründen: »Wir müssen auch zu München haben, was zu Rom museo heißt« – diese Worte sind die Geburtsstunde der Glyptothek.[12] Ludwig ging es nicht um bloßen Besitz, um das Zusammenraffen einer großen Sammlung. »An Quantität werden uns die anderen Museen übertreffen, durch Qualität soll sich unsere Sammlung auszeichnen«, schrieb er 1810 an den Bildhauer Martin von Wagner, den er als Kaufagenten für dieses neu zu errichtende Museum gerade nach Rom geschickt hatte.

Durch den Anblick vorbildhafter Antiken sollte in München das Bildhauerfach gefördert werden, »weil es da« – wie Ludwig meinte – »am meisten fehle«. Er wollte aus München eine Kunststadt machen. Kunst und Künstler nach München! Wiedergeburt der deutschen Kunst in München! – so lauteten seine Parolen. Darüber hinaus sollten die Antiken, in einem öffentlichen Museum aufgestellt, zur höheren Kunstbildung des Volkes dienen. Hier mischen sich bei Ludwig Gedanken Winckelmanns und der Französischen Revolution.

Antiken aus Griechenland für Isar-Athen

Um Kunst und Geschmack zu fördern, was konnte wichtiger sein als der Besitz griechischer Originale? So dachte Ludwig, und so dachten viele im beginnenden 19. Jahrhundert – vor allem in England. Und daran waren die napoleonischen Kriege schuld. Sie hatten die stets reise- und kauflustigen englischen Milords aus Italien vertrieben. Griechenland entwickelte sich nun zum neuen klassischen Reiseland. Auf ihren Reisen trafen die »Sirs« auch französische Gelehrte und Dichter, deren Blick auf die Situation des Landes durch die Ideen der Französischen Revolution geschärft war. Bei allen verband sich die Bewunderung der Reste des antiken Griechenland auch mit Trauer und Empörung über den damaligen Zustand des Landes. Ähnlich dachte auch Lord Elgin. Er kam nach Athen, um Abgüsse und Zeichnungen antiker Skulptur und Architektur zu sammeln und nach England zu bringen. Er wollte dort – ganz im Sinne von Stuart und Winckelmann – den Kunstgeschmack fördern.

Was anfangs als Forschungsunternehmen geplant war, endete mit dem radikalen Abbau der Parthenon-Skulpturen. Um die reliefierten Metopen herauszunehmen, mußte das daraufliegende tonnenschwere Gesims heruntergeworfen werden – eine geradezu barbarische Maßnahme, die den Tempel völlig entstellte. Augenzeugen, wie der Maler Edward Dodwell oder der Griechenlandreisende Edward Daniel Clark, drückten ihr Entsetzen darüber ebenso aus wie der türkische Festungskommandant, der zeitweilig den Abbau stoppen ließ. Selbst Giovanni Battista Lusieri, der im Auftrag des Lords das ›Abbruchunternehmen Parthenon‹ leitete, mußte seinem Auftraggeber gestehen, »... I have been obliged to be a little barbarous«.[13]

Das Schiff, auf dem 1811 die letzte Ladung der Parthenon-Skulpturen nach England transportiert wurde, sahen die englischen Architekten Charles R. Cockerell, J. Foster, der Nürnberger Architekt Carl Haller von Hallerstein und der schwäbische Maler J. Linckh gerade im Hafen von Piräus auslaufen, als sie zu einer Forschungsreise nach Ägina aufbrachen. Sie wollten dort einen Tempel vermessen und fanden die berühmten »Ägineten« (Abb. 3). Die Skulpturen lagen nur knapp unter der Erde, und Cockerell wunderte sich, daß die Gier der römischen und venezianischen Eroberer sie bislang noch nicht aufgespürt hatte.

Die in Bruchstücken aufgefundenen Figuren (Abb. 3, 4) kauften Cockerell und Haller den Behörden ab und brachten sie nach Athen. Der Fund wurde dort als Sensation empfunden und in den großen Zeitungen Europas bekanntgemacht. So erfuhr auch Kronprinz Ludwig davon. Ludwig glückte der Ankauf der Ägineten, weil die politische Lage und auch Zufälle den Bayern halfen: Die Figuren wurden nämlich auf einer öffentlichen Auktion in Zante angeboten (1.11.1812). Cockerell ließ die Skulpturen jedoch aus Furcht vor französischem Zugriff kurz vor der Versteigerung nach Malta bringen. Dorthin reiste, aufgrund einer Fehlinformation, auch der omnipotente englische Kaufagent und versäumte somit die Auktion, die auch ohne die Skulpturen in Zante stattfand. Frankreich gab für die Auktion ein schriftliches Gebot ab, wollte aber erst zahlen, wenn die Figuren in Marseille angekommen seien. Darauf ließ sich niemand ein. So war Wagner, den Ludwig eigens dafür von Rom nach Griechenland geschickt hatte, der einzige Bieter. Er zahlte den Aufrufpreis, 70 000 Gulden, ohne die Figuren gesehen zu haben.

3 Kopf eines Kriegers vom Ostgiebel des Aphaiatempels in Ägina, um 490 v. Chr. München, Glyptothek

4 Kopf einer Sphinx, Eckakroter des Aphaiatempels in Ägina, um 490 v. Chr. München, Glyptothek

Auffindung und Verkauf der Ägineten lassen sich aus mehreren Gründen nicht mit Elgins Unternehmen am Parthenon vergleichen: In Ägina wurde am Tempel nichts zerstört. Man vermied auch, was so naheliegend gewesen wäre, den Fundzusammenhang zu zerstückeln und die Skulpturen auf die vier Finder aufzuteilen. Natürlich hegten die Ausgräber, die aus verschiedenen Ländern stammten und von dem zufälligen Fund überrascht worden waren, den Wunsch, diese Werke ihrem jeweiligen Vaterland zu sichern, im Glauben, dort wären sie mehr geschätzt als im türkischen Griechenland. Man muß sich auch fragen, wo sie denn diese Werke auch hätten abliefern oder aufbewahren sollen? Museen oder ähnliche Einrichtungen gab es damals in Griechenland nicht. Antike Skulpturen, die am Boden lagen, wären damals sehr gefährdet gewesen. Cockerell und Haller wußten nach einem Jahr Aufenthalt in Griechenland, daß viele Antiken aus Unverstand der Bevölkerung zerstört, verstümmelt oder bruchstückweise als Souvenirs an Durchreisende verkauft wurden. Manch wertvolles antikes Fragment diente als Mühlstein oder als Trog für das Vieh. Lag ein antikes Denkmal schon am Boden, dann endete es zu dieser Zeit leicht im Kalkofen. So war der große Firstakroterblock des Tempels in Ägina, den Haller und Cockerell aus Gewichtsgründen 1811 zurückgelassen hatten, schon wenige Jahre später verschwunden.[14]

Haller und Cockerell waren Philhellenen und gehörten einer neuen Generation von Forschern in Griechenland an. Die wissenschaftliche Erkenntnis stand im Mittelpunkt ihres Interesses. Man grub aus, um zu erforschen. Die Funde wurden den dortigen Behörden abgekauft und dann abtransportiert, um sie vor dem »Unverstand der Muselmanen« zu schützen.

1816 gräbt Haller im Auftrag Ludwigs in Milo (heute Melos, ausgesprochen Milos). Er legt die wohlerhaltenen Stufen eines antiken Theaters frei. Skulpturen findet er nicht. Um die Ruine vor Steinräubern zu schützen, wünscht Haller, in das antike Theater eine Kapelle zu bauen. Ludwig stimmt dieser Ausgabe zu unter der Bedingung, »daß um den Gottesdienst zu halten, nichts abgebrochen, und wenn etwas hinzubauen erforderlich wäre, solches nicht verunstaltend geschähe; daß die Popen nicht glauben, ein Recht zu haben, nach Willkühr zu verfahren; überhaupt daß sowohl gegen Türken, Griechen und Franken das Theater sicher gestellt werde gegen jede Beschädigung«.

Die Sätze bezeugen, daß nicht nur Besitz, sondern auch Bewahren antiker Kunst in Griechenland jetzt Ludwigs Ziel ist. Wenig später stirbt Haller von Hallerstein in Ampelakia, am Fuß des Olymp, an der Malaria.

Mit Hallers Tod war für Ludwig das Kapitel »Ausgrabungen in Griechenland« beendet, nicht jedoch das Kapitel »Antiken aus Griechenland«.

Schon im Sommer 1814, nach der Abdankung Napoleons, kam der Prinz nach London. Er blieb dort zwei Monate und konnte jetzt zum ersten Mal originale griechische Bildwerke klassischer Zeit bewundern. »Sie sahen das Parthenon«, schrieb er von London an Wagner, »ich aber dessen Bassorilievi, welche Lord Elgins Barbarei herunterbrechen liess... Edlere Umrisse sah ich noch an keinen solchen Werken, in einiger Entfernung müssen sie gesehen werden; leider sind sie durch die Verwitterung sehr angegriffen, besser noch gerettet als auf dem Parthenon verlöscht, aber dieses bewog wohl Elgin nicht... Schönere Reliefs sind wohl in Marmor nicht gebildet worden, wenigstens nicht auf uns gekommen, als die des Parthenons...« Ludwigs enthusiastisches Urteil wiegt um so mehr, wenn man weiß, wie schwer sich manche der damals so hochgeschätzten Kunstrichter – wie R. Payne-Knight – mit der richtigen Einschätzung dieser Werke taten.

In dieser Zeit waren die »Elgin Marbles« wenig ansprechend im Burlington House, diesem »damp, dirty penthouse« aufgestellt.[14] Der hochverschuldete Lord versuchte vergeblich, sie an die britische Regierung zu verkaufen. Zahlreiche Künstler priesen sie über alle Maßen: John Flaxman, der »englische Pheidias«, mußte nur einen Blick darauf werfen, und sofort waren für ihn die bisher so gefeierten Antiken, wie die Venus Medici, vergessen. Der Apoll vom Belvedere erschien ihm als »mere dancing master«. Der Schweizer Maler Füssli vergaß beim Anblick der Figuren sein Englisch und konnte nur noch stottern, »De Greeks were godes! de Greeks were godes!«

Doch es gab auch gewichtige Gegenstimmen. Und die kamen erstaunlicherweise vor allem von Mitgliedern der »Society of Dilettanti«. Elgin war in weiten Kreisen unbeliebt. Byrons bittere Gesänge in »Childe Harold's Pilgrimage« und in »The Curse of Minerva«, die den Schotten Elgin mit dem Goten Alarich gleichsetzten, hatten die Reputation des Lords nicht nur attackiert, sondern ruiniert. Zudem wurde in diesen ersten Friedensjahren nach den napoleonischen Kriegen Griechenland von fremden Reisenden, vor allem von Engländern, geradezu überschwemmt. Sie alle sahen die Zerstörungen am Parthenon und konnten an der Korenhalle des Erechtheion lesen: »Quod non fecerunt Goti, hoc fecerunt Scoti«.

Es mag paradox klingen, aber es steht fest: Die Angriffe auf Elgin, die vielen Diskussionen um die Rechtmäßigkeit seines Handelns und die Querelen um die richtige Einschätzung der Skulpturen haben in England das Interesse an Griechenland, das sich bisher mehr auf exklusive adelige oder künstlerische Zirkel beschränkt hatte, in die breite Öffentlichkeit getragen.

In Architektur, Skulptur, Malerei, in Möbel und Mode herrschte jetzt der griechische Stil. Die Graecomanie trieb seltsame Blüten. 1814 konnte man in der Londoner ›Times‹ eine Annonce lesen: »To the Nobility, Gentry and Fashionable World – Ross's newly invented GRECIAN VOLUTE HAIRDRESS, formed from the true marble models, brought into this country from the Acropolis of Athens by Lord Elgin, rivals any other hitherto invented.«[15]

Bei dieser allgemeinen Begeisterung für Griechenland war es von dem bayerischen Kronprinzen schon etwas naiv zu glauben, er könne die Parthenon-Skulpturen für München erwerben, falls die englische Regierung einen staatlichen Ankauf ablehnen würde. Für diesen Fall hatte Ludwig 1814 auf einer Bank in London eine stattliche Summe hinterlegt. Aber an einen Verkauf ins Ausland dachte in England niemand. In dem langen Streit um die Einschätzung der Skulpturen ging es vor allem darum, wieviel man Elgin zahlen sollte. Seine zahlreichen Gegner wollten den Preis drücken. Am Schluß einigte man sich auf 35 000 Pfund – weit weniger, als Ludwig zu geben bereit gewesen wäre.

Die Graecomanie in England hat Ludwig sicher beeindruckt, denn er träumte schon damals davon, aus München ein »Isar-Athen« zu machen. Über seine Träume durfte er aber nicht reden. Jahrelang mußte Ludwig seine Antikenkäufe vor dem eigenem Vater, dem Hof und der Münchner Öffentlichkeit geheimhalten. Der gute König Max hatte aber seinen Sohn längst durchschaut und meinte einmal treffend zu einem seiner Vertrauten: »Mein verrückter Sohn will wieder, dessen bin ich sicher, Geld ausgeben, um altes Zeug zu kaufen, und er hofft, dadurch Griechen und Römer aus dieser Rasse von Bierbäuchen zu machen, die er eines Tages zu regieren hat.«

Als nun Ludwig daranging, für die frisch erworbene Sammlung antiker Skulpturen ein passendes Gebäude zu errichten, ließ er 1814 einen Wettbewerb ausschreiben. Bedingung für die Architekten war, ein Gebäude »in reinstem antikischen Stil« zu entwerfen. Das Rennen machte Leo von Klenze. Ludwig und Klenze sonnten sich in der Vorstellung, in Bayern eine neue »klassische« Kunstepoche heraufzuführen. Die Glyptothek war die erste, vielleicht die reinste Schöpfung dieses »Neuen Zeitalters«. Ihr Anblick inspirierte Ludwig zu den Versen:

»Sie ragt ein Ideal verklärt,
In griechischem Himmel tiefer Bläue,
Voll Würde, in erhabenem Werth,
Und Hellas lebet auf das Neue.«

Klenze war es gelungen, in Bauform, Bauausstattung und Aufstellung der Antiken die Idee einer Wiedergeburt der antiken Kunst in München mit Ludwigs Repräsentationsbedürfnis zu verbinden. Er schuf ein Gesamtkunstwerk, das in seinem Programm etwas Einzigartiges und bisher gänzlich Neues darstellte. Schon der Name des Museums war neu. Das Wort »Glyptothek« ist eine geschickte, altgriechisch anmutende, neue Wortschöpfung (in Analogie zu Bibliothek, Pinakothek und ähnlichem) und bezeichnet das Gebäude als Aufbewahrungsort von plastischen Bildwerken.

Durch die Zerstörungen im letzten Krieg ging die kostbare Innenausstattung der Glyptothek verloren. Die Räume sind heute neu gestaltet, und die ursprüngliche Programmatik ist nicht mehr sichtbar. Deshalb sei sie kurz geschildert: Beim Durchschreiten der um einen Innenhof gelagerten Räume wurden nicht, wie damals in vielen Sammlungen üblich, nur antike Denkmäler nach Themen geordnet vorgeführt; man stellte vielmehr die Skulpturen ganz im Sinne J. J. Winckelmanns so auf, daß Ursprung, Wachstum, Niedergang und Wiedergeburt der Antike gezeigt wurden. Der Rundgang führte von der ägyptischen Kunst über die frühgriechische Epoche zu den Werken der Kunstblüte, der Klassik. Nun folgten drei Festräume, die Ludwig zu repräsentativen Zwecken nutzen wollte, was aber kaum geschah. Die Hochwände und Decken dieser Räume schmückten Fresken von der Hand des Peter von Cornelius. Man sah Bilder aus den griechischen Götter- und Heldensagen. Mit diesen Fresken beginnt die Geschichte der Monumentalmalerei des 19. Jahrhunderts in Deutschland. Die Freskomalerei wurde von Cornelius und seinem Freundeskreis als die »neue deutsche Kunst« proklamiert. Es ist aber bezeichnend, daß Cornelius mit einem griechischen Thema begann. Er selbst forderte seine Schüler auf, die Altertümer zu studieren, denn, so meinte er, »ohne dieselben können wir nichts Rechtes leisten; was ganz allein auf eigenen Füßen stehen und gehen will, ist – und wäre es noch so originell – ärmlich«. Die Vorbildhaftigkeit der Antike zu zeigen, war das Programm der Glyptothek. In den Stuckreliefs eines Saales konnte man sehen, wie die Römer griechische Kunstwerke in ihre Hauptstadt bringen und wie ein römischer Bürger seiner Geliebten griechische Skulpturen und Vasen zum Geschenk macht. Und so wie unter Eindruck und Einfluß der nach Rom verbrachten griechischen Bildwerke dort unter Augustus die Kunst wieder aufblühte, so hat nun Ludwig in Griechenland und Rom Meisterwerke der Antike gekauft und sie nach München gebracht, um hier ein neues Aufblühen zu bewirken. Im letzten Saal des Museums konnte man auch sehen, wie die wiedergeborene, neue, wahre Kunst aussieht. Dort, im Saal der Neueren, stand der Mäzen und Erneuerer der Künste, Ludwig I. – eine Büste, gemeißelt von der Hand Thorvaldsens – zwischen Meisterwerken der damaligen Moderne, nämlich dem *Adonis* von Thorvaldsen und dem *Paris* von Canova.

Der Anspruch des Programms war hoch. Eine neue perikleische Kunstblüte sollte in München, dem neuen »Isar-Athen«, entstehen, mit Ludwig als dem »neuen Perikles« und Thorvaldsen als »neuem Pheidias« – diese Bezeichnungen waren damals geläufig. Nie vorher und nachher ist in einem anderen Museum ein so eindeutiges Programm mit solcher Konsequenz durchgeführt worden. Und dieses Programm wurde auch nicht versteckt dargestellt oder war nur wenigen Eingeweihten verständlich. Der Besucher brauchte das Museum gar nicht zu betreten, er konnte bereits an den Nischenfiguren des Außenbaus das ganze Programm ablesen und kann das heute immer noch:

An der Hauptfassade stehen in sinnvoller Beziehung einander gegenüber: Hephaistos, der Gott der Schmiede, und Daidalos, ein sagenumwobener griechischer Künstler der Frühzeit, sodann Prometheus und Pheidias, der Schöpfer des Menschenbildes und der Meister des klassischen Götterbildes. Sie rahmen Perikles und Hadrian ein, die beiden großen Kunstmäzene der Antike. Doch all diese »hehren« Gestalten schmücken vor allem die Schöpfung jenes »neuen Perikles«, als der sich Ludwig selbst sah. An der Westseite erscheinen als Nischenfiguren sechs berühmte Renaissancebildhauer, darunter Donatello und Michelangelo. Das Licht der aufgehenden Sonne, also die Ostseite, gebührte den Meistern, die zur Wiedergeburt der Antike, zur Wiedergeburt der wahren Kunst, wie man damals meinte, vorzüglich beigetragen habe. Die Reihe beginnt mit Antonio Canova und Bertel Thorvaldsen. Der letzte ist Ludwig Schwanthaler, Schöpfer der Bavaria, der damals größten Bronzegußstatue seit der Antike. Das Programm ist klar: der Koloß von Rhodos (H. 32 m) – der Koloß des Kaisers Nero in Rom (H. 34 m) – die Bavaria (H. 18 m, mit Sockel). Es weist auf die von Ludwig bewußt propagierte Linie: Athen – Rom – München.

Der Bau von »Isar-Athen« schritt nur langsam voran. Schon als Kronprinz hatte sich Ludwig mit seinen vielfältigen Kunstunternehmungen völlig übernommen und war daher tief verschuldet. Der junge bayerische »Perikles« mußte bald erkennen, daß ihm nicht nur am Hof, sondern auch bei den Münchner Stadtvätern die nötige Unterstützung fehlte. In der Ständeversammlung schüttelte man den Kopf über die Idee der Wiedergeburt eines »neuen Athen«. In bewegten Worten beklagt sich Klenze 1819 bei Martin von Wagner, Ludwigs Kunstagent in Rom, über die damalige Stimmung in München: »Was unsere Stände anbelangt, so sitzen und sprechen sie noch immer fort. So sehr wie ich der Freund eines gesetzlichen Zustandes in einem Lande bin, so sehr ekelt mich doch der Geist an, der im Bezug auf die Künste, denen mein ganzes Wesen angehört, aus unseren modernen Volksversammlungen oder -vertretungen hervorgeht. Millionen Worte sind in unserer Versammlung gesprochen und das kompletteste Wörterbuch erschöpft und durch alle Beugfälle und Konjugationen durchgeführt, nur zwei Worte sind nicht einmal genannt worden: Schönheit und schön! Gewiß, hätte hier ein Perikles den bekannten Vorschlag gemacht, die Stadt auf seine Kosten mit Monumenten zu schmücken, welche er mit seinem Namen bezeichnen würde, auf den vollen Bierkrug schlagend, wäre der einstimmige Beschluß gewesen: Der Narr thue wie besagt und Prosit Herr Collega! Nun, wir wollen hoffen, daß noch ein elektrischer Funke in das Volk fährt und sie ein wenig begeistert, sonst wird Dickbauch Trumpf und wir, Wagner, sind alle geschlagen.«[16]

Ludwig faßte seine Einschätzung der Lage in München in die holperigen Verse:

»So wie Perikles einst
die Stadt des Kekrops (= Athen) verschönert,
Freund, so glaubst du von mir,
würd' ich in München einst thun?
Aber du hast nicht bedacht,
daß mit Athenern er lebte,
und in Böotien ach!
schwerlich so Großes vollbracht.«

Die Münchner waren keine Athener und wollten auch keine werden. Sie bedurften keines »Perikles«. Die Bürger hatten andere Sorgen und bald genug von den Säulen, Tempeln und »klassischen« Statuen. Aber es gibt noch einen anderen Grund, warum Isar-Athen so mühsam gedieh: Ludwig selbst begann schon um 1820 am Primat der Antike zu zweifeln. Ausgerechnet auf einer Romreise wurde er von dem Schaffen der nazarenischen, christlich-deutschen Malerschule ergriffen. Das war nichts Restauratives, nichts Reaktionäres, das war jetzt die »moderne« Kunst, während der Klassizismus inzwischen schon ein halbes Jahrhundert offizielle Anerkennung fand und geradezu als konservativ galt.

In der Umgebung Ludwigs kam es jetzt zu erbitterten Richtungskämpfen zwischen den »Athenern« und den »Nürrembergern«, wie die Vertreter der altdeutschen Richtung genannt wurden.

Klenze war der Wortführer der »Athener«. Am 31. März 1821 gab er in der öffentlichen Versammlung der K. Baierischen Akademie der Wissenschaften eine Vorlesung, die gegen die »Nürrenberger« gerichtet war und den Primat des klassischen, des wahren Stils beschwor: »Über das Hinwegführen plastischer Kunstwerke aus dem jetzigen Griechenland und die neuesten Unternehmungen dieser Art.«[17] In pathetischen Worten rühmt Klenze zuerst die Größe der griechischen Kunst und bekräftigt zugleich Winckelmanns Forderung der Nachahmung. Dann erklärt er, was die Kunstbegeisterten Europas dazu bewegte, Antiken aus Griechenland hinwegzuführen: Je mehr man die Antike schätzte, umso häufiger – so fährt Klenze fort – »wendeten sich nach den Gefilden Griechenlands die Blicke und Bestrebungen derer, welche die Stufe höherer Bildung erstiegen hatten. Doch nur mit Anstrengungen unersprießlicher Art, mit lähmender Mühe war der Anblick und Genuß jener kostbaren Ueberreste in einem trauernden verwüsteten Lande, bewacht und verhöhnt von Barbaren, zu erlangen. Täglich riß die Zerstörung tiefer ein; mit jedem Augenblicke war völlige Vernichtung derselben zu befürchten, und ganz natürlich entwickelte sich aus dem schmerzlichen Gefühle hierüber der Wunsch, diese trauernden Überreste in Länder zu entführen, wo ihnen würdige, und von der allgemeinen Bewunderung umgebene Asyle ein langes und fruchtbringendes Daseyn sicherten.« Anschließend verteidigt Klenze sogar Elgin und fährt fort: »An dem Ort, wo sie stehen, sind jene Werke ja mit ihren hohen Schöpfern zugleich für religiöse, nationale und lokale Bedeutsamkeit untergegangen, und mithin wieder allgemeines Eigenthum der Welt und Geschichte geworden; deshalb gehören sie zunächst dem, der sie durch Studium und Anerkennung und Liebe wieder zu erwerben und zu gewinnen weiß.«

Und so lobt Klenze auch all die mutigen Forscher, die nach Griechenland reisen, um die gefährdete Kunst zu retten: »Dank wollen wir also denen wissen, welche in diesem edlem Sinne den öden Boden Griechenlands betraten, und, wie die Heroen alter Zeit, wie Perseus und Bellerophon, die Fesseln lösten, woran, von Ungeheuern und Barbaren bewacht, die griechische Schönheit seufzte, um sie nicht zum Erwerbe, wie eine dienende Sklavin, sondern zu künftiger Erzeugung eines neuen Kunstgeschlechts, als liebende Braut in unseren Kreis hinüber zu führen.«

Es sind die Gedanken Winckelmanns und der Französischen Revolution – man glaubt in Klenzes Vorlesung manchmal fast den eingangs zitierten J. L. Barbier reden zu hören –, die Klenze hier mit mythischen Vergleichen noch einmal beschwört.

Anschließend beschreibt er die weiteren Forschungsunternehmungen in Griechenland, die Funde in Ägina und Bassä, bis er zum Schluß den Plan eines »verdienten teutschen Archäologen, dem C. R. Dr. Sickler zu Hildburghausen« vorstellt: Eine deutsche Ausgrabung in Olympia, »wo wir eine Lieblings-Idee unseres unsterblichen Winckelmann erfüllend, reiche Schätze der Plastik heben könnten«. Zu dieser Zeit hatten nämlich Zufallsfunde aus dem Flußbett des nahegelegenen Alpheios die Hoffnung genährt, bei Ausgrabungen auch vollständige Statuen zu finden. Klenze endet mit den Worten: »Mit freudiger Erwartung sehen wir schon dem Augenblicke entgegen, wo teutsche Forscher diese Entdeckungsfahrt nach dem geheiligten Boden Olympia's antreten, und ist es wahr, was wir im Anfange dieser Rede sagten, so werden die Kunstgebilde des Phidias und Myron willig aus ihrem feuchtem Grab erstehen und zu uns herüberwandern, wo, wie Pindars Hymnos einst die von Olympia Heimkehrenden, unser Jubel diese Besieger der Jahrtausende empfangen soll.«

Der Plan einer Grabung in Olympia wurde von vielen, u. a. dem Archäologen C. O. Müller, begeistert aufgenommen. Einer der tatkräftigsten Befürworter war der Münchner Professor für klassische Sprachen Friedrich Thiersch. Man wollte die erhofften reichen Funde nach Deutschland in ein eigens dafür errichtetes Museum bringen, das ein Denkmal Winckelmanns werden sollte. Man war sich bewußt, daß dieses große Unternehmen sehr teuer und ohne staatliche Unterstützung nicht zu verwirklichen war. Wissenschaftlich professionell plante man, vor Beginn der Grabung umfangreiche Voruntersuchungen zu machen. Thiersch selbst wollte nach Olympia reisen. Der Altphilologe, der als Begründer des humanistischen Gymnasiums in Bayern bezeichnet werden kann, war ein glühender Philhellene.

Germania und Leonidas

Gerade in diesen Tagen, Ende März 1821, als Klenze seine Vorlesung »Über das Hinwegführen plastischer Kunstwerke aus Griechenland« hielt und Thiersch, Schorn, Müller und andere für die Olympia-Grabung Geld zu sammeln versuchten, brach in Griechenland der Befreiungskrieg aus. Der Aufstand kam für die osmanische Regierung völlig überraschend. Zu dieser Zeit hatten die Türken sogar den Pulverhandel noch den Griechen überlassen, waren daher schlecht gerüstet und anfangs wie gelähmt. Auch in Europa hatte kaum jemand diese Entwicklung erwartet.

Zur Vorgeschichte des griechischen Aufstands gehören die Gründungen von Geheimbünden, die »Hetaireien«. Die »Hetaireia Philomouson« schloß sich schon 1813 in Athen zusammen und hatte zum Ziel die Betreuung ausländischer Gäste, den Schutz der Denkmäler der Stadt usf. Ihr gehörten auch viele Ausländer an. 1815 wurde von Johannes Kapodistrias eine gleichnamige Hetairie in Wien gegründet, der, neben vielen griechischen Patrioten, sofort Zar Alexander, der König von Württemberg, Kronprinz Ludwig und die Münchner Philhellenen Thiersch und Klenze beitraten. Aber auch sie waren vollkommen überrascht, als am 25.3.1821 Fürst Alexander Ypsilantis den allgemeinen Aufstand proklamierte. Acht Wochen später war das Hauptheer der Hetairisten niedergeschlagen. Türkische Greueltaten an Griechen in Konstantinopel folgten. Die hohe Politik in Europa hielt sich jedoch vor jeder Einmischung zurück. Den Herrschern waren Revolutionen, wo auch immer, suspekt. Immerhin hatte die Revolution in Frankreich Europa 20 Jahre Krieg gebracht.

Die Philhellenen sahen dies differenzierter, sie forderten zur Tat, zur Unterstützung Griechenlands auf. Im Juli 1821 druckte Friedrich Thiersch in Zeitungen Bayerns und Württembergs einen Aufruf zur Bildung einer deutschen Legion für Griechenland. Diese Aktion und die Vorstellung, daß der Aufruf bei einem Herrscherhaus Gehör finden könnte, erregte bei Metternich größten Ärger. Der Staatskanzler veranlaßte Preußen zu einer scharfen Protestnote an Bayern und Württemberg, worin u. a. zu lesen war:

»Unter den Aposteln der Freiheit hat, so weit uns hier bekannt ist, keiner so viel Frechheit und eine so grobe Verkennung seiner Pflichten und Verhältnisse an den Tag gelegt als der Professor Thiersch in München, welcher, die gesetzlichen Schranken verhöhnend, so seine leidenschaftliche Wirksamkeit in den öffentlichen Blättern seines Landes gefunden, sich nicht entblödet hat, die ungebundene Rücksichtslosigkeit, welche bei der Redaktion und Censur der württembergischen selbst offiziellen Zeitungen obwaltet, zu mißbrauchen, um die deutsche Jugend zur Bildung eines bewaffneten Vereins aufzufordern, dem er die Residenz seines eigenen Souveräns zum Sammelplatz anzuweisen kein Bedenken getragen hat.«[18] Die Protestnote endete mit den Worten: »Die Schwäche des baierischen, die Komplicität des württembergischen Hofes gegenüber dem philhellenischen Treiben machen einen gemeinsamen festen Schritt der beiden Großmächte nöthig, um dem revolutionären Spiel des Professors Thiersch und Konsorten ein Ende zu machen, das lächerlich sein würde, wenn es nicht verbrecherisch wäre.«

Thiersch konnte sich trotz der rüden Aufforderung von seiten Österreichs und Preußens an die bayerische Regierung in München relativ sicher fühlen, denn einer dieser »Konsorten« war Kronprinz Ludwig, ein anderer Leo von Klenze. Der damals so einflußreiche Hofbauintendant, vielseitig talentiert und von einer Geschmeidigkeit, die jeden Diplomaten vor Neid erblassen lassen könnte, zeigte nämlich in der Sache der Griechen eindeutig Flagge. Und Ludwig selbst sah es als eine Verpflichtung Europas an, den Griechen zu helfen, da das alte Hellas Europa von der Barbarei befreit und die Kultur gebracht hat. Nur – die Herrscher dachten anders! Und so wie sie dachte auch König Max Joseph, Ludwigs Vater. Der Kronprinz hoffte zuerst, daß der silberzüngige Klenze seinen Vater umstimmen könnte. Klenze nahm sich der Sache an, antichambrierte, fand aber kein Gehör. Wenige Tage später tat der König seinen Unmut über dieses Ansinnen Klenzes noch einmal kund, indem er ihn anherrschte: »Aber die Griechen sind doch nichts als Rebellen, und Rebellen soll man keinen Vorschub leisten«. Klenze versuchte, den König über die nur aufgezwungene türkische Herrschaft in Griechenland aufzuklären und führte an, daß sich die Griechen den Türken nie richtig unterworfen hätten. Das brachte den König nur noch mehr in Rage: »Eh – was Aufstand ist Aufstand, und wer seinem Herrn nicht gehorcht, ist ein Rebell und damit Punktum!« Max Joseph war erbost, welche Anteilnahme Klenze und »certainement son fou de fils an diesen griechischen Canaillen nähme«. Damit konnte an den Aufbau einer »deutschen Legion« in München vorerst nicht mehr gedacht werden. Im Gegenteil, die Münchner Philhellenen mußten vorsichtig und verschwiegen sein, um nicht noch mehr Ärger zu erregen.

Der gedruckte Aufruf von Thiersch war schon verbreitet worden, und Klenze hatte für die Legion gerade einen »Pass« entworfen, der auf griechischen Schiffen freie Fahrt von europäischen Häfen zum Sammelpunkt Volos in Griechenland sichern sollte. Den ersten Druck dieses Passes schickte er an Ludwig, vergaß aber nicht hinzuzufügen, daß alles »Privatsache« sei und niemandem »übergeben noch mitgetheilt« werden dürfe. Klenze erläuterte Ludwig auch die Darstellung: »Zwischen der eichenbekränzten Germania und dem lorbeerreichen Leonidas« steht das Verbindungswort kai (griechisch: und), über den sich »das Symbol des Christentums erhebt. Das Ganze ist von Zierden umgeben, welche uns angenehm, die Hellenen aber in ihrer erhabenen Vorwelt ansprechen.«[19] Der Paß war natürlich bei

5   Griechische Freiheitskämpfer im Gefecht, Zeichnung von Karl Krazeisen, 1821. Münchner Stadtmuseum

der augenblicklichen politischen Lage unnütz und blieb bei Ludwig in der Schublade. Politisch ohnmächtig, konnte Ludwig seinen Philhellenismus nur in Gedichten ausdrücken.

Am 29. Mai 1821, gerade waren die ersten Nachrichten über die Verbreitung des Aufstands nach Deutschland gedrungen (Abb. 5), dichtete Ludwig:

»In dem Osten fängt es an zu tagen,
Schnelle sinkend nun der Mond erbleicht;
Freude bringend nahet Helios Wagen,
Eos sich bereits dem Blicke zeigt.
Aus dem Grab will es sich entwinden,
Und die Nacht beginnet zu verschwinden,
Die der Menschheit Trefflichstes, bedeckt.
Die der Barbarey uns einst entkettet,
Hellas sich begeistert jetzo rettet,
Aus dem langen, schweren Schlaf erweckt.«[20]

Aber auch diese Gedichte, die in den folgenden Jahren glückliche oder unglückliche Ereignisse im Befreiungskampf mit Jubel bzw. schmerzlicher Klage begleiteten, mußte Ludwig geheimhalten: »Nur verschwiegenen Philoishellenios (sic!) lesen Sie beyliegendes Gedicht mit oder lassen sie es in ihrer Gegenwart lesen, aber weder Sie noch irgend jemand darf eine Abschrift davon nehmen. Sie werden mir es bald zurückschicken.«[21] Es war ein Zuruf an die Hellenen, trotz der türkischen Massaker auf Chios (April 1822) nicht zu verzagen:

»Hellenen! kämpft den Kampf des Todes!
Verlassen von der ganzen Welt,
Kämpft in der Gluth des Abendrothes,
Das nun auf Hellas Trümmer fällt...«[22]

Wenige Wochen später kamen Siegesmeldungen aus Griechenland. Klenze schwärmt von ihnen in einem Brief an Ludwigs Geburtstag (25.8): »Die Nachrichten der neuen Riesentaten der Hellenen – jetzt sind sie wieder des Namens würdig – werden E.K.H. als schönes Angebinde des Festtages kommen und nie gebe es ein würdigeres und erhabeneres. Die hunderttausend Schatten derer von Chios haben in den Lochois (Abteilungen) ihrer verzweifelten Brüder mitgefochten, und auf den blutigen Pfaden der Thermopylen erreichten die Sieger das wahre Tropaion tou Kosmou, das Kreuz des Erlösers! Welche Erinnerungen! An dem Ort, wo vor 22 Jahrhunderten Leonidas fiel, und wo seine Nachkommen noch vor 22 Wochen sich im Staube der Sklaverei wälzten, fällt jetzt singend und Eleuthereia (Freiheit) rufend ein neuer Leonidas, Botzaris, und tausend klagende Weiber, 300 Priester bilden eine christliche theoreia (Festzug) bei seinem Leichenzuge.«[23]

1824 kommt Ibrahim Pascha, der Sohn des ägyptischen Vizekönigs Mehmed Ali, dem Sultan zu Hilfe. Die Lage der Griechen wird damit geradezu aussichtslos. Im belagerten Missolunghi stirbt am Osterfest 1824 Lord Byron, im Sommer wird die Insel Psara von den Türken erobert und verwüstet. Ludwig dichtet, jetzt schon etwas deprimiert:

»Und solltet, Helden, wirklich ihr erliegen,
Und sollten die Barbaren endlich siegen
Wird euer aufgeschichtetes Gebein
Der fernen Nachwelt bringen noch die Kunde
Von dem stillschweigend allgemeinen Bunde,
Ein Denkmal von Europa's Schande seyn.«[24]

Die Philhellenen geben die Schuld an diesen Niederlagen den europäischen Mächten, den Kabinetten der Heiligen Allianz, die nicht helfend eingreifen. Klenze schreibt in ohnmächtiger Verzweiflung an Ludwig, »die neun Grade der dantischen Hölle müssen zur dritten Potenz erhoben werden«, um die Verräter »in solch einer heiligen Sache zu bestrafen«. Klenze klagt in dem

Brief Ludwig: »Ich erinnere mich nicht, traurigere Tage zugebracht zu haben als die letzten; die schrecklichen Nachrichten über den Fall des unglücklichen Psara haben mich augenblicklich vernichtet, aber wer weiß, ob es nicht zum Besten war, und ich verzweifle noch lange nicht.«[25]

Klenze behielt recht: Die jetzt immer zahlreicher publizierten Berichte über den griechischen Aufstand, in denen die Kämpfe sehr griechenfreundlich geschildert wurden, bewirkten eine stark progriechische Stimmung in Europa. In Deutschland schwärmten viele für den griechischen Freiheitskampf, auch aus Enttäuschung über die fehlende Freiheit im eigenen Land. Gottfried Keller spielt darauf an in seinem Roman »Der grüne Heinrich«, wenn er schreibt: »Zu diesen verschiedenen Elementen kam und berührte sie gemeinschaftlich der griechische Freiheitskampf, welcher auch hier wie überall, zum erstenmal in der allgemeinen Ermattung die Geister wieder erweckte und erinnerte, daß die Sache der Freiheit diejenige der ganzen Menschheit sei. Die Teilnahme an den hellenischen Betätigungen verlieh auch den nicht philologischen Genossen zu ihrer übrigen Begeisterung einen edlen kosmopolitischen Schwung und benahm den hellgesinnten Gewerbsleuten den letzten Anflug von Spieß- und Pfahlbürgertum«.[26]

Ende des Jahres 1825 kommt Ludwig auf den Thron. Jetzt ist seine helfende Hand für die tapferen Hellenen nicht mehr allein darauf beschränkt, in die Saiten der Lyra zu greifen. Ludwig dichtet:

»Jetzt ist die Lyra verstummt, aber das kräftige Wort
Tönt von dem Könige und der Fülle des glühenden Herzens,
Daß sich's gestalte zur That, Griechen, zu euerem Heil.«[27]

Und Ludwig tat viel: Ein bayerisches Korps wurde aufgestellt und unter Oberst Heideck nach Griechenland geschickt. Das erste Mal trat nun die griechische Regierung, die sich aus den Befreiungskämpfern gebildet hatte, auf militärischem Gebiet offiziell mit einem Drittland in Verbindung.

Die Graecomanie Ludwigs nahm jetzt manchmal fast groteske Züge an: Am 4.2.1827 verbittet sich der König beim Faschingsball jegliche türkische Masquerade.[28] Als im selben Jahr Klenze um »ein Almosen« für einen griechischen Medizinstudenten bittet, ist sich der König nicht sicher, ob »300 fl. (= Gulden) jährlich auch genug sey«. In dieser Situation wurde Ludwigs Philhellenismus sogar Klenze zuviel, der wußte, daß der König »in demselben Augenblicke einem Eingeborenen mit 7 Kindern, welcher für ihn arbeitete und 300 fl. jährlich verdiente, 100 fl. abschlug«. Klenze schienen 150 - 200 fl. für einen Studenten genug. Zu dieser Zeit ging Ludwig nicht in Gesellschaften, wenn diese nicht für die Griechen spendeten, während andere, wie Fürst Wrede, nicht mehr in Gesellschaften gingen, wenn diese für die Griechen sammelten – der Zorn Ludwigs war so einem Querkopf sicher. Die königliche Gnadensonne wärmte hingegen den Graecomanen Klenze, dessen Frau sich auch als Beschützerin der Griechen auszeichnete und regelmäßig philhellenische Gesellschaften gab.

Und so entstand in Bayern ein in ganz Europa einmaliges Phänomen – der »staatlich verordnete Philhellenismus«. Trotz allem ist nicht zu leugnen: Der Einsatz der europäischen Freiwilligen in Griechenland nützte militärisch ebensowenig wie die reichlichen Geldzuwendungen: 1827 war der griechische Aufstand praktisch niedergeschlagen und die Einnahme der letzten freien Inseln, Hydra und Spetsae, nur noch eine Frage der Zeit. Aber gerade in diesem Augenblick gelang es der Hohen Pforte nicht, wie früher so oft praktiziert, eine der Großmächte auf ihre Seite zu bringen. Gemeinsam blockierten die Flotten von England, Frankreich und Rußland das türkisch-ägyptische Seegeschwader in der Bucht von Navarino. Keines dieser Länder befand sich im Kriegszustand mit dem Osmanischen Reich. Aber die europäischen Freischaren kämpften für ein freies Griechenland, und so waren die Sympathien der alliierten Offiziere auf seiten der Griechen. Mehr zufällig, durch einzelne Schüsse wurde die Seeschlacht ausgelöst, die nach drei Stunden mit der völligen Vernichtung der türkisch-ägyptischen Flotte endete. Man hat später gesagt, die Geschütze hätten in Navarino von selbst zu schießen begonnen. Damit wurde umschrieben, daß in Navarino der Funken der philhellenischen Begeisterung auch auf die alliierten Schiffsoffiziere übergesprungen war. Ohne diesen europäischen Philhellenismus wäre Griechenland damals nicht frei geworden, denn keine der alliierten Mächte hätte den Mut und die Absicht gehabt, für Griechenlands Befreiung dem Sultan den Krieg zu erklären. In Navarino hat eine Idee über die Politik gesiegt.

Antiken aus Griechenland – Botschafter der Freiheit

Die philhellenische Begeisterung, fern aller historischen Realität der augenblicklichen Zustände in diesem Lande, entzündete sich bei vielen Europäern an den Werken der griechischen Kunst. Die Parthenon-Skulpturen und der Bassä-Fries in London, die durch Gipsabgüsse und Stiche schnell bekannt wurden, die Venus von Milo, deren Ankunft in Paris man auf einer Medaille verewigte, und die Münchner Ägineten, die der damals so berühmte, »nordische Phidias« ergänzte, gaben dem Philhellenismus in Mitteleuropa mächtigen Auftrieb. Jetzt konnte man im buchstäblichen Sinne mit den Händen greifen, wovon Reiseberichte und Kunstschriftsteller erzählten: die Schönheiten Griechenlands.

Vor Beginn des Befreiungskriegs träumten die Freunde der griechischen Kultur von einer Wiedergeburt Griechenlands in London, Berlin oder München. Geschürt von oft übertriebenen Berichten über die schändliche Behandlung der antiken Denkmäler im türkischen Griechenland, entstand der dringende Wunsch, diese Kunstwerke in Sicherheit zu bringen, ihnen eine neue Heimat, z. B. in »Isar-Athen«, zu geben. Kaum brach der Befreiungskrieg aus, änderte sich das Bild: Jetzt versuchten die Freunde Griechenlands durch Berichte über türkische Greueltaten (ähnliche der Griechen wurden verschwiegen) in Europa die öffentliche Meinung auf ihre, d. h. auf die griechische Seite zu bringen.

6   Enrico Franzoni, König Otto von Griechenland, 1835. Schloß Hohenschwangau

Eines von vielen Beispielen sei angeführt: Der französische Schiffsoffizier Olivier Voutier lag 1820 mit seinem Geschwader gerade in der Bucht von Milo, als ein Bauer namens Yorgos die berühmte Venus fand. An dem Wettlauf um den Besitz der Figur war neben anderen Offizieren und einem geschäftstüchtigen griechischen Mönch auch Olivier Voutier beteiligt. Nach langem Hin und Her sollte die Figur nach Konstantinopel gebracht werden. Daran hatte Voutier jedoch kein Interesse. Schließlich verkaufte man die Venus dem französischen Botschaftssekretär in Konstantinopel, dem Comte de Marcellus, der sie in den Louvre brachte. Voutier, der 1820 um die Venus kämpfte, quittierte im Jahr darauf seinen Dienst in der französischen Marine, der er seit seinem 15. Lebensjahr angehört hatte, und kämpfte nun als Anführer griechischer Freiheitsscharen.

In dem am beginnenden 19. Jahrhundert so leicht überschaubaren Kreis der Münchner Gesellschaft läßt sich das gleiche Phänomen konstatieren: König Max Joseph hätte aus Griechenland keine Antiken hinwegführen lassen. Für »zerbrochene schmutzige Puppen«, wie er die Antiken bezeichnete, wäre ihm jeder Gulden zu schade gewesen. Ihm war die griechische Kunst ebenso gleichgültig wie die aufständischen Griechen. Und so dachten in Europa viele.

Philhellenen waren vor allem diejenigen, die in den Jahren vor dem Ausbruch des Befreiungskriegs die griechische Kunst und, nach 1821, die Griechen vor dem Untergang retten wollten. Wie allen Schwärmern und Träumern lag ihnen eine Konfrontation mit der Realität fern: Glaubte Ludwig zuerst, in München ein »Isar-Athen« errichten zu können, dem folgerichtig auch die Reste des untergegangenen Athen gebührten, so setzte er wenig später in seiner idealistischen Griechenlandsicht den Befreiungskampf mit den klassischen Perserkriegen, den sterbenden Botzaris mit Leonidas gleich. Ludwig glaubte, daß dieser Krieg das alte Hellas »aus langem schweren Schlaf, verjüngt erweckt« – wobei sich seine Vorstellung vom alten Hellas hauptsächlich auf die Kunst beschränkte. Die konnte er sehen, die kannte er.

»Der arme Bua!«

Mit diesen Worten kommentierte Kaiser Franz I. von Österreich die Wahl Ottos (Abb. 6), des zweiten Sohns Ludwigs, zum König von Griechenland. Und er sollte recht behalten. Ottos politische Möglichkeiten waren begrenzt: er war König von Gnaden der Großmächte – England, Frankreich und Rußland. Es sollen hier nicht

Der gekrönte Philhellene

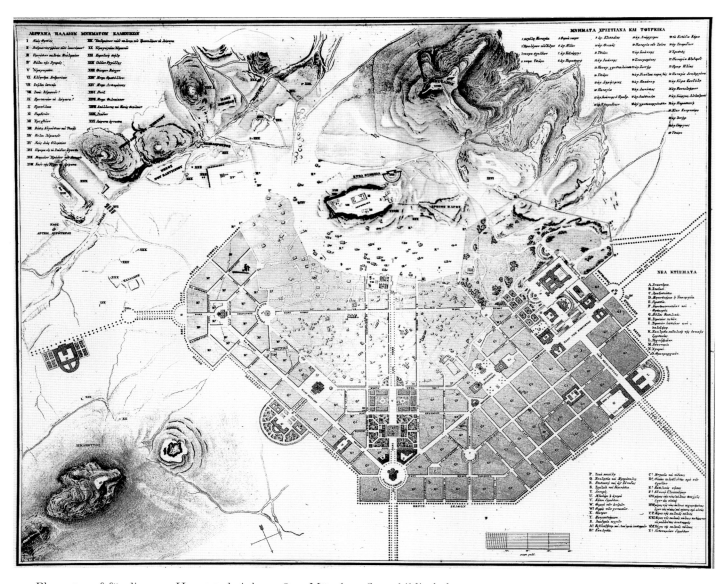

7   Planentwurf für die neue Hauptstadt Athen, 1834. München, Staatsbibliothek

die Leistungen und Fehler der bayerischen Herrschaft in Griechenland und die Gründe, die zum Sturz Ottos führten, aufgezählt werden. Interessant ist in diesem Zusammenhang nur, daß Ludwig, der gekrönte Philhellene, an all dem einen gewichtigen Anteil hatte. Zwei Beispiele seien angeführt: Es war wohl der fatalste Fehler der Griechenlandpolitik Ludwigs, daß er, allen wohlmeinenden Ratschlägen zum Trotz, für seinen Sohn eine neo-absolutistische, von einer Verfassung unbeschränkte Alleinherrschaft durchsetzte. Gerade für Freiheit und Verfassung hatten aber die Griechen zuvor jahrelang gekämpft. Und so kam es wie es kommen mußte: Nach zehnjähriger Herrschaft wurde Otto durch einen Staatsstreich zur Ausarbeitung einer Verfassung gezwungen.

Andererseits war es Ludwig, der seinen Hofbaumeister Klenze nach Athen schickte, um Pläne zum Wiederaufbau der Stadt und zur Bewahrung seiner antiken Denkmäler auszuarbeiten (Abb. 7). Das konnte Klenze. Er setzte u. a. auch ein verschärftes Denkmalschutzgesetz durch und ließ die Ruinen bewachen. Schließlich leitete er im Beisein des jungen Königs die Restaurierung der Akropolis ein. Seine Festrede im Parthenon, am 10. September 1834, drückt den Stolz eines Philhellenen und auch das Bewußtsein von der Größe des Augenblicks und der neuen Aufgabe aus:

»Euer Majestät Fuß hat heute nach vielen Jahrhunderten der Barbarei zum erstenmale wieder diese hohe Burg auf dem Wege der Civilisation und des Ruhms, auf dem Wege des Themistokles, Aristeides, Kimon und Perikles betreten, und dieses wird und muß in den Augen der Welt ein Symbol der gesegneten Regierungsperiode Euer Majestät und desjenigen sein, was Sie über diese Felsenburg beschlossen haben. Die Spuren einer barbarischen Zeit, Schutt und formlose Trümmer werden, wie überall in Hellas, auch hier verschwinden, und die Überreste der glorreichen Zeit werden als die sichersten Stützpunkte einer glorreichen Gegenwart und Zukunft zu neuem Glanz erstehen.«

Die »glorreiche« Gegenwart, nämlich den Befreiungskrieg und die Erhebung eines Wittelsbachers auf den Thron des neuen Griechenland, ließ Ludwig in München auf zwei großen Denkmälern verewigen: auf einem 39 Bilder umfassenden Zyklus in den Hofgartenarkaden und in den Skulpturen und Reliefs der Propyläen.

Schon 1832 hatte er den bewährten Schlachtenmaler Peter von Heß nach Griechenland geschickt mit dem Auftrag, die wichtigen Schauplätze des Befreiungskrieges zu inspizieren und Anregungen für seine Bildentwürfe zu finden. Die Reise war umsonst: In den Bildern von Heß spielen die Örtlichkeiten kaum eine Rolle. Jede Szene widmet sich einem herausragendem Ereignis des Freiheitskampfes, die griechischen Helden stehen im Vordergrund. Die Kampfbilder idealisieren die Taten der Freiheitshelden und sind zum Teil frei erfunden, dennoch haben sie bis heute in aller Welt die Anschauung vom griechischen Freiheitskampf geprägt. Das Bild der kämpfenden Griechin Bobolina ziert noch heute den 50-Drachmen-Schein der griechischen Währung.

Erst 1841-44 führte Friedrich Christoph Nilson nach den Vorlagen von Heß die Gemälde in den Hofgartenarkaden aus (Abb. 9). Ursprünglich sollten sie die Landschaftsbilder von Carl Rottmann krönen; man änderte jedoch die Planung und setzte anstelle der Rottmann-Bilder große, pompejanisch rot gefärbte Felder, auf denen Medaillons und Bilder von antikem Gerät gemalt waren.

Der Bildzyklus in den Hofgartenarkaden war in die großräumige planerische Gestaltung Münchens gut eingebunden. Vom Hofgarten gehen die beiden im beginnenden 19. Jahrhundert neu angelegten Prachtstraßen Münchens aus, deren Ende Stadttore markieren, die als Denkmäler gestaltet sind: das Siegestor (fertiggestellt 1850) zur Erinnerung an den bayerischen Freiheits-

8   Martinus Rorbye, Restaurierungsarbeiten an den Propyläen der Akropolis, 1835. Kopenhagen, Königliche Kunstsammlungen

9   Laskarina Bobolina blockiert mit ihren Schiffen Nauplia, nach einer Zeichnung von Peter Heß. Münchner Stadtmuseum

Der gekrönte Philhellene

kampf, und die Propyläen als Denkmal der griechischen Befreiung.

Die Geschichte der Propyläen ist nicht ohne Tragik. Jahrzehntelang hatten Ludwig und Klenze schon über ihre Gestaltung nachgedacht. Erst 1846 erteilte Ludwig dem inzwischen über 60jährigen Architekten den Planungsauftrag. Klenze legte mehrere Ideen vor. Schließlich setzte sich ein Entwurf durch, den Klenze dem König 1848 durch ein suggestives Architekturgemälde veranschaulichte. Diese Vision des Bauwerks wurde allen Widrigkeiten zum Trotz schließlich Wirklichkeit.

Im Februar 1848 begann der Bildhauer Ludwig Schwanthaler, die ersten Entwürfe für die beiden Giebelgruppen zu zeichnen. Der westliche, dem von auswärts Ankommenden zugewandte Giebel stellt, wie Klenze schreibt, die personifizierte »Hellas dar, welcher die Sieger zu Land und Meer die verlorenen Provinzen und Städte zuführen«. Der östliche, zur Stadt blickende Giebel zeigt Otto, »den jungen König auf dem Throne, die Huldigungen der verschiedenen Stände, Künste und Wissenschaften empfangend«.[29] Zudem entwarf Schwanthaler die vier 2 m hohen und fast 14 m langen Reliefs mit Szenen aus dem Befreiungskampf, die die Hauptseiten der Ecktürme schmücken. Zur Ausführung seines großen Werkes ist Schwanthaler nicht mehr gekommen, er starb schon im November 1848. Zuvor, am 20. März des gleichen Jahres, hatte Ludwig zugunsten seines Sohnes Maximilian abgedankt. 1849 mußte Ludwig das bayerische Staatsdarlehen an Griechenland von 1 529 333 Gulden aus eigener Tasche der bayerischen Staatskasse zurückzahlen, da Griechenland zahlungsunfähig war. Damit verlor er fast sein gesamtes Privatvermögen. Doch am Bau der Propyläen hielt der entthronte und »verarmte« Ludwig fest.

Erst am 6. April 1854 wurde der Grundstein zu dem Bau gelegt, den Ludwig dank seiner eisernen Sparsamkeit aus seinen Privatmitteln finanzieren konnte. Seinem Sohn Otto schrieb er damals: »Soeben komme ich von der Grundsteinlegung der Propyläen, die bei herrlichem Sonnenschein aus blauem Himmel und warmer Luft, alles Griechenland würdig, stattfand... Folgende Worte sprach ich dabei: Ein Denkmal seien die Propyläen meines theuren Sohnes Otto Erhebung auf den Thron, auf dem seines Volkes von ihm wohl verdiente Liebe ihn umgibt. Aus dem innersten meines Herzen rufe ich: Möge Hellas gedeihen«.[30]

Die Geschichte wollte es anders: »Am selben Tag, wo der Maler den letzten Namen der griechischen Freiheitshelden an die Wand strich« – es sind 32 Namen, die an den Innenwänden der Propyläen mit griechischen Majuskeln verewigt sind –, wurde Otto in Athen für abgesetzt erklärt und mußte fluchtartig das Land verlassen. Es war der 23. Oktober 1862. Als Ludwig davon erfuhr, war seine erste Reaktion: »Warum bin ich nicht gestorben, vor ich diesen bittern Kelch trinken mußte«. Am 31. Oktober, am Tag nach der offiziellen Eröffnung der Propyläen, kam der unglückliche Otto in München an.

Sein Sturz kam nicht überraschend: Innenpolitische Schwierigkeiten, die aggressive Außenpolitik der Großmächte und nicht zuletzt die Kinderlosigkeit Ottos rüttelten an dem ohnehin so schwachen Fundament der jungen Monarchie. Diese Ereignisse voraussehend, hatte Ludwig einmal erklärt: »Sollte mein Haus den griechischen Thron einstens verlieren, reut es mich doch keineswegs, was ich für Griechenland getan.« Und daran hielt er sich. Griechenland konnte auch weiterhin der Unterstützung Ludwigs sicher sein.

Die Münchner hingegen verspotteten die Griechenland- und Denkmalbegeisterung ihres alten Königs mit einem Zweizeiler, der Ludwigs dichterischen Stil karikierte:

»Man lobt den Tag nicht vor dem Abend,
Propyläen gebauet habend.«

Bald ging auch in der Stadt das Gerücht um, Ludwig wolle aus Enttäuschung über Ottos Thronverlust die Propyläen wieder abreißen lassen. Die Münchner kannten ihren geschichtsbewußten König schlecht. Dem wäre dies nicht einmal ihm Traum eingefallen. Er erklärte kurz und richtig: »Was dort dargestellt, gehört der Geschichte an, und habe vor nicht das geringste daran zu ändern.«

Auch der entthronte Otto änderte sich nicht. Er residierte in Bamberg, umgeben von einem kleinen Hofstaat aus griechischen Offizieren und Bediensteten. Otto behielt weiterhin das griechische Hofzeremoniell bei; die offizielle Hofkleidung waren Trachten aus den verschiedenen Gegenden Griechenlands, einschließlich der griechischen Nationaltracht mit der Fustanella, dem knielangen, weißen Männerrock. Otto und seine Frau Amalia sprachen oft Griechisch miteinander, was sie perfekt beherrschten. Anfangs hofften sie auf eine Rückkehr in ihr Königreich, und Otto korrespondierte mit den »Othonisten« in Griechenland, sogar mit dem Ministerpräsidenten Bulgaris, der zwar zum Sturz des Königs viel beigetragen hatte, jetzt aber eine Wiedereinsetzung erwog. Es sollte anders kommen: Ende Oktober 1863 setzten die Engländer den dänischen Prinzen Georg Willem von Schleswig-Holstein-Sonderburg-Glücksburg als neuen König Griechenlands ein. Er war

10   Eugen Adam, Leichenbegängnis König Ludwigs I., 9. März 1886. München, Stadtarchiv

erst 17 Jahre alt und für diese Aufgabe noch unvorbereiteter als zuvor sein gleichaltriger Vorgänger Otto. Für Georg sprach jedoch, daß das dänische Königshaus mit dem englischen verbunden war und Georg sich verpflichtete, seine zukünftige Gemahlin aus der orthodoxen russischen Zarenfamilie zu wählen – was er vier Jahre später auch brav tat, indem er die Großfürstin Olga heiratete.

Damit waren für Otto alle Hoffnungen auf eine erneute Inthronisation erloschen. Aber seine Liebe zu Griechenland blieb ungebrochen. Als die ersten Nachrichten von einem Aufstand der Kreter gegen die Türkenherrschaft nach Bamberg drangen, bat Otto seinen Neffen König Ludwig II., den Freiheitskämpfern 100 000 Gulden – das war seine gesamte Jahresapanage – zu überweisen. Ludwig gab die gewünschte Order und

meinte kopfschüttelnd: »Wird dieser Mann sich nie ändern!« Am 26. Juli 1867 starb Otto. In den Fieberphantasien beschwor er die Griechen, treu zu ihrem neuen König zu stehen, um den Anschluß Kretas zu erreichen. Seine letzte Bitte an Amalia war, ihn in griechischer Kleidung, mit dem griechischen Schwert an der Seite, zu bestatten. Und als letzte Worte hauchte er: »Griechenland, mein Griechenland, mein liebes Griechenland«.

Nicht einmal ein Jahr später starb Ludwig I. Am 9. März war das feierliche Leichenbegängnis. Der Maler Eugen Adam zeichnete den Trauerzug vor den Propyläen (Abb. 10). Ein Bild voller Symbolkraft: der »gekrönte Philhellene« nimmt Abschied von Isar-Athen, eine Idee wird zu Grabe getragen, eine Epoche ist zu Ende.

Der gekrönte Philhellene

Anmerkungen

1 Gedichte des Königs Ludwig von Bayern. I. Teil, München 1829 (die Bände sind in mehreren Auflagen erschienen), 12. Elegie.

2 Zit. nach R. Wünsche, Zu Programm und Ankaufsgeschichte der Glyptothek Ludwigs I., in: Ohne Auftrag – zur Geschichte des Kunsthandels, München I. (1989), S. 105.

3 L. v. Klenze, »Memorabilien«, I, 97 (handschriftliche Aufzeichnungen in der Bayer. Staatsbibliothek, Handschriftenabteilung; eine kommentierte Edition dieser Memorabilien, hrsg. von F. Hufnagl, wird in Kürze erscheinen).

4 Zit. nach R. Wünsche, in: Kat. Ausst. Glyptothek München 1830-1980, hrsg. von K. Vierneisel u. G. Leinz, München 1980, S. 23 (darin auch das Sonett auf die »Hebe« vollständig abgedruckt).

5 Vgl. R. Wünsche, »Perikles« sucht »Pheidias«, Ludwig I. und Thorvaldsen, in: Kat. Ausst. Künstlerleben in Rom, hrsg. von G. Bott u. H. Spielmann, Nürnberg 1992, S. 307 ff.

6 J. J. Winckelmann, Von der Nachahmung der griechischen Werke in der Malerey und Bildhauerkunst; zit. nach der Faksimile-Neuausgabe der 2. vermehrten Auflage, Dresden 1756 (Studien zur deutschen Kunstgeschichte, Bd. 330), Baden-Baden 1962, S. 3.

7 Zit. nach J. J. Winckelmann, Sämtliche Werke, hrsg. von J. Eiselein, Donaueschingen 1825, Bd. 3, S. 124 (daraus auch die weiteren Zitate).

8 L. Cust, History of the Society of Dilettanti (1914), S. 265.

9 Zit. nach R. Jenkyns, The Victorians and Ancient Greece (1980), S. 3.

10 J. Stuart – N. Revett, The Antiquities of Athens I (1762), S. X.

11 Zit nach P. Wescher, Kunstraub unter Napoleon (1976), S. 38.

12 Zur Ankaufsgeschichte der Glyptothek ausführlich R. Wünsche (Anm. 4), S. 23 ff.

13 Lusieri an Elgin 16. 9. 1802; abgedruckt bei A. H. Smith, »Lord Elgin and his Collections«, in: The Journal of Hellenic Studies, 36 (1916), S. 232.

14 J. Mordaunt Crook, The Greek Revival (1972), S. 38 f. (daraus die weiteren englischen Zitate).

15 Mordaunt Crook (Anm. 14), S. 42.

16 Zit. nach R. Wünsche, »Göttliche, paßliche, wünschenswerthe und erforderliche Antiken«, in: Kat. Ausst. Ein griechischer Traum (1986), S. 64 (daraus auch die folgenden Zitate).

17 Im selben Jahr gedruckt herausgegeben bei Michael Landauer, München (daraus die folgenden Zitate).

18 Zit. nach W. Seidl, Bayern in Griechenland (1981), S. 324.

19 Geheimes Hausarchiv (Abt. III des Bayer. Hauptstaatsarchivs) I A 36, I (im weiteren GHA abgekürzt. Ebenso gilt, wenn nicht ausdrücklich anders angegeben, dieselbe Inventar- und Faszikelnummer), Klenze an Ludwig, Brief vom 1. 9. 1821.

20 Bayerische Staatsbibliothek, Klenzeana XVI, 3 (im weiteren nur Klenzeana zitiert).

21 Klenzeana, Ludwig an Klenze, Brief Nr. 131, vom 11. 7. 1822.

22 Zuruf an die Hellenen, im Sommer 1822.

23 GHA, Klenze an Ludwig, Brief Nr. 139, vom 25. 8. 1822.

24 Gedichte Ludwigs: Nach Ipsara's Fall.

25 GHA, Klenze an Ludwig, Brief Nr. 209 auf 221/2.

26 G. Keller, Der grüne Heinrich, Fischer Taschenbuch 1961, S. 46.

27 Aus Ludwigs Gedicht: An die Hellenen, da ich König.

28 Klenze, Memorabilien, A, 33, Gedächtnisblatt (4. 2. 1827).

29 Klenze, Propyläen in München, in: Allgemeine Bauzeitung, 26, 1861, 203 ff.

30 Zit. nach W. Seidl (Anm. 18), S. 272, daraus die weiteren Zitate.

Ausgestellte Werke

I.
Motive aus Deutschland und dem Alpenraum

»Luft, Wasser und Gebirge sind seine vorzüglichsten Elemente ...«[1]

Beim Blick auf das Gesamtwerk Carl Rottmanns sind es zunächst die im Zusammenhang mit dem Italien- und dem Griechenlandzyklus für die Hofgartenarkaden entstandenen Zeichnungen, Aquarelle, Ölbilder und Fresken, die das Bild des Malers bestimmen. Geradezu monolithisch beherrscht diese große Werkgruppe, der Rottmann vor allem seinen Ruhm verdankt, das Schaffen des Künstlers. Seine zahlreichen Landschaften aus Süddeutschland und aus dem Alpenraum drängt sie erst einmal etwas an den Rand und läuft Gefahr, die ihnen zustehende Aufmerksamkeit zu rauben. Indes wird schnell deutlich, welch wichtigen Teil vom Gesamtwerk Rottmanns seine Ansichten aus Oberbayern, dem Salzburger Land oder den Tiroler Alpen bilden. Eigenständig stehen sie neben seinen Landschaften Italiens oder Griechenlands, diese bereichernd und zugleich deren Stilentwicklungen widerspiegelnd. Zudem lassen sich bereits bei den frühesten Werken aus dieser Gruppe bestimmte stilistische und inhaltliche Eigentümlichkeiten Rottmannscher Kunst nachweisen, die im Laufe der Jahre immer offener und bestimmender zutage treten.

Heidelberg und die Voralpen

Mit dem Aquarell *Blick auf das Heidelberger Schloß* von 1815 (Kat. 2) läßt der gerade einmal 18jährige Carl Rottmann die Lehren, die er von seinem Vater, dem Universitätszeichenmeister Friedrich Rottmann, oder auch von dem in Biberach geborenen und während eines Romaufenthaltes von den Nazarenern beeinflußten Johann Christian Xeller (1784-1872) empfangen haben könnte, bereits weit hinter sich. Mit perfekter Beherrschung der Aquarelltechnik schildert er die Ruine des als Motiv äußerst populären Schlosses vor dem weiten Ausblick auf die Rheinebene in einer Lichtfülle und stimmungsvollen Farbigkeit, die nach möglichen Vorbildern fragen läßt. Sein offenkundiges Interesse an wirkungsvollen Lichteffekten teilt er u. a. mit dem schottischen Maler George Augustus Wallis (1770-1847), der sich zu dieser Zeit in Heidelberg aufhält. Wallis hatte einige Jahre in Rom gelebt, wo er als der »Englische Poussin« bekannt war und zum Kreis von Johann Asmus Carstens und besonders Joseph Anton Koch gehörte. Gleichwohl ist Rottmanns Aquarell weniger Träger einer heroischen Bildidee im Sinne Kochs als vielmehr einer romantisch-elegischen Stimmung und demonstriert damit eher eine frühe künstlerische Eigenständigkeit als eine enge Anlehnung an fremde Vorbilder.[2]

Deutlicher faßbar wird das Vorbild von Wallis in einer weiteren Ansicht des Heidelberger Schlosses von 1820/22 (Kat. 1). Rottmanns kleines Bild, das sich motivisch und kompositionell eng an eine *Ansicht des Heidelberger Schlosses bei Sonnenuntergang und aufziehendem Mond* anlehnt, die Wallis bereits 1813 gemalt hatte, trennt zum ersten Mal in für ihn typischer Weise die dem Betrachter zugeordnete Vordergrundebene vom tiefer gelegenen Bildraum ab. Memento-mori-Motive wie zum Beispiel das Käuzchen im Baum, die Sichel des Mondes und natürlich vor allem die Ruine des Schlosses sind von Wallis übernommen, doch scheint der Vordergrundbereich, der den Betrachter von erhöhter Warte aus auf die Landschaft blicken läßt, nicht nur einer anderen räumlichen, sondern auch einer anderen zeitlichen Sphäre zuzugehören. Vor der Folie des verfallenden ehemaligen Palastes der pfälzischen Kurfürsten reflektiert der Betrachter über die geschichtlichen Veränderungen, die die Zeit mit sich bringt – bereits in diesem frühen Werk deutet sich an, daß Gebäude und Landschaft durch den Künstler zum Spiegelbild der Historie werden. Das wichtige Frühwerk stammt aus der Zeit kurz vor oder nach Rottmanns Übersiedlung nach München im Herbst 1821.[3]

1819 oder etwas früher zeichnete Rottmann die aquarellierte Ansicht von *Baden-Baden* (Kat. 3). Der planmäßige Aufbau der Vedute, der motivisch ganz offensichtlich ein kolorierter Stich Carl Ludwig Frommels von 1810 zugrunde liegt,[4] gibt einen Hinweis darauf, daß der Künstler eben zu dieser Zeit seine ersten Versuche auf dem Gebiet der Ölmalerei unternahm und dabei die Organisation des Raumes durch gestaffelte Bildgründe probte.

Der Blick führt über eine gerahmte und verschattete Vordergrundzone hinweg auf die in hellem Licht liegende Stadt Baden-Baden. Auf dem im Vordergrund verlaufenden Weg vor einer gelbtonigen Viehweide kommen von links zwei Reiter heran. Der rechte, hintere, sitzt auf einem Rappen und trägt eine studentischer Mode um 1816 entsprechende Uniform, den geschnürten sogenannten »polnischen Rock«.[5] Der linke, vordere Reiter eines Schimmels, vielleicht ebenfalls ein Student, trägt einen hohen Hut und den bürgerlichen Gehrock. Der Gedanke erscheint reizvoll, in den zwei Studenten, die von einem ungewöhnlich großen Hund begleitet werden, mehr als nur beliebige Staffagefiguren zu sehen, hat dieser Hund doch eine deutliche Ähnlichkeit mit »Grimsel«, dem häufig gezeichneten vierbeinigen Begleiter Carl Philipp Fohrs (1795-1818).[6] Handelte es sich bei dem Hund wirklich um Grimsel, so wäre in dem uniformierten Studenten Fohr selbst zu erkennen. Zwei Jahre älter als Carl Rottmann und in Heidelberg geboren, hatte dieser etwa von 1807/8 bis 1810 bei Friedrich Rottmann zusammen mit dessen Sohn Carl und Ernst Fries Zeichenunterricht erhalten. Bereits während seiner Heidelberger Studienzeit und dann 1815/16 in München trug er eine Uniform als Ausdruck patriotisch-freiheitlicher Gesinnung.[7] Erst im Laufe des Jahres 1816 tauschte der vor seiner Italienfahrt für kurze Zeit nach Heidelberg zurückgekehrte Fohr die Uniform gegen den deutschen Rock, der sich im Kreise der Studenten von Göttingen aus zunehmend durchsetzte. In Rom, wo er bereits 1818 auf tragische Weise beim Baden im Tiber ertrank, hatte er damit größten Einfluß auf die deutsche Künstlerkolonie und schließlich auch auf den Kronprinzen Ludwig während dessen Aufenthalts in Italien.[8]

Sollte die (von fremder Hand stammende) Datierung »1819« zutreffen, so könnte man an ein Gedächtnisblatt Rottmanns für den im Vorjahr verunglückten Fohr denken, auf dem möglicherweise sogar beide Freunde zusammen dargestellt sind. Eine Entsprechung fände ein solches Werk zum Beispiel in einer 1815 datierten Zeichnung Fohrs aus einem Freundschaftsalbum, das das Heidelberger Schloß mit drei Studenten zeigt (Fohr, Rottmann und Fries?) und für Rottmann geschaffen worden sein könnte.[9] Akzeptiert man für das Aquarell *Baden-Baden* (Kat. 3) diese Benennung der Figuren und seinen besonderen Charakter, so wäre auch die Wahl gerade dieser Stadt als Hintergrund des Freundschaftsbildes mit Bedacht gewählt. Baden-Baden war keine Universitätsstadt (insofern wären Studenten als Staffage gewissermaßen »falsch«), doch hatte es als Sitz von Fohrs Gönnerin, der Erbprinzessin Wilhelmine von Hessen, für diesen eine große Bedeutung.

Fohrs typisch romantisches Bestreben, mit Hilfe von Freundschaftsbildern eine Art »modernes Historienbild« zu schaffen,[10] fand sicherlich gerade bei Rottmann Interesse. Er selbst, der sich als Landschaftsmaler begreift, fügt das »historische« Freundschaftsbild in die Landschaft ein und verleiht damit auch ihr eine zusätzliche historische Dimension.

Um 1821 oder wenig später ist das Gemälde *Ruine einer Kapelle in der Nähe eines Flusses bei aufgehendem Mond* (Kat. 4) entstanden. Der weitverzweigt mäandernde Strom erinnert entfernt an Landschaften, wie Rottmann sie auf seiner Ende 1818 zusammen mit einigen Malerkollegen unternommenen Künstlerfahrt ins Rhein- und Moseltal kennengelernt haben dürfte. Wie in der Ansicht des Heidelberger Schlosses (Kat. 1) verleihen die Memento-mori-Motive des rechts auf dem Baum sitzenden Käuzchens und der Ruine der Kirche sowie das Licht des Mondes dem Bild einen romantischen Charakter, der durch die Rückenfigur des Wanderers noch zusätzlich betont wird und an Bildstimmungen Caspar David Friedrichs denken läßt.

Rottmann stellte das Gemälde 1826, ein Jahr nach seinem Beitritt zum Münchner Kunstverein, ebendort öffentlich aus.[11] Hier hatte er sich als junger Landschaftsmaler mit der den Kunstmarkt beherrschenden, vom niederländischen Realismus beeinflußten lokalen Landschaftsschule auseinanderzusetzen, als deren wichtigste Vertreter die Maler Johann Georg von Dillis, Max Joseph Wagenbauer, Johann Jakob Dorner d. Ä. und Wilhelm von Kobell genannt werden können. Seit dem Ende des 18. Jahrhunderts erwanderten die Maler der Münchner Landschaftsschule ihre engere und weitere Heimat; die bayerischen Alpen und Seen lieferten die Motive für ihre Bilder. Obwohl Rottmanns Kunstauffassung mit seinem wachsenden Interesse für das Sichtbarmachen geschichtlicher Entwicklungsprozesse in der Landschaft ihn eher zur Auseinandersetzung mit dem Werk Joseph Anton Kochs getrieben haben dürfte (wie wohl alle Schüler in der Landschaftsklasse der Münchner Akademie hatte er Kochs 1815 dort aufgestelltes, gleichsam kanonisches Vorbild *Heroische Landschaft mit Regenbogen* kopiert[12]) und durchaus mit den Forderungen des populären Münchner Geschichtsphilosophen Friedrich Wilhelm Schelling nach Historizität in der Landschaftsmalerei zu vereinbaren war, paßte er sich zunächst der herrschenden und vor allem in wirtschaftlicher Hinsicht erfolgreichen Richtung an. Im Sommer 1822 wanderte er in das von der älteren Münchner Malergeneration wenig rezipierte Salzburger Land, nach Tirol und durch das bayerische Gebirge, im Jahr darauf folgte eine Studienreise in die Gegend südlich von München, und 1825 schließlich kehrte er wiederum ins Salzburger Land zurück. In zahllosen aquarellierten Zeichnungen erarbeitet er sich diese ihm unbekannten Landschaften, die ihn tief beeindrucken. Dabei konzentriert er sich anfangs stark auf Einzelformen wie zum Beispiel in der *Felspartie mit Bäumen* von 1822/23 (Kat. 7) und faßt auch in größeren Kompositionen die Gegenstände äußerst kleinteilig auf. Das Aquarell *Inntal bei Brannenburg* aus dem Jahre 1823 (Kat. 8) steht beispielhaft für eine Werkgruppe, in der Rottmann selbst kleinste Formen mit spitzer Feder einzeln zeichnet und danach mit Aquarellfarbe gleichsam koloriert. Das kurz zuvor entstandene bildmäßige Aquarell *Salzburg, Kapuzinergarten* (Kat. 5) ist in der gleichen, an kolorierte Umrißstiche erinnernden Technik ausgeführt. Das Motiv, zu dem Rottmann durch eine Federzeichnung Ferdinand von Oliviers angeregt wurde, steht thematisch mit der Figur des Kapuziner-Mönches und in der Stimmung sogar in gewisser Weise nazarenischem Gedankengut nahe.[13]

Im Jahr 1824 beginnt der Künstler, sich von der reinen Federzeichnung zu lösen. Der Farbauftrag wird flächiger, die bisweilen penible Konturierung verschwindet allmählich, der helle Papiergrund wird zunehmend in das Farbsystem eingebunden. Anhand der Aquarelle *Inntal-Heuberg* (Kat. 9) und *Tor in Salzburg* (Kat. 6), die beide in diesem Jahr entstanden sind, läßt sich sein Stilwechsel, der mit einer Formvereinfachung einhergeht, sehr gut belegen. Motivisch ist das *Tor in Salzburg* indes eher die Ausnahme, Architekturmotive interessieren Rottmann in der Regel kaum.

1825/26 setzt er sich in einer Ölskizze noch einmal mit der Ansicht des *Inntals bei Brannenburg* auseinander (Kat. 12). Im Gegensatz zu den Münchner Landschaftsmalern, die den Vordergrund meist mit einer reichen Staffage beleben, gilt Rottmanns Aufmerksamkeit jedoch vornehmlich dem fernen Landschaftsraum; seine Vordergründe sind oft leer und unbelebt, bei den Aquarellen häufig nicht einmal angelegt. Die Bergmassive im Hintergrund sind meist nackt und vegetationslos.

Auch in den Jahren, in denen sich Rottmann im Auftrag des Königs in erster Linie mit dem Italien- bzw. Griechenlandzyklus beschäftigt, findet er immer wieder Zeit für sommerliche Reisen in diese Alpenlandschaften, oder er greift ältere Skizzen auf und findet zu neuen Bildlösungen.

Der *Blick von der Rottmannshöhe* (Kat. 14) ebenso wie der *Blick über einen bayerischen See* (Kat. 16) sind in den Jahren zwischen 1840 und 1843 entstanden und demonstrieren einen Stilwandel, der zum Spätwerk überleitet. Der schmale, ferne Landschaftsstreifen wird in einem extremen Querformat geschildert und tritt zurück zugunsten des Lichts und des Himmels bzw. von Wolkenformationen, die den größten Teil der Bildfläche einnehmen.[14] Ähnlich wie bei dem allerdings mehr als eine Generation älteren Johann Georg von Dillis oder dem vor allem in Dresden tätigen Norweger Johan Christian Dahl werden nun atmosphärische Phänomene zum eigentlichen Bildgegenstand. Auf einen Bildvordergrund wird völlig verzichtet, die Bergketten der Voralpen sind in große Ferne gerückt und werden in ihrer Gestalt immer unspezifischer. Ähnliches gilt für den gleichzeitigen Blick auf das *Wettersteingebirge von Murnau aus* (Kat. 15).

Oberbayern und das Hochgebirge
»... bis man die unerreichbaren Gipfel der Kunst schwindelnd schaut ...«[15]

Aus Rottmanns Briefen an seine Frau wissen wir, wie sehr ihn die imposante Szenerie des Hochgebirges trotz des beinahe notorisch schlechten Wetters auf seinen Wanderungen beeindruckt hat. Während seiner zweiten Reise ins Salzburger Land im Sommer 1825 schuf er das Aquarell *Obersee mit Watzmann* (Kat. 20), auf dem auch das nur wenig spätere Ölbild des gleichen Themas basiert (Kat. 21). Im Aquarell bemüht sich Rottmann erstmals um einen größeren, auch kompositionell geschlossenen Landschaftsausschnitt. Das ferne Massiv des Watzmanns ist von steilen Felswänden gerahmt, durch die die Unerreichbarkeit und Erhabenheit der eisigen Gipfel unterstrichen wird.

Eine zentrale Stellung in Rottmanns künstlerischer Entwicklung nimmt das 1825 entstandene Gemälde *Eibsee* mit dem Zugspitzmassiv im Hintergrund ein (Kat. 22). Schon zwei Jahre zuvor hatte er von dem Gebirgsmassiv eine aquarellierte Naturaufnahme angefertigt, derer er sich nun bediente (Kat. 19). Dabei veränderte Rottmann in dem großformatigen Ölbild die realen Gegebenheiten, indem er das Zugspitzmassiv mit einer gewaltigen, eigentlich so nicht vorhandenen Eiskappe bekrönt und zu einer einfachen, pyramidalen Dreiecksform steigert. Der dadurch sowie durch die Beschränkung auf Fels, Wasser und Eis (unter nahezu völligem Verzicht auf Vegetation) zum beherrschenden Landschaftsmotiv gewordene Berg ist auf eine geometrische Grundform zurückgeführt und wirkt auf den Betrachter ehrfurchtgebietend, erhaben und entrückt. Dementsprechend sind die beiden klein und verloren wirkenden Betrachterstellvertreter im Vordergrund, die von ihrer Felsenkanzel auf die grandiose Naturszenerie blicken und an entsprechende Rückenfiguren in Gemälden Caspar David Friedrichs denken lassen, durch das weite, windzerwühlte Wasser des bedrohlich dunklen Eibsees vom Zugspitzmassiv getrennt. Durch Größe, Form und malerische Auffassung verleiht Rottmann dem Berg den bedeutsamen Charakter eines aus grauer

Vorzeit überkommenen Naturdenkmals, dem sich der winzige Mensch nur ehrfurchtsvoll staunend nähern kann.

Das Bild wurde noch im Jahr seiner Entstehung von Leo von Klenze erworben und hat diesen möglicherweise dazu bewogen, sich bei König Ludwig I. für die Beauftragung Rottmanns mit dem Italienzyklus unter den Arkaden des Hofgartens einzusetzen.

Neben dem *Eibsee* präsentierte Rottman 1825 auf der Ausstellung des Münchner Kunstvereins dem Publikum sehr wahrscheinlich auch die kleinformatige Ansicht des *Kochelsees* (Kat. 23).[16] Unter Verzicht auf die Monumentalisierung des Bergmassivs, die dem *Eibsee*-Bild seine herausragende Bedeutung verleiht, gelingt dem Maler hier die Verbindung einer klaren, stimmungsvollen Atmosphäre mit einer Kargheit des Felsgrundes und des Details, die bereits auf seine spätere Landschaftsauffassung vorauszuweisen scheint, wie sie etwa in seinen Griechenlandbildern erfahrbar ist. Felsen und Erdreich sind nur spärlich mit einer dünnen Vegetation überzogen, an vielen Stellen von Vorder- und Mittelgrund schimmert der graue Felsgrund durch. Der Bewuchs am Fuße der Berge im Hintergrund ist nur farblich angedeutet und verhüllt nicht deren geologische Struktur. Einzig ein paar vereinzelte Bäume im Bildmittelgrund durchbrechen mit ihrer überdeutlichen Körperhaftigkeit diese flächige Auffassung. Links stehen auf einer kleinen Erhebung über dem See die zerfallenen Ruinen eines alten Gemäuers. Ihr Graubraun entspricht völlig dem Farbton der Felsen, in der Form scheinen sie die Silhouetten der Bergspitzen im Hintergrund aufzunehmen. Dieser Übergang von einer durch menschliche Zivilisation gestalteten Zone vorne rechts – mit dem Haus, in dessen Tür das brennende Herdfeuer zu erkennen ist, dem durch jahrzehntelange menschliche Nutzung geschaffenen Hohlweg davor und dem wandernden Mann mit dem Kind – über die Verfallsspuren einer einst mächtigen Kultur – mit der Ruine eines ehemaligen Kirchen(?)gebäudes – hin zur erhabenen Größe der nackten Berge, die sich dem Betrachter in strahlender Klarheit wie nach einem Gewitter präsentieren, deutet bereits auf den »historischen« Charakter späterer Landschaften von Rottmann voraus. Zusammen mit dem *Eibsee* nimmt der *Kochelsee* in dem vor seiner ersten Italienreise entstandenen Werk eine entsprechend wichtige Stellung ein.

Der 1832 gemalte *Hintersee* bei Berchtesgaden (Kat. 25) vermittelt den gleichen, Unerreichbarkeit für den Menschen suggerierenden Charakter einer urweltlichen Landschaft wie das *Eibsee*-Gemälde. Rottmann, der sich in diesen Jahren vor allem mit dem Italienzyklus beschäftigte, schildert den See und die Bergwildnis als dem Betrachter nicht nur räumlich, sondern auch zeitlich weit entrückt. Einzig die zarte Rauchfahne eines Kohlenmeilers rechts im Bild deutet an, daß Spuren von Zivilisation existieren. Mit geradezu geologischem Interesse demonstriert der Maler die erdgeschichtliche Beschaffenheit des steinernen Massivs und verleiht dem Landschaftsgegenstand dadurch eine historische Dimension, die an das gleichzeitige Fresko des *Ätna* aus dem Italienzyklus denken läßt.[17] Um 1838 bedient er sich des Hintersee-Motivs noch einmal, doch kombiniert er es diesmal frei mit dem zudem seitenverkehrten Dachsteinmassiv im Hintergrund (Kat. 26). Im abendlichen Licht wirkt der Berg, als gehöre er gar nicht mehr zum Landschaftsraum; erhaben dominiert er die Szenerie. Der Tendenz, einzelne, der Natur entnommene Motive zu phantastischen, die Aussage steigernden Landschaften zu kombinieren, begegnet man bei Rottmann mehrfach (vgl. etwa Kat. 29). Auch hierin zeigt sich eine gewisse Vergleichbarkeit mit dem Werk Caspar David Friedrichs.

In den vierziger Jahren zieht sich ein Motiv fast wie ein roter Faden durch Rottmanns Auseinandersetzung mit alpinen Motiven: es ist dies der Hohe Göll bei Berchtesgaden mit dem Hintersee im Vordergrund. Verschiedene Natur- und Kompositionsskizzen (Kat. 30, 31, 32) bereiten mehrere Gemäldefassungen vor, die sich zwar motivisch nur geringfügig, dafür aber in ihren Farbstimmungen deutlich unterscheiden. *Der Hohe Göll im Mondschein* (Kat. 27) dürfte bereits Ende der zwanziger oder Anfang der dreißiger Jahre entstanden sein und ist vielleicht das erste ausgeführte Ölbild dieses Motivs. Rottmanns hier dokumentiertes starkes Interesse für das Mondlicht läßt sich insbesondere in der zweiten Hälfte der zwanziger Jahre nachweisen und führt den Maler bisweilen sogar in die Nähe Caspar David Friedrichs.[18] Kompositorisch lehnt sich das Werk bis in Einzelheiten eng an das 1832 oder kurz davor entstandene Gemälde *Hintersee* (Kat. 25) an: Beide Bilder zeigen im Vordergrund rechts vor einem See, hinter dem sich der Dachstein bzw. der Hohe Göll erheben, eine Felsformation mit einem in Rottmanns Bildern auffallend oft wiederkehrenden Detail: einem fliegenden Storch.

Um 1840 gewinnt das Motiv des Hohen Göll erneut an Bedeutung im Werk Rottmanns. Künstlerisch bietet es nichts grundlegend Neues, doch scheinen diese Bilder wegen ihres besonderen Stimmungsgehalts beim Publikum außerordentlich geschätzt und kommerziell entsprechend erfolgreich gewesen zu sein. *Der Hohe Göll im Abendlicht* (Kat. 28), wohl zu Beginn der vierziger Jahre entstanden, dürfte das erste einer Folge von Bildern des Bergmassivs gewesen sein, in denen Rottmann die Beleuchtung zum offensiven Stimmungsträger machte. Angesichts des erheblich größeren und repräsentativeren Bildes *Hoher Göll mit Hintersee* (Kat. 33) war Ludwig I. in Rottmanns Atelier von Bewunderung ergriffen und bald entschlossen, es zu erwerben.[19] Aber auch das breite Publikum scheint die verschiedenen Lichtstimmungen, in die Rottmann das durch den See entrückt und fast sakralisiert wirkende Bergmassiv taucht, sehr geschätzt zu haben. Der rötliche Schein der untergehenden Sonne, die dunklen Schattenzonen und besonders die schmale Mondsichel am Firmament verleihen dem aus Ludwigs Besitz stammenden Gemälde einen eher elegischen, fast transzendenten Zug. Jene vom König an den Bildern des Griechenlandzyklus so bewunderten Gefühle von Trauer und Sehnsucht angesichts einer fernen, vergangenen Welt transponiert Rottmann damit auch in die deutsche Landschaft.

Der Staufen

Mit einem weiteren Bergmotiv hat Rottmann sich über einen noch längeren Zeitraum stets aufs neue beschäftigt: dem Staufen bei Reichenhall. Bereits während seiner zweiten Reise ins Salzburger Land 1825 entstand eine Folge von Skizzen (Kat. 34, 35), die den markanten, dreifach gestuften Gipfel weit entrückt hinter einer begrünten Ebene mit zerklüfteten Felsformationen im Vordergrund zeigen. Doch erst 1833 folgte das erste Ölbild dieses Motivs (Kat. 36), bei dem Rottmann indes den Staufen mit der Walser Heide beim Untersberg zu einer Ansicht kombiniert, die in der Realität so nicht existiert. In diesem Zusammenhang ist auf eine alte, sicher auch Rottmann bekannte Sage verwiesen worden, derzufolge am Ende aller Zeiten der im Untersberg hausende Kaiser Karl der Große wiederkäme, um das Böse zu vernichten; und wenn dann die Walser Heide aus der Richtung des Staufen von der untergehenden Sonne beleuchtet werde, würde der Kaiser den Beginn eines neuen, »goldenen Zeitalters« verkünden. Dieses mit der Rückkehr Karls des Großen verbundene Goldene Zeitalter thematisiert Rottmann durch die Kombination von Staufen, Walser Heide und einem warmen Abendlicht. Es steht damit beispielhaft für die Weiterentwicklung, die seine Geschichtsinterpretation im Landschaftsbild zu Beginn der dreißiger Jahre nimmt.[20]

Das Gemälde, das in seiner Monumentalität und seinem einfachen Aufbau durchaus den gleichzeitigen Fresken entspricht, könnte zugleich als metaphorischer Verweis auf Ludwig, den Auftraggeber eben dieser Wandbilder und Förderer der Kunst in München gemeint und gelesen worden sein, sah sich der König doch genealogisch mit Karl dem Großen verbunden und fühlte sich berufen, durch seine kunstfördernde Regentschaft ein besseres Zeitalter einzuleiten bzw. den Verfall der alten Ordnung aufzuhalten. Das Sagenmotiv des am Beginn eines Goldenen Zeitalters aus dem Untersberg kommenden Herrschers ist wohl nicht zufällig bereits 1829 von Johann Nepomuk Poißl, einem Münchner Komponisten, in einer Oper aufgegriffen worden; 1856 wurde es erneut von Ernst von Lasaulx in seiner »Philosophie der Geschichte« erwähnt. Rottmanns Komposition verschiedener Motive dürfte von einem gebildeten Publikum sicherlich in Ludwigs Sinn als Verweis auf eine Herrschaft aufgefaßt worden sein, der nach Ansicht der Zeitgenossen die ideale Verbindung von Antike, Germanentum und Christentum gelungen war. Diese Anspielung auf die historische Leistung eines Herrschers, der für Ludwig Vorfahre und Vorbild zugleich war, sowie damit zugleich auf ein dementsprechendes persönliches Ideal des Königs erfolgte möglicherweise als Reaktion auf ein seit den dreißiger Jahren zunehmend gespanntes Verhältnis zwischen dem König und der Münchner Bürgerschaft.[21]

In diesem Sinne ist Landschaft für Rottmann kein Ergebnis spontaner Naturbeobachtung und -wiedergabe. Sie wird vielmehr im Sinne einer bereits vorhandenen (Geschichts-)Idee konstruiert, wird zum Zeichen für Vorgänge, die außerhalb ihrer selbst liegen. In dem Ende der vierziger Jahre entstandenen Staufenbild (Kat. 39) schließlich bestimmen weder die wirkliche Natur noch die Geschichte, sondern der Kosmos Form und Inhalt der Darstellung. Das rötliche, gleichsam übernatürliche Licht der untergehenden Sonne, das dem Bild – unterstützt von der skizzenhaften und flüchtigen Malweise – einen visionären Charakter verleiht, rückt die historische Utopie des Goldenen Zeitalters, wie sie im früheren Gemälde (Kat. 36) noch anklang, zugunsten des Kosmischen wieder in unerreichbare Ferne.

Andreas Hahn

Anmerkungen

1   In Schorns Kunstblatt Nr. 2 vom 5.1.1826, S. 6 f, werden im Rahmen einer Ausstellungsbesprechung des jungen Münchner Kunstvereins erstmals zwei Bilder von Carl Rottmann ausführlich besprochen und sehr positiv beurteilt. Neben der *Gegend bei Brannenburg* ist es vor allem eine heute verlorene Ansicht des *Bartholomäussees* mit dem Watzmann, die der Rezensent in höchsten Tönen lobt – einzig Rottmanns Behandlung von Bäu-

men erfährt erste Kritik. Das Bild befindet sich 1825 im Besitz des Kronprinzen bzw. Königs Ludwig I., der sich indes 1830 wieder davon trennt.

2 Siehe Bierhaus-Rödiger 1978, Kat. Nr. 6, sowie Decker 1959, Nr. 3; zu Rottmanns Frühwerk und den Einflüssen auf sein Schaffen siehe besonders Rödiger-Diruf 1989, S. 160-168.

3 Rödiger-Diruf 1989, S. 165 - 68 u. S. 215.

4 Bierhaus-Rödiger 1978, Kat. Nr. 13, sowie Vergleichsabbildung Nr. 3.

5 Jens Christian Jensen, Carl Philipp Fohr in Heidelberg und im Neckartal. Landschaften und Bildnisse, hrsg. von Georg Poensgen, Karlsruhe 1968, S. 30f.

6 Siehe etwa die Zeichnung *Fohr mit zwei Freunden und seinem Hund Grimsel* in der Graphischen Sammlung des Hessischen Landesmuseums in Darmstadt, Inv. Nr. HZ 1251, Abb. in Kat. Ausst. Carl Philipp Fohr. Romantik – Landschaft und Historie, Darmstadt-München 1995/97, Nr. 330.

7 Neben unterschiedlichen Auffassungen zur altdeutschen Kunst war es wohl auch seine als provokativ empfundene Kleidung, die zu Fohrs Zerwürfnis mit dem Münchner Akademiedirektor Peter von Langer geführt hatte und die Polizei schließlich dazu brachte, ihn von der Akademie und zumindest vorübergehend aus der Stadt zu verweisen. Siehe dazu Kat. Ausst. Darmstadt-München 1995/97, S. 18 f. Fohr hatte die Uniform vermutlich bereits 1814 nach seinem Anschluß an den Kreis der Heidelberger »Teutonen«, einer Gruppe radikaler deutschnationaler Studenten, angelegt; verschiedene Selbstporträts aus dieser Zeit zeigen ihn noch in dieser Kleidung.

8 Jensen 1968, S. 36.

9 Kat. Ausst. Darmstadt-München 1995/97, Nr. 34, S. 161. Die Zeichnung im Besitz der Graphischen Sammlung des Hessischen Landesmuseums Darmstadt (Inv. Nr. HZ 2759) könnte Peter Märker zufolge als Geschenk für den ehemaligen Mitschüler und Freund Carl Rottmann entstanden sein. Die enge Beziehung zwischen Fohr und Rottmann wird auch dadurch belegt, daß Fohr noch aus Rom seinem Bruder Daniel Grüße an den gemeinsamen Freund auftrug.

10 Kat. Ausst. Darmstadt-München 1995/97, S. 37 - 40.

11 Eine Datierung um 1826 ist deshalb gleichwohl nicht zwangsläufig, denn Rottmann scheint durchaus häufiger auch ältere Werke zu den Ausstellungen der in diesen Jahren überall entstehenden Kunstvereine geschickt zu haben. So hat er etwa das heute verlorene Gegenstück zu Kat. 61 nicht nur 1826 im Münchner Kunstverein ausgestellt, sondern acht Jahre später nochmals auf der 6. Kunstausstellung in Halberstadt gezeigt. 1843 wird im übrigen diese Praxis der Münchner Künstler, auf die Kunstvereinsausstellungen ältere Werke anstelle aktueller Produktion zu senden, in Schorns Kunstblatt deutlich kritisiert. Siehe Schorns Kunstblatt Nr. 89 vom 7. 11. 1843, S. 371.

12 Vgl. dazu die »Erinnerungen der Malerin Louise Seidler«, Berlin 1922, S. 86, die die enorme Bedeutung von Kochs Bild als Kopiervorlage für die Akademie in München betont.

13 Bierhaus-Rödiger 1978, Kat. Nr. 15. Die motivisch sehr nahe Federzeichnung Ferdinand von Oliviers von 1820 sowie dessen sechs Jahre später nach diesem Vorbild entstandenes Ölgemälde befinden sich im Besitz des Museums der bildenden Künste in Leipzig. Vgl. dazu auch Heinrich Schwarz, Salzburg und das Salzkammergut. Eine künstlerische Entdeckung der Stadt und der Landschaft in Bildern des 19. Jahrhunderts, Salzburg 1977, Nr. 44 u. 45 (m. Abb.).

14 In den vierziger Jahren wurde dieses »Handtuchformat« auch bereits von Eduard Schleich d. Ä. für Landschaftsansichten gewählt, besonders unter seinem Einfluß wurde es in der zweiten Hälfte des 19. Jahrhunderts zu einem Charakteristikum der Münchner Landschaftsmalerei. Siehe dazu Siegfried Wichmann, Meister, Schüler, Themen: Münchner Landschaftsmalerei im 19. Jahrhundert, Herrsching 1981, S. 114 ff.

15 Im August 1822 schreibt Rottmann aus Berchtesgaden an seine junge Braut Friederike von Sckell: »... Hier bin ich übrigens recht wie in meinem Elemente, wie jeder der hieher kömmt die Natur in ihrer stillen Größe zu schauen und zu beobachten: an jedem Morgen wenn sich Duft und Nebel an den Bergen aufheben, lichtet sich den Augen ein Schleier der Muth und mit einer Zuversicht auch neue Kräfte in einen entfaltet: höher und höher wird das Streben gesteigert, bis man den unerreichbaren Gipfel der Kunst schwindelnd schaut der zernichtend einen anzöge, dürfte man sich nicht an das Hohemaaß menschlicher Kräfte stellen.« Siehe Bierhaus-Rödiger 1978, Dok. 6, S. 103 (erstmals bei Decker 1959).

16 Der *Eibsee* ist vermutlich mit der im zweiten Halbjahr 1825 unter der Nummer 217 ausgestellten *Aussicht über einen großen See auf ferne Gebirge* identisch. Vgl. Kat. Ausst. Kunstverein München 1825, Nr. 217, sowie Bierhaus-Rödiger 1978, S. 174 f.

17 Vgl. Bierhaus-Rödiger 1978, Kat. Nr. 264.

18 Prägnantestes Beispiel für diese Friedrichscher Romantik nahestehenden Werke ist wohl die um 1826 zu datierende *Marineszene bei Mondschein* aus dem Leipziger Museum der bildenden Künste (Bierhaus-Rödiger 1978, Kat. Nr. 65); doch auch die Mondscheinstudie (Bierhaus-Rödiger 1978, Kat. Nr. 64) und die *Ruine einer Kapelle in der Nähe eines Flusses bei aufgehendem Monde* (Kat. 4) belegen die Faszination, die die Stimmung des Mondlichts auf Rottmann ausgeübt haben muß.

19 Am 18. 11. 1845 notierte Ludwig I. in sein Tagebuch: »... Zu Maler Rottmann in s. studio. Das Bild an welchem er eben malt, mit Oelfarbe, der Hohe Göll in Abendlicht vom Königssee aus, bey Berchtesgaden, kauf ich vielleicht.« Am 17. 4. 1946 besuchte Ludwig den Maler erneut und schrieb danach: »Gegangen in's studio Rottmann's, wo die Landschaft Oelgemälde, den Hohen Göll bey Berchtesgaden darstellend, mich ergriff, ein herrliches Bild. Den genannten Preiß 120 Karoline, obgleich viel Geld ich gleich erwiederte dafür zu geben ...«; BSB, HA, Ludwig I.-Archiv 3, 146, S. 411 f u. 3, 147, S. 186.

20 Vgl. Bierhaus-Rödiger 1978, S. 275.

21 Vgl. dazu sowie zu Rottmanns Geschichtsbild allgemein besonders Rödiger-Diruf 1989, S. 184 sowie Anm. 166.

1

BLICK AUF DAS HEIDELBERGER SCHLOSS UND
DIE RHEINEBENE, 1820/22

Öl/Holz, 27,2 x 26,7 cm
Kurpfälzisches Museum Heidelberg

Motive aus Deutschland und dem Alpenraum

2

BLICK AUF DAS HEIDELBERGER SCHLOSS, 1815

Aquarell/Feder, 55,5 x 74,5 cm
Kurpfälzisches Museum Heidelberg

Motive aus Deutschland und dem Alpenraum

3

BADEN-BADEN, 1819

Aquarell/Bleistift, 42,6 x 57 cm
Kurpfälzisches Museum Heidelberg

4

RUINE EINER KAPELLE IN DER NÄHE EINES FLUSSES, BEI AUFGEHENDEM MOND, UM 1820

Öl/Leinwand, 33,5 x 45 cm
Städtische Galerie im Lenbachhaus, München

5

SALZBURG, KAPUZINERGARTEN, 1822

Aquarell/Feder, 21,3 x 17,2 cm
Kurpfälzisches Museum Heidelberg

6

TOR IN SALZBURG, 1824

Aquarell/Bleistift, 35,3 x 26,5 cm
Privatbesitz

7

FELSPARTIE MIT BÄUMEN, 1822/23

Aquarell/Feder, 56,5 x 47 cm
Kupferstichkabinett der Akademie der bildenden Künste
Wien

8

INNTAL BEI BRANNENBURG, 1823

Aquarell/Feder, 23,7 x 46,4 cm
Kupferstichkabinett der Akademie der bildenden Künste
Wien

9

INNTAL – HEUBERG, 1824

Aquarell/Bleistift/Feder, 29,7 x 23,8 cm
Privatbesitz München

Motive aus Deutschland und dem Alpenraum

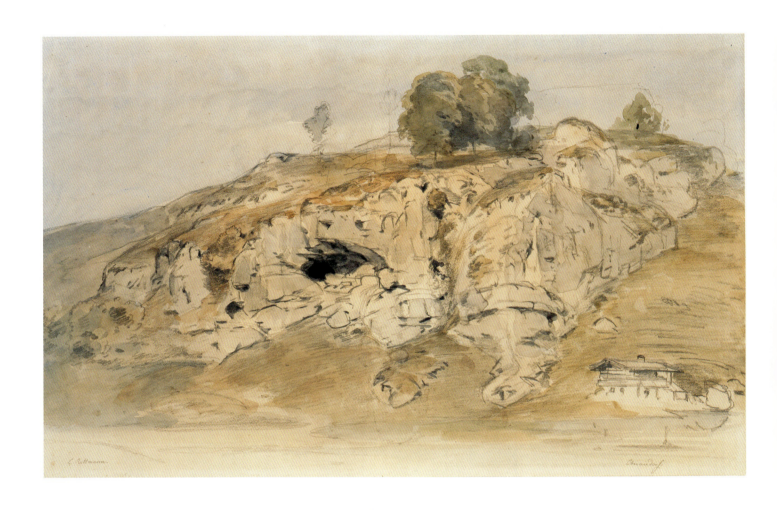

10

FELSPARTIE BEI OBERAUDORF, 1824

Aquarell/Bleistift, 23,7 × 35,9 cm
Staatliche Museen zu Berlin, Kupferstichkabinett

11

FELSPARTIE BEI OBERAUDORF, 1824

Aquarell/Bleistift, 28,5 x 47,8 cm
Privatbesitz München

Motive aus Deutschland und dem Alpenraum

12

INNTAL BEI BRANNENBURG, 1825/26

Öl/Leinwand, 35 x 51 cm
Museum der bildenden Künste Leipzig

13

STARNBERGER SEE, 1836

Aquarell/Bleistift, 15 x 17 cm
Kurpfälzisches Museum Heidelberg

Motive aus Deutschland und dem Alpenraum

14

BLICK VON DER ROTTMANNSHÖHE, 1840/43

Öl/Papier/Leinwand, 24 x 62 cm
Bayerische Staatsgemäldesammlungen München

15

WETTERSTEINGEBIRGE VON MURNAU AUS,
1840/43

Öl/Papier/Leinwand, 30 x 61 cm
Städtische Galerie im Lenbachhaus, München

Motive aus Deutschland und dem Alpenraum

16

BLICK ÜBER EINEN BAYERISCHEN SEE, UM 1843

Öl/Papier/Leinwand, 30 x 61,5 cm
Städtische Galerie im Lenbachhaus, München

17

LANDSCHAFT MIT KAPELLE, 1842/45

Bleistift/Aquarell, 21,5 x 25,3 cm
Kurpfälzisches Museum Heidelberg

18

OBERBAYERISCHE LANDSCHAFT (BLICK AUF DEN HERZOGSTAND?), UM 1840

Öl/Papier/Karton, 29,6 x 41,7 cm
Museum Folkwang, Essen

19

ZUGSPITZE, 1823/24

Aquarell/Bleistift/Feder, 29,5 x 22,5 cm
Kunsthalle zu Kiel

20

OBERSEE MIT WATZMANN, 1825

Aquarell/Bleistift, 30,5 x 44,5 cm
Staatliche Kunstsammlungen Dresden, Kupferstichkabinett

Motive aus Deutschland und dem Alpenraum

21

OBERSEE MIT WATZMANN, UM 1825/26

Öl/Leinwand, 27 x 38 cm
Privatbesitz

22

EIBSEE, 1825

Öl/Leinwand, 76 x 98 cm
Bayerische Staatsgemäldesammlungen München

23

KOCHELSEE, 1825

Öl/Leinwand, 24 x 32,5 cm
Bayerische Staatsgemäldesammlungen München,
Schack-Galerie

Motive aus Deutschland und dem Alpenraum

24

FELSWAND MIT WASSERFALL, 1830-32

Öl/Papier/Leinwand, 38 x 30 cm
Privatbesitz

25

HINTERSEE, 1832

Öl/Leinwand, 70 x 84 cm
Staatsgalerie Stuttgart

26

Hintersee mit Dachstein, 1839

Öl/Leinwand, 70,5 x 85,5 cm
Museum Oskar Reinhart am Stadtgarten, Winterthur

27

HOHER GÖLL IM MONDSCHEIN, ENDE 20ER JAHRE

Öl/Leinwand, 37 x 47 cm
Sammlung Georg Schäfer Schweinfurt

28

HOHER GÖLL IM ABENDLICHT, UM 1845

Öl/Leinwand, 38 x 48 cm
Bayerische Staatsgemäldesammlungen München,
Schack-Galerie

29

DACHSTEIN, 1842/45

Öl/Papier/Leinwand, 67 x 81 cm
Bayerische Staatsgemäldesammlungen München

30

HOHER GÖLL IM ABENDGLÜHEN, UM 1845

Aquarell/Bleistift, 16,1 x 17,7 cm
Privatbesitz

31

HOHER GÖLL IM ABENDGLÜHEN, 1846

Öl/Leinwand, 27 x 36 cm
Städtische Galerie im Lenbachhaus, München

32
HOHER GÖLL IM ABENDGLÜHEN, 1846

Aquarell/Bleistift, 16,5 x 23,8 cm
Hessisches Landesmuseum Darmstadt

33

HOHER GÖLL MIT HINTERSEE, 1846

Öl/Leinwand, 90 x 113,3 cm
Bayerische Staatsgemäldesammlungen München

34

STAUFEN BEI REICHENHALL, 1825

Aquarell/Bleistift, 27,7 x 37,6 cm
Öffentliche Kunstsammlung Basel, Kupferstichkabinett

35

STAUFEN BEI REICHENHALL, 1825

Aquarell/Bleistift, 27,4 x 26 cm
Privatbesitz

36

STAUFEN – WALSER HEIDE, 1833

Öl/Leinwand, 37 x 47,5 cm
Kunsthalle zu Kiel

37

STAUFEN – WALSER HEIDE, UM 1834

Aquarell/Bleistift, 26 x 33,5 cm
Museum Boijmans Van Beuningen, Rotterdam

38

Staufen – Walser Heide, 1834

Aquarell/Bleistift, 26 × 33,4 cm
Staatliche Graphische Sammlung München

39

STAUFEN, GEGEN 1850

Öl/Leinwand, 37 x 46,5 cm
Sammlung Georg Schäfer Schweinfurt

Motive aus Deutschland und dem Alpenraum

II.
Bildthemen aus Italien
und der Landschaftzyklus im Hofgarten

Wege zur Meisterschaft

»Mit keinen Worten ist die dunstige Klarheit auszudrücken, die um die Küsten schwebte, als wir am schönsten Nachmittage gegen Palermo anfuhren. Die Reinheit der Konture, die Weichheit des Ganzen, das Auseinanderweichen der Töne, die Harmonie von Himmel, Meer und Erde. Wer es gesehen hat, der hat es auf sein ganzes Leben.«[1]

Solch erwartungsvolle Empfindung und staunende Begeisterung, wie von Goethe erlebt und in Worte gefaßt, als er zusammen mit dem Landschaftszeichner Kniep Anfang April 1787 mit dem Schiff von Neapel kommend endlich Palermo erreichte, muß wohl auch Carl Rottmann bei diesem Anblick erfüllt haben, der in mancher Hinsicht den Anschauungen Goethes verbunden war und dadurch in seinem künstlerischen Schaffen entscheidende Prägungen erfuhr. Zur gleichen Jahreszeit, exakt vierzig Jahre später, bot sich dem Maler nach einer drei Tage und drei Nächte langen Seereise von Neapel mit einem »Schnellsegler« bei der Ankunft das gleiche Bild. Nach allem, was wir von Rottmann wissen, muß er die »Italienische Reise« von Goethe gekannt haben (die zwei ersten Bände einschließlich Sizilien waren 1816 und 1817 erschienen). Und nicht nur hiervon war seine Neugierde als Künstler von humanistischer Bildung auch für Sizilien geweckt, den klassischen Boden West-Griechenlands, in dem unsere abendländische Kultur wesentliche Wurzeln hat. Reisebeschreibungen von Zeitgenossen und die Kenntnis antiker Literatur wie die Epen Homers und Pindars Lyrik boten Anregung, aber auch mündliche Berichte der Begleiter des Kronprinzen Ludwig auf dessen Sizilienreise wohl im Winter 1817/18, oder – vielleicht mehr noch – jener zweiten Sizilienreise im Winter 1823/24, an der auch Klenze teilgenommen hatte.

Auf Rottmanns erster Italienreise 1826/27, die er selbst finanzierte und die bis Neapel geplant war, erreichte ihn dort ein Schreiben Johann Martin von Wagners aus Rom, das ihn von dem Wunsch König Ludwigs nach einer »genauen« Landschaftsaufnahme »aus der Umgebung Palermos« unterrichtete.[2] Für die Reise dorthin wurden ihm fünfhundert Gulden angewiesen. Als Protegée Klenzes wußte Rottmann bereits von dessen Plänen für einen Freskenzyklus italienischer Landschaften in den Arkaden des Münchner Hofgartens, ein Projekt, für das der König offenbar mittlerweile gewonnen werden konnte. Ein oder zwei Probestücke sollten nun über die Vergabe eines Auftrags entscheiden, der für Rottmann die Erfüllung seiner innigsten Wünsche als Künstler gewährleisten würde, nämlich »große Landschaften« zu malen. Sein ganzes Sinnen und Streben zielte auf eine Größe, die das Erhabene des Naturmotivs in seiner geschichtlichen Dimension zum Inhalt hat. Um solches angemessen zur Anschauung zu bringen, bedurfte es großer Formate. Schnell entschlossen brach Rottmann nach Palermo auf und bereiste von dort in kürzest möglicher Zeit die nördliche Küste Siziliens bis Messina, setzte über nach Reggio in Kalabrien und kehrte wieder nach Messina zurück, wo das neben der Ansicht von Palermo als zweites Probestück geeignet erscheinende Motiv festgehalten wurde. Die nächste Station der Reise war Taormina, von hier aus ging es hinauf »auf den Ätna und weiter nach Syrakus und Girgenti als die Orte, wo in malerischer Beziehung sich die schönsten Altertümer befinden, endlich nach Palermo, wo ich mich wieder einschiffe...«[3]

In dem Brief aus Messina an seine Frau in München ist die Besessenheit zu erkennen, mit der Rottmann bei gebotener Gelegenheit alle familiären Rücksichten hintanstellt, um seine Reiseziele zu erreichen und die Orte selbst zu erleben. Daß dies einen Aufschub seiner Heimkehr um weitere vier Monate bedeutet, nimmt er in Kauf.

Generell fällt auf, daß die Ausbeute an Studienmaterial, die der Maler von den unzähligen Ausflügen mitbringt, relativ gering ist. Auf ständiger Suche nach Landschaftsformationen, die seinen bildhaften Vorstellungen entsprechen – so beklagt der Maler in seinen Briefen –, verliert er wertvolle Zeit; andererseits hat er auch dann wenig Material gewonnen, wenn, wie beispielsweise in der Gegend von Massa am Golf von La Spezia, die Gegend ihn vollkommen fasziniert.[4] Hierfür, scheint mir, kann es nur die eine Erklärung geben, daß Rottmann sich vor Ort jeweils ganz auf den Versuch konzentrierte, Idee und Wirklichkeit in Einklang zu bringen, das heißt die Authentizität des wahrgenommenen Naturausschnitts bzw. Panoramas und die eigene Vorstellung in ihrer historisch-literarischen Dimension zu harmonisieren und in einer für den Betrachter nachvollziehbaren Weise darzustellen. Solchen Destillationsprozeß gilt es sich bewußt zu machen, wollen wir heute die Kunst Rottmanns annäherungsweise richtig verstehen. So gesehen erscheint auch der (unterschiedliche) Grad von Stilisierung vollkommen angemessen, wie auch die folgerichtige Absage an gegenständliche Detailschilderung, wobei die Möglichkeit des Komponierens sich ebenso ergibt wie andererseits die Bedeutung eigener Wirklichkeitserfahrung.

Wie schon von Decker bemerkt, bestand bei Rottmann seit seinen frühen Heidelberger Jahren, bestärkt durch die Freunde Fohr und Fries und die aus Rom hierher gekommenen Maler Wallis und Xeller, der Wunsch, Italien auch selbst kennenzulernen. Mit der Ausbildung an der Münchner Akademie und seinen Studien vor allem im Voralpenraum hatte er erste Sicherheit im Umsetzen seiner persönlichen Auffassung von Natur auch mittels Öltechnik gewonnen, so daß die Möglichkeiten, Käufer für seine Bilder zu finden, allmählich stiegen. Der erste große Erfolg war der Ankauf des Gemäldes *Eibsee* 1825 durch Leo von Klenze (Kat. 22). Die lapidare Ausdruckskraft zusammen mit seiner poetischen Stimmung macht dieses Bild zu Rottmanns erstem wirklichem Hauptwerk. Man ahnt, was der Künstler darin noch weiter entwickeln wollte, und man begreift, daß zuvörderst nicht der Denkmalcharakter antiker Kultur ihn nach Italien zog, sondern die denkwürdige Monumentalität und großartige Weite der italienischen Küstenlandschaft. So ist auch verständlich, daß Rottmann von Joseph Anton Kochs Landschaftsdarstellung früher Menschheitsgeschichte tief beeindruckt war und wahrscheinlich sogar dessen von der Münchner Akademie 1824 erworbenes Gemälde *Heroische Landschaft mit Regenbogen* (vgl. Abb. S. 32) hier kopiert hat.[5]

Mitte April 1826 brach er gemeinsam mit dem Münchner Lithographen Friedrich Hohe zielbewußt nach dem Süden auf, kam über die Via Mala und den verschneiten St. Bernardino-Paß bereits am siebten Tag in Mailand und wenig später, am 29. April, in Genua an. Mit voller Absicht hatte Rottmann diese ungewöhnliche Reiseroute gewählt und sich schon in München ein Empfehlungsschreiben von Johann Nepomuk Ringseis[6] an Genueser Freunde geben lassen, das ihm, der anfangs der Landessprache noch nicht mächtig war, auch bei der Suche nach einer geeigneten Unterkunft hilfreich sein sollte.

Obwohl zunächst einmal am Ziel seiner Wünsche, befand sich Rottmann in einem Zustand der Ruhelosigkeit, wozu auch Spannungen zwischen den beiden Reisegefährten beigetragen haben dürften, die erst mit Hohes Abreise ausgestanden waren. Wohl zu den ersten Eindrücken, die Rottmann in Genua festhielt, müssen die ganz romantischer Empfindung entsprechenden Mondschein-Stimmungen über dem Meer gehören (Kat. 46, 47). Der Maler machte seine ersten Erfahrungen mit der Meeresdünung anläßlich der Verabschiedung eines Reisekumpanen, den er zu seinem nach Sizilien auslaufenden Schiff begleitete und dabei sogar selbst kurz mit an Bord ging. Das Erlebnis des auf den Wellen tanzenden Ruderboots und der Anblick des draußen vor Anker liegenden Seglers von der Hafenmole hinterließen einen tiefen Eindruck auf den Maler, der davon auch nach Hause schrieb.[7]

Trotz der, wie er berichtet, herrlichen Aussicht von seinem Genueser Domizil aus, scheint die Landschaft seinen Vorstellungen doch nicht ganz entsprochen zu haben, so daß er einen kurzfristigen Standortwechsel nach Nizza beschloß. Fünf Tage und Nächte dauerte es aufgrund widriger Winde, die relative kurze Distanz zu überwinden. Im Gegensatz zur Hafenstadt Genua lernte der Maler hier eine heiter anmutende Stadt kennen, die damals schon von vielen Fremden während der Wintermonate aufgesucht wurde. Rottmann vermerkt, wie er seine erste Palme sieht – vielleicht ist es jene, die er zeichnet (Kat. 70) –, und bewundert die üppige Vegetation. Das hier gezeigte Panorama von *Nizza* (Kat. 48) bei gleichmäßig verteiltem frühen Sonnenlicht gibt einen guten Eindruck: In zart abgestuften Aquarellfarben erhebt sich der charakteristische Burgberg zwischen dem Hafen links mit seinen unter Segeln stehenden Booten und der halbverdeckt dahinter sichtbaren Stadt rechts. Die halbkreisförmige Bucht, in tiefem Blau leuchtend, verliert sich als spannungsvoller Kontur in der Ferne.

Die Rückkehr zu Fuß dient der Motivsuche. Vielleicht entstand hierbei die in duftigen Grau-Blau-Tönen angelegte Küstenformation mit Licht-Schatten-Modellierungen des Gebirgszuges, gegenüber dem das changierende Blau des Meeres als beruhigte Fläche weiten Raum schafft (Kat. 49). Beim Aquarellieren hat Rottmann hier bereits einen sehr hohen Grad an Meisterschaft erreicht, unabhängig davon, ob es sich um ein summarisch gesehenes Motiv aus der Ferne handelt, wie bei dem soeben erwähnten Blatt, oder ein ins Detail gehendes Landschaftsbild wie der panoramische Blick auf Nizza. In der Ölmalerei hingegen sind noch gewisse Schwierigkeiten zu überwinden, besonders bei Motiven, die eine reichhaltige Schilderung erfordern. Wie unterschiedlich Rottmann diese Aufgabe angeht, veranschaulichen die drei hier gezeigten Ansichten der *Bucht von Genua*, die alle im Sommer 1826 entstanden sind

(Kat. 50, 51, 53). Von dem Sommerpalais auf der Höhe, wo der Maler nun Wohnung genommen hatte, bot sich ihm ein herrlicher Ausblick »ohnweit des Leuchtthurms« mit einem »Panorama, das durch nichts unterbrochen wird, über die Stadt hinaus ... rechts herüber zieht sich die Gebirgskette gegen Nizza, im Mittelgrunde ist ein Theil der Vorstadt Pietrosan d'Arena mit der Meeresbucht ... und diesen Teil habe ich zu zeichnen und zu malen angefangen«.[8] Im Juli ist die Rede von drei Gemälden verschiedener Motive bei Genua, die in Arbeit und zum Versand nach München vorgesehen sind.[9] Unsere drei Beispiele lassen deutlich erkennen, daß Formenvielfalt des Motivs bei akribisch genauer Schilderung unweigerlich eine Tendenz zur Vedute mit sich brachte, eine von Rottmann immer tunlichst gemiedene Gattung, die seinen künstlerischen Vorstellungen gänzlich zuwiderlief. Entsprechend unzufrieden war er mit seiner Leistung.

Von Zeit zu Zeit werden tiefgreifende Selbstzweifel in Rottmanns Briefen an seine Frau laut. Er habe innere Ruhe nötig an einem Ort, »der mir meinen Sinn ausfüllt, wo ich unbefangen sein und mir selbst überlassen bleiben kann. Studien aus *großer* Natur sind nöthig, und einen erhabenen Charakter ... muß man sehen und begriffen haben, um die Studien des Details anwenden zu können«.[10] Er sieht seinen Stil von dem anderer Landschaftsmaler verschieden, ist aber genötigt, Zugeständnisse an das Käuferpublikum zu machen. Daß er sich neben den verschiedenen Fassungen mit Panoramablick auf Genua und die Bucht noch zu einem Bild mit Konzentration auf den Leuchtturm (Kat. 52) entschloß, scheint zunächst nur die oben zitierte Bemerkung zu bestätigen. Wie in den Briefen zu lesen ist, hatte er jedoch auch schon im Sommer 1826 in Genua eine gewisse Ahnung von einem größeren Auftragsprojekt,[11] und er muß sich nachgerade im klaren darüber gewesen sein, daß die kleinteiligen Genua-Ansichten dabei keine Verwendung finden konnten. So ließe sich der *Leuchtturm von Genua* als eine Alternative verstehen, zumal Rottmann gerade dieses Motiv ja dann 1830 auch *al fresco* als erstes Arkadenbild ausgeführt hat, wobei er auch damit alles andere als zufrieden war.[12]

Voller Unruhe und Selbstzweifel sowie im Bewußtsein der allseits in ihn gesetzten hohen Erwartungen und eigenen Ansprüchen an seine Kunst, beendet er schließlich seinen viermonatigen Genua-Aufenthalt und findet nun in La Spezia und Massa, was seiner inneren Vorstellung von »großer Landschaft« entspricht.[13]

Aber auch in dieser Umgebung hat er, wie er sagt, das Zeichnen »über dem Schauen ganz vergessen«.[14] Wir haben es hier geradezu mit einem Schlüsselsatz zum besseren Verständnis von Rottmanns künstlerischem Schaffen zu tun, einem authentischen Selbstzeugnis zugleich, wie tief sein schöpferisches Denken und Gestalten auf der Anschauungsweise Goethes gründet. Hier sei nur ein Satz aus der »Italienischen Reise« angeführt, den Goethe am 24. September 1786 aus Vicenza verlauten läßt: »Man muß auf alle Fälle wieder und wieder sehen, wenn man einen reinen Eindruck der Gegenstände gewinnen will«, oder »die wesentliche Form«, wie der Dichter sich in einem Brief vom 6. Juni desselben Jahres an Frau von Stein ausdrückt.[15] Rottmann beabsichtigt, nachdem er die ihn so faszinierende Landschaft bei Massa erst einmal in sein Bewußtsein aufgenommen hat, auf dem Heimweg an diesen Abschnitt der ligurischen Küste zurückzukehren und seine Studien zu Papier zu bringen, was dann allerdings unterblieb. Über Florenz kommt der Maler am 4. Oktober in Rom an und trifft hier oder in Tivoli wieder mit seinem Freund Ernst Fries zusammen, der erst im nächsten Sommer die Heimreise antritt.[16]

Sämtliche bis dahin entstandenen und hier besprochenen Sujets sind für den Italienzyklus der Hofgartenarkaden ohne Bedeutung, sieht man von dem Genueser Leuchtturm-Motiv ab, das wieder abgeschlagen werden mußte, um durch die Vedute von Trient ersetzt zu werden. Daraus folgt schlüssig, daß für das spätestens seit Sommer 1826 bestehende Münchner Projekt noch kein Konzept vorlag.[17] Rottmann konnte also bis zu der oben erwähnten Nachricht von Johann Martin von Wagner mit dem erklärten Auftrag des Königs, ein oder zwei Probestücke aus Sizilien zu liefern, von keinerlei sicherem Anhaltspunkt ausgehen. Aber selbst mit eben diesem Auftrag an Rottmann, das Palermo-Motiv zuerst vor Ort bildmäßig und der Situation getreu zu malen, bestätigt sich — wie oben gesagt —, daß zu diesem Zeitpunkt an die seit 1832 feststehende Abfolge der Landschaften von Tirol bis Cefalù in Sizilien noch nicht gedacht war.[18] Welche der Studien von Motiven in oder um Rom vor der Sizilienreise oder auf dem Rückweg 1827 gemalt wurden, muß offenbleiben. Immerhin sollte dann eine ganze Reihe davon fast unverändert im Freskenzyklus Berücksichtigung finden.

Der Zyklus italienischer Landschaften – zeitgenössische Stimmen

Die 28 italienischen Landschaftsbilder an den Wänden der zum Hofgarten ausgerichteten Arkaden des von Klenze errichteten Bazargebäudes an der Ludwigstraße fanden sogleich allenthalben bewunderndes Lob von

Bildthemen aus Italien

seiten der Kunstkritik. Zwei Jahre nach ihrer Vollendung bespricht der auf Besuch nach München gekommene Berliner Kunsthistoriker Franz Kugler, voller Bewunderung für das künstlerische Engagement König Ludwigs, auch den Rottmannschen Italienzyklus und hebt dabei auch die nach pompejanischer Weise dekorierte Wandbehandlung um die Landschaftsbilder hervor sowie »die bekannten Distychen dazu von König Ludwig«.[19] Die meisten der italienischen Landschaften, deren Licht, Farbenkraft, Klarheit der Lüfte, Transparenz der Gewässer, duftig zarte Fernen und grandiose Formen der Bergzüge höchste Bewunderung verdienten, rechnet er zu den absoluten Meisterleistungen der neuen Freskomalerei, zumal – so betont er – die Freskotechnik mit ihrem Zwang zur stückweisen Vollendung des Bildes eigentlich für diese Wirkungen absolut ungeeignet sei. Auch die Anordnung, das heißt die Abfolge der Bilder, wird von Kugler eigens nochmals als sehr gelungen hervorgehoben. Damals bereits hatten die Fresken durch vandalisierende Anschläge schwere Beschädigungen erlitten, die nur teilweise notdürftig restauriert waren. Rottmann selbst war, als das zum zweiten Mal passierte, derart betroffen und deprimiert, daß er für Wochen zur Erholung aufs Land mußte.[20]

Ein anderer Preuße, Karl Friedrich Schinkel, der sich im Sommer 1839 in München umsah und die von König Ludwig veranlaßten Wandmalerei-Ausstattungen von Neubauten zum Teil recht kritisch beurteilte, hat andererseits Rottmanns Leistungen (die ersten Griechenlandbilder waren damals bereits fertig und in der Residenz auf ihren Wandplatten aus Mörtel ausgestellt) an oberster Stelle plaziert. Wir kennen die Reaktion Schinkels durch eine Briefstelle Clemens Brentanos an Emilie Linder in Basel vom 19. August 1839. Darin heißt es: »Eine tiefe Verehrung hat Schinkel für Rottmann gefaßt, die fresko Landschaften und die enkaustischen nennt er das beste der neueren in dieser Kunst. Rottmann ist ihm entschieden der größte Künstler der hier ist.«[21]

Der Bedeutung des Ereignisses angemessen und um dem Bildungsauftrag des Werkes auch gerecht zu werden, erschien gleich nach der Fertigstellung des Italienzyklus ein erster Führer von dem Historiker Georg Haderer,[22] denn dem das Bazargebäude frequentierenden Publikum konnten Bedeutung der Motive und ihre geschichtlichen Zusammenhänge kaum geläufig sein. Ähnlich dürfte es sich auch bei einem Großteil der Mitglieder des Kunstvereins verhalten haben, zu dessen Räumlichkeiten eine Treppe am Ende des Zyklus in der Nordwestecke der Arkaden emporführte. Voller Bewunderung für den Künstler, wie es im Vorwort heißt, wird eingangs gleich auf die höchst komplizierte Aufgabenstellung verwiesen, nämlich dem so unterschiedlichen Charakter Italiens und Siziliens in harmonischer Abfolge Rechnung zu tragen, und dies unter den erschwerten Bedingungen der Freskotechnik. Der Autor sieht diese Schwierigkeiten jedoch überwunden durch die in ihrer Einfachheit immer großartige Auffassung des Gegenstands, durch die es Rottman gelungen sei, die Erwartung des Betrachters entsprechend einzustimmen. Alle 28 Landschaftsbilder werden ihrem denkwürdigen Charakter gemäß nach historischen Quellen von der Antike bis in die Neuzeit ausführlich kommentiert und das jeweils dazu vom König selbst gedichtete Distychon zitiert.

Keiner der nachfolgenden München-Führer versäumt es, auf die Ausgestaltung der Arkaden des Hofgartens näher einzugehen. Während die als erstes 1827-29 in dem Abschnitt zwischen Residenz und Bazargebäude von Schülern des Peter Cornelius ausgeführten Figurenbilder zur Geschichte des Hauses Wittelsbach nur pflichtbewußte Erwähnung finden,[23] wird der Landschaftszyklus von Rottmann als »zum besten, was München an Kunst besitzt« eingestuft.[24] Die im Laufe der Jahre zunehmenden Beschädigungen an den Fresken wurden schließlich von Rottmanns Bruder Leopold 1872/73 restauriert.[25] Friedrich Pecht, der im Alter die international berühmten Cornelius-Fresken in der Glyptothek bereits als blutleer und künstlich ansieht, erinnert sich dabei an die Entstehungszeit der Rottmannschen Hofgartenfresken, die ihm »den reinsten Eindruck von allen bisher entstandenen Kunstwerken« in München gemacht hatten. Er sah damals »das erste Dutzend schon aufgedeckt, während der Meister selbst in einem engen Kasten an den übrigen arbeitete. Der selten liebenswürdige Mann genoß schon damals allgemeine Verehrung...«[26] Trotz ihres lädierten Erhaltungszustands hielt sich die Wertschätzung der italienischen Fresko-Landschaften bis in unser Jahrhundert.

Arbeitsprozeß und Bildgenese

Mit zwei überlieferten Eckdaten steht das enorme Arbeitspensum von Rottmanns Freskomalerei fest: 13 Wandbilder (einschließlich dem halbfertigen *Terracina*, Kat. 69) waren bis 16. November 1831, trotz zeitweiliger durch Kältegrade bedingter Unterbrechung der Arbeit, fertiggestellt, und Anfang September 1833 war der Zyklus mit *Cefalù* als dem 28. Bild (Kat. 100) abgeschlossen.[27] Weitere überlieferte Daten und Quellenangaben, die in bezug auf die Festlegung der gesamten

Arbeitszeit Verwirrung gestiftet haben, lassen sich meines Erachtens überzeugend klarstellen. Zu berücksichtigen ist hierbei einmal die ärztliche Diagnose der schweren Augenkrankheit – Rottmann wußte seit 1829 von seinem Grünen Star –, weswegen nach der extremen Überanstrengung ab sofort absolute Ruhe verordnet war und »es ihm unmöglich machte, den Leuchtturm neu zu malen«.[28] Darunter ist das vom König schon Ende Juni 1832 gewünschte Ersatzbild »einer Ansicht aus Welsch-Tyrol« zu verstehen (= *Trient*, Kat. 42)[29] als erstes Wandbild anstelle des abzuschlagenden *Leuchtturms von Genua*, der in das endgültige Konzept einer Reise von Nord nach Süd nicht mehr hineinpaßte.

Die Verwirrung stiftende Kunstblatt-Notiz vom 28. August 1834, die übrigen Wandbilder (von *Terracina* bis *Cefalù*) seien Ende Juni 1834 aufgedeckt worden,[30] steht mit dem obengenannten Datum der Fertigstellung im September 1833 keineswegs in Widerspruch, bedenkt man für diesen Zeitraum zum einen Rottmanns Krankheit und erzwungene Arbeitspause, zum anderen die noch anstehenden Aufgaben, das Fresko mit der Ansicht von Trient als Ersatz für das abgeschlagene Genua-Bild neu zu malen sowie Reparaturarbeiten an den zahlreichen, teils schweren Beschädigungen durchzuführen. Noch vor Rottmanns Abreise nach Griechenland waren die Ausbesserungen wohl teilweise so weit abgeschlossen, daß man sie Ende Juni 1834 »aufdecken« konnte. Wenn dann am 14. April 1835 gemeldet wurde, »wahrscheinlich werden die Decken (Schutzplanen) von den letzten Fresken nächstens fallen«,[31] so kann sich dies nur wiederum auf Restaurierungsarbeiten beziehen, und zwar auf solche, die von anderen Malern wie vielleicht Hiltensperger, Schlotthauer oder gar Leopold Rottmann durchgeführt wurden, da Carl Rottmann sich zu diesem Zeitpunkt ja noch in Griechenland aufhielt zur Aufnahme von Studienmaterial für den Griechenlandzyklus.

Seit dem Zeitpunkt der Rückkehr Rottmanns von seiner ersten Italienreise Ende Juli 1827 sind wir auf spärliches Quellenmaterial angewiesen. Es beschränkt sich hauptsächlich auf drei Briefe von der Rückreise aus Florenz bzw. Perugia vom Mai 1829[32] sowie auf einige nur sehr eingeschränkt verfügbare Tagebucheinträge des Königs. In Anbetracht der ihm eigenen meditativen Betrachtungsweise, mit der er sich einen Begriff vom Wesentlichen der erlebten klassischen Gegenden zu verschaffen suchte, war Rottmann mit verhältnismäßig wenig Studienmaterial von seinem ersten Italienaufenthalt zurückgekehrt. Es war ursprünglich Klenzes Idee gewesen, die sizilianischen Landschaften in der Mitte des Zyklus zu plazieren, damit der Betrachter, von welcher Seite auch immer kommend, eine imaginäre Reise nach Sizilien nachvollziehen könne. Aber diese Anordnung der Bildfolge, die gleichsam den Hin- und Rückweg einer Sizilienreise dargestellt hätte, wurde dahingehend geändert, daß Ansichten »nur von einem (Weg) nach Sizilien unter den Arkaden des Kaufhauses am Hofgarten gemalt werden«.[33] Damit waren also bereits erste Rahmenbedingungen gegeben unter Berücksichtigung der 28 noch verfügbaren Achsen der westlichen Arkadenwände.[34]

Bis zur nächsten, nun mit einem festen königlichen Auftrag unternommenen Studienreise Rottmanns im Frühjahr 1829 muß die Zeit intensiv mit Vorbereitungen ausgefüllt gewesen sein. Das Studienmaterial, soweit vorhanden, wurde ausgearbeitet. Im Kunstverein waren die neuesten Gemälde Rottmanns ausgestellt, die dann später im Freskenzyklus Verwendung finden sollten: Im Jahr seiner Rückkehr 1827 konnte man »eine Gegend bei Rom« sehen, 1828 alleine vier Bilder, die Balthasar Späth in Schorns Kunstblatt 1828 folgendermaßen herausstellt: »Großartiges Aufgreifen der Natur im heroischen Charakter, mit vorherrschendem Sinn für imposante Szenen und Gebirgsmaßen, breitem Vortrage und brilliantem Farbton.«[35] Es handelt sich dabei um die Bilder *Meerenge von Messina* (Kat. 91), *Taormina mit Ätna* (eine verschollene Fassung von des ein Jahr später entstandenen Bildes Kat. 84), das *Colisseum in Rom von den Farnese Gärten gesehen* (Kat. 59), *Palermo* (Kat. 77) und ein noch 1829, vor der Abreise zum zweiten Italienaufenthalt vollendetes Bild *Cap Cefalù in Sizilien mit den Inseln Aliludi und Filicudi*, wofür der Karton 1833 entstand (Kat. 100).

Von reinen Studien des ersten Italienaufenthalts sind in unserer Ausstellung 14 Arbeiten (davon eine in Öltechnik auf Papier; Kat. 60) zu sehen, ausgehend von solchen aus Rom und Umgebung und endend mit Motiven aus Sizilien. Um die stilistische Entwicklung jeweils besser veranschaulichen zu können, sind die Exponate alle nach Motiven gruppiert, so daß künstlerische Lösungen über die Jahre hinweg nachvollziehbar sind. Sämtliche Studien gehörten jedenfalls zur engeren Wahl für die dann endgültig zu beschließende Aufnahme in die Reihe der 28 Wandfresken.

Die Zeit bis zum zweiten Aufenthalt in Italien hat Rottmann mit Sicherheit auch dafür genutzt, sich mit der Verbesserung seiner italienischen Sprachkenntnisse und weiterer Literatur zu beschäftigen, was bei seinem Bildungsgrad sowieso als selbstverständlich zu gelten hat. Neben epischen wie lyrischen oder bukolischen Dichtungen der griechisch-römischen Antike, die, nebenbei bemerkt, auch König Ludwig las, war er schon durch seinen Heidelberger Freundeskreis und den Verkehr mit den über Stuttgart mittlerweile nach München übersiedelten Brüdern Boisserée mit der zeitgenössischen Literatur, insbesondere den Klassikern um Goethe und Schiller, vertraut.[36] Gezielt auf seine ehrgeizige Aufgabenstellung ausgerichtet, wird sich der Maler mit aktueller Reiseliteratur beschäftigt haben, zu welcher Annahme uns zahlreiche Rückschlüsse berechtigen.

Von Reisebeschreibungen, voran Goethes »Italienische Reise«, kannte Rottmann – um hier nur die allernächst liegenden zu nennen – nachweislich Karl Ludwig Frommels ausführlichen Bericht, der in Fortsetzung im »Morgenblatt für gebildete Stände« 1817 zuerst anonym erschien; dazu existierten schon vier von Frommels Radierungen nach vor Ort aufgenommenen Zeichnungen.[37] Die von dem Maler gemeinsam mit den beiden Münchner Architekten Friedrich von Gärtner und Daniel Ohlmüller im Sommer 1815 unternommene Sizilienreise verlief auf derselben Route wie etwa die des Kronprinzen Ludwig zwei Jahre später im Winter. Frommel war mit Ernst Fries befreundet und mit Rottmann jedenfalls gut bekannt, der einzelne Motive seines Italienzyklus sogar von dessen denkwürdigen Reiseeindrücken übernahm.[38] Über die abenteuerliche erste Sizilienfahrt des Kronprinzen hat Rottmann durch den mitreisenden Leibarzt Ringseis[39] Näheres hören können, der ihm auch die Empfehlung an Freunde in Genua mitgegeben hatte. Eine andere bislang kaum beachtete Bezugsperson ist der für Kronprinz Ludwig so wichtige, weil auch kunstsachverständige Oberhofmeister Graf Karl von Rechberg, von dessen Sizilienexpedition 1804/05 reale Naturschilderungen (denkwürdige Veduten von Land und Stadt, auch Naturereignisse) in einem Album versammelt sind, ganz im Stil von Goethes Zeichenlehrer Christoph Heinrich Kniep.[40] Im Gefolge von Kronprinz Ludwig befand sich auf dessen zweiter Sizilienreise 1823/24 auch Leo von Klenze, der, während Ludwig sieben Wochen in Palermo blieb, genauere Bauuntersuchungen an den Tempeln in Selinunt und Agrigent vornahm. Diese beiden berühmten Zeugnisse kolossaler Architektur Westgriechenlands waren natürlich auch wichtige Motive im Rahmen von Rottmanns Italienzyklus.

In Auswahl und Abfolge der Fresken sind die Vorstellungen des königlichen Auftraggebers selbstredend eingeflossen, wie das schon genannte Beispiel *Trient* (Kat. 42) zeigt (der Auftrag lautete auf »eine Ansicht von Welsch-Tyrol«). Weiter wissen wir vom Wunsch Ludwigs I., als zweites Bild die *Veroneser Klause* (Kat. 43-45) darzustellen,[41] den geschichtsträchtigen Schauplatz von Ereignissen, die den Aufstieg des Hauses Wittelsbach und seine nun bald siebenhundertjährige Herrschaft begründeten.[42] Florenz und Perugia, Stationen fast eines jeden in unserem Zusammenhang bedeutsamen Italienreisenden, die zudem seit der nächsten Italienfahrt des Kronprinzen 1820/21 eine Rolle spielen sollten, durften nicht fehlen (Kat. 54, 55), wobei vor allem Perugia nicht zuletzt aus sehr persönlichen Gründen vom König ausgewählt wurde. Daß Rom und vor allem Sizilien zahlenmäßig den Hauptteil der Reihe ausmachen, liegt ebenfalls an den Präferenzen König Ludwigs, der sich, wie Ringseis in seinen Erinnerungen schreibt,[43] auf diese beiden Ziele der Reise ganz besonders freute. Das maßgebliche Vorbild war auch hier wieder Goethes Italienreise.

Im übrigen fällt auf, daß neben Orten der traditionellen Grand Tour auch scheinbar unspektakuläre Motive wie *Monte Serone* (Kat. 67, 68) oder *Monte Cavo* für den Fresken-Zyklus ausgewählt wurden, die uns an Gemälde etwa wie *Eibsee* (Kat. 22) erinnern könnten, oder daß anstatt des im Landesinnern gelegenen, relativ gut erhaltenen Tempels von Segesta die Trümmerhalde des kolossalsten, vermutlich einst dem Apollo geweihten Tempels von Selinunt abgebildet wird. Im ganzen gesehen halten sich mediterran heiter wirkende Wandbilder mit Bildern von eher herber und düsterer Stimmung die Waage. Gerade diese Wechselwirkung, die später gelegentlich zu unverständiger Kritik führte, scheint mehr der Mentalität Rottmanns zu entsprechen, als daß man hierfür König Ludwig als Initiator vermuten möchte. Wie weiter oben angesprochen, hatte Franz Kugler mit dem ihm eigenen Scharfblick die Abfolge der Bilder lobend hervorgehoben und hiermit besonders das ästhetische Moment betonen wollen.

Mittel- und Süditalien

Die im Zusammenhang mit Genua und der ligurischen Küste stehenden Exponate, die im Freskenzyklus keine Verwendung fanden, wurden als am Beginn von Rottmanns Auseinandersetzung mit »Großer Landschaft« in Italien stehend bereits erläutert. Zum besseren Verständnis schien es notwendig, diese erste Gruppe seiner Arbeiten auf klassischem Boden in unmittelbaren Zusammenhang mit der Entwicklung seines künstlerischen Denkens zu stellen. Im folgenden sind die für das Ausstellungskonzept bestimmenden weiteren Motivgruppen der Exponate jeweils im Zusammenhang kurz erläutert, wobei eventuell strittige Datierungsfragen im Hinblick auf die Chronologie bei Bierhaus-Rödiger hier nur in Ausnahmefällen aufgeworfen werden. Die Reihenfolge entspricht dem traditionellen Reiseweg und dem deshalb oft auch als »Reise in Bildern« genannten Freskenzyklus im Hofgarten: von Südtirol über Florenz – Perugia – Rom – Neapel bis hin zu den geschichtsträchtigen, erst wenige Jahrzehnte zuvor wiederentdeckten Küstenorten auf Sizilien mit ihren berühmten Denkmälern der griechischen Antike. Dabei scheint es, als gäbe es nur von den Gegenden, in denen Rottmann sich schon während seiner ersten Italienreise länger aufgehalten hatte, wie Genua, Rom, Neapel, zahlreiches Studienmaterial. Dies würde einmal mehr den für Rottmanns Arbeitsweise charakteristischen Prozeß des Schritt für Schritt sich Hineinfindens und Umsetzens in die Bildform bestätigen. Einfühlsam und kenntnisreich spricht schon im Januar 1828 Ludwig Schorn von diesem Tiefsinn der Naturanschauung, der Rottmann von allen zeitgenössischen Künstlern unterscheide, und bezeichnet ihn als »genial«.[44]

Kurz vor Rom traf der von Norden kommende Reisende auf die nahe am Tiber und unweit der Via Flaminia gelegenen Reste der *Aqua Acetosa*. Die antike Heilquelle war schon für Poussin ein lohnendes, berühmt gewordenes Motiv,[45] das auch Goethe und zahlreiche Maler der Zeit wie Heinrich Reinhold, Carl Philip Fohr oder Constantin Hansen angezogen hat. Für unseren Zusammenhang ist vor allem interessant, daß Rottmann im Karton (Kat. 57) und im Fresko offenbar seiner eigenen Bildidee der ruinösen Brunnenarchitektur Rechnung tragen konnte und nicht, wie anzunehmen gewesen wäre, die barocke Umgestaltung Berninis mit dem von Ludwig I. gestifteten Hain und den Steinbänken im Halbrund abgebildet hat. Das entspricht völlig der Auffassung Goethes vom Begriff der Gegenwart in ihrer ganzen Geschichtlichkeit. Ob die hier gezeigte Ölstudie mit den fernen Konturen des Monte Soracte (Kat. 56) nicht doch eher mit der sie unmittelbar vorbereitenden Aquarellstudie[46] zusammen in die Zeit der ersten Italienreise zu datieren ist, sei dahingestellt.

Die Bleistiftstudie vom *Colosseum* (Kat. 58) bereitet die 1828 im Münchner Kunstverein gezeigte Gemäldefassung vor, die sich heute im Folkwang Museum Essen befindet (Kat. 59). Demgegenüber zeigt eine ursprünglich aus dem Künstleralbum Ludwigs I. stammende Aquarellstudie das Kolosseum nach klassischer Tradition zentriert in die Bildmitte gerückt.[47] Hieraus möchte man auf eine etwas frühere Bildidee schließen, da das Monument im Gemälde wie auch im Fresko von 1831, fast wörtlich dem Bleistiftentwurf folgend, spannungsvoll etwas nach rechts versetzt ist. Ein nach dem Gemälde als Geschenk des Kunstvereins 1828 für seine Mitglieder lithographiertes Blatt besaß auch Goethe.[48]

Das in Mondschein getauchte Kolosseum war als Touristenattraktion höchst beliebt und spielt auch literarisch eine große Rolle, so etwa auch in Madame de Staëls »Corinne«.[49] Interessant ist auch die völlige Isolierung der Monumentalruine, mit der sich all das assoziiert, was vor allem Goethe mit naturhaft verstandener Geschichte meint. Ein Vergleich hinsichtlich der kompositorischen Bildidee mit der Ansicht von *Florenz* (Kat. 55) bietet sich an und macht Unterschiede in der Bewertung beider auf den Punkt gebrachten Stadtdenkmale deutlich.

Von den die Umgebung Roms charakterisierenden Beispielen dieser Ausstellung ist die kleine Ölstudie *Aquädukt in der Campagna* (Kat. 60) eine der selten erhaltenen Kostbarkeiten von Rottmanns erster Italienreise. Angesichts der Meisterschaft dieser vor Ort entstandenen Gelegenheitsstudie wird verständlich, weshalb Rottmann schon vor seiner zweiten Italienreise bei Kollegen und Kennern wie Klenze höchste Achtung genoß. Hier konzentriert er sich ganz auf das sinkende Abendlicht, das diese ewig klassische, immer wieder anders gesehene Landschaft der römischen Campagna mit dem Soracte im Hintergrund in augenblicklich sich verändernden Färbungen festhält. Zugleich schwingt in diesem scheinbaren Gegensatz aus Dauer und Veränderung eine Symbolik Goethescher Denkungsart mit. Statt dieser Ölstudie wurde für das Wandfresko das gleichzeitig im Aquarell entstandene Motiv *Sedia del Diavolo* (Kat. 61) gewählt. Auch hier ragt in der Ferne der einst Jupiter geweihte Berg Soracte auf.

Absolute Höchstleistungen naturalistischer Aquarelltechnik sind die beiden ebenfalls während des ersten Italienaufenthalts angefertigten Blätter von *Marino* (Kat. 62) und von *Tivoli* (Kat. 63). Laut Bierhaus-Rödiger sind beide vermutlich während der einwöchigen Studienfahrt in die Albaner- und Sabiner-Berge entstanden, auf der Rottmann von Heinrich Hess begleitet wurde.[50] Nur auf zarter Bleistiftvorzeichnung aquarelliert, scheint das helle Sonnenlicht die Gegenstände zu formen, wobei Komposition und Farbigkeit einander entsprechen und den Bildraum in völliger Harmonie erschließen.

Bei dem *Tivoli*-Motiv, das wohl schon in München vor der zweiten Italienreise für die Hofgartenfresken bestimmt war, setzt der Maler dann im zweiten Anlauf nochmals von einem etwas nach links veschobenen Standpunkt an,[51] bis dann der dramatisch-pittoresken Untersicht vom Anienetal auf die Substruktionsmauern der Villa d'Este der Vorzug gegeben wird (Kat. 64). Die verfallene Römerbrücke im Vordergrund rückt die alten Zeiten ins Bewußtsein, als hier schon in den Villenanla-

Bildthemen aus Italien

gen der Kaiser Trajan und Hadrian, des Maecenas oder Sallust Hochkultur herrschte. Im mit 21.10.31 datierten Tagebucheintrag Ludwigs I. ist das Fresko als »Tivolis Villa des Maecenas« benannt,[52] in dessen Nachfolge als Förderer der Künste der König sich sehen mochte. Möglicherweise ist deshalb für das Fresko der von frühen Studien so verschiedene Standort gewählt worden (Kat. 63, 64), wobei diese Bildkomposition zweifelsohne auch die denkbar reizvollste ist.

Der von ebenfalls gleichmäßig hellem Sonnenlicht durchflutete Landschaftsraum des Aquarells *Serpentara* (Kat. 65) nimmt eine Sonderstellung ein. In dieser vorzugsweise von den deutschen Malern, insbesondere Joseph Anton Koch in der sommerlichen Jahreszeit gern aufgesuchten Gegend bei Olevano war Rottmann vor seinem zweiten Romaufenthalt bereits im Dezember 1826 gewesen (siehe oben). Das Blatt steht aber im engsten Zusammenhang mit dem ebenso bildmäßig ausgeführten Aquarell von *Messina* (Kat. 90), das 1829 datiert ist und diesem im Vordergrund strukturell bis in Details genau entspricht. Aber auch die Unterzeichnung in schwarzer Feder in den Vordergrundpartien stimmt völlig überein und vermittelt somit in beiden Fällen den Eindruck der greifbaren Nähe zum Betrachter, wohingegen die zarte Bleistiftunterzeichnung im Mittel- und Hintergrund den Tiefenraum wirkungsvoll verstärkt. Das, wie gesagt, wörtlich für den bühnenartigen Vordergrund der *Meerenge von Messina* (Kat. 91) mit verwendete Motiv der *Serpentara* selbst wurde nicht in den Freskenzyklus aufgenommen. Dasselbe gilt auch für das in bloßer Bleistiftunterzeichnung angelegte und in differenziert abgestuften Aquarelltönen festgehaltene Panorama der sogenannten *Mamellen* (Kat. 66), während man den *Monte Serone* (Kat. 67, 68) mit seinem rhythmisierten, von großen Höhenunterschieden geprägten Umfeld für geeignet hielt. Wie bei dem Aquarell *Serpentara* (Kat. 65) ist ähnlich auch hier schwarze Feder für Umrißformen des Vorder- und Mittelgrundes verwendet und Bleistift für die Ferne. Diese Vergleichbarkeit beider Blätter liegt wohl auch in ihrer bildmäßig vollendeten Durchführung, die einen vorläufigen Eindruck des eventuell auszuführenden Freskobildes geben sollte. Beide letztgenannten Aquarelle leben vor allem auch durch die mit dem Himmel vollkommen harmonisierenden Wolkenschatten auf der Landschaftsoberfläche. Man mag erstaunt sein, dieses Sujet (und andere ähnliche) in den Freskenzyklus aufgenommen zu sehen, zumal keinerlei historische Bezüge mit dieser kargen Bergwelt zu assoziieren sind. Selbst Haderer fällt in seinem 1834 erschienenen Cicerone[53] diesbezüglich kein nennenswerter Grund ein, der einen entsprechenden Wunsch des Königs als zwingend oder naheliegend erscheinen lassen könnte. Der fast unverändert im Karton wie im Fresko übernommene *Monte Serone* (Kat. 68) gemahnt in den Grundzügen seiner Erscheinungsform an das von Klenze 1825 erworbene Gemälde *Eibsee* (vgl. Kat. 22), das in dem unzugänglich fernen Gletscherberg gleichsam zum Denkmal der Erdgeschichte wird.

Der nächste Schwerpunkt der italienischen Landschaftsfresken zeigt uns die Gegend von Neapel, die vor allem ihrer unvergleichlich schönen Lage, ihrer mythischen Vergangenheit, neuerdings aber auch der sensationellen Ausgrabungen wegen seit dem ausgehenden 18. Jahrhundert Ziel von Bildungsreisenden aus ganz Europa geworden war. Auf etwa halbem Weg hatte Rottmann bereits auf seiner ersten Italienreise in *Terracina* Halt gemacht und nach der damals festgehaltenen Bleistiftzeichnung (Kat. 69), auf der eine vielleicht schon in Nizza genau studierte »Palme« auftaucht (vgl. Kat. 70), 1832 das Fresko und ein (verschollenes) Gemälde ausgeführt. Vielleicht hat Rottmann über Klenze schon gewußt, daß sich der König, damals noch Kronprinz, auf seiner zweiten Sizilienreise im Dezember 1823 in Terracina mit Klenze und den übrigen Reisebegleitern besonders wohl gefühlt hatte.[54] Nicht zuletzt deshalb auch mag dieses Motiv in die Freskenreihe aufgenommen worden sein.

Auch von Rottmanns erstem Italienaufenthalt datiert das in jeder Weise faszinierende Aquarell *Vesuv bei Neapel* (Kat. 71), vom Meer aus gesehen. Diese auf ein Minimum an Mitteln reduzierte, darum um so großartiger, eindrucksvoller wirkende Erlebnisstudie, nur die obere Blatthälfte füllend, erscheint wie die Vermählung der vier Elemente und kann sich mit den reifsten Arbeiten aus Rottmanns späteren Jahren messen. Drei unterschiedliche Bleistiftskizzen zu *Palermo* in der unteren Blatthälfte, die das berühmte Gemälde (Kat. 77) und das Fresko (Kat. 79, 80) kompositionell unmittelbar vorbereiten, rücken das Blatt zeitlich in nächste Nähe der zweiwöchigen Sizilienfahrt Rottmanns, entweder kurz nach der Einschiffung oder bei der Rückkehr (verso: eine weitere Bleistiftstudie mit Blick auf den Monte Pellegrino ohne Bezug zu ausgeführten Arbeiten).

Wohl die früheste Aquarellstudie Rottmanns zum Thema *Golf von Bajae* (Kat. 72), hier vom berühmten Aussichtspunkt, dem Camaldoli-Kloster in den Phlegräischen Feldern, hinab auf die Bucht mit Kap Misenum, dahinter die Inseln Procida und Ischia, datiert wohl ebenfalls vom ersten Italienaufenthalt im Frühjahr 1827. Bildmäßig durchgeführt, aber reizvoll unvollendet, ist das Blatt ein weiteres Zeugnis für Rottmanns frühe Meisterschaft, mit der er allen Schwierigkeiten von noch so mannigfaltigen Landschaftsausschnitten zu begegnen weiß. Eine Darstellung von dieser schon seit republikanischer Zeit gefeierten Gegend, in der Naturschönheit und Reichtum der Kultur zusammengefunden haben, die, mit Odysseus in Verbindung gebracht, von Horaz, Vergil und anderen besungen, den römischen Kaisern über Jahrhunderte als Villegiatura diente, durfte in den 28 für den Zyklus der Hofgartenbilder ausgewählten Orten nicht fehlen. Außer dem hier gezeigten Panoramablick hat Rottmann damals für eine Bleistiftaufnahme alternativ einen Standort auf Kap Misenum gewählt, mit Blick in entgegengesetzter Richtung auf Neapel und den Vesuv.[55] König Ludwig entschied sich dann aber für den Blick von Pozzuoli hinüber nach Bajae und Kap Misenum, von welchem Standort alle weiteren, von Rottmanns zweitem Italienaufenthalt datierenden Ortsaufnahmen bis hin zum Fresko angelegt sind (Kat. 73, 74, 75).

Von den zahlreichen *Palermo*-Studien, ob Panorama, Naturausschnitt oder Detail, konzentrieren sich die meisten, wie auch schon auf dem besprochenen Aquarell mit Ansicht des *Vesuv* (Kat. 71), auf die Aussicht auf die Stadt und den Monte Pellegrino von Südosten. Das mit aller Sorgfalt bis in jede Einzelheit bildmäßig ausgeführte Aquarell *Palermo vom Kloster Baida aus* (Kat. 76) mit dem Ausblick von einer Anhöhe im Südwesten auf die ferne Stadt zeigt im Vordergrund ausführlich durchkomponierte Figurengruppen aus dem Volk, wie sie in dieser akademischen Art bei Rottmann nie vorkommen. Sie wurden von Julius Schnorr von Carolsfeld hinzugefügt, der das Blatt dann seiner Frau zu Weihnachten 1851 geschenkt hat. Der Ausblick vom Vorplatz des Klosters auf die sich weiter unten ausbreitende Ebene mit Monte Pellegrino und der Meeresbucht gilt immer noch als einer der schönsten an der Conca d'Oro. In Ausführung des Auftrags einer »genauen« Palermo-Ansicht hat Rottmann wohl hier schon vor Ort an seinen dem König später gemachten Vorschlag gedacht, die Abfolge der Bilder aus Sizilien wie bei einer Reise mit Palermo beginnen und auch enden zu lassen.[56] Dabei ist zu berücksichtigen, daß anfangs auch von eventuell zwei Aufträgen die Rede war,[57] denen Rottmann bestimmt vorsorglich gerecht werden wollte. Auch erhöhte eine zweite Ansicht des gleichen Motivs die Aussichten auf den Zuschlag für diesen Auftrag. Der Gedanke wurde dann bald fallengelassen, so daß nur der von Süd-Osten aufgenommene Blick auf Palermo zur Ausführung kam und schließlich auch als Fresko übernommen wurde (Kat. 79, 80). Dem im Kunstverein München im Winter 1827/28 ausgestellten Gemälde (Kat. 78) hat das Schorn'sche Kunstblatt eigens eine Besprechung gewidmet. Abgesehen von einem gewissen Mangel an lebendigem Kolorit, wird das Bild als »ohne Zweifel bis jetzt als sein (des Künstlers) gelungenstes Bild betrachtet« und »es sei ihm der ermunterndste Beifall seines Königs zu Theil«. Von dieser heute in der Hamburger Kunsthalle befindlichen Fassung hat der König sich 1833 getrennt.[58] Sie hatte in einem »hinter Cabinette«, den Privaträumen Ludwigs also, gehangen und wurde durch das neu angekaufte Bild *Ischia* ersetzt.[59] Bereits 1830 und wiederholt während der dreißiger Jahre hielt sich König Ludwig länger auf Ischia auf, wo er im späteren Frühjahr jedesmal ein Haus mietete (»La Panella«).[60]

In der kleinformatigen Fassung zum Hamburger *Palermo*-Bild (Kat. 77), die Ludwig I. 1841 zusammen mit der Sammlung Leo von Klenzes für die Neue Pinakothek erwarb, hatte Rottmann die Kritik wegen zu wenig lebendiger Farbigkeit beherzigt und schuf damit eines seiner sonnenstrahlendsten Gemälde. Das der großen Hamburger Fassung weitgehend entsprechende Bildchen wurde von Dillis als »Ansicht von Monreale bei Palermo« inventarisiert, einem eindrücklichen Kunsterlebnis schon auf der ersten Sizilienfahrt des Kronprinzen 1817/18.[61] Auf der zweiten Sizilienreise Ludwigs 1823/24 haben sich die Eindrücke des singulären normannischen Sakralbaus noch vertieft – mit den für München bekannten Folgen. Die im Vergleich zum Standort des Aquarells *Palermo vom Kloster Baida aus* (Kat. 76) veränderte Perspektive auf den Monte Pellegrino gibt der jetzt gewählten Bezeichnung »Palermo« recht, der Vordergrund aber ist fast wörtlich von dem *Baida*-Aquarell übernommen und erscheint unverändert auch auf Karton und Wandfresko. Daß dies als kompositorische Übernahme und nicht als örtliche Wiedergabe zu verstehen ist, beweist alleine schon die tatsächliche Höhenlage von Monreale auf über 300 m über dem Meer. Der Kronprinz war auch während des zweiten Palermo-Aufenthalts vom 12. Dezember 1823 bis 3. Februar 1824 verschiedentlich dort. Am 22. Januar fuhr er mit Klenze »bis zur Salita nach Monreale, von da aus zu Fuß in die dortige Cathedrale«. Hier, wie in der zuvor erneut besuchten Capella Palatina, wurde angeregt über eigene Bauvorhaben für München diskutiert, unter anderem dasjenige der Münchner Allerheiligen Hofkirche.[62] Interessant ist in unserem Zusammenhang auch ein eigens über die Lichtstimmung eingetragener Vermerk auf dem Hin- und Rückweg: »Hin und zurück beschien Sonne manche Theile der Gegend, aber nicht lange ...«

Bildthemen aus Italien

Eines der wenigen erhaltenen Werke, in denen die ganze künstlerische Potenz des frühen, reifen Rottmann zutage tritt, haben wir in der *Sizilianischen Landschaft mit Kirchenruine* (Kat. 81) vor uns. In solchen Beispielen erweist sich Rottmann als vollkommen frei gestaltender Maler, der Farbe und Form sich geradezu bekämpfen läßt, bei spürbar kosmischer Energie. Man kann nicht umhin, hier an Blechens mediterrane Impressionen zu denken, gerade was das Potential an aggressiver Lichtenergie betrifft. Diesen frühen Signalen auf der ersten Sizilienreise folgen weitere wie die Skizze *Taormina – Theater* (Kat. 82), wo er der Aquarelltechnik das Äußerste abverlangt. An diesem Motiv haben sich fast alle Maler versucht, die damals Sizilien bereisten. Zu den schönsten Beispielen der Zeit gehören diejenigen von Dillis und Catel. Das mit Monogramm Rottmanns signierte Aquarell kann meines Erachtens keine Gelegenheitsarbeit nach fremder Vorlage sein (Bierhaus-Rödiger vermutet eine Anlehnung an Dillis). Dem Blatt haftet nichts von einer Vedute an, zudem ist es von so eigenwilliger und zugleich für Rottmann charakteristischer Auffassung, wie sie wohl nur vor Ort selbst umgesetzt werden konnte. Das sicherlich erst von der zweiten Sizilienreise datierende Blatt diente unmittelbar als Vorlage für Karton und Fresko (Kat. 83).

Wie man deutlich sehen kann, ist der Standort für das Gemälde *Taormina mit Ätna* (Kat. 84) nur ein paar hundert Schritte weiter rechts zu denken, von wo das wunderbare Rund der tiefblauen Meeresbucht voll sichtbar wird. Mit dieser in der Ferne sich verlierenden Küste kann sich der Betrachter noch identifizieren, nicht jedoch mit dem aus einem Nebelschleier auftauchenden fernen Ätna, dessen aus Eis und Schnee gebildeter Gipfel mit hochsteigender Rauchfahne gegen das Blau des Himmels steht. Gegen den Vorschlag von Bierhaus-Rödiger, in dem aus Klenzes Besitz stammenden Bild eine Replik einer Erstfassung zu sehen, die im Kunstverein 1828 ausgestellt war, lassen sich zwei Argumente anführen: Unter den vier absoluten Hauptwerken, mit denen Rottmann nach der Rückkehr von seinem ersten Italienaufenthalt im Kunstverein brillieren wollte, um den Auftrag für den Freskenzyklus zu bekommen, befand sich unter Nummer 114, dem Jahresbericht zufolge, auch »Taormina mit dem Ätna«.[63]

Das Bild widerspricht in seiner sehr genauen Formgebung der herben Kritik im Kunstblatt,[64] wo von oberflächlicher Andeutung und unbestimmt flüchtigen Formen die Rede ist, wie sie bei Rottmann schon so oft bemängelt wurden. Ganz im Sinne der – hier zugestandenermaßen erfüllten – Forderung einer kräftigeren, lebendigeren Farbigkeit ist die Gegenstandsschilderung bis in die Ansammlung von Häusern überaus harmonisch abgestimmt, ohne Vedutencharakter anzunehmen. Weiter läßt sich dazu anführen, daß Klenze als der entscheidende Mentor Rottmanns für den Auftrag des Italienzyklus sich eines der bedeutendsten Gemälde aus diesem Werkzusammenhang versichert haben wird, wie er das in der davorliegenden Phase von Rottmanns künstlerischer Entwicklung bereits mit dem Ankauf des *Eibsee*-Bildes (Kat. 22) getan hatte. Es scheint schwer vorstellbar, daß ausgerechnet Klenze im Wunsch, eines dieser Bilder zu besitzen, hier zurückgestanden wäre und auf eine Zweitfassung gewartet hätte.

Nicht weit von Catania befinden sich die seit Homer bekannten *Zyklopenfelsen* (Kat. 86, 87), die Polyphem im Zorn auf den Nebenbuhler Odysseus aus dem Berg gerissen und dem Schiff der Griechen hinterhergeworfen haben soll (Neunter Gesang, Vers 474-541). Die Mythe von Polyphem, die auch von Vergil verarbeitet wurde, hat schließlich Goethe zu seinem Drama-Fragment »Nausikaa« inspiriert. Wegen der die Bildkomposition bestimmenden steilen Aufsicht auf das Meer aus geringer Entfernung mit Wellenbewegung und Schiffen fühlt man sich in gewisser Weise an die Heidelberger Ölfassung des *Leuchtturms von Genua* (Kat. 52) erinnert, wobei hier keinerlei Ungereimtheiten in der Perspektive mehr vorkommen. Die höchst effektvoll die Bildecke rechts unten füllende Felsklippe findet sich noch nicht in einer ersten Bleistiftstudie,[65] die während Rottmanns zweitem Sizilienaufenthalt entstanden sein muß. Eine Ölstudie in Privatbesitz dürfte jedenfalls erst nach dem Fresko ausgeführt sein.

Schon auf seiner ersten Sizilienreise nahm Rottmann in der Umgebung von Syrakus Motive auf, darunter wohl auch das sogenannte *Ohr des Dionysos* (Kat. 88). Diese besonders detailliert ausgeführte Zeichnung zeigt eine künstliche Grotte, die nach der Legende im 4. Jahrhundert v. Chr. unter dem Tyrannen Dionysios als Gefängnis diente und sich wegen ihres ungewöhnlich guten Echos zum Mithören auch nur geflüsterter Worte eignete. Die (noch heute nachvollziehbare) Form eines Ohrs, die den Eingang kennzeichnet, soll Caravaggio bei seinem Besuch dort anno 1586 zu der Ortsbezeichnung veranlaßt haben.

Die ruhmreiche Geschichte der Stadt seit ihrer Gründung durch Griechen im 8. Jahrhundert v. Chr., ihre Blüte unter klugen und kunstsinnigen Herrschern wie dem Tyrannen Dionysios und schließlich ihr Untergang im zweiten Punischen Krieg zwischen Rom und Karthago boten für Rottmann Grund genug zu der Annahme, daß Syrakus zumindest ein Motiv für den Landschaftszyklus abgeben würde. Außerdem hatte sich der König schon auf seiner ersten Sizilienreise zwei Tage in Syrakus aufgehalten und viele Sehenswürdigkeiten besucht, darunter auch das »Ohr des Dionysos«, das »Grab des Archimedes« und das »Griechische Theater«.[66] Der König wünschte dann allerdings nach Durchsicht des Zeichnungsmaterials die Ansicht des berühmten *Griechischen Theaters*, welches der Kronprinz während seiner ersten Sizilienreise 1817/18 von Dillis hatte als Aquarell aufnehmen lassen.[67] Direkte Vorarbeiten für das Fresko gehen wahrscheinlich auf das Frühjahr 1829 zurück, als Rottmann weiteres Material für den Italienzyklus vor Ort sammelte. Von dem gleich oberhalb der Ruinen gelegenen Theater, das nach griechischer Bauart in eine Bodensenke eingebettet ist, kann man nur den daneben stehenden mittelalterlichen Turm sehen.

Ebenfalls nahgelegen, nordöstlich vom »Ohr des Dionysos« im Bereich einer Nekropole, liegt am Hang das sogenannte *Archimedes-Grabmal* (Kat. 89), das jedoch tatsächlich ein römisches Columbarium (Urnenschrein) war. Schon Kronprinz Ludwig notierte in seinem Tagebuch, daß der Bezug auf den berühmten, von Syrakus gebürtigen Mathematiker aus dem 3. vorchristlichen Jahrhundert nur eine Vermutung sei.[68] Gleichwohl war der Ort eine der Sehenswürdigkeiten von Syrakus, die beispielsweise auch Friedrich von Gärtner zwei Jahre nach Ludwig (1819) besucht und als Vedute in seinem lithographischen Werk über griechische Denkmäler in Sizilien verwendet hatte, was allerdings schon wegen des verschiedenen Standorts keine Konsequenzen für Rottmanns Gemälde haben konnte.[69] In ungewöhnlicher Nahsicht sind hier Baudenkmal und Geländeformation zu einer Einheit verschmolzen und durch augenblickliche Beleuchtung, Wolkenhimmel und Schattenbildung als ein plastisch raumgreifendes Motiv vorgestellt, dessen mythisch-historische Bedeutung sofort bewußt wird und in Bann schlägt. Wir haben es hier mit einem Gemälde vom Anfang der dreißiger Jahre zu tun, das bald nach Rottmanns Rückkehr von seinem zweiten Italienaufenthalt entstanden ist, ohne jedoch in den Zyklus Aufnahme gefunden zu haben. Es ist vielsagend, daß auch dieses hochbedeutende, auf die Griechenlandbilder vorausweisende Beispiel von Rottmanns höchst eigener künstlerischer Vorstellungsweise durch Leo von Klenze erworben wurde. Von dort gelangte es mit den Gemälden *Eibsee* und *Palermo* 1842 in die Sammlung der Neuen Pinakothek König Ludwigs I.

Das von einer wunderbar serenen Stimmung durchwehte Blatt *Messina* (Kat. 90) gilt als erster Entwurf zu dem (hauptsächlich in der Staffage) abgeänderten Fresko von 1833 (Kat. 92, 93). Während dort und auf dem Karton die Staffage durch die Reisegesellschaft des Kronprinzen mit Sänften und Maultieren ersetzt ist, wird hier mit einer märchenhaft wirkenden Gruppe von Zigeunern oder Schaustellern ein phantastischer Akzent in die Szenerie eingeführt. Ein Gemälde gleichen Themas war auf der für Rottmann so entscheidenden Kunstvereinsausstellung 1828 zu sehen[70] und auch im Kunstblatt kurz geschildert. Allerdings kann wegen widersprüchlicher Maßangaben u. a. derzeit nicht mit Sicherheit gesagt werden, ob es sich bei dem hier gezeigten Bild (Kat. 91) um ein und dieselbe Fassung handelt.[71] Während das von König Ludwig gewünschte Auftragsbild eine »genaue« topographische Ansicht der von ihm besonders geschätzten Stadt Palermo zu sein hatte, war ein in Aussicht gestellter weiterer Auftrag nicht festgelegt worden. Rottmann scheint einer solchen Möglichkeit auf seiner ersten Sizilienreise mit zwei Alternativen Rechnung getragen zu haben: zum einen mit einer zweiten, unterschiedlichen Ansicht von *Palermo* und zum anderen mit der *Meerenge von Messina* (Kat. 91). Die hier als »Pasticcio« erkannte Landschaftskomposition mit dem der *Serpentara* (Kat. 65) fast wörtlich entnommenen Vordergrund hat Bierhaus-Rödiger als Programmbild der sich jetzt neu artikulierenden Auffassung Rottmanns herausgestellt, Landschaft als Abbild von Geschichte zu interpretieren.[72] Diese interessante Feststellung wird allerdings dadurch keineswegs entwertet, daß es für diese Tendenz der Motivklitterung, wie wir es schon sehen konnten, einige Vorläufer in Rottmanns Œuvre gibt. Die sicher auf sehr persönlichen Wunsch des königlichen Auftraggebers erfolgte Maßnahme, bei der für das Fresko übernommenen Komposition die wunderbar phantastische und jedenfalls höchst poetische Staffage der Zigeuner durch die eher banale Reisegesellschaft des Kronprinzen zu ersetzen, bewirkt unübersehbar einen gewissen Souvenircharakter des Bildes.[73]

Ein neu aufgetauchtes Aquarell (Kat. 94) steht für Rottmanns genau entsprechendes Fresko *Ätna*, welches er in mehreren Bleistiftstudien mit und ohne Staffagen vorbereitet hat. Die volle Bildwirkung in den zarten, für Carl Rottmann typischen Tonstufungen wiedergebend, erscheint das Blatt innerhalb des Italienzyklus als Einzelfall, vergleichbar etwa der Serie der für König Ludwig angefertigten Aquarelle aus Griechenland. Wie Gisela Scheffler jüngst festgestellt hat, deutet die Signatur allerdings auf Rottmanns Bruder Leopold, so daß wir es hier wohl mit einer Kopie nach dem Fresko zu tun haben, möglicherweise im Zusammenhang einer von ihm durchgeführten Restaurierung. Majestätisch breitet sich die weite Landschaft aus, mit der fernen Stadt Catania an der Küste und dem langgezogenen Massiv des Ätna. Still und ganz für sich betrachtet der von seinem Maultier abgestiegene Reisende den Ausblick, Distanz schaffend und den Eindruck der Erhabenheit dieser Landschaft vermittelnd. Wir haben es bei dieser in der Tradition der Romantik stehenden Bilderfindung mit einem für Rottmann eher seltenen Beispiel zu tun, in dem er uns sein ganz persönliches Naturverständnis bekenntnishaft vor Augen führt.

Von den zwei hier gezeigten Vorarbeiten für das Fresko von *Reggio* ist die Bleistiftstudie (Kat. 95) sicherlich auf der ersten Sizilienreise aufgenommen. In ihrem genauen Kontur, den modellierenden Schraffuren und licht belassenen Partien erinnert sie stark an die Studie von *Terracina* (Kat. 69). Über die den Mittelgrund beherrschende Festung und die unterhalb sich ausbreitende Stadt gleitet der Blick auf die Höhenzüge Siziliens jenseits der Meerenge von Messina, mit dem leicht rauchenden Ätna weiter links. Rottmann war für einige Tage aufs Festland nach Kalabrien übergesetzt und dann wieder nach Messina zurückgekehrt, von wo aus er seiner Frau über die ganze Sizilienreise berichtete.[74] Die kleine, auf Karton gemalte Ölfassung der Ansicht von *Reggio* (Kat. 96) ist jedenfalls später, nach der zweiten Reise gemalt und zeigt das Kastell aus geringerer Entfernung, bei höchst differenzierter Lichtstimmung gegen Abend. Die Vordergrundstaffage ist hier in für Rottmann erstaunlich greifbare Nähe gerückt, darin wie überhaupt einem ebenso bildmäßigen Aquarell in der Eremitage entsprechend.[75] Karton und Fresko von 1833/34 (Kat. 97, 98) sind dann kompositorisch angereichert durch eine Ausweitung des Bildausschnitts nach rechts, wodurch mit den dort hinzukomponierten Bäumen wieder Distanz und mehr Raumvolumen erreicht ist.

Scylla, aus Homers »Odyssee« die Phantasie der inneren Vorstellung erregend, erscheint in Rottmanns Aquarell recht harmlos als aus dem Meer kaum herausragender Fels (Kat. 99). Als enttäuschend beschreibt auch Goethe seinen und Knieps Eindruck bald nach Ablegen des Seglers aus Messina.[76] Die Qualität dieses Blattes ist vielleicht noch raffinierter und souveräner als bei dem Aquarell *Taormina – Theater* (Kat. 82). Man wird nicht zögern, diese auch atmosphärisch überaus spannungsvolle Studie als Minimum an technischem Aufwand bei einem Maximum an Ausdruckskraft zu verstehen, was den Natureindruck des Künstlers vor Ort zwingend voraussetzt. Hier findet Rottmann zu einem Höchstmaß an malerischer Freiheit, das ihn seiner Zeit weit vorgreifen läßt. In der kursorischen Unterzeichnung und Aquarellierung ist dieses Blatt außer mit dem *Theater von Taormina* auch mit dem Aquarell des *Schlern* bei Bozen (Kat. 40) eng verwandt, ein Motiv, das Rottmann wahrscheinlich noch auf der Heimreise 1829 aufgenommen hat.[77]

Nicht wie ursprünglich geplant mit einer zweiten Ansicht von Palermo bei Rückkehr zum Ausgangspunkt der Reise, sondern mit dem Blick auf *Cefalù* (Kat. 100) schließt der Zyklus der Italienfresken. Entsprechend der Umplanung werden wohl sämtliche Vorstudien zu diesem Sujet[78] während und nach der zweiten Italienreise entstanden sein. Auffallend ist, daß, mit einer Ausnahme, alle soweit bekannten Vorarbeiten in Bleistift und Aquarell wie auch das Kölner Gemälde mehr oder weniger die fertige Komposition zeigen, ähnlich wie dies bei *Reggio* der Fall ist. Der Felsberg, nach dem die einst vom Tyrannen Dionysios unterjochte Stadt ihren Namen erhielt (Cephaloedium), erinnert in seiner Gestalt an den Monte Pellegrino bei Palermo, was möglicherweise auch als Kompromißlösung zum ursprünglich beabsichtigten Abschluß des Zyklus verstanden werden könnte.

Christoph Heilmann

Anmerkungen

1   Italienische Reise. Goethes Werke, Bd. XI (Hamburger Ausgabe). 11 Aufl., München 1982, S. 231.
2   Dok. 39 (Frühjahr 1827). – Der Bildhauer und Maler J. M. von Wagner (1777 Würzburg – 1858 Rom) war Ludwigs I. wichtigster Kunstagent in Rom, hauptsächlich Antiken betreffend (Ägineten u. a.).
3   Dok. 39 (Frühjahr 1827).
4   Dok. 31 (Massa. Vor dem 20. September 1826).
5   Bierhaus-Rödiger (1978), S. 60, Anm. 21.
6   Decker (1978), S. 16. – Dok. 22. – J. N. Ringseis (1785 -1880), Leibarzt des Kronprinzen Ludwig und mit diesem 1817/18 erstmals und noch zwei weitere Male in Italien. Freund des Theologen Franz von Baader.
7   Dok. 22 (30. April 1826).
8   Dok. 24 (9. Juni 1826).
9   Dok. 25 (3. Juli 1826).
10 Dok. 28 (10. August 1826).
11 ebda.
12 Dok. 29 (August 1826). – Daß Klenze am 10. Mai 1827 über Genua nach Florenz reist, mag mit Überlegungen zu dem ersten Arkadenbild zusammenhängen (GHA II A 31).
13 Dok. 31 (September 1826). Rottmann schreibt aus Massa, niemand habe ihn auf diese von Reisenden immer vernachlässigte Gegend aufmerksam gemacht. Doch war immerhin ein Jahr zuvor sein Freund Ernst Fries drei Monate dort (Kat. Ausst. Ernst Fries. Heidelberg 1975, S. 5). – So wird Rottmann sicher-

lich über ihn einen Hinweis erhalten haben. Merkwürdigerweise kommt Fries in der bislang aufgefundenen Rottmann-Korrespondenz nicht vor.

14 Dok. 31 (Massa, September 1826).

15 E. Staiger, Goethe, Bd. II. Zürich 1956, S. 14 f.

16 Kat. Ausst. Ernst Fries. Heidelberg 1975, S. 6. – Von Elisabeth Bott in ihrer Dissertation 1978, S. 48 bestätigt wie auch von Eva Maria Kraft in: Kat. Ausst. Zeichnungen deutscher Künstler des 19. Jahrhunderts aus dem Basler Kupferstichkabinett. Basel 1982, S. 75.

17 Entsprechend erwähnt Schorns Kunstblatt vom 8.2.1827 (Nr. 12) nur den Plan, 16 figürliche Historienbilder ausführen zu lassen.

18 Sonst hätte der ja höchst kostenbewußt handelnde König den von Klenze empfohlenen Carl Rottmann sicher nicht eigens nach Sizilien geschickt, sondern gleich mit einem Motiv auf dem Festland betrauen können.

19 Kugler in: Museum 1835, Nr. 24. Abgedruckt in: ders., Kleine Schriften und Studien zur Kunstgeschichte, Teil 3. Stuttgart 1954, S. 130.

20 Dok. 93 (25. August 1832).

21 Clemens Brentano, Briefe an Emilie Linder. Hrsg. und kommentiert von Wolfgang Frühwald. Zürich 1969, S. 36; zit. Börsch-Supan 1988, S. 371.

22 Haderer, München 1834. – Ein bereits 1832 publizierter Führer über bis dahin von Rottmann ausgeführte 14 Fresken (*Lago d'Averno*) von Adolph von Schaden will Informationen auch zu Theatern, bevorzugten Landschaften, Gegenden mit besonders schönen Frauen etc. liefern, neben Kulturgeschichtlichem; zitiert des Königs Distychen wie Haderer.

23 Obwohl 1830 bereits vom Freiherrn von Hormayr ein Führer dazu erschienen war. – Zur Sinnstiftung vgl. Wagner, Tübingen 1989, S. 66 ff. – Siehe Eschenburg 1978, S. 72 f, 76 ff. – Bierhaus-Rödiger 1979, S. 136.

24 L. Bock, Leipzig 1860.

25 Bereits am 28. August 1832 meldet Klenze dem König mutwillige Zerstörungen (schon zum 2. Mal) der Landschaftsfresken. Fast alle seien zerkratzt der *Lago d'Averno* durch ein dagegengeworfenes Tintenfaß zerstört. Rottmann sei »entmutigt« aufs Land gefahren (Dok. 39). – Decker 1978, S. 93.

26 Pecht II 1879, S. 17.

27 Damit stimmt die (wahrscheinliche) Lesart des Datums auf dem Fresko überein. – Vgl. Bierhaus-Rödiger 1978, Nr. 273. – Dok. 121. 15. November 1831.

28 GHA II A 32, Nr. 320, 275. Dok. 93 A.

29 Dok. 124 (Tagebucheintragung 28.6.1832): »Zu Rottmann unter Bazar (zugleich Hofgarten) Bögen ... wählte zu malendes Bild Ischias aus. Statt Genuas Leuchtturm wird da selbst er da eine Ansicht aus Welsch-Tyrol malen m.Willen gemäß ...« Nicht das Thema des Tridentinum also, wie verschiedentlich vermutet, spielte eine Rolle, sondern der Übergang in die Kunstlandschaft Italien.

30 Bierhaus-Rödiger 1978, S. 61, Anm. 44.

31 Schorns Kunstblatt, Nr. 30, 1835, siehe Anm. 30.

32 Dok. 41-43.

33 Dok. 103 (Tagebucheintrag vom 27.11.1828).

34 Wie oben erwähnt, hatten Schüler von Cornelius 1827-1829 auf 16 Wandfeldern figurative Kompositionen von Höhepunkten in der Geschichte der Wittelsbacher seit Otto I. bis zur Bayerischen Verfassung unter Max I. Joseph dargestellt.

35 Schorns Kunstblatt 1828, Nr. 79, S. 314.

36 Decker, 1957, S. 10-14. – Decker 1978, S. 13 f. – Bierhaus-Rödiger 1978, S. 31 f. – Sulpiz Boisserée 1978 bis 1983, Bd. I-IV, passim, bes. II, S. 195, Bd. III, bes. II, S. 195, III S. 684 ff.

37 Kat. Ausst. Karl Ludwig Frommel 1989, S. 9 ff. – Selbstradierte Blätter nach eigenen Zeichnungen 1820-1822 sind: *Ariccia, Villa d'Este, Taormina, Selinunt*.

38 Bierhaus-Rödiger 1978, S. 54, 461. – Vergleichbares findet sich auch auf Blättern von Friedrich von Gärtner, die in der Staatl. Graphischen Sammlung in München aufbewahrt sind (frdl. Mitteilung von Gisela Scheffler).

39 Ringseis 1886, Bd. I und II. – Ringseis (1785-1880), Universitätsprofessor für Medizin. Seine vielzitierten Erinnerungen zeigen ihn als Vertrauten des Königs, den Münchner Romantiker-Kreis als Katholik mitprägend. Begleitete den Kronprinzen dreimal nach Italien; siehe auch Anm. 6.

40 Zu Graf Carl von Rechberg siehe S. W. Hamdorf, in: Kat. Ausst. München 1985, S. 125, 256. – Das Album im Münchner Stadtmuseum. Ein Album zur anschließenden Griechenlandreise befindet sich im archäologischen Institut zu Berlin. – Den Maler C.H. Kniep (1755-1825) lernte Goethe bekanntlich in Neapel durch Tischbein kennen und nahm ihn als Zeichner und Zeichenlehrer auf seiner Sizilienreise im Frühjahr 1787 mit. Seine Bleistiftzeichnungen und Sepien sind in Goethes Nachlaß erhalten.

41 Dok. 41 (3. Mai 1829); zu *Trient* siehe Anm. 29.

42 Mit diesem Thema hatte die zuvor gemalte Folge figuraler Historien begonnen (siehe S. 22). – Wagner, Tübingen 1989, S. 66 f.

43 Ringseis, Bd. I, 1886 (25. Oktober 1817).

44 L. Schorn, in Schorns Kunstblatt Nr. 2 (5. Januar 1828).

45 Siehe *Landschaft mit Hl. Matthaeus*. Staatl. Museen zu Berlin, Kaiser Friedrich-Museum, Kat. 1931, S. 372, Nr. 478A. Erworben 1873 aus dem Palazzo Sciarra, Rom.

46 Bierhaus-Rödiger 1978, Nr. 92.

47 Rödiger-Diruf 1989, Nr. N10: Aquarell/Blst. 25 x 34,5. – Das Blatt konnte leider nicht für die Ausstellung geliehen werden.

48 C. Schuchardt, Goethes Kunstsammlungen, Bd. I. Jena 1848, S. 136. – Decker 1978, S. 15 mit Anm. 33, S. 27. – Bierhaus-Rödiger 1978, Nr. 157.

49 Germaine de Staël, Corinna oder Italien, übers. von Dorothea Schlegel, Hrsg. A. Kappe. Wiesbaden 1979.

50 Dok. 34 (Brief Rottmanns vom 7. Dezember 1826).

51 Bierhaus-Rödiger 1978, Nr. 170.

52 In Dok. 119 fälschlich »Villa des Hadrian«; siehe BSB, HS, L.A. 3, 90, S. 950.

53 Haderer 1834, Nr. XII, S. 42.

54 Hamdorff 1958, S. 128.
55 Bierhaus-Rödiger 1978, Nr. 105.
56 Dok. 118 (20. Oktober 1831).
57 Dok. 39 (Brief vom Frühjahr 1827 aus Messina).
58 Die durch die offensichtlich (falsche) Maßangabe von 3¼ Fuß hoch, 3 Fuß breit im Kunstblatt Nr. 2, 1829 entstandene Verunsicherung, ob es sich um ein und dasselbe Bild handle, kann durch die ausnahmsweise wohl annähernd korrekten Maßangaben im Jahresbericht des Kunstvereins 1828 mit 25 x 38 Zoll als erledigt betrachtet werden – statt der im Dokument 135 bezüglich des Verkaufs falsch angegebenen Jahreszahl 1835 lautet der Tagebucheintrag vielmehr 1833. Das Bild ging damals an den Mannheimer Kunsthändler Artaria. GHA 46/5, 10 (1839).
59 Bierhaus-Rödiger 1978, Nr. 159.
60 GHA 46/5, 10 (1839); erstmals April 1830 (Brief an Eduard von Schenk; vgl. Spindler 1930, S. 131 f.
61 BSB, HS, L.A. 3, 34 (Tagebucheintrag 16. November 1817); demnach war er bereits am 14. oder 15. November schon einmal dort gewesen, diese Tagebuchseiten blieben für nachträgliche, aber nicht ausgeführte Eintragungen weiß. – Der zweite Aufenthalt in Palermo dauerte lt. Tagebucheinträgen vom 12. Dezember bis 3. Februar 1823/24. Am 24. Dezember (BSB, HS, L.A. 3, 58) hielt er sich mit Gumppenberg und Seinsheim, statt dem Hochamt im Dom beizuwohnen, lange bei den Mosaiken auf Goldgrund (»Alterthümlich«) in der Capella Palatina auf, die ihm Anregung für den Bau der Allerheiligen Hofkirche gab. – Dr. Sigrid von Moisy, Bayer. Staatsbibliothek München, gilt mein ganz besonderer Dank für außerordentliche Hilfeleistung bei der Übermittlung von Tagebucheinträgen Ludwigs I. aufgrund vorgegebener Daten, die jetzt vielfach ergänzt und teils auch korrigiert werden konnten.
62 BSB, HS, L.A. 3, 58 (Tagebucheinträge 16.12.1823). – BSB, HS, L.A. 3, 59 (Tagebucheinträge 22.1.1824). Gleich bei Ludwigs erstem Besuch in Monreale 1817 schon hatte er sein Damaskus-Erlebnis, denn hier weitete sich plötzlich nochmal das Bewußtsein des Kronprinzen Ludwig für die Kunst. Zuvor ausschließlicher Anhänger des Klassizismus, begann er jetzt, sich parallel für das Mittelalter zu begeistern und damit die eigene historische Standortbestimmung zu erkennen.
63 Jahresbericht 1828, Bilder von Rottmann: Nr. 80 *Meerenge von Messina*, Nr. 114 *Taormina mit dem Ätna*, Nr. 137 *Coliseum in Rom von den Farnesischen Gärten*, Nr. 213 *Palermo*. Die Maßangaben sind wie fast immer gänzlich unzuverlässig.
64 Schorns Kunstblatt 1829, Nr. 65, S. 258.
65 Bierhaus-Rödiger 1978, Nr. 180.
66 BSB, HS, L.A. 3, 34 (6/7 Dezember 1817).
67 Ein ganz ähnlicher Fall wie *Taormina – Theater*. Beide Blätter in der Staatl. Graphischen Sammlung München.
68 BSB, HS, L.A. 3, 34 (7. Dezember 1817).
69 Kat. Ausst. München 1987, Nr. 126 (Eschenburg).
70 siehe Anm. 62. – Das mit nur 13 x 27 Zoll angegebene Format wie in der Regel unzuverlässig.
71 Bierhaus-Rödiger 1978, Nr. 163. – Rödiger-Diruf 1989, S. 173 ff, 219 (Nr. N 16).
72 Vorzeit – kulturelle Entwicklungsstufen – Gegenwart, veranschaulicht hauptsächlich durch optische Distanzen zwischen urweltlich anmutendem Hintergrund, kultivierter Zwischenzone bzw. Spuren davon und gegenwärtigem Standpunkt des Betrachters (Rödiger-Diruf 1989, S. 176f).
73 In der Staatl. Graphischen Sammlung München befindet sich ein Aquarell von J. G. Dillis, das die Reisegesellschaft 1818 entlang der Küste bei Castell Brolo im Nordosten Siziliens zeigt und so einen Begriff von den abenteuerlichen Wegverhältnissen vermitteln kann.
74 Dok. 39 (Frühjahr 1827).
75 Bierhaus-Rödiger 1978, Nr. 188.
76 Goethe, Italienische Reise. München 1981, S 313.
77 Bierhaus-Rödiger 1978, Nr. 533 datiert erst nach der Griechenlandreise nach der Mitte der dreißiger Jahre.
78 Bierhaus-Rödiger 1978, Nr. 146, 147, 182.

40

SCHLERN BEI BOZEN, WOHL UM 1829

Aquarell/Bleistift, 27,1 x 35,8 cm
Kurpfälzisches Museum Heidelberg

Bildthemen aus Italien

41

TRIENT, 1832

Bleistift, Kohle/Papier/Leinwand, 147,5 x 171,5 cm
Hessisches Landesmuseum Darmstadt

Bildthemen aus Italien

»Andere Natur und Gebräuche auch wo italienisch die Sprache,
Schöner wird alles, es spricht alles erheiternd uns an.«
(Ludwig I.)

42

Trient, 1832

Fresko, 145,5 x 169,5 cm
Residenzmuseum München – Bayerische Verwaltung der staatlichen Schlösser, Gärten und Seen

Bildthemen aus Italien

43

VERONESER KLAUSE, 1829

Aquarell/Bleistift, 29,5 x 43,8 cm
Öffentliche Kunstsammlung Basel, Kupferstichkabinett

44

VERONESER KLAUSE, UM 1829/30

Kohle, weiß gehöht/Papier/Leinwand, 147 x 172 cm
Hessisches Landesmuseum Darmstadt

45

Veroneser Klause, 1830

Fresko, 141 x 172 cm
Residenzmuseum München – Bayerische Verwaltung der staatlichen Schlösser, Gärten und Seen

»Wittelsbachs Otto der Große, erhabener Kämpfer für Teutschland!
Diese Alpen, sie sind ewiges Denkmal von Dir.«
(Ludwig I.)

Bildthemen aus Italien

46

MONDSCHEINSTUDIE, 1826

Aquarell, 26,3 x 34,2 cm
Münchner Stadtmuseum

Bildthemen aus Italien

47
Marineszene bei Mondschein, 1826

Aquarell/Bleistift, 18,2 x 28,5 cm
Museum der bildenden Künste Leipzig

Bildthemen aus Italien

48

Nizza, 1826

Aquarell/Bleistift, 11,5 x 31,5 cm
Privatsammlung

49

BUCHT VON GENUA, 1826

Aquarell/Bleistift, 21 x 49 cm
Privatbesitz

50

BUCHT VON GENUA, 1826

Öl/Leinwand, 35 x 48 cm
Privatbesitz

Bildthemen aus Italien

51

BUCHT VON GENUA, 1826

Öl/Leinwand, 52 x 78 cm
Privatbesitz, Schweiz

Bildthemen aus Italien

52

LEUCHTTURM VON GENUA, 1826

Öl/Leinwand, 37 x 48 cm
Kurpfälzisches Museum Heidelberg

Bildthemen aus Italien

53

BLICK ÜBER GENUA, 1826

Öl/Leinwand, 52,7 x 78,3 cm
Kurpfälzisches Museum Heidelberg

54

PERUGIA, 1829

Öl/Leinwand, 48,8 x 66,5 cm
Staatliche Museen zu Berlin, Nationalgalerie

55

FLORENZ, UM 1829

Öl/Leinwand, 36,3 x 43,6 cm
Hamburger Kunsthalle

Bildthemen aus Italien

56

AQUA ACETOSA, 1829

Öl/Leinwand, 30,8 x 45 cm
Sammlung Georg Schäfer Schweinfurt

57

Aqua acetosa, um 1830

Kohle, weiß gehöht/Papier/Leinwand, 148,5 x 172 cm
Hessisches Landesmuseum Darmstadt

Bildthemen aus Italien

58

COLOSSEUM, 1826/27

Bleistift, 37,6 x 55,9 cm
Privatbesitz, München

Bildthemen aus Italien

59

COLOSSEUM, 1828

Öl/Leinwand, 75 x 104,5 cm
Museum Folkwang Essen

Bildthemen aus Italien

60

AQUÄDUKT IN DER CAMPAGNA, 1826/27

Öl/Papier/Leinwand, 20,2 x 22,5 cm
Privatbesitz

61

CAMPAGNA – SEDIA DEL DIAVOLO, UM 1827

Aquarell/Bleistift/Feder, 19,6 x 40,9 cm
Staatliche Graphische Sammlung München

62

HÄUSER IN MARINO – ALBANERBERGE, 1826

Aquarell/Bleistift, 22,4 x 31,4 cm
Staatliche Graphische Sammlung München

63

TIVOLI – BLICK AUS DER VILLA D'ESTE, 1826

Aquarell/Bleistift, 19,5 x 26,2 cm
Staatliche Graphische Sammlung München

Bildthemen aus Italien

64

TIVOLI, 1831

Kohle, weiß gehöht/Papier/Leinwand, 140 x 170 cm
Hessisches Landesmuseum Darmstadt

65

SERPENTARA, 1829

Aquarell/Bleistift/Feder, 37,8 x 71,5 cm
Hessisches Landesmuseum Darmstadt

Bildthemen aus Italien

66

BLICK AUF DIE MAMELLEN, 1829

Aquarell/Bleistift, 65 x 95,5 cm
Staatliche Kunsthalle Karlsruhe

Bildthemen aus Italien

67

MONTE SERONE, 1829

Aquarell/Bleistift/Feder, 44,1 x 69,4 cm
Staatliche Kunsthalle Karlsruhe

68

MONTE SERONE, UM 1830/31

Kohle, weiß gehöht auf Papier/Leinwand, 148 x 173 cm
Hessisches Landesmuseum Darmstadt

Bildthemen aus Italien

69

TERRACINA, 1827

Bleistift, 26,6 x 56,1 cm
Staatliche Graphische Sammlung München

Bildthemen aus Italien

70

PALME UNTER ORANGENHAIN, 1827

Aquarell/Bleistift, 36,5 x 27,5 cm
Germanisches Nationalmuseum, Nürnberg

Bildthemen aus Italien

71

VESUV BEI NEAPEL, 1827

Aquarell/Bleistift, 37,5 x 53,2 cm
Stiftung Ratjen, Vaduz

Bildthemen aus Italien

72

GOLF VON BAJAE, 1827

Aquarell/Bleistift, 21,8 x 31,3 cm
Staatliche Graphische Sammlung München

Bildthemen aus Italien

73

GOLF VON BAJAE, 1832

Öl/Leinwand doubliert, 80 x 101 cm
Schloßmuseum Berchtesgaden

Bildthemen aus Italien

74

GOLF VON BAJAE, 1831/32

Kohle, weiß gehöht/Papier/Leinwand, 147 x 174 cm
Hessisches Landesmuseum Darmstadt

»Schönes Gestad, beseelt von früher Vergangenheit Größe,
Reizend durch das, was du bist, reizend durch das, was du warst.«
(Ludwig I.)

75

GOLF VON BAJAE, 1832

Fresko, 140 x 172 cm
Residenzmuseum München – Bayerische Verwaltung der staatlichen Schlösser, Gärten und Seen

Bildthemen aus Italien

76

Palermo vom Kloster Baida aus, 1827

Aquarell/Bleistift/Feder, 32,8 x 55,3 cm
Staatliche Kunstsammlungen Dresden, Kupferstichkabinett

77

PALERMO, 1832

Öl/Holz, 28,5 x 36,7 cm
Bayerische Staatsgemäldesammlungen München

78

PALERMO, 1828

Öl/Leinwand, 67 x 102 cm
Hamburger Kunsthalle

Bildthemen aus Italien

79

PALERMO, 1832

Kohle, weiß gehöht/Papier/Leinwand, 146 x 172 cm
Hessisches Landesmuseum Darmstadt

80

Palermo, 1832/33

Fresko, 139,5 × 173,5 cm
Residenzmuseum München – Bayerische Verwaltung der staatlichen Schlösser, Gärten und Seen

»Glühend verklärt sind die Lüfte – es glühet das Meer, die Gefilde,
Über welches entzückt, liebend der Himmel sich wölbt.«
(Ludwig I.)

Bildthemen aus Italien

81

SIZILIANISCHE LANDSCHAFT MIT
KIRCHENRUINE, 1827

Öl/Papier/Pappe, 17 x 25,8 cm
Privatbesitz, München

82

TAORMINA – THEATER, 1829

Aquarell/Bleistift, 23,2 x 28,7 cm
Privatbesitz

»Wo einst mächtig ergriffen die Tausend und Tausende saßen,
Fliehet die eildende Zeit beständig vorbei.«
(Ludwig I.)

83

TAORMINA – THEATER, 1833

Fresko, 144 × 170 cm
Residenzmuseum München – Bayerische Verwaltung der staatlichen Schlösser, Gärten und Seen

Bildthemen aus Italien

84

TAORMINA MIT ÄTNA, 1828

Öl/Leinwand, 49 x 73 cm
Bayerische Staatsgemäldesammlungen München

85

Taormina mit Ätna, 1829(?)

Öl/Leinwand, 81,2 x 122 cm
Privatbesitz

Bildthemen aus Italien

86

ZYKLOPENFELSEN, UM 1830

Kohle, weiß gehöht/Papier/Leinwand, 148 x 175 cm
Hessisches Landesmuseum Darmstadt

87

ZYKLOPENFELSEN, 1833

Fresko, 148 x 172 cm
Residenzmuseum München – Bayerische Verwaltung der staatlichen Schlösser, Gärten und Seen

»Die der Cyklopen, so heißen die Felsen noch wie du sie nanntest,
Unerreichter Homer; fester als sie noch dein Ruhm.«
(Ludwig I.)

Bildthemen aus Italien

88

SYRAKUS – OHR DES DIONYSOS, 1827

Bleistift, 27,4 x 53,2 cm
Hessisches Landesmuseum Darmstadt

89

SYRAKUS – ARCHIMEDES' GRABMAL, 1830/32

Öl/Holz, 43 x 58,7 cm
Schloßmuseum Berchtesgaden

Bildthemen aus Italien

90

MESSINA, 1827

Aquarell/Bleistift/Feder, 20,6 x 29,5 cm
Museum Boijmans Van Beuningen, Rotterdam

91

MEERENGE VON MESSINA, 1828

Öl/Leinwand, 61,7x 102,9 cm
Staatliche Kunstsammlungen Dresden, Leihgabe aus Privatbesitz

92

MESSINA, 1833

Kohle, weiß gehöht/Papier/Leinwand, 148,3 x 173 cm
Hessisches Landesmuseum Darmstadt

»Um als Siziliens Hauptstadt zu glänzen, würdest, Messina,
Du die würdigste sein, hätte Palermo es nicht.«
(Ludwig I.)

93

MESSINA, 1833

Fresko, 144 x 177 cm
Residenzmuseum München – Bayerische Verwaltung der staatlichen Schlösser, Gärten und Seen

Bildthemen aus Italien

Leopold Rottmann nach Carl Rottmann

94
Ätna

Aquarell/Bleistift/Papier, 22,9 x 29,7 cm
Privatbesitz

95

REGGIO, 1827

Bleistift, 38,5 x 53 cm
Hessisches Landesmuseum Darmstadt

96

REGGIO, 1829

Öl/Papier/Leinwand, 23 x 32 cm
Städelsches Kunstinstitut, Frankfurt am Main

97

REGGIO, 1833

Kohle, weiß gehöht/Papier/Leinwand, 146,5 x 172 cm
Hessisches Landesmuseum Darmstadt

»Näher der Heimat nicht als Sizilien ist Reggio dem Deutschen,
Doch weil dazwischen kein Meer, glaubt er halbwegs sich heim.«
(Ludwig I.)

98

REGGIO, UM 1833

Fresko, 140,5 x 169,5 cm
Residenzmuseum München – Bayerische Verwaltung der staatlichen Schlösser, Gärten und Seen

Bildthemen aus Italien

99

SCYLLA UND CHARYBDIS, 1829

Aquarell/Bleistift, 20,2 x 26,5 cm
Kurpfälzisches Museum Heidelberg

Bildthemen aus Italien

100

CEFALÙ, 1833

Kohle, weiß gehöht/Papier/Leinwand, 146,5 x 170 cm
Hessisches Landesmuseum Darmstadt

III.
Antikischer Figurenzyklus für die Residenz

Die drei hier gezeigten Aquarelle gehören zu einem Zyklus von sieben Figurenszenen antiken Charakters, die Carl Rottmann für einen Wandfries in der Münchner Residenz entworfen hat. Die Ausführung nach den so gut wie gleichformatigen Blättern lag, jedenfalls hauptsächlich, in Händen von Georg Schilling (1797-1839), der auch mit Dekorationsarbeiten an den Decken der Hofgartenarkaden beschäftigt war und später einige Altarbilder gemalt hat für Kirchen in Wien und in seiner oberschwäbischen Heimat.[1] Die Dekorationen wurden im letzten Krieg mit denen vieler anderer Räume zerstört. Mehrere zeitgenössische Berichte dazu unterscheiden sich, wie von Erika Bierhaus-Rödiger in ihrem Rottmann-Werkverzeichnis dargelegt, in mancher Hinsicht, sowohl was die ursprüngliche Anzahl der Szenen als auch was den Raum betrifft: Drei Aquarelle hat der Sammler B. Hausmann, lt. dessen handgeschriebenem Verzeichnis, 1838 in München von Leo von Klenze erworben; sie befanden sich seither im Besitz der Familie (heute in Verwahrung des Herzog Anton Ulrich-Museums, Braunschweig).[2] Die ebenfalls dort befindlichen Bildkommentare vermerken, der Zyklus habe »zur Verzierung eines Plafonds in einem der Zimmer der Königin im neuen Schlosse zu München« gedient, der »durch einen seiner Schüler an der Zimmerdecke« ausgeführt worden sei. Sachkundig heißt es abschließend: »Die Kompositionen des vortrefflichen Landschaftsmalers sind umso interessanter, als es die einzigen sind, in welchen die Figuren als Hauptsache, die Landschaften nur als Verzierung behandelt sind.«

Demgegenüber spricht ein anderer Zeitzeuge, A. von Schaden,[3] der bereits 1832 die ersten elf der Italienfresken im Hofgarten kommentiert hatte, im Zusammenhang der Zimmerdekorationen im Königsbau der Residenz von zehn (!) Figurendekorationen. Auch Boetticher[4] spricht in seiner Aufstellung von Aquarellen Carl Rottmanns von »zehn Landschaften antiken Charakters mit genreartiger Staffage«. Jedoch ist weiter angegeben, Georg Schilling habe sie im 2. Stock der Münchner Residenz (Tanzsaal) in Tempera ausgeführt.

Aus drei weiteren Berichten[5] ergibt sich Übereinstimmung mit Boetticher insofern, als sich der dort genannte Tanzsaal unmittelbar neben dem sehr genau und eindeutig beschriebenen Empfangssalon befand, der, auch »Conversationssaal« genannt, seiner Bestimmung gemäß besonders prächtig ausgestattet war. Der letztgenannte Berichterstatter, Marggraff, führt zudem an, daß die »zehn Landschaften und Darstellungen aus dem häuslichen und öffentlichen, städtischen und ländlichen Leben der alten Griechen in der Hohlkehle« der Zimmerdecke angebracht seien.

Ob entsprechend der feststehenden Gesamtzahl zehn hieraus drei Aquarellentwürfe von fremder Hand (evtl. von Schilling) stammten oder als Originale Rottmanns einfach nicht in Klenzes Besitz gelangten, steht dahin. Möglich auch, daß diese drei Blätter entsprechend einem in der Wiener Akademie der Künste befindlichen Bleistiftentwurf vorgelegen haben und für Klenze deshalb nicht reizvoll genug für einen Erwerb schienen.

Ein (hier nicht ausgestelltes) Aquarell *Griechische Sängerfahrt* aus der Sammlung B. Hausmann ist 1834 datiert, und Bierhaus-Rödiger[6] schließt daraus auf die bei G. K. Nagler[7] bestätigte Ausführung durch Georg Schilling während Rottmanns Griechenlandaufenthalt 1834/35, was dem Bericht A. von Schadens entspräche.

Die Abfolge der zehn Figurenszenen ist (nach E. Förster[8] und R. u. H. Marggraff) folgendermaßen zu denken: Ernte – Winzerfest – Hirtenfest – Sängerfahrt nach dem Apollotempel zu Delphi – Akademie der philosophischen Schule in Athen – Jagdfest – Fischerfest, abschließend Wallfahrt zum Pallastempel – Rückkehr eines Siegers aus den Kampfspielen – Preisverleihung beim Wagenrennen. Bierhaus-Rödiger weist weiter darauf hin, daß bei kaum durchführbarer Zuordnung der Szenen die Hintergründe sizilianischen Landschaften ähneln, was die Datierung (vor Antritt der Griechenlandreise) nochmal bestätigen würde. Möglicherweise hat auch ein Rottmann gut bekannter Maler Ph. A. Schilgen (1792-1857) mitgearbeitet, von dem sich eine Gemäldekomposition (*Raub der Helena*) im Schloßmuseum Berchtesgaden kompositionell aufs engste mit dem Aquarell *Griechische Sängerfahrt* (s. o.) vergleichen läßt. Eine weitere Möglichkeit, ob nicht statt des in den zeitgenössichen Quellen immer genannten Malers Schilling vielmehr ursprünglich Schilgen gemeint gewesen sei, wird abschließend von Bierhaus-Rödiger noch als Frage angeschnitten.

Wie der Sammler B. Hausmann in seinem handgeschriebenen Katalog schon hervorgehoben hat, ist dieser

Aquarellzyklus vor allem auch wegen der prominenten Figurenkompositionen interessant, die Rottmann hier als einen sehr routinierten Figurenmaler hervortreten lassen, wie man das in seinem sonstigen Œuvre als Landschaftsmaler nicht so ohne weiteres wahrnimmt. Gerade in solcher Unauffälligkeit der Staffage aber liegt eine wesentliche Bedeutung der Kunst Rottmanns, die den Menschen der Gegenwart im historisch verstandenen Landschaftszusammenhang harmonisch einbindet.

Christoph Heilmann

Anmerkungen

1 Thieme-Becker, Bd. XXX, S. 69.
2 Handgeschriebener Katalog von B. Hausmann (jetzt Slg. Grotrian-Steinweg), Nr. 213. – Kat. Ausst. Hannover 1962, Nr. 76.
3 A. von Schaden, 1835, S. 131.
4 F. von Boetticher, Nachdruck 1969, Bd. II, 1, S. 480, Abt. III Nr. 8.
5 H. Reidelbach, 1888, S. 188; F. Kugler, 1854, S. 546; R. u. H. Marggraff, 1846, S. 320 f.
6 E. Bierhaus-Rödiger, 1978, S. 278. – Die Ausführungen geben hier in verkürzter Form die dort erläuterten Zusammenhänge wieder.
7 G. K. Nagler, 1845, Bd. XV, S. 231.
8 E. Förster, 1834, S. 64.

101

HEIMKEHR VON DER ERNTE, UM 1834

Aquarell/Bleistift/Feder, 20 × 33,5 cm
Städtische Galerie im Lenbachhaus, München

102

FEST DES PAN, UM 1834

Aquarell/Bleistift, 20 x 34 cm
Herzog Anton Ulrich-Museum Braunschweig, Kupferstichkabinett

Antikischer Figurenzyklus

103

ANTIKE JAGDGESELLSCHAFT, 1834

Aquarell/Bleistift, 19,5 x 33,5 cm
Privatbesitz

Antikischer Figurenzyklus

IV.
Bildthemen aus Griechenland
und der Landschaftszyklus der Neuen Pinakothek

Rottmanns Sonderstellung als Landschaftsmaler am Hofe König Ludwigs I. wird in der wechselvollen Geschichte des Griechenlandzyklus besonders deutlich. Den Auftakt bildete 1834/35 die ungewöhnlich strapaziöse Reise des Malers in das vom Befreiungskrieg zerstörte und ansonsten im Primitivstzustand befindliche Entwicklungsland. So schreibt der Künstler am 20. September 1834 an seine Frau aus Nauplia: »Wenn nur hier zu Lande nicht so sehr die geistigen Freuden mit gar so vielen irdischen Unbequemlichkeiten verbunden wären, aber so ist Griechenland das Bild der Zerstörung, es ist gräulich schön.«[1] Wenig später vergleicht er die Lebensformen der Einheimischen mit denen unzivilisierter Naturvölker – »das ganze Thun und Sein der Leute ist dem der Wilden wohl sehr wenig unterschieden« – und berichtet, nachdem er mehr als zwei Wochen das Leben mit einer Bauernfamilie geteilt hat: »… z.B. eine Fleischkahr wie man sie bei uns nennt, worin die Metzger das Fleisch herumtragen, ist mit 2 Halb Reifen daran genagelt, die Wiege, und zugleich für Teig anmachen zum Brodbacken eins und dasselbe ihre Betten sind dünne Strohdecken, und die Leute entkleiden sich des Nachts nicht, liegt der Mann oder die Frau mal zu tief, so langt er nach dem ersten besten, und legt sich einen Laib Brot der zufällig ihm zunächst liegt unter den Kopf und schläft …«[2]

Die Reise selbst dauert gut ein Jahr, vom August 1834 bis zum Spätsommer 1835. Sie führt Rottmann über das italienische Ancona per Schiff an die griechische Westküste, nach Korfu und Patras (Kat. 104-108), dann nach Nauplia (Kat. 109, 110). Dort besucht er den Friedhof der im griechischen Freiheitskampf gefallenen Deutschen (Kat. 118-122) sowie die frühgriechischen kyklopischen Anlagen von Mykene (Kat. 111-115) und Tiryns (Kat. 116, 117). Eine Ansicht Naupliens von der Seeseite gehört, wie Rottmann schreibt, zu seinen Aufgaben. Vermutlich ist das zartfarbene, wunderbare Aquarell (Kat. 110) schon um diese Zeit entstanden und nicht erst 1840.[3] Bezüglich Korinth (Kat. 124-128) schwärmt Rottmann schon nach den ersten Eindrücken: »Corinth ist einer der großartigsten Landschaft[en], die ich je gesehen habe.«[4] Hier entstehen ausführliche Naturstudien von Sikyon mit Korinth (Kat. 132, 133) und Sikyon mit Parnaß (Kat. 134, 135) sowie die lavierte Umrißzeichnung von Nemea (Kat. 137).

Athen, die antike wie die neue Hauptstadt Griechenlands, wird Rottmann zum Standquartier seiner weiteren Unternehmungen, und dies nicht zuletzt deswegen, weil ihm General Carl Wilhelm Freiherr von Heideck[5] eine komfortable Wohnung zur Verfügung stellt. Bei den Ausflügen in die Stadt kristallisieren sich für ihn drei historisch bedeutsame Ansichten heraus: *Athen vom Brunnen aus* (Kat. 139-141), *Athen – Quelle Kallirhoe* (Kat. 142, 143) und *Athen – Akropolis und Olympieion*[6]. Von Athen aus bereist er die geschichtsträchtigen Stätten in erreichbarer Nähe. So sucht Rottmann beispielsweise die Insel Ägina auf, wo er zwei unterschiedliche Tempelmotive erfaßt: die relativ gut erhaltene Ruine des Aphaiatempels (Kat. 148, 149) und die des weniger bekannten Apollotempels (Kat. 146, 147); von letzterem war nicht viel mehr als eine Säule erhalten. Den zum Motiv passenden dramatischen Wolkenhimmel findet Rottmann erst 1836 angesichts eines aufziehenden Gewitters über dem Starnberger See (Kat. 145). In dem Repertoire der Motive darf natürlich das auch heute noch touristisch attraktive Kap Sunion (Kat. 151) nicht fehlen. Nach Athen kehrt Rottmann im Anschluß an seine länger andauernden Exkursionen in Richtung Norden – Böotien und Euböa – und nach Süden – Peleponnes und Kykladeninseln – immer wieder zurück.

Die Briefe des Künstlers von der Griechenlandreise an seine Frau Friederike in München liefern zwar Hinweise auf seine jeweiligen Reiseziele und -vorhaben, doch lassen sich daraus keine kontinuierlichen Routen ablesen. Diese Tatsache ist auf das kaum entwickelte Wegesystem zur Zeit Rottmanns, vor allem aber auf die besonders komplizierte Geologie des Landes zurückzuführen, die auch heute noch, trotz eines modernen Straßennetzes und des Autos, das Reisen ins Landesinnere zuweilen außerordentlich beschwerlich macht.

Über die Wintermonate läßt sich Rottmann in Athen nieder und berichtet von der Wohnung Heidecks, er sähe sich »in einer der schönsten Wohnungen der Stadt in einem Salon mit 6 Fenstern und der Aussicht auf die Agropolis und dem Theseustempel und dem Meere mit den Inseln in der Ferne. Gestern und heute führte er [von Heideck] mich um die Stadt ich bin überrascht von der Pracht und Lage der Stadt und deren Alterthümer«.[7] Von hier aus reist er zum Schlachtfeld von Marathon (Kat. 152, 153), besucht Aulis (Kat. 154 - 156), Salamis (Kat. 158), Theben (Kat. 159), Eleusis (Kat. 160), Chalkis (Kat. 161) und den weitgehend verlandeten Kopaissee (Kat. 162 - 164).

Im Mai 1835 bezieht sich Rottmann in einem Brief an Leo von Klenze auf eine Fahrt auf den südlichen Peloponnes,[8] die er als die »strabaziöseste«[9] bezeichnet, die er je gemacht habe. Bei dieser Unternehmung werden unter anderem die Aufnahmen von der Ebene von Sparta (Kat. 167, 168) sowie des Taygetos bei Sparta (Kat. 165, 166), Karithena (Kat. 169), Kalamata (Kat. 170, 171) und Olympia (Kat. 172) entstanden sein. Die speziell mit dieser Fahrt verbundenen Strapazen hätte der Künstler wohl nicht auf sich genommen, wenn ihm nicht von König Ludwig I. die Namen jener Orte vorgegeben worden wären, die er aufsuchen sollte. Nach mehr als 2000 Jahren der Geschichte, die über die antiken Bauten und Landstriche Griechenlands hinweggegangen sind und oft nicht mehr die geringsten Spuren vom Höhepunkt ihrer großen Vergangenheit zurückgelassen hat, schreibt Rottmann als moderner Spurensucher: »So geht es oft mit vielgerühmten Orten ...; denn bedeutungsvolle Namen, wenn sich auch hundertfältig erhabene geschichtliche Erinnerungen damit verbinden, sind noch keine Motive für eine Landschaft, sie geben dieser aber, wenn die Formen von der Natur glücklich gestaltet worden sind, erst den höheren Werth.«[10]

Wie das mögliche Ursprungsprogramm in der Motivauswahl für den Griechenlandzyklus ausgesehen hat, das der leidenschaftliche Philhellene Ludwig I., noch bevor er 1835/36 Griechenland erstmalig selbst bereiste, Rottmann auf den Reiseweg mitgab, ist mit dem jetzigen Wissensstand nicht genau rekonstruierbar. Insgesamt müssen es 38 Orte gewesen sein, die Rottmann erfassen sollte, denn im Anschluß an den Italienzyklus standen noch 38 Wandfelder unter den Münchner Hofgartenarkaden zur Verfügung, die für den Griechenlandzyklus vorgesehen waren. Welche Ansicht der Künstler vor Ort jeweils wählte, stand ihm frei, denn im Gegensatz zum Reiseland Italien war Griechenland aus naheliegenden Gründen ein vom Tourismus unberührtes und für den Landschaftsmaler erst zu entdeckendes Land.[11] So ist Rottmanns Äußerung gut nachvollziehbar, wenn er schreibt: »Wie Vampyre gehen wir auf berühmte Orte los, und saugen mit gierigem Auge an ihren Schönheiten d. h. der Natur – oft finde ich mich aber auch sehr getäuscht ...; ja wenn man wüßte wo nach eigenem Sinn das Vorzüglichste zu finden wäre und man gerade dahin lossteuern könnte so wäre viel Zeit erspart, die man mit Reisen und vergeblichen Suchen zubringt.«[12] Tatsächlich scheint Rottmann aus Zeitmangel sowie aufgrund der oft extrem widrigen Wetterverhältnisse und der allgemeinen Reisebeschwerlichkeiten nicht alle Orte aufgesucht zu haben, die ihm aufgetragen waren. Bevor er Griechenland im Sommer 1835 verläßt, fährt er per Schiff noch zu den Kykladeninseln Delos (Kat. 173, 174), Naxos (Kat. 175 - 178) und Santorin (Kat. 179 - 181).

Die Ausbeute an Studienmaterial vor allem auf Papier, die Rottmann heimbrachte, war umfangreich und umfaßte die großformatige, akribisch gezeichnete Naturaufnahme (vgl. Kat. 127) ebenso wie die kleine, schnell hingeworfene Konturenzeichnung. Daß Rottmann als spätere Erinnerungsstütze manchmal nur der Umrißskizze bedurfte, erwähnt er in einem Brief vom 24. Mai 1835: »Mein von Jenisson besorgtes Papier ist also richtig verloren und wer weiß wo es liegt. Er gab mir aber einige Bogen von dem Seinigen was er mitgebracht hatte und es genügt mir denn für Contouren ist jeder andere Fetzen gut.«[13] Darüber hinaus sind nur wenige Bilder in Öl während der Reise entstanden, so *Korfu* (Kat. 105), in das ihm von Heideck die Staffage malte,[14] und die kleine *Korinth*-Komposition aus der Hamburger Kunsthalle (Kat. 126). In einem seiner Reisebriefe aus Griechenland klagt der Künstler: »Eine große Studie in Öl zu malen wie ich vor hatte daran darf ich nicht denken, da jede Zeichnung für sich so viel Zeit erfordert als ich für eine größer gemalte Studie verwenden müßte und so geht es durchgehends und Du hattest Recht als Du meine große [Ausrü?]stung für Ölmalerei bezweifl[test] daß es zu dem all Vorha[ben] kommen würde denn wenn ich so ... der Reise, des Auffindens der geeignetsten Punkte und des Zeichnens nur 14 Tage rechne so käme ich noch mit 38 Bildern, d. h. Gegenstände zu den Wandgemälde noch nicht mit der mir zugemessenen Zeit aus ...«[15] Und wenig später legt er seiner Frau Friederike ans Herz, die Arbeiten, die er General von Heideck aus Griechenland nach München mit auf den Weg gibt, besonders gut zu verwahren: »... morgen reist auch Herr General Heydeck nach München ab, und ich benütze die Gelegenheit ihm meine bisherige Ausbeute an Dich mitzugeben, die in einem Paquet und in einer Rolle enthalten ist; verwahre beide wohl und gebe sie nicht außerhanden, es haben mich noch keine Studien so großes Opfer, Zeit und Mühe gekostet ...«[16]

Das Studienmaterial war der Ausgangspunkt für fast alle weiteren Griechenlandkompositionen, sei es in Aquarell, Öl oder/und als Wandgemälde. Manche Motive übersetzte Rottmann, nur geringfügig modifiziert, direkt von der Naturstudie in den Aquarellentwurf und/oder das Ölbild. Beispielhaft hierfür ist *Mykene* –

Atreusgrab (Kat. 111-113), auf dem in der Staffage noch auf den Befreiungskrieg Bezug genommen wird, ein die jüngste Geschichte Griechenlands betreffendes Moment, das sich ab etwa 1839 verliert. Oft brauchte Rottmann aber auch Jahre für die Entwicklung einer von dem Studienmaterial ausgehenden Bildidee; davon zeugt die große Zahl von halbabstrakten Kompositionsskizzen auf Papier, bei denen teilweise das charakteristische Landschaftsmotiv so nebensächlich wird, daß seine spätere topographische Zuordnung zu Verwechslungen geführt hat.[17] Auf die zentrale Bedeutung, die dem Arbeiten auf Papier bei Rottmanns künstlerischer Vorgehensweise zukommt, ist Gisela Scheffler in ihrem Katalogbeitrag ausführlich eingegangen (siehe S. 49ff.).

Wieder zurück in München, schuf Rottmann eine Reihe von Aquarellentwürfen für den geplanten Griechenlandzyklus, die in überwiegender Zahl von König Ludwig I. noch vor 1840 angekauft wurden und sich heute in der Staatlichen Graphischen Sammlung München befinden. Nur die wenigsten von ihnen wurden in dieser Form in die Wandgemäldekomposition übernommen, ja fast die Hälfte der Motive wurde für den Wandgemäldezyklus offenbar gar nicht mehr in Betracht gezogen. Insgesamt stellen diese Aquarellentwürfe autonome Kunstwerke dar, die in ihrer zeitlos qualitätvollen Schönheit wohl das Beste sind, was die deutsche Aquarellmalerei in der ersten Hälfte des 19. Jahrhunderts hervorgebracht hat.

Parallel dazu führte Rottmann mehrere Motive in Öl aus wie *Mykene – Atreusgrab* (Kat. 113), *Delos* (Kat. 174) und *Athen – Quelle Kallirhoe* (Kat. 143), von denen er einige aufgrund der Käufernachfrage auch als Eigenreplik wiederholte.[18] Was die Transparenz und Differenziertheit der Farbe anbetrifft, so sind diese frühen, zwischen 1835 und 1840 zu datierenden Gemälde innerhalb der Rottmann ca. fünfzehn Jahre beschäftigenden Griechenlandthematik besonders hervorzuheben.

Spätestens 1837 folgten im Hinblick auf die zu erstellenden Wandbilder aufwendige Malexperimente auf dem Gebiet der Enkaustik, eine wiederzuentdeckende antike Wachsmaltechnik, mit der unter anderem auch Julius Schnorr von Carolsfeld in der Münchner Residenz gleichzeitig befaßt war. Rückblickend schreibt Rottmann 1842 an den Landschafterfreund Carl Ludwig Seeger in Darmstadt: »Nachdem hier in München die enkaustische Malerey zur Loosung geworden war, dachte ich: meinetwegen – und suchte ihr das mich am meisten fördernde abzugewinnen; zuerst bediente ich mich der Fernbach'schen Harzmalerey ..., die Hauptursache aber warum ich diese Malerey aufgegeben ist daß mir die Erfahrung lehrt daß das Bindemittel welches hauptsächlich aus Bernstein besteht zu hart wird ...« Im weiteren berichtet Rottmann von Versuchen mit der Knierim'schen Kopaivamalerei, und daß ihm »die Klarheit der Farbe [so sehr] gefiel daß ich gerne ihre Zähigkeit übersah ... Vor etwa 2 Jahren machte ich einen ... Versuch Öhl beizumischen und auf rauhere Leinwand zu malen, dieses ist fest geblieben; auf gleiche Weise führte ich auch ein paar Wandbilder aus, ist mir aber nicht ganz wohl bei der Sache ... apage Satanas! apage Copaiva, fing ich wieder an zu exorzieren, und suchte den guten ehrlichen kleinen milden Dammar hervor ...«[19]

Zwischen 1838 und 1846 wechselte dreimal der Bestimmungsort des Griechenlandzyklus: Zunächst für die Münchner Hofgartenarkaden im Anschluß an Rottmanns Italienfresken (1830 - 34) vorgesehen, sollte er ab 1840 in dem von Georg Friedrich Ziebland entworfenen Kunst- und Industrieausstellungsgebäude am Königsplatz untergebracht werden.[20] Der Wunsch Rottmanns nach Verlagerung des Zyklus in einen geschützten Innenraum hatte sich aus den negativen Erfahrungen mit dem Italienzyklus ergeben: Die Wandfeuchte unter den Hofgartenarkaden, aber auch der Vandalismus seitens der Bevölkerung schadete permanent den Wandbildern im öffentlichen Raum.[21] Die miserablen Arbeitsbedingungen vor Ort, denen sich Rottmann auch wegen seines Augenleidens – Grüner Star – nicht mehr aussetzen wollte, waren dem Künstler als unzumutbar im Gedächtnis geblieben. So plädierte er schon frühzeitig dafür, die für den Griechenlandzyklus bestimmten Wandbilder auf transportable Platten im Atelier zu fertigen.[22]

Mit der Entstehung der Neuen Pinakothek nach Plänen Friedrich von Gärtners stand Ende 1846 der endgültige Standort des Griechenlandzyklus fest.[23] Dort sollte er einen eigenen, speziell für ihn konzipierten, fensterlosen Saal erhalten. Bereits 1847 wurde der Saal in einem maßstabsgetreuen Holzmodell erprobt.[24] Mit der Änderung der Standorte reduzierte sich auch die Zahl der Wandbilder von zunächst 38 auf 32, dann 24 und schließlich 23 Ansichten. Ausgeführt wurden folgende Motive: *Nemea*[25], *Mykene – Löwentor*[26], *Korinth – Akrokorinth* (Kat. 129)[27], *Pronoia* (Kat. 123)[28], *Kopaissee*[29], *Naxos*[30], *Chalkis*[31], *Ägina – Aphaiatempel* (Kat. 150)[32], *Poros* (Kat. 130)[33], *Marathon*[34], *Epidauros*[35], *Aulis* (Kat. 157)[36], *Delos*[37], *Sparta – Taygetos*[38], *Sparta – Ebene*[39], *Olympia*[40], *Salamis*[41], *Sikyon – Korinth*[42], *Sikyon – Parnaß*[43], *Tiryns*[44], *Theben*[45], *Eleusis*[46] und *Athen vom Brunnen aus*[47].

Auf den jeweiligen Wechsel der Standorte mit ihren sehr unterschiedlichen Vorgaben hinsichtlich des architektonischen Rahmens und der jeweils andersartigen Lichtverhältnisse hat Rottmann stets intensiv künstlerisch reagiert. So sind die ersten, noch für den Außenraum unter den Hofgartenarkaden bestimmten und auf Nahsicht sowie im Nebeneinander konzipierten Wandbilder *Sikyon – Korinth, Mykene – Löwentor* und *Olympia* gänzlich anders komponiert als jene, bei denen die auf gesteigerte Lichtwirkung in der Neuen Pinakothek bedachte Inszenierung durch Oberlichteinfall im geschlossenen Innenraum einkalkuliert war. Darüber hinaus spiegeln die ab 1840 entstandenen Arbeiten generell einen durchgreifenden Stilwandel in der künstlerischen Entwicklung Rottmanns, nämlich die Erweiterung der Landschaftsdarstellung um die Unendlichkeit der kosmischen Dimension. Der irdische Landstrich, zumeist nur noch über den Bildtitel durch den Künstler als historisch bedeutsam bestimmt, wird hier relativiert und minimiert gegenüber einem dominanten Himmel und ausgeprägten Licht-Wetter-Phänomenen (siehe hierzu meinen Katalogbeitrag S. 31ff., sowie S 326f.).

Die um das Kosmische erweiterte Naturauffassung der 1840er Jahre löste Rottmanns Bildaufbau der 1830er Jahre ab, der den Italienzyklus, deutsche Motive wie den Staufen bei Reichenhall und früh ausgeführte Griechenlandansichten gleichermaßen umfaßt. Hier entspricht die Landschaftsgliederung von Vorder-, Mittel- und Hintergrund einem optischen Zurückschreiten von der Gegenwart in die historische Vergangenheit bis hin zu den geologisch eindrucksvollen Erhebungen der erdgeschichtlichen Uranfänge. Der vedutenartige Erinnerungswert von historischen Monumentalbauten und -ruinen spielt in dieser Phase von Rottmanns künstlerischer Entwicklung ebenso eine Rolle wie die Stilisierung ferner Bergformen als Naturdenkmale und das Zunehmen von landschaftlichen Verfallssymptomen in Richtung auf den Vordergrund respektive das Gegenwärtige. Demgegenüber wird dem Bildbetrachter ein erhöhter Standort zugewiesen, der ihn zur Reflektion von Geschichte als erd- und kulturgeschichtlichem Entwicklungsprozeß auffordert.

Das auf die in die Wand eingelassenen Bilder des Griechenlandzyklus gezielt gerichtete Oberlicht spielte schon bei den Entwürfen für das Kunst- und Industrieausstellungsgebäude (1840-44) am Königsplatz eine Rolle, stand aber erst mit der Planung der Neuen Pinakothek fest. In dem Wechsel der Licht-Wetter-Verhältnisse sollte – über die historische Bedeutungsebene der griechischen Landschaften hinaus – aus dem Blickwinkel Ludwigs I. Universalgeschichte allgemeingültig und zeitlos als Wechsel von friedlichen Zuständen, kriegerischen Ereignissen, Niedergang und Aufstieg von Kulturen gespiegelt werden. In dem Begleittext von 1854 zu dem Zyklus, den Rottmanns griechischer Reisebegleiter Ludwig Lange verfaßt hat, heißt es: »Einen gleich heiteren Himmel über seine [Griechenlands] Himmel auszugießen, wäre ... eine Einseitigkeit gewesen, obschon der Charakter des griechischen Himmels ein vorzugsweise heiterer ist; denn seine [Rottmanns] Aufgabe war nicht, die Tagesgeschichte, sondern vielmehr die Geschichte des großen griechischen Volkes darin niederzulegen, und hienach wählte er seine Beleuchtung. – Der kühle Morgen, Abendgluth, Tageshelle, Gewitterluft, Sturm und Sonnenglanz, Regenschauer und Regenbogen, alle jenen hohen Naturmomente benützte er in eigenthümlicher Wechselwirkung; sie waren ihm die höheren Organe, mit denen er aus seinen landschaftlichen Bildern sprach.«[48] 1852/54, also erst nach Rottmanns Tod, hat Clemens von Zimmermann die Anordnung der griechischen Wandgemälde im Rottmann-Saal der Neuen Pinakothek endgültig festgelegt. Meines Erachtens ist Zimmermann in der Abfolge der Bilder den Intentionen des Künstlers nicht gefolgt. In meinem Rekonstruktionsversuch von 1978, der unter anderem auch formale Prinzipien im Nebeneinander der Wandbilder einbezieht, ergibt sich in dem Zusammenklang von *Athen* als Ausgangs- und *Nemea* als Endgemälde sowie *Olympia* als zentrale Komposition ein ursprüngliches, inhaltlich wie formal schlüssiges Konzept, das durchaus reflexiv das Selbstverständnis König Ludwigs I. als Auftraggeber, in seiner Eigenschaft als leidenschaftlicher Philhellene und Kunstfreund, Pazifist und Schöpfer eines neuzeitlichen Athen an der Isar erhellt hätte.[49]

Unklar bleibt, wie schon gesagt, was letztlich ausgerechnet zu dieser Motivauswahl aus nachweislich 37 von Rottmann bildmäßig in Aquarell ausgearbeiteten Ansichten geführt hat.[50] In den Doppelmotiven von Sparta und Korinth klingt zwar noch der Gedanke an ein Rundumpanorama an, der zahlreichen Fernsichtstudien Rottmanns in Griechenland offenbar zugrunde gelegen hat,[51] doch hat dieser Gedanke im Verlauf der zwölfjährigen Arbeit an dem Zyklus offensichtlich an Wertigkeit verloren.

Insgesamt bietet der Griechenlandzyklus ein heterogenes Panorama griechischer Geschichte. Schon 1835 spricht Rottmann diesen Gedanken in einem Brief an: »Ich freue mich unendlich nach meiner Rückkunft diese 3 Gegenstände so verschieden als herrlich in Farb und Formen ausführen zu können, als Athen, Sparta und Corinth, sind, ... es ist für mein nächstes Kunsttreiben, mein Lieblingsgedanke, an dessen warmer Vorstellung ich mich manchmal sonne.«[52] In der kaleidoskopartig gebrochenen Inszenierung des Griechenlandzyklus im Rottmann-Saal der Neuen Pinakothek übernimmt Rottmann zwar Momente des seit 1787 bekannten Rundumpanoramas in einer Rotunde,[53] geht dabei aber auch ganz andere Wege. So bildet in der Rotundenkonstruktion die auf *ein* historisches Ereignis konzentrierte Darstellung zeitlich und räumlich eine Einheit, die dem Betrachter die Illusion vermittelt, er befände sich als Zeitzeuge inmitten des Geschehens. Das Tageslicht wird hier von oben auf die zusammenhängende Darstellung auf der rundum gekrümmten Wand gelenkt. Reale, zwischen gemaltem Illusionsraum und Betrachter positionierte Gegenstände perfektionieren die rekonstruierende, aufs Geschichtliche gerichtete Erlebniswelt. Dieser Rundumansicht steht der Betrachter auf einem dunkel gehaltenen Podest gegenüber, das sich auf einem Turm im Raumzentrum befindet und von unten über eine Wendeltreppe im Turm betreten wird.

Von diesen Kriterien der Rotunde, die extra für die illusionistische Inszenierung eines einzigartigen historischen Ereignisses ab dem frühen 19. Jahrhundert europaweit konstruiert wurde,[54] übernahm Rottmann für seine griechischen Wandgemälde das gezielt gelenkte Oberlicht, das dazu diente, die Wirkung der himmlischen Licht-Wetter-Phänomene in ihrer optischen Wirkung zu steigern und zu verlebendigen. Auch wurde die Position des Betrachters im Rottmann-Saal durch eine eingebaute Dachkonstruktion als lichtarme Zone definiert, aus der heraus sich die Ansichten antiker griechischer Stätten wie visionäre Ausblicke in eine andere Wirklichkeit darboten. Der damalige Eindruck dürfte dem einer heutigen Installation von leuchtenden Fernsehbildschirmen in einem Raumgeviert nicht unähnlich gewesen sein, freilich in größerem Format und in die Wände eines Saales eingelassen.

Im Gegensatz zum szenischen Rundumpanorama hob Rottmann in der Gestaltung des Griechenlandzyklus die raum-zeitliche Einheit des Ereignisses auf und betonte nachdrücklich die Vielheit von Ereignissen, die den Wechsel von Geschichte ausmachen. Der längsrechteckige Raum, durch Pilaster und Wandabschnitte sowie die Tür und die Dachkonstruktion unruhig gegliedert, betonte zusätzlich die Individualität der Einzelansichten. In dem Pluralismus des im Himmlischen gespiegelten historischen Geschehens gewinnt die Reihe der Ansichten durchaus Allgemeingültigkeit und wird der transzendente, »weltgeschichtliche« Aspekt deutlich, den dieser Rundblick in die griechische Geschichte bis in die Gegenwart König Ludwigs I., wie auf dem Bild *Nemea* ersichtlich, bieten sollte.

Anstelle der Illusion für den modernen Betrachter beim Rundumpanorama, als Zeitzeuge und Beobachter von einem Turm aus in unmittelbare Nähe des Geschehens versetzt zu sein, rückt Rottmann mit allen ihm verfügbaren Mitteln im Rottmann-Saal die zeitliche und bewußtseinsspezifische Distanz zu den dargestellten, historisch bedeutsamen Ereignisfeldern in den Vordergrund. Dies gilt für die Raumgestaltung des Saales ebenso wie für die einzelne Bildkomposition des Zyklus. Die mit der Lichtführung verbundene Überhöhung der griechischen Ansichten ins Sakrale ist evident.[55]

Erika Rödiger-Diruf

Anmerkungen

1 Bierhaus-Rödiger 1978, Dok. 48 (Nauplia, 20.9.1834).
2 Bierhaus-Rödiger 1978, Dok. 50 (Korinth, 15.11.1834).
3 Vgl. Bierhaus-Rödiger 1978, Kat. Nr. 620.
4 Bierhaus-Rödiger 1978, Dok. 47 (Nauplia, 18.9.1834).
5 Carl Wilhelm Freiherr von Heideck (1788 in Saaralben/Lothringen geboren – gestorben 1861 in München), Generalleutnant und Maler, war von 1826 bis 1828 aktiv an den griechischen Befreiungskämpfen beteiligt und organisierte 1833 das griechische Heerwesen.
6 Bierhaus-Rödiger 1978, Kat. Nrn. 410, 411.
7 Bierhaus-Rödiger 1978, Dok. 51 (Athen, Januar 1835).
8 Bierhaus-Rödiger 1978, Dok. 54 (Athen, 24.5.1835).
9 Bierhaus-Rödiger 1978, Dok. 53 (Athen, 24.5.1835).
10 Bierhaus-Rödiger 1978, Dok. 46 (Corfu, 26.8.1834).
11 Eine der ersten Publikationen mit Ansichten von Griechenland veröffentlichte 1830 in Paris der Archäologe und Künstler Otto Magnus Freiherr von Stackelberg unter dem Titel »La Grèce, Vues pittoresques et topographiques«, in 2 Bänden. – 1957 erschien im Deutschen Kunstverlag von Gerhart Rodenwaldt »Otto Magnus von Stackelberg. Der Entdecker der griechischen Landschaft 1786-1837«. – Rottmann hat Stackelbergs Publikationen sicher gekannt, denn auf seinen Wandbildern *Olympia* und *Nemea* scheint er von dessen Bildfindungen inspiriert (vgl. Bierhaus-Rödiger 1978, S. 463, Abb. 18, 19).
12 Bierhaus-Rödiger 1978, Dok 51 (Athen, Januar 1835).
13 Bierhaus-Rödiger 1978, Dok 53 (Athen, 24.5.1835).
14 Bierhaus-Rödiger 1978, Dok 54 (Athen, 24.5.1835).
15 Bierhaus-Rödiger 1978, Dok 51 (Athen, Januar 1835).
16 Bierhaus-Rödiger 1978, Dok. 55 (Athen, vermutlich Mai 1835).
17 Verwechslungen sind bei Skizzen zu *Poros*, *Paros* und *Aulis* nachweisbar durch spätere, irreführende Beschriftungen.
18 Zu den beim Käuferpublikum in den 1840er Jahren gefragtesten Motiven gehörten – neben dem deutschen Motiv *Hoher Göll* – *Delos*, *Epidauros*, *Aulis*, *Kopaissee* und *Ägina – Apollotempel*. Den Motiven gemeinsam ist die intensive, nostalgisch

wie elegisch anmutende, rötliche Lichtstimmung. Vgl. Bierhaus-Rödiger 1978, Kat. Nrn. 668 ff.

19 Bierhaus-Rödiger 1978, Dok. 71 (München, 8.6.1842) und S. 64, Anm. 99.
20 Bierhaus-Rödiger 1978, Dok. 146 (Tagebuchnotiz Ludwigs I., 26.2.1840).
21 Bierhaus-Rödiger 1978, Dok. 93 (München, 25.8.1832).
22 Bierhaus-Rödiger 1978, Dok. 145 (Tagebuchnotiz Ludwigs I., 24.2.1840).
23 Bierhaus-Rödiger 1978, Dok. 171 (Tagebuchnotiz Ludwigs I., 22.11.1846).
24 Bierhaus-Rödiger 1978, Dok. 174 (Tagebuchnotiz Ludwigs I., 3.5.1847).
25 Bierhaus-Rödiger 1978, Kat. Nr. 615.
26 Bierhaus-Rödiger 1978, Kat. Nr. 555.
27 Bierhaus-Rödiger 1978, Kat. Nr. 604.
28 Bierhaus-Rödiger 1978, Kat. Nr. 603.
29 Bierhaus-Rödiger 1978, Kat. Nr. 566.
30 Bierhaus-Rödiger 1978, Kat. Nr. 591.
31 Bierhaus-Rödiger 1978, Kat. Nr. 568.
32 Bierhaus-Rödiger 1978, Kat. Nr. 578.
33 Bierhaus-Rödiger 1978, Kat. Nr. 602.
34 Bierhaus-Rödiger 1978, Kat. Nr. 613.
35 Bierhaus-Rödiger 1978, Kat. Nr. 585.
36 Bierhaus-Rödiger 1978, Kat. Nr. 608.
37 Bierhaus-Rödiger 1978, Kat. Nr. 573.
38 Bierhaus-Rödiger 1978, Kat. Nr. 574.
39 Bierhaus-Rödiger 1978, Kat. Nr. 576.
40 Bierhaus-Rödiger 1978, Kat. Nr. 558.
41 Bierhaus-Rödiger 1978, Kat. Nr. 567.
42 Bierhaus-Rödiger 1978, Kat. Nr. 552.
43 Bierhaus-Rödiger 1978, Kat. Nr. 563.
44 Bierhaus-Rödiger 1978, Kat. Nr. 582.
45 Bierhaus-Rödiger 1978, Kat. Nr. 580.
46 Bierhaus-Rödiger 1978, Kat. Nr. 581.
47 Bierhaus-Rödiger 1978, Kat. Nr. 590.
48 Ludwig Lange, Die griechischen Landschaftsgemälde von Karl Rottmann in der königlichen Pinakothek zu München München 1854, Einleitung.
49 Bierhaus-Rödiger 1978, S 52
50 Bierhaus-Rödiger 1978, S. 64, Anm. 100.
51 Siehe Bierhaus-Rödiger 1978, Kat. Nrn. 420, 478, 486.
52 Bierhaus-Rödiger 1978, Dok. 51 (Athen, Januar 1835).
53 Kat. Ausst. Sehsucht. Das Panorama als Massenunterhaltung des 19. Jahrhunderts. Kunst und Ausstellungshalle der Bundesrepublik Deutschland, Bonn, 28.5. – 10.10.1993.
54 Heute noch erlebbar ist die originale Panorama-Anlage Zeno Diemers bei Innsbruck von 1895, die dem Kampf und der Gefangennahme Andreas Hofers gewidmet ist.
55 Siehe hierzu: Rödiger-Diruf 1989, vor allem S. 198 - 201.

104

KORFU, 1834

Aquarell/Bleistift 15,3 x 26 cm
Privatbesitz

Bildthemen aus Griechenland

105

KORFU, 1834/35

Öl/Holz, 25 x 31 cm
Schloßmuseum Berchtesgaden. Im Besitz der Bayerischen
Staatsgemäldesammlungen München

106

KORFU

Öl/Papier/Pappe, 33,6 x 25,8 cm
Privatbesitz

107

KORFU, 1840/42

Öl/Leinwand, 63,5 x 109 cm
Hamburger Kunsthalle

Bildthemen aus Griechenland

108

PATRAS, 1842

Aquarell/Bleistift, 19,6 x 24,9 cm
Staatliche Graphische Sammlung München

109

NAUPLIA, 1834

Aquarell/Bleistift, 35,8 x 54,4 cm
Hessisches Landesmuseum Darmstadt

Bildthemen aus Griechenland

110

Nauplia, 1834/35

Aquarell/Bleistift, 24,7 x 35 cm
Staatliche Graphische Sammlung München

111

MYKENE – ATREUSGRAB, 1834

Aquarell/Bleistift, 45,5 x 49,8 cm
Hessisches Landesmuseum Darmstadt

Bildthemen aus Griechenland

112

MYKENE – ATREUSGRAB, 1835/36

Aquarell/Bleistift, 30,3 x 38,7 cm
Staatliche Graphische Sammlung München

113

MYKENE – ATREUSGRAB, 1836

Öl/Leinwand, 49,5 x 59,5 cm
Sammlung Johann Christian Freiherr von Jenisch als
Leihgabe im Altonaer Museum in Hamburg

Bildthemen aus Griechenland

114

MYKENE – LÖWENTOR, UM 1837

Aquarell/Bleistift, 25 x 32 cm
Staatliche Graphische Sammlung München

115

Mykene – Löwentor, 1836

Aquarell/Bleistift, 25,5 x 36 cm
Herzog Anton Ulrich-Museum, Braunschweig, Kupferstichkabinett

116

TIRYNS, 1834

Aquarell/Bleistift, 33,4 x 48,5 cm
Hessisches Landesmuseum Darmstadt

Bildthemen aus Griechenland

117

TIRYNS, 1834/35

Aquarell/Bleistift, 33,5 x 42,5 cm
Staatliche Graphische Sammlung München

118

PRONOIA, 1834

Aquarell/Bleistift, 14,9 x 27,3 cm
Kurpfälzisches Museum Heidelberg

Bildthemen aus Griechenland

119

PRONOIA, 1841

Aquarell/Bleistift, 24,1 x 32,2 cm
Staatliche Graphische Sammlung München

120

PRONOIA, FRIEDHOF DER DEUTSCHEN BEI NAUPLIA

Öl/Leinwand, 25 x 30,5 cm
Privatbesitz

Bildthemen aus Griechenland

121

Pronoia, Friedhof der Deutschen, 1841

Öl/Leinwand, 55 x 73 cm
Muzeum Narodowe, Poznań

Bildthemen aus Griechenland

122

PRONOIA (VORSTUDIE)

Bleistift, 21,4 x 31,5 cm
Privatbesitz

123

PRONOIA, 1846/47

Harz-Ölmalerei/Steinguß, 157 x 200 cm
Bayerische Staatsgemäldesammlungen München

124

KORINTH – STADT, UM 1835

Sepia/Bleistift, 15,5 x 21,8 cm
Kurpfälzisches Museum Heidelberg

125

KORINTH – STADT, 1835

Aquarell/Bleistift/Feder, 9,8 x 13,5 cm
Staatliche Graphische Sammlung München

Bildthemen aus Griechenland

126

Korinth – Umgebung, 1834

Öl/Leinwand, 23,5 x 22 cm
Hamburger Kunsthalle

Bildthemen aus Griechenland

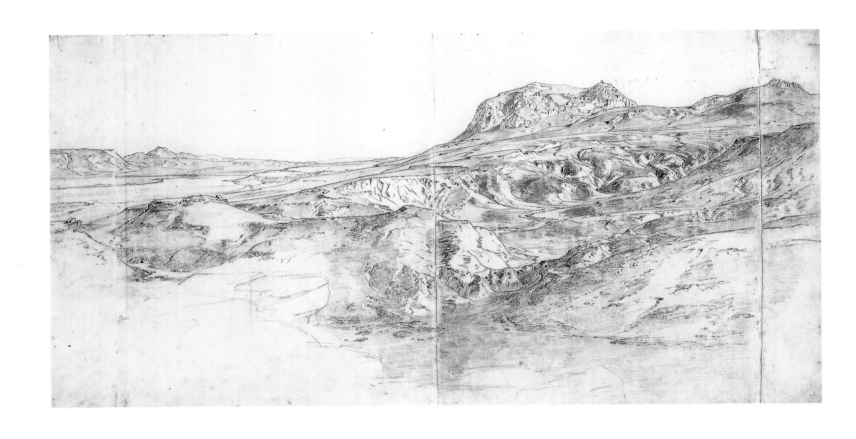

127

KORINTH VON WESTEN, 1834

Bleistift, 53 x 107 cm
Staatliche Graphische Sammlung München

Bildthemen aus Griechenland

128

KORINTH VON WESTEN, 1845

Aquarell/Bleistift, 29,2 x 47,6 cm
Staatliche Graphische Sammlung München

Bildthemen aus Griechenland

129

KORINTH – AKROKORINTH, 1847

Harz-Ölmalerei/Steinguß, 157 x 200 cm
Bayerische Staatsgemäldesammlungen München

Bildthemen aus Griechenland

130

Poros, 1845/46
Harz-Ölmalerei/Steinguß, 157 x 200 cm
Bayerische Staatsgemäldesammlungen München

131

Griechische Landschaft, um 1849

Öl/Leinwand, 42 x 53,7 cm
Städtische Galerie Karlsruhe

132

SIKYON – KORINTH, 1834/35

Aquarell/Bleistift, 24,2 x 30,9 cm
Staatliche Graphische Sammlung München

133

SIKYON – KORINTH, 1836/38

Öl/Leinwand, 85,5 x 102 cm
Bayerische Staatsgemäldesammlungen München

Bildthemen aus Griechenland

134

SIKYON MIT PARNASS, 1834

Aquarell/Bleistift, 46 x 75,6 cm
Hessisches Landesmuseum Darmstadt

135
SIKYON MIT PARNASS, 1836/38

Aquarell/Bleistift, 24,4 × 31,8 cm
Staatliche Graphische Sammlung München

136

SIKYON MIT PARNASS, 1839

Öl/Pappe/Holz, 49,3 x 62 cm
Museum der bildenden Künste Leipzig

Bildthemen aus Griechenland

137

NEMEA, 1834/35

Aquarell/Bleistift, 40 x 55 cm
Staatliche Graphische Sammlung München

138

SITZENDE, REICH GEKLEIDETE GRIECHIN, 1834/35

Bleistift, 31,7 x 26,4 cm
Münchner Stadtmuseum

139

ATHEN VOM BRUNNEN AUS, 1835/36

Bleistift/Feder, 12 x 16,5 cm
Staatliche Graphische Sammlung München

140

ATHEN VOM BRUNNEN AUS, 1835/36

Aquarell/Bleistift, 25 x 36 cm
Herzog Anton Ulrich-Museum Braunschweig,
Kupferstichkabinett

141

ATHEN VOM BRUNNEN AUS, 1835/36

Aquarell/Bleistift, 28,2 x 41 cm
Staatliche Graphische Sammlung München

142

ATHEN – QUELLE KALLIRHOE, 1835

Aquarell/Bleistift, 36 x 51,4 cm
Hessisches Landesmuseum Darmstadt

Bildthemen aus Griechenland

143

Athen – Quelle Kallirhoe, 1835

Öl/Leinwand, 48,5 x 71,7 cm
Bayerische Staatsgemäldesammlungen München, Schack-Galerie

144

ATHEN – QUELLE KALLIRHOE, 1837

Öl/Leinwand, 39,5 x 53,5 cm
Kunstmuseum St. Gallen, Sturzeneggersche Gemäldesammlung

145

ÄGINA – APOLLOTEMPEL, 1836

Öl/Leinwand, 35 x 60 cm
Staatsgalerie Stuttgart

146

ÄGINA – APOLLOTEMPEL, UM 1840

Öl/Leinwand, 29 x 42,5 cm
Kunsthaus Bühler, Stuttgart

147

ÄGINA – APOLLOTEMPEL, UM 1840

Öl/Pappe, 48 x 63 cm
Staatliche Kunsthalle Karlsruhe

148

Ägina – Aphaiatempel, um 1842

Öl/Leinwand, Durchmesser 55 cm
Städelsches Kunstinstitut, Frankfurt am Main

149

ÄGINA – APHAIATEMPEL, 1841

Aquarell/Bleistift, 27,5 x 34,2 cm
Staatliche Graphische Sammlung München

Bildthemen aus Griechenland

150

ÄGINA — APHAIATEMPEL, 1841

Harz-Ölmalerei/Steinguß, 157 x 200 cm
Bayerische Staatsgemäldesammlungen München

151

KAP SUNION, UM 1836

Aquarell/Bleistift, 21,3 x 30,8 cm
Staatliche Graphische Sammlung München

152

MARATHON, 1841

Aquarell/Bleistift, 28,7 x 38,2 cm
Staatliche Graphische Sammlung München

Bildthemen aus Griechenland

153

MARATHON, UM 1847

Öl/Pappe, 16,6 x 20,6 cm
Bayerische Staatsgemäldesammlungen München

154

AULIS, 1847

Aquarell/Bleistift/Feder, 33,7 x 44,5 cm
Hessisches Landesmuseum Darmstadt

155

AULIS, 1841

Aquarell/Bleistift, 21,2 x 28,1 cm
Staatliche Graphische Sammlung München

156

AULIS, 1848

Öl/Pappe/Holz, 43 x 55 cm
Privatbesitz

Bildthemen aus Griechenland

157

AULIS, 1847

Harz-Ölmalerei/Steinguß, 157 x 200 cm
Bayerische Staatsgemäldesammlungen München

158

SALAMIS, 1836/38

Aquarell/Bleistift, 24,5 x 34 cm
Staatliche Graphische Sammlung München

Bildthemen aus Griechenland

159

THEBEN, 1841

Aquarell/Bleistift, 27,7 x 38,1 cm
Staatliche Graphische Sammlung München

160

ELEUSIS, 1839

Aquarell/Bleistift, 24,3 x 32 cm
Staatliche Graphische Sammlung München

161

CHALKIS, 1836

Aquarell/Bleistift, 26,8 x 32,1 cm
Staatliche Graphische Sammlung München

162

KOPAISSEE, 1835

Öl/Pappe, 25 x 37 cm
Privatbesitz

163

KOPAISSEE, 1837

Öl/Pappe, 36 x 45 cm
Museum der bildenden Künste Leipzig

Bildthemen aus Griechenland

164

KOPAISSEE, 1836

Aquarell/Bleistift, 25,9 x 36,2 cm
Staatliche Graphische Sammlung München

165

SPARTA – TAYGETOS, 1836/38

Aquarell/Bleistift, 24,4 x 32,1 cm
Staatliche Graphische Sammlung München

Bildthemen aus Griechenland

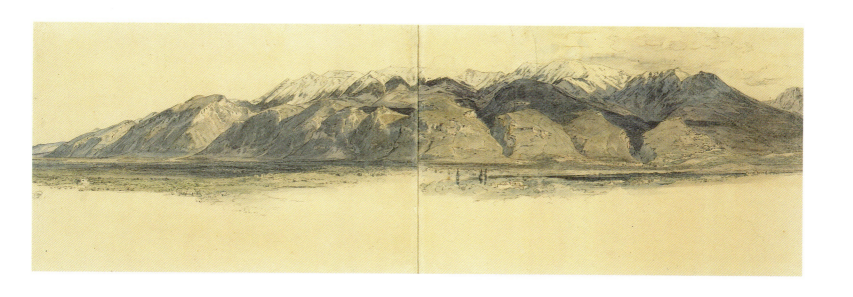

166

SPARTA – TAYGETOS, 1835

Aquarell/Bleistift, 36,6 x 109,8 cm
Staatliche Graphische Sammlung München

Bildthemen aus Griechenland

167

SPARTA – EBENE, 1835

Aquarell/Bleistift, 40,5 × 50,4 cm
Staatliche Graphische Sammlung München

Bildthemen aus Griechenland

168

SPARTA – EBENE, 1841

Aquarell/Bleistift, 25,8 x 34 cm
Staatliche Graphische Sammlung München

169

KARITHENA, 1839

Aquarell/Bleistift, 24,8 x 32,5 cm
Staatliche Graphische Sammlung München

170

KALAMATA, 1835

Aquarell/Bleistift, 33,5 x 92,8 cm
Staatliche Graphische Sammlung München

171

KALAMATA, 1836/38

Aquarell/Bleistift, 24,8 x 32,2 cm
Staatliche Graphische Sammlung München

Bildthemen aus Griechenland

172

OLYMPIA, UM 1837

Aquarell/Bleistift, 21,3 x 29,7 cm
Staatliche Graphische Sammlung München

173

DELOS, 1840

Aquarell/Bleistift, 24,7 x 35 cm
Staatliche Graphische Sammlung München

174

DELOS, 1837

Öl/Pappe, 35,5 x 45,5 cm
Staatliche Kunsthalle Karlsruhe

175

NAXOS – GERÖLLHALDE, 1835

Aquarell/Bleistift, 29,8 x 44,4 cm
Düsseldorf, Kunstmuseum im Ehrenhof

176

NAXOS, UM 1836

Aquarell/Bleistift, 24,5 x 30,2 cm
Privatbesitz

177

NAXOS, UM 1836/38

Aquarell/Bleistift, 23 x 30,4 cm
Staatliche Graphische Sammlung München

178

NAXOS, 1845/48

Öl/Leinwand, 68,2 x 84 cm
Sammlung Georg Schäfer Schweinfurt

179

SANTORIN, 1835

Bleistift, 49 x 67,2 cm
Hessisches Landesmuseum Darmstadt

180

SANTORIN, 1835

Aquarell/Bleistift, 25,2 × 44,3 cm
Kurpfälzisches Museum Heidelberg

181

SANTORIN, 1845

Aquarell/Bleistift, 27,7 x 38 cm
Staatliche Graphische Sammlung München

V.
Das Spätwerk: Rottmanns kosmische Landschaften

Einer der herausragendsten Aspekte in Rottmanns Landschaftskunst ist die Auseinandersetzung mit dem kosmischen Licht. Daß ihn das Licht als Phänomen schon zu Anfang seiner künstlerischen Laufbahn in Heidelberg intensiv beschäftigte, zeigt sich in dem berühmten Aquarell von 1815 (Kat. 2) und dem frühen Ölbildchen von ca. 1820 (Kat. 1). Als bildprägendes Thema gewinnt es im Werk der 1840er Jahre zentrale Bedeutung. Impulsgebend für die Dominanz des himmlischen Lichts in Rottmanns Landschaften war zweifellos die Arbeit an den griechischen Wandbildern. Nicht zuletzt aufgrund der Erfahrung des Künstlers, daß im Griechenland des frühen 19. Jahrhunderts kaum noch Baudenkmale der antiken Hochkultur zu finden waren, konzentrierte er sich im Griechenlandzyklus auf die himmlische, bisweilen phänomenale wie stimmungsintensive Lichtgebung. Diese sollte die Landstriche mit historisch bedeutungsvollen Namen allgemeingültig ins Weltgeschichtliche überhöhen (siehe S. 235).[1]

Die Verlagerung des Darstellungsschwerpunkts vom irdischen Landschaftsmotiv auf den kosmischen Bereich beinhaltete zudem die Erweiterung von Rottmanns – im Naturbereich gespiegelter – Geschichtsauffassung: Das zeitlich Endliche von erd-, natur- und kulturgeschichtlichen Entwicklungen wird hier relativiert im Kontext der Ewigkeit, des Universums. So tritt auf den Landschaftskompositionen der 1840er Jahre das topographisch wiedererkennbare Motiv weitgehend zurück; der Horizont wird tief gelegt, und der alles umspannende, über die Horizontlinie hinausgehende Himmel beherrscht die Darstellung. Beispielhaft hierfür sind die beiden Wiederholungen in Öl der Wandgemäldekompositionen *Delos* (Kat. 191)[2] und *Epidauros* (Kat. 192)[3], die zugleich auch als Tageszeiten miteinander korrespondieren. Verleiht auf *Delos* die seitlich einfallende Morgensonne der fernen Landschaft verklärenden Charakter, so erhält *Epidauros* durch das rotglühende, im Sonnenball zentrierte Abendlicht eine elegische Stimmung. Losgelöst aus dem Zusammenhang des Zyklus, der von unterschiedlichen Licht-Wetter-Verhältnissen bestimmt war, kommentiert Rottmann die Bildkombination gegenüber einem potentiellen Käufer in einem Brief von 1849 lapidar: »... dem kürzlich vollendeten Abendbildchen habe ich einen Morgen vermählt, an welchen ich aber noch letzte Hand zu legen habe, um wie ich hoffe ihm ebenbürtig zu werden; beide jungen Leutchen möchte ich nun nicht gerne schon wieder trennen, denn wenn es wahr ist das Mann und Weib sich gegenseitig ergänzen und geltendermachen so ist diess in der Landschaftsmalerey bei dem Vorwurfe der Tageszeiten der Fall, die Abendgluth wird durch die Kühle des Morgens erhöht, und umgekehrt.«[4]

Die Anzahl der Werke, die Rottmann über den Themenkreis des Griechenlandzyklus hinaus in den 1840er Jahren schuf und in denen das kosmische Stimmungslicht bildbeherrschend ist, ist relativ klein. In erster Linie gehört hierzu Rottmanns bekannteste Bildfindung, der *Hohe Göll* von 1845/46 (Kat. 27, 28, 30-33). Im übrigen gibt es einige Landschaftsbilder, auf denen die namenlose Darstellung lediglich auf eine schmale verschattete Uferzone und den angrenzenden Ozean wie auf *Klippe im Ägäischen Meer* (Kat. 184) reduziert ist; darüber dehnt sich der weite durchlichtete oder vom Rotton der untergehenden Sonne bestimmte Himmel.[5]

Darüber hinaus läßt sich eine Bildgruppe nachweisen, die im Rahmen der späten kosmischen Landschaften Rottmanns zweifellos die interessanteste ist und wohl als privates Nebenprodukt zur Auseinandersetzung mit der *Schlachtfeld von Marathon*-Komposition für den Griechenlandzyklus entstand.[6] Rottmann konzentriert sich hier sukzessive auf die Durchgestaltung des stürmischen, wolkenreichen Himmels als primären, weniger stimmungshaften als historisch inhaltlichen Ausdrucksträger. Das Gemälde *Meeresküste bei Sturm* (Kat. 186), auf dem noch Requisiten einer belebten Landschaft (Hügel, Baum, Schafherde, archäologisches Architekturfragment) im Vordergrund eingefügt sind, stellt im Vergleich zu den folgenden (oder gleichzeitig entstandenen?) Bildern einen im warmen Galerieton gehaltene, relativ konventionelle Lösung dar. Auf dem Berliner Ölbild *Marathon* (Kat. 187), wohl eine der letzten Kompositionen Rottmanns, sind manche Details der *Meeresküste bei Sturm* zwar noch vorhanden, doch ist hier die Darstellung im dramatischen Gewitterhimmel verdichtet. In höchster malerischer Vollendung gibt Rottmann in *Marathon* vielmehr einem komplexen Geschichtsbild Ausdruck, das sich aus der Konzentration auf die Elemente – Erde, Wasser, Himmel –, der spezifischen Lichtgebung und der allumfassenden kreisenden, Himmel wie Erde einschließenden Komposition erklärt (siehe auch S. 36ff.).

Als experimentelle Vorstufen zu diesen durchkomponierten Gemälden sind die zwei vergleichsweise kleinformatigen Arbeiten zu sehen, hier jeweils betitelt mit *Kosmische Landschaft* (Kat. 189, 190), auf denen sich Rottmann mit Fragen der adäquaten malerischen Formgebung von Wolkenmassen als plastisch wirkende und zugleich physikalisch leichte Gebilde beschäftigt zu haben scheint. Dementsprechend offen, ja abstrakt wirkt der Pinselduktus auf der *Kosmischen Landschaft* in Öl (Kat. 190). Die landschaftlichen Details erschließen sich nur dem in die Kunst Rottmanns eingesehenen Betrachter. Was die Gestaltung des dominanten Himmels angeht, so finden sich hier bereits alle Momente angelegt, die auch auf *Meeresküste bei Sturm* (Kat. 186) und *Marathon* (Kat. 187) relevant sind: die aufsteigende Dunkelzone links und innerhalb der hellen Wolkenmassen eine Blauzone als Rückverweis auf das Universum. Ähnliches gilt für die technisch nicht exakt bestimmbare, auf Weiß- und vor allem Schwarztöne reduzierte *Kosmische Landschaft* (Kat. 189). Der künstlerische Umgang mit der verfließenden schwarzen Farbsubstanz deutet darauf hin, daß hier eine erste Bildidee für die Gestaltung des Himmels als eigener kosmischer Ereignisraum verifiziert wurde. – In der skizzierten, nachvollziehbaren Projektion der Historie auf den Kosmos in Rottmanns Spätwerk konkretisiert sich die eigenständige Leistung dieses deutschen Landschaftsmalers innerhalb der europäischen Landschaftsmalerei um die Mitte des 19. Jahrhunderts am deutlichsten.

Daß Rottmann am Ende seines Lebens durch die Kunst William Turners in seinem eigenen Schaffen angeregt wurde, erweist sich unter anderem aus dem Aquarell *Sonnenuntergang* (Kat. 183)[7] und der Kohlezeichnung *Landschaft mit Regenbogen* (Kat. 185) – für sich sprechende Einzelbeispiele, wobei nicht auszumachen ist, wer oder was Rottmann zu welchem Zeitpunkt Kenntnis von Turner-Originalen gegeben hat. Für das *Sonnenuntergang*-Aquarell gibt es Hunderte von Vergleichsbeispielen im Turner-Nachlaß der Londoner Tate Gallery.[8] Und für die *Landschaft mit Regenbogen* seien nur die 1976 in der Hamburger Kunsthalle ausgestellten Vergleichsbeispiele genannt.[9] Hier schließt sich der Kreis zweier kongenialer wie gegensätzlicher europäischer Landschaftsmaler, für die Historie im Landschaftsbild ein zentrales Thema war.

Erika Rödiger-Diruf

Anmerkungen

1 Rottmann blendete selbst bei den historischen Orten wie *Epidauros*, wo bis heute noch das antike Amphitheater vorhanden ist, das geschichtliche Baumonument aus seinen Landschaften aus.
2 Bierhaus-Rödiger 1978, Kat. Nr. 573.
3 Bierhaus-Rödiger 1978, Kat. Nr. 585.
4 Bierhaus-Rödiger 1978, Dok. 85 (3.8.1849, München, an Herrn Breul).
5 Bierhaus-Rödiger 1978, Kat. Nr. 686, 688.
6 Bierhaus-Rödiger 1978, Kat. Nr. 613.
7 Siehe auch Bierhaus-Rödiger 1978, Kat. Nr. 689.
8 1971 konnte die Autorin dank eines Stipendiums der Fritz Thyssen-Stiftung in London diesbezüglich recherchieren.
9 Kat. Ausst. William Turner und die Landschaft seiner Zeit. Hamburger Kunsthalle, 19.5.-18.7.1976, Kat. Nrn. 123, 124.

182

PRIESTER BEI SONNENAUFGANG, UM 1845

Aquarell/Bleistift, 11,5 x 18,2 cm
Kurpfälzisches Museum Heidelberg

183

SONNENUNTERGANG (WOHL NACH 1845)

Aquarell, 16,3 × 25,8 cm
Kurpfälzisches Museum Heidelberg

184

KLIPPE IM ÄGÄISCHEN MEER, UM 1850

Öl/Pappe, Durchmesser 30 cm
Bayerische Staatsgemäldesammlungen München, Schack-Galerie

Kosmische Landschaften

185

LANDSCHAFT MIT REGENBOGEN, GEGEN 1850

Kohle, 15,8 x 22,5 cm
Kurpfälzisches Museum Heidelberg

186

MEERESKÜSTE BEI STURM, UM 1850

Öl/Leinwand, 80 x 143,8 cm
Bayerische Staatsgemäldesammlungen München,
Schack-Galerie

187

MARATHON, UM 1850

Öl/Leinwand, 91 x 90,5 cm
Staatliche Museen zu Berlin, Nationalgalerie

Kosmische Landschaften

188

Einsame Landschaft mit Schafherde,
um 1848/50

Öl/Leinwand, 76,5 x 69,5 cm
Landesmuseum Oldenburg

Kosmische Landschaften

189

KOSMISCHE LANDSCHAFT

Mischtechnik/Holz, 23 x 32 cm
Sammlung Maibaum, Lübeck

Kosmische Landschaften

190

KOSMISCHE LANDSCHAFT

Öl/Leinwand, 40 x 55 cm
Privatbesitz

191

DELOS, 1849

Öl/Leinwand, 49 x 61 cm
Städtische Galerie im Lenbachhaus, München

Kosmische Landschaften

192

EPIDAUROS, 1843

Öl/Leinwand, 49,5 x 62,5 cm
Bayerische Staatsgemäldesammlungen München

Zusätzliche Exponate

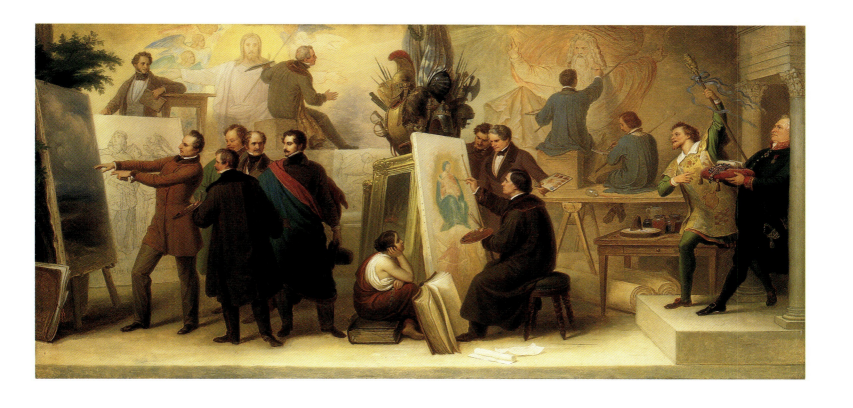

Wilhelm von Kaulbach (1804-1874)

A 3

»Die von König Ludwig I. zur Ausführung seiner Ideen berufenen Künstler im Fache der Historien-, Schlachten-, Landschafts- und Genremalerei«

Öl/Leinwand, 80,3 x 167 cm
Bayerische Staatsgemäldesammlungen München

Leo von Klenze (1784-1864)

A 9

WANDDEKORATION DER HOFGARTENARKADEN
(Projekt zum Griechenland-Zyklus)

Aquarell/Bleistift, 21,5 x 33,5 cm
Staatliche Graphische Sammlung München

Georg Michael Kurz (1815-1883)

A 11

Die Italienischen Landschaften Carl Rottmanns, um 1870

Öl/Leinwand, 28 Einzelbilder zu 20,5 x 24 cm
Kurpfälzisches Museum Heidelberg

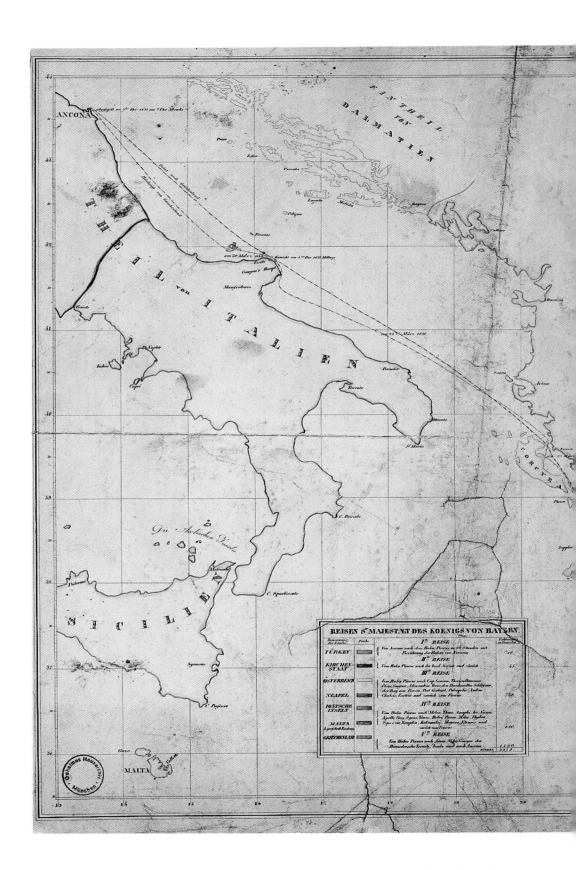

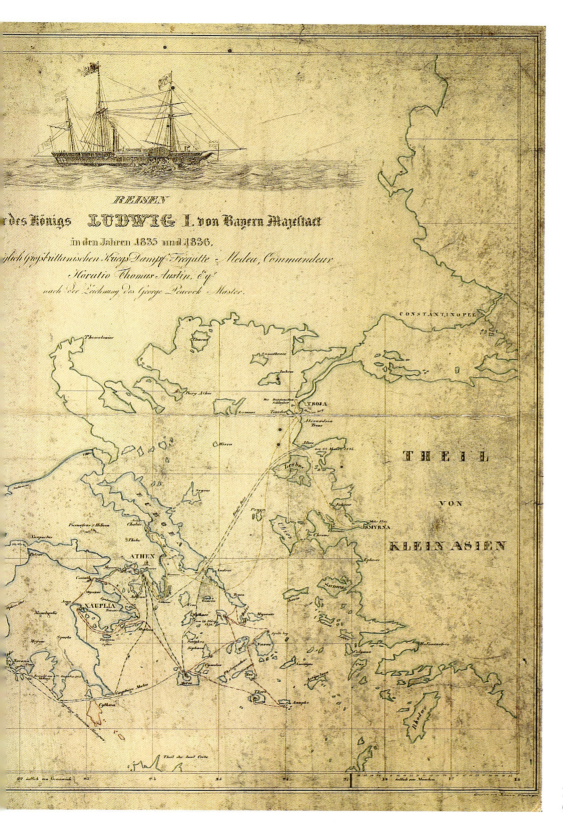

Reiseroute Ludwigs I. in Griechenland 1836/37

Anhang

Werkkatalog

mit Literatur in Auswahl. Bearbeitet von Andreas Hahn

I. Deutschland und der Alpenraum

1
Blick auf das Heidelberger Schloß und die Rheinebene, 1820/22
Öl/Holz, 27,2 x 26,7 cm
Bez. rechts unten: *Rottmann*
Inv. G 2501
Kurpfälzisches Museum Heidelberg
Lit.: Rödiger-Diruf 1989, Kat. Nr. N2; Kat. Mus. Heidelberg 1991, Nr. 76 (m. Abb.)

2
Blick auf das Heidelberger Schloß, 1815
Aq./Feder, 55,5 x 74,5 cm
Bez. links unten: *C. Rottmann 1815*
Inv. Z 1453
Kurpfälzisches Museum Heidelberg
Lit.: Schorns Kunstblatt, 5.1.1829, Nr. 2, S. 5; Pecht 1879, S. 6; Boetticher II, 1898, Abt. 1, Nr. 7; Kat. Ausst. Heidelberg 1919, Nr. 56 (m. Abb.); Baudissin 1924, S. 31-41, Abb. S. 31; Biehler 1924, Abb. S. 257; Krauß 1930, S. IX, XIII, 16-24, Farbtaf. I, II; Geese 1931, S. 94f; v. Schneider 1938, S. 199; Richter 1950, S. 187, 281; Decker 1957, Nr. 3, S. 12, 55, Abb. 3; Schefold 1971, I, S. 251, II, Nr. 198, m. Farbabb.; Bierhaus-Rödiger 1978, Kat. Nr. 6

3
Baden-Baden, 1819
Aq./Blst., 42,6 x 57 cm
Bez. auf dem Untersatzpapier (wohl von fremder Hand): *1819 Carl Rottmann fecit*
Inv. Z 1470
Kurpfälzisches Museum Heidelberg
Lit.: Kat. Ausst. Heidelberg 1919, Nr. 57; Kircher 1928, S. 58, Abb. 24; Krauß 1930, S. 7, 32-34, Abb. 12; Geese 1931, S. 95; Kat. Ausst. Mannheim 1935/36, Nr. 33; Decker 1957, Nr. 10, S. 13, 55, Abb. 8; v. Schneider 1968, S. 73; Fuß 1970, S. 95f; Rödiger-Bierhaus 1978, Kat. Nr. 13

4
Ruine einer Kapelle in der Nähe eines Flusses, bei aufgehendem Mond, um 1820
Öl/Lw., 33,5 x 45 cm
Bez. links unten: *C. Rottmann*
Inv. G 12766
Städtische Galerie im Lenbachhaus, München
Lit.: Kat. Ausst. Kunstverein München 1826, Nr. 304; Krauß 1930, S. 106; Decker 1957, Nr. 125, S. 62; Bierhaus-Rödiger 1978, Kat. Nr. 61; Rödiger-Diruf 1989, S. 168; Kat. Ausst. Tampere 1991, Nr. 139, S. 293, Abb. 118

5
Salzburg, Kapuzinergarten, 1822
Aq./Feder, 21,3 x 17,2 cm
Bez. links unten: *Rottmann*
Inv. Z 1386
Kurpfälzisches Museum Heidelberg
Lit: Krauß 1930, S. 77-81, 133, Abb. 16; Geese 1931, S. 96; Kat. Ausst. Mannheim 1935/36, Nr. 32; Schwarz 1936, Abb. 38, 39; Decker 1957, Nr. 85, S. 59f, Abb. 10; Kat. Ausst. Salzburg 1959, Nr. 189; Ost 1971, S. 156; Schwarz 1977, Nr. 139 (m. Abb.); Bierhaus-Rödiger 1978, Kat. Nr. 15

6
Tor in Salzburg, 1824
Aq./Blst., 35,3 x 26,5 cm
Bez. rechts unten: *C Rottmann 1824*
Privatbesitz
Lit.: Kat. Aukt. Boerner, Leipzig, 25.5.1938, Nr. 354, Abb. Taf. XVI; Decker 1957, Nr. 86, Abb. 16; Bierhaus-Rödiger 1978, Kat. Nr. 33

7
Felspartie mit Bäumen, 1822/23
Aq./Feder, 56,5 x 47 cm
Inv. 23582
Kupferstichkabinett der Akademie der bildenden Künste Wien
Lit.: Decker 1957, Nr. 880, S. 103; Bierhaus-Rödiger 1978, Kat. Nr. 17

8
Inntal bei Brannenburg, 1823
Aq./Feder, 23,7 x 46,4 cm
Inv. 7296
Kupferstichkabinett der Akademie der bildenden Künste Wien
Lit.: Krauß 1930, S. 99; Decker 1957, Nr. 15, S. 56; Bierhaus-Rödiger 1978, Kat. Nr. 16

9
Inntal – Heuberg, 1824
Aq./Blst./Feder, 29,7 x 23,8 cm
Privatbesitz München
Lit.: Decker 1957, Nr. 18, S. 56, Abb. 331; Kat. Ausst. Lübeck 1969, Nr. 153; Heine 1972, Abb. 82; Bierhaus-Rödiger 1978, Kat. Nr. 34

10
Felspartie bei Oberaudorf, 1824
Aq./Blst., 23,7 x 35,9 cm
Bez. links unten: *C Rottmann*, rechts unten: *Oberaudorf*
Inv. SZ 2
Staatliche Museen zu Berlin, Kupferstichkabinett
Lit.: Krauß 1930, S. 242; Decker 1957, Nr. 25, S. 56; Bierhaus-Rödiger 1978, Kat. Nr. 36; Kat. Ausst. München 1995, Nr. 399, Farbtaf. 372

11
Felspartie bei Oberaudorf, 1824
Aq./Blst., 28,5 x 47,8 cm
Privatbesitz München
Lit.: Decker 1957, Nr. 26, S. 56, Abb. 32a; Bierhaus-Rödiger 1978, Kat. Nr. 35; Kat. Ausst. München 1979, Nr. 109 (m. Abb.)

12
Inntal bei Brannenburg, 1825/26
Öl/Lw., 35 x 51 cm
Inv. 679
Museum der bildenden Künste Leipzig
Lit.: Kat. Ausst. Kunstverein München 1826, Nr. 6, S. 15; Boetticher II, 1898, Abt. I, Nr. 60; Decker 1957, Nr. 28, S. 56; Kat. Mus. Leipzig 1967, Nr. 679, S. 170; Bierhaus-Rödiger 1978, Kat. Nr. 57; Kat. Mus. Leipzig 1979, Nr. 679, S. 198, Abb. S. 338; Kat. Ausst. Tampere 1991, Nr. 141, S. 293; Kat. Ausst. Leipzig 1992, Nr. 142, S. 148; Kat. Mus. Leipzig 1995, Nr. 569 (m. Abb.)

13
Starnberger See, 1856
Aq./Blst., 15 x 17 cm
Inv. Z 1377
Kurpfälzisches Museum Heidelberg
Lit.: Kat. Ausst. Wiesbaden 1936, Nr. 573; Decker 1957, Nr. 113, S. 61, Abb. 335; Bierhaus-Rödiger 1978, Kat. Nr. 530; Kat. Ausst. München 1979, Nr. 387; Schober 1979, Nr. 259 (m. Abb.)

14
Blick von der Rottmannshöhe, 1840/43
Öl/Papier/Lw., 24 x 62 cm
Inv. 9069
Bayerische Staatsgemäldesammlungen München
Lit.: Decker 1957, Nr. 114, S. 61, Abb. 339; Bierhaus-Rödiger 1978, Kat. Nr. 632; Kat. Mus. München 1984, S. 426f (m. Abb.)

15
Wettersteingebirge von Murnau aus, 1840/43
Öl/Papier/Lw., 30 x 61 cm
Inv. G 4447
Städtische Galerie im Lenbachhaus, München
Lit.: Kat. Ausst. München 1955, Nr. 7; Decker 1957, Nr. 109, S. 61, Abb. 337; Bierhaus-Rödiger 1978, Kat. Nr. 635; Kat. Ausst. München 1979, Nr. 430; Kat. Ausst. Rosenheim 1987, Nr. 171 (m. Abb.)

16
Blick über einen bayerischen See, um 1843
Öl/Papier/Lw., 30 x 61,5 cm
Inv. G 4448
Städtische Galerie im Lenbachhaus, München
Lit.: Kat. Ausst. München 1955, Nr. 8: Decker 1957, Nr. 108, S. 61, Abb. 338; Bierhaus-Rödiger 1978, Kat. Nr. 634; Kat. Ausst. München 1979, Nr. 429; Kat. Ausst. Rosenheim 1987, Nr. 172 (m. Abb.)

17
Landschaft mit Kapelle, 1842/45
Blst./Aq., 21,5 x 25,3 cm
Inv. Z 1382
Kurpfälzisches Museum Heidelberg
Lit.: Decker 1957, Nr. 170, S. 64; Bierhaus-Rödiger 1978, Kat. Nr. 644

18
Oberbayerische Landschaft (Blick auf den Herzogstand?), um 1840
Öl/Papier/Karton, 29,6 x 41,7 cm
Inv. G 473
Museum Folkwang Essen
Lit.: Rödiger-Diruf 1989, Kat. Nr. N25

19
Zugspitze, 1823/24
Aq./Blst./Feder, 29,5 x 22,5 cm
Inv. 1967/KH 33
Kunsthalle zu Kiel
Lit.: Kat. Aukt. Karl und Faber, München, 7./8.6.1967, Nr. 402, Abb. S. 119; Bierhaus-Rödiger 1978, Kat. Nr. 23; Kat. Mus. Kiel 1991, S. 128 (m. Abb.)

20
Obersee mit Watzmann, 1825
Aq./Blst., 30,5 x 44,5 cm
Bez. links unten: *Am 14. Aug. 25*
Inv. C.1908-434
Staatliche Kunstsammlungen Dresden, Kupferstichkabinett
Lit.: Krauß 1930, S. 202, Abb. 27; Decker 1957, Nr. 40, S. 57, Abb. 34; Bierhaus-Rödiger 1978, Kat. Nr. 44

21
Obersee mit Watzmann, um 1825/26
Öl/Lw., 27 x 38 cm
Privatbesitz
Lit.: Decker 1957, Nr. 82, S. 59, Abb. 25; Bierhaus-Rödiger 1978, Kat. Nr. 45; Wichmann 1981, S. 77, Nr. 170

22
Eibsee, 1825
Öl/Lw., 76 x 98 cm
Bez. links unten: *C. Rottmann 1825*
Inv. WAF 847
Bayerische Staatsgemäldesammlungen München
Lit.: Kat. Ausst. Kunstverein München 1825, Nr. 183; Pecht 1879, S. 10; Boetticher II, 1898, Abt. 1, Nr. 4; Oldenbourg 1922, I, S. 229, Abb. S. 231; Krauß 1930, S. IX, X, 68, 93, 105, 110, 244, Abb. S. 95; Geese 1930, S. 814; Rohr 1930, S. 130f, Abb. 119; Geese 1931, S. 96; Lohmeyer 1935, S. 215, 269; Herzberg 1944, S. 61f; Kat. Ausst. München 1955, Nr. 5; Decker 1957, Nr. 77, S. 59, Nr. 104, S. 61, Abb. 30; Kat. Ausst. London 1959, Nr. 303; Kat. Ausst. München 1967, S. 81, Abb. 44; Grote 1969, S. 235, Nr. 235; Kat. Mus. München 1967, S. 81; Bierhaus-Rödiger 1978, Kat. Nr. 51; von Einem 1978, S. 174f, Kat. Nr. 175, Abb. 175; Kat. Ausst. München 1979, Nr. 111, Farbtaf. S. 409; Ruhmer 1981, S. 246, Abb. 217; Kat. Mus. München 1982, S. 285 (m. Abb.); Bruckmann 1982, Nr. 604 (m. Abb.); Kat. Mus. München 1984, S. 364-366; Rödiger-Diruf 1989, S. 171f; Rödiger-Diruf 1996, S. 231, Abb. S. 232

23
Kochelsee, 1825
Öl/Lw., 24 x 32,5 cm
Inv. 11476
Bayerische Staatsgemäldesammlungen München, Schack-Galerie
Lit.: Kat. Ausst. Kunstverein München 1825, Nr. 217; Boetticher II, 1898, Abt. I, Nr. 66; Krauß 1930, S. 88f; Decker 1957, Nr. 100, S. 60; Kat. Mus. München 1969, I, S. 308f, II, Abb. 20; Bierhaus-Rödiger 1978, Kat. Nr. 53; Ruhmer 1981, S. 247, Abb. 219; Lammel 1986, S. 262

24
Felswand mit Wasserfall, 1830-32
Öl/Papier/Lw., 38 x 30 cm
Bez. links unten: *Rottmann*
Privatbesitz
Lit.: Bierhaus-Rödiger 1978, Kat. Nr. 282

25
Hintersee, 1832
Öl/Lw., 70 x 84 cm
Inv. 91
Staatsgalerie Stuttgart
Lit.: Lewald 1835, S. 219; Boetticher II, 1898, Abt. I, Nr. 10; Krauß 1930, S. 202f; Decker 1957, Nr. 42, S. 57; Bierhaus-Rödiger 1978, Kat. Nr. 285

26
Hintersee mit Dachstein, 1839
Öl/Lw., 70,5 x 85,5 cm
Bez. rechts unten: *CR* (ligiert)
Museum Oskar Reinhart am Stadtgarten, Winterthur
Lit.: Kat. Ausst. Kunstverein München 1839, Nr. 220; Decker 1957, Nr. 76, S. 59, Abb. 29; Kat. Mus. Winterthur 1971, S. 69, Nr. 340; Bierhaus-Rödiger 1978, Kat. Nr. 537; Kat. Mus. Winterthur 1979, Bd. 2, Nr. 90, S. 246f; Vignau-Wilberg 1979, S. 798; Kat. Mus. Winterthur 1993, S. 98

27
Hoher Göll im Mondschein, Ende 20er Jahre
Öl/Lw., 37 x 47 cm
Inv. 43125786
Sammlung Georg Schäfer Schweinfurt
Lit.: Boetticher II, 1898, Abt. I, Nr. 67; Decker 1957, Nr. 63, S. 58; Hanfstaengl 1957, S. 266f; Kat. Ausst. Heidelberg 1969, S. 53, Nr. 57 (m. Abb.); Kat. Ausst. Kiel 1972, S. 52, Nr. 99; Kat. Ausst. Nürnberg 1977, Nr. 155, S. 153 (m. Abb.); Bierhaus-Rödiger 1978, Kat. Nr. 666

28
Hoher Göll im Abendlicht, um 1845
Öl/Lw., 38 x 48 cm
Inv. 11472
Bayerische Staatsgemäldesammlungen München, Schack-Galerie
Lit.: Decker 1957, Nr. 62, S. 58; Kat. Mus. München 1969, I, S. 309-312, II, Abb. 22; Bierhaus-Rödiger 1978, Kat. Nr. 637

29
Dachstein, 1842/45
Öl/Papier auf Lw., 67 x 81 cm
Inv. 8427, WV 649
Bayerische Staatsgemäldesammlungen München
Lit.: Geese 1930, Taf. XXIII; Decker 1957, Nr. 80, S. 59; Bierhaus-Rödiger 1978, Kat. Nr. 649; Wichmann 1981, S. 77, Abb. 169; Kat. Mus. München 1984, S. 374f (m. Abb.)

30
Hoher Göll im Abendglühen, um 1845
Aq./Blst., 16,1 x 17,7 cm
Privatbesitz
Lit.: Decker 1957, Nr. 52, S. 58, Abb. 346; Bierhaus-Rödiger 1978, Kat. Nr. 655

31
Hoher Göll im Abendglühen, 1846
Öl/Lw., 27 x 36 cm
Inv. G 385
Städtische Galerie im Lenbachhaus, München
Lit.: Decker 1957, Nr. 64, S. 58; Kat. Ausst. München 1969; Kat. Mus. München 1969, S. 310; Bierhaus-Rödiger 1978, Kat. Nr. 656

32
Hoher Göll im Abendglühen, 1846
Aq./Blst., 16,5 x 23,8 cm
Bez. links unten (von fremder Hand): *Hohe Göhl C Rottmann*, rechts unten: *Im Besitze S. M. des Königs Ludwig.*
Inv. Hz 1288
Hessisches Landesmuseum Darmstadt
Lit.: Krauß 1930, S. 242; Decker 1957, Nr. 54, 146, S. 58, 63; Bierhaus-Rödiger 1978, Kat. Nr. 658

33
Hoher Göll mit Hintersee, 1846
Öl/Lw., 90 x 113,3 cm
Bez. verso: *Gem. v. C.Rottmann München 1846*
Inv. WAF 848
Bayerische Staatsgemäldesammlungen München
Lit.: Boetticher II, 1898, Abt. I, Nr. 21; Krauß 1930, S. 244; Decker 1957, Nr. 58, S. 58, Abb. 345; Kat. Ausst. Salzburg 1960, Nr. 167; Kat. Mus. München 1969, ohne Nr.; Kat. Mus. München 1969, S. 310; Bierhaus-Rödiger 1978, Kat. Nr. 659; Kat. Ausst. München 1979, Nr. 441; Wichmann 1981, S. 69, Abb. 144; Ruhmer 1981, S. 246f, Abb. 218; Kat. Mus. München 1984, S. 376-378 (m. Abb.)

34
Staufen bei Reichenhall, 1825
Aq./Blst., 27,7 x 37,6 cm
Inv. KK 1864.23.2
Öffentliche Kunstsammlung Basel, Kupferstichkabinett
Geschenk von Emilie Linder 1864
Lit.: Decker 1957, Nr. 92, S. 60, Abb. 22; Bierhaus-Rödiger 1978, Kat. Nr. 39; Kat. Ausst. Basel 1982/83, Nr. 122, S. 216f, Abb. 68

35
Staufen bei Reichenhall, 1825
Aq./Blst., 27,4 x 26 cm
Privatbesitz
Lit.: Kat. Ausst. München 1955, Nr. 58; Decker 1957, Nr. 93, S. 60, Abb. 20; Bierhaus-Rödiger 1978, Kat. Nr. 40

36
Staufen – Walser Heide, 1833
Öl/Lw., 37 x 47,5 cm
Bez. verso: *C. Rottmann fet. II/33*
Inv. 709
Kunsthalle zu Kiel
Lit.: Kat. Mus. Kiel 1973, S. 181 (m. Abb.); Bierhaus-Rödiger 1978, Kat. Nr. 293; Kat. Ausst. München 1979, Nr. 338; Rödiger-Diruf 1989, S. 184-188; Kat. Ausst. Tampere 1991, Nr. 140

37
Staufen – Walser Heide, um 1834
Aq./Blst., 26 x 33,5 cm
Inv. 391-288
Museum Boijmans Van Beuningen, Rotterdam
Lit.: Kat. Ausst. Rotterdam 1964, S. 66, Nr. 132 (m. Abb.); Bierhaus-Rödiger 1978, Kat. Nr. 296; Kat. Mus. Rotterdam 1987, Nr. 42, S. 38 (m. Abb.)

38
Staufen – Walser Heide, 1834
Aq./Blst., 26 x 33,4 cm
Bez. rechts unten: *CR* (ligiert)
Inv. 896
Staatliche Graphische Sammlung München
Lit.: Krauß 1930, S. 232; Decker 1957, Nr. 94, S. 60, Abb. 18; Kat. Ausst. Kiel 1960, Nr. 125; Bierhaus-Rödiger 1978, Kat. Nr. 297

39
Staufen, gegen 1850
Öl/Lw., 37 x 46,5 cm
Inv. 23125637
Sammlung Georg Schäfer Schweinfurt
Lit.: Decker 1957, Nr. 96, S. 60, Abb. 21; Bierhaus-Rödiger 1978, Kat. Nr. 682

II. Italien

40
Schlern bei Bozen, wohl um 1829
Aq./Blst., 27,1 x 35,8 cm
Inv. Z 1385
Kurpfälzisches Museum Heidelberg
Lit.: Decker 1957, Nr. 55, S. 58; Kat. Ausst. Salzburg 1959, Nr. 194; Bierhaus-Rödiger 1978, Kat. Nr. 533

41
Trient, 1852
Bleistift, Kohle auf Papier/Lw., 147,5 x 171,5 cm
Inv. AE 2566
Hessisches Landesmuseum Darmstadt
Lit.: Kat. Ausst. München 1851, Nr. 396; Bruckmann 1871, Taf. 1; Bayersdorfer 1877, S. 9; Decker 1957, Nr. 215, S. 66; Bierhaus-Rödiger 1978, Kat. Nr. 236; Kat. Ausst. Darmstadt 1989, S. 44, Nr. 11 (m. Abb.)

42
Trient, 1852
Fresko, 145,5 x 169,5 cm
Inv. Res. Mü. 339 G.w.
Residenzmuseum München – Bayerische Verwaltung der staatlichen Schlösser, Gärten und Seen
Lit.: Schorns Kunstblatt, 28.8.1834, Nr. 69, S. 273f; Haderer 1834, S. 9-11; Kat. Ausst. München 1955, Nr. 33; Decker 1957, Nr. 214, S. 66, Abb. 35; Börsch-Supan 1972, S. 120, Farbabb. 72; Bierhaus-Rödiger 1978, Kat. Nr. 237

43
Veroneser Klause, 1829
Aq./Blst., 29,5 x 43,8 cm
Inv. KK 1864.23.3
Öffentliche Kunstsammlung Basel, Kupferstichkabinett
Geschenk von Emilie Linder 1864
Lit.: Decker 1957, Nr. 232; Bierhaus-Rödiger 1978, Kat. Nr. 164; Kat. Ausst. Basel 1982/83, Nr. 125, S. 219f, Farbtaf. IV

44
Veroneser Klause, um 1829/30
Kohle, weiß gehöht auf Papier/Lw., 147 x 172 cm
Inv. AE 2536
Hessisches Landesmuseum Darmstadt
Lit.: Kat. Ausst. München 1851, Nr. 397; Bruckmann 1871, Taf. 2; Decker 1957, Nr. 231, S. 67; Bierhaus-Rödiger 1978, Kat. Nr. 197; Kat. Ausst. Darmstadt 1989, S. 46, Nr. 12 (m. Abb.)

45
Veroneser Klause, 1830
Fresko, 141 x 172 cm
Inv. Res. Mü. 340 G.w.
Residenzmuseum München – Bayerische Verwaltung der staatlichen Schlösser, Gärten und Seen
Lit.: v. Schaden 1832, S. 8; Schottky 1833, S. 266, Nr. 2; Haderer 1834, S. 12-14; Schorns Kunstblatt, 28.8.1834, Nr. 69, S. 273f; Pecht 1879, S. 18; Kat. Ausst. München 1955, Nr. 34; Decker 1957, Nr. 230, S. 67, Abb. 36; Bierhaus-Rödiger 1978, Kat. Nr. 198

46
Mondscheinstudie, 1826
Aq., 26,3 x 34,2 cm
Bez. verso (von fremder Hand): *Carl Rottmann gest. 1850 (Mondscheinstudie) aus dem Besitze der Familie; Naturstudie von 1835*
Inv. MS II 2231
Münchner Stadtmuseum
Lit.: Maillinger 1876, II, S. 122; Kat. Ausst. München 1911, Nr. 18; Krauß 1930, S. 108; Decker 1957, Nr. 178, S. 64f, Abb. 327; Bierhaus-Rödiger 1978, Kat. Nr. 64

47
Marineszene bei Mondschein, 1826
Aq./Blst., 18,2 x 28,5 cm
Inv. NI 702
Museum der bildenden Künste Leipzig
Lit.: Bierhaus-Rödiger 1978, Kat. Nr. 65; Kat. Ausst. Leipzig 1992, Nr. 147, S. 149

48
Nizza, 1826
Aq./Blst., 11,5 x 31,5 cm
Bez. links unten: *CRottmann*
Privatsammlung
Lit.: Decker 1957, Nr. 224, S. 67; Bierhaus-Rödiger 1978, Kat. Nr. 72

49
Bucht von Genua, 1826
Aq./Blst., 21 x 49 cm
Privatbesitz
Lit.: Decker 1957, Nr. 221; Kat. Aukt. Karl und Faber, München, 10./11.6.1958, Nr. 382; Bierhaus-Rödiger 1978, Kat. Nr. 74; Rödiger-Diruf 1989, S. 172

50
Bucht von Genua, 1826
Öl/Lw., 35 x 48 cm
Privatbesitz
Lit.: Rödiger-Diruf 1989, S. 172f, Kat. Nr. N8

51
Bucht von Genua, 1826
Öl/Lw., 52 x 78 cm
Bez. rechts unten: *Rottmann*
Privatbesitz, Schweiz
Lit.: Decker 1957, Nr. 366, S. 75; Bierhaus-Rödiger 1978, Kat. Nr. 77; Rödiger-Diruf 1989, S. 172

52
Leuchtturm von Genua, 1826
Öl/Lw., 37 x 48 cm
Bez. verso: *Leuchtturm von Genua CRottmann pinx, München 1826*
Inv. L 256
Kurpfälzisches Museum Heidelberg; Leihgabe des Ministeriums für Wissenschaft und Kunst Baden-Württemberg
Lit.: Kat. Ausst. München 1827, Nr. 146; Boetticher II, 1898, Abt. I, Nr. 6; Krauß 1930, S. 124, 156; Decker 1957, Nr. 219, S. 66f; Bierhaus-Rödiger 1978, Kat. Nr. 78; Kat. Ausst. Heidelberg 1981, Nr. 21 (m. Abb.); Kat. Ausst. München 1985, Nr. 81, S. 168 (m. Abb.); Kat. Ausst. Berlin 1990, Nr. 319, S. 231 (m. Abb.); Kat. Mus. Heidelberg 1991, Nr. 77 (m. Abb.)

53
Blick über Genua, 1826
Öl/Lw. 52,7 x 78,3 cm
Bez. links unten: *CRottmann* (ligiert)
Inv. G2553
Kurpfälzisches Museum Heidelberg

54
Perugia, 1829
Öl/Lw., 48,8 x 66,5 cm
Inv.Nr. NG 494
Staatliche Museen zu Berlin, Nationalgalerie
Lit: Boetticher II, 1898, Abt. I, Nr. 62; Kat. Ausst. Berlin 1906, II, S. 462, Nr. 1455; Geese 1930, S. 86f; Krauß 1930, S. 184f; Kat. Ausst. Berlin 1950/51, Nr. 61; Decker 1957, Nr. 241, S. 68 (m. Abb.); Kat. Ausst. London 1951, Nr. 306; Kat. Mus. Berlin 1964, S. 10; Kat. Mus. Berlin 1968, S. 176; Kat. Mus. Berlin 1976, S. 331f (m. Abb.); Bierhaus-Rödiger 1978, Kat. Nr. 165; Kat. Mus. Berlin 1979, S. 342; Kat. Mus. Berlin 1983, S. 25f (m. Abb.); Kat. Mus. Berlin 1987, S. 25f (m. Abb.)

55
Florenz, um 1829
Öl/Lw., 36,3 x 43,6 cm
Inv.Nr. 2473
Hamburger Kunsthalle
Lit.: Kat. Mus. Hamburg 1927, Nr. 2473; Kat. Ausst. Basel 1949, Nr. 66; Decker 1957, Nr. 236, S. 67f (m. Abb.); Zeitler 1966, S. 211 (m. Abb.); Kat. Mus. Hamburg 1969, S. 273 (m. Abb.); Bierhaus-Rödiger 1978, Kat. Nr. 199; Kat. Mus. Hamburg 1985, Nr. 99, S. 59 (m. Abb.); Kat. Mus. Hamburg 1993, S. 171 (m. Abb.)

56
Aqua acetosa, 1829
Öl/Lw., 30,8 x 45 cm
Inv. 87407625
Sammlung Georg Schäfer Schweinfurt
Lit.: Bierhaus-Rödiger 1978, Kat. Nr. 169

57
Aqua acetosa, um 1830
Kohle, weiß gehöht auf Papier/Lw., 148,5 x 172 cm
Inv. AE 2539
Hessisches Landesmuseum Darmstadt
Lit.: Kat. Ausst. München 1851, Nr. 400; Bruckmann 1871, Taf. 5; Decker 1957, Nr. 247, S. 68; Bierhaus-Rödiger 1978, Kat. Nr. 205; Kat. Ausst. Darmstadt 1989, Nr. 14, S. 50 (m. Abb.)

58
Colosseum, 1826/27
Blst., 37,6 x 55,9 cm
Bez. links unten: *Zwielicht, der Mittelgrund nur im Luftreflex beleuchtet: Die Berge hell und der Mond sehr blass. Das Gesträuch in der Blüthe und unter der Baumgruppe kräftige Schatten.*
Privatbesitz, München

Lit.: Kat. Ausst. Lübeck 1969, S. 80, Nr. 155; Robels 1974, Abb. 52; Bierhaus-Rödiger 1978, Kat. Nr. 85

59
Colosseum, 1828
Öl/Lw., 75 x 104,5 cm
Bez. rechts unten: *C. Rottmann 1828*
Inv. 155
Museum Folkwang Essen
Lit.: Kat. Ausst. Kunstverein München 1828, Nr. 137; Schorns Kunstblatt, 11.5.1829, Nr. 38, S. 151; Boetticher II, 1898, Abt. I, Nr. 7; Krauß 1930, S. 135, 148, 153, 162; Geese 1931, S. 97; Herzberg 1944, S. 62; Decker 1956, Nr. 256, S. 69, Abb. 53; Kat. Ausst. Berlin 1965, Nr. 211 (m. Abb.); Bierhaus-Rödiger 1978, Kat. Nr. 157; Kat. Ausst. München 1987, Nr. 124, S. 314 (m. Abb.)

60
Aquädukt in der Campagna, 1826/27
Öl/Papier/Lw., 20,2 x 22,5 cm
Privatbesitz
Lit.: Bierhaus-Rödiger 1978, Kat. Nr. 90; Kat. Ausst. München 1987, Nr. 122, S. 312f (m. Abb.)

61
Campagna – Sedia del Diavolo, um 1827
Aq./Blst./Feder, 19,6 x 40,9 cm
Inv. 894
Staatliche Graphische Sammlung München
Lit.: Krauß 1930, S. 132, 146, 152; Kat. Ausst. München 1955, Nr. 62; Decker 1957, Nr. 275, S. 70 (m. Abb.); Hanfstaengl 1957, S. 267; Bierhaus-Rödiger 1978, Kat. Nr. 94

62
Häuser in Marino – Albanerberge, 1826
Aq./Blst., 22,4 x 31,4 cm
Inv. 14921
Staatliche Graphische Sammlung München
Lit.: Krauß 1930, S. 131, 138, 177; Decker 1957, Nr. 913, 914, S. 105 (m. Abb.); Bierhaus-Rödiger 1978, Kat. Nr. 103; Kat. Ausst. München 1981, Nr. 91, Farbtaf. 4

63
Tivoli – Blick aus der Villa d'Este, 1826
Aq./Blst., 19,5 x 26,2 cm
Bez. recto u. verso: *Aus der Villa d'Este in Tivoli*
Inv. 966
Staatliche Graphische Sammlung München
Lit.: Krauß 1930, S. 131; Decker 1957, Nr. 308, S. 72 (m. Abb.); Bernhard 1972, II, S. 1446 (m. Abb.); Robels 1974, Farbtaf. 53; Bierhaus-Rödiger 1978, Kat. Nr. 101; Kat. Ausst. München 1981, Nr. 90, Abb. 30

64
Tivoli, 1851
Kohle, weiß gehöht auf Papier/Lw., 140 x 170 cm
Inv. AE 2563
Hessisches Landesmuseum Darmstadt
Lit.: Kat. Ausst. München 1851, Nr. 406; Bruckmann 1871, Taf. 11; Decker 1957, Nr. 301, S. 71 (m. Abb.); Bierhaus-Rödiger 1978, Kat. Nr. 220; Kat. Ausst. Darmstadt 1989, Nr. 14, S. 50 (m. Abb.)

65
Serpentara, 1829
Aq./Blst./Feder, 37,8 x 71,5 cm
Inv.Nr. HZ 1303
Hessisches Landesmuseum Darmstadt
Lit.: Decker 1957, Nr. 799, S. 100; Bierhaus-Rödiger 1978, Kat. Nr. 171; Kat. Ausst. Darmstadt 1989, Nr. 6, S. 32 (m. Abb.)

66
Blick auf die Mamellen, 1829
Aq./Blst., 65 x 95,5 cm
Bez. links unten (von fremder Hand): *C. v. Rottmann*; unten rechts: *Die Mamellen, S. Francesco, Cervara, Subiaco.*
Inv. VIII 2264
Staatliche Kunsthalle Karlsruhe
Lit.: Krauß 1930, S. 173; Decker 1957, Nr. 229, S. 67; Kat. Mus. Karlsruhe 1966, Nr. 66; Bierhaus-Rödiger 1978, Kat. Nr. 172; Kat. Mus. Karlsruhe 1978, Nr. 3135, S. 478 (m. Abb.)

67
Monte Serone, 1829
Aq./Blst./Feder, 44,1 x 69,4 cm
Inv. VIII 2262
Staatliche Kunsthalle Karlsruhe
Lit.: Krauß 1930, S. 173; Decker 1957, Nr. 314, S. 72; Kat. Mus. Karlsruhe 1966, Nr. 65, Abb. 8 (dort fälschlich als »Blick auf die Mamellen« bezeichnet); Bernhard 1973, II, S. 1457 (m. Abb.); Bierhaus-Rödiger 1978, Kat. Nr. 174; Kat. Mus. Karlsruhe 1978, Nr. 3134, S. 477; Kat. Ausst. München 1979, Nr. 282; Kat. Mus. Karlsruhe 1988, Nr. 54, S. 144f (m. Abb.); Kat. Ausst. Karlsruhe 1996, Nr. 55, S. 120 (m. Abb.)

68
Monte Serone, um 1850/51
Kohle, weiß gehöht auf Papier/Lw., 148 x 173 cm
Inv. AE 2544
Hessisches Landesmuseum Darmstadt
Lit.: Kat. Ausst. München 1851, Nr. 407; Bruckmann 1871, Taf. 12; Kat. Ausst. Wiesbaden 1936, Nr. 575b; Kat. Ausst. München 1955, Nr. 26; Decker 1957, Nr. 313, S. 72 (m. Abb.); Bierhaus-Rödiger 1978, Kat. Nr. 222; Kat. Ausst. Darmstadt 1989, Nr. 19, S. 60f (m. Abb.)

69
Terracina, 1827
(verso: Küste von Palermo)
Blst., 26,6 x 56,1 cm
Bez. verso von links nach rechts: *San Calogero, Cap Zaffarano, Castelazzo, Cap Mongalbino, Bagaria, Abbate*
Inv. 18673
Staatliche Graphische Sammlung München
Lit.: Krauß 1930, S. 174; Decker 1957, Nr. 317, S. 72; Bierhaus-Rödiger 1978, Kat. Nr. 107

70
Palme unter Orangenhain, 1827
Aq./Blst., 36,5 x 27,5 cm
Bez. rechts unten: *C. Rottmann*, von fremder Hand: *31.*
Bez. verso: *Diese Zeichnung schenkte einst der Maler F. Kirchner, der sie von Rottmann hatte, dem Frh. Arthur von Ramberg*
Inv. Hz 3578
Germanisches Nationalmuseum, Nürnberg
Lit.: Kat. Aukt. Boerner, Leipzig, 2.5.1914, Nr. 708; Decker 1957, Nr. 899, 900, S. 104; Bierhaus-Rödiger 1978, Kat. Nr. 108

71
Vesuv bei Neapel, 1827
(verso: Palermo)
Aq./Blst., 37,5 x 53,2 cm
Bez. links unten (von fremder Hand): *Karl Rottmann*
Stiftung Ratjen, Vaduz
Lit.: Rödiger-Diruf 1989, Kat. Nr. N11

72
Golf von Bajae, 1827
Aq./Blst., 21,8 x 31,3 cm
Bez. unten: *Auf der Insel Ischia. Procida, dem Cap Missene, Mare morto il salvatore & Lago Agnano*
Inv. 895
Staatliche Graphische Sammlung München
Lit.: Krauß 1930, S. 141; Decker 1957, Nr. 341, S. 74, Abb. 88; Kat. Ausst. Kiel 1960, Nr. 126; Bernhard 1973, II, S. 1444 (m. Abb.); Bierhaus-Rödiger 1978, Kat. Nr. 104

73
Golf von Bajae, 1832
Öl/Lw. doubliert, 80 x 101 cm
Bez. verso: *Isola Ischia. Aus der Naehe von Nisida gesehen. Carl Rottmann 1832. (Schrift copirt).*
Inv. HG 844
Schloßmuseum Berchtesgaden
Lit.: Kat. Ausst. Kunstverein München 1858, Nr. 1139; Boetticher II, 1898, Abt. I, Nr. 28; Kat. Ausst. Berlin 1906, Nr. 1455 (m. Abb.); Biehler 1924, Abb. S. 265; Krauß 1930, S. 184; Wolf 1931, S. 63 (m. Abb.); Decker 1957, Nr. 242, S. 68; Bierhaus-Rödiger 1978, Kat. Nr. 287

74
Golf von Bajae, 1831/32
Kohle, weiß gehöht auf Papier/Lw., 147 x 174 cm
Inv. AE 2540
Hessisches Landesmuseum Darmstadt
Lit.: Kat. Ausst. München 1851, Nr. 410; Bruckmann 1871, Taf. 15; Kat. Ausst. München 1955, Nr. 28; Decker 1957, Nr. 334, S. 73, Abb. 82; Hanfstaengl 1957, S. 266f; Bierhaus-Rödiger 1978, Kat. Nr. 229; Kat. Ausst. Darmstadt 1989, Nr. 22, S. 66f (m. Abb.) Abb. 82; Hanfstaengl 1957, S. 266f; Bierhaus-Rödiger 1978, Kat. Nr. 229; Kat. Ausst. Darmstadt 1989, Nr. 22, S. 66f (m. Abb.)

75
Golf von Bajae, 1832
Fresko, 140 x 172 cm
Inv. Res. Mü. 350 G.w.
Residenzmuseum München – Bayerische Verwaltung der staatlichen Schlösser, Gärten und Seen
Lit.: Schorns Kunstblatt, 28.8.1934, Nr. 69, S. 273f; Haderer 1834, S. 49-51; Pecht 1879, S. 19; Krauß 1930, S. 185; Kat. Ausst. München 1955, Nr. 41; Decker 1957, Nr. 333, S. 73 (m. Abb.); Bierhaus-Rödiger 1978, Kat. Nr. 232

76
Palermo vom Kloster Baida aus, 1827
Aq./Blst./Feder, 32,8 x 55,3 cm
Bez. links unten: *C. Rottmann. Palermo vom Kloster Baida aus. Die Figuren von J. Schnorr.*
Inv. C 1908-437
Staatliche Kunstsammlungen Dresden, Kupferstichkabinett
Lit.: Krauß 1930, S. 175, 214; Decker 1957, Nr. 357, S. 74f, Abb. 100; Bierhaus-Rödiger 1978, Kat. Nr. 114; Wichmann 1981, S. 70, Abb. 148

77
Palermo, 1832
Öl/Holz, 28,5 x 36,7 cm
Bez. rechts unten: *CRottmann*
Inv. WAF 842
Bayerische Staatsgemäldesammlungen München
Lit.: Boetticher II, 1898, Abt. I, Nr. 8; Kat. Ausst. Berlin 1906, Nr. 1453 (m. Abb.); Krauß 1930, S. 145, Abb. S. 157; Decker 1957, Nr. 351, S. 74, Abb. 98; Kat. Ausst. München 1972, Nr. 1611, S. 475; Bierhaus-Rödiger 1978, Kat. Nr. 240; Kat. Mus. München 1984, S. 368-371

78
Palermo, 1828
Öl/Lw., 67 x 102 cm
Bez. rechts unten: *C. Rottmann 1828*
Inv. 2472
Hamburger Kunsthalle
Lit.: Kat. Ausst. Kunstverein München 1828, Nr. 213; Schorns Kunstblatt, 5.1.1829, Nr. 2, S. 5-7; 30.11.1829, Nr. 96, S. 381; Kat. Ausst. München 1829, Nr. 418; Krauß 1930, S. 148, 156; Decker 1957, Nr. 352, S. 74, Abb. 93. Kat. Mus. Hamburg 1969, S. 272f (m. Abb.); Bierhaus-Rödiger 1978, Kat. Nr. 159

79
Palermo, 1832
Kohle, weiß gehöht auf Papier/Lw., 146 x 172 cm
Inv. AE 2542
Hessisches Landesmuseum Darmstadt
Lit.: Schorns Kunstblatt, 28.8.1834, Nr. 69, S. 273f; Haderer 1834, S. 9-11; Kat. Ausst. München 1955, Nr. 33; Decker 1957, Nr. 214, S. 66, Abb. 35; Börsch-Supan 1972, S. 120, Farbabb. 72; Bierhaus-Rödiger 1978, Kat. Nr. 239; Kat. Ausst. Darmstadt 1989, Nr. 24, S. 70f (m. Abb.)

80
Palermo, 1832/33
Fresko, 139,5 x 173,5 cm
Inv. Res. Mü. 352 G.w.
Residenzmuseum München – Bayerische Verwaltung der staatlichen Schlösser, Gärten und Seen
Lit.: Schorns Kunstblatt, 28.8.1834, Nr. 69, S. 273f; Haderer 1834, S. 55-58; Krauß 1930, S. 144, 185; Kat. Ausst. München 1955, Nr. 43; Decker 1957, Nr. 348, S. 74, Abb. 99; Bierhaus-Rödiger 1978, Kat. Nr. 241

81
Sizilianische Landschaft mit Kirchenruine, 1827
Öl/Papier/Pappe, 17 x 25,8 cm
Privatbesitz, München
Lit.: Bierhaus-Rödiger 1978, Kat. Nr. 129; Kat. Ausst. München 1987, S. 313 (m. Abb.)

82
Taormina – Theater, 1829
Aq./Blst., 23,2 x 28,7 cm
Bez. links unten: *CR* (ligiert)
Privatbesitz
Lit.: Decker 1957, Nr. 404, S. 77; Bierhaus-Rödiger 1978, Kat. Nr. 257

83
Taormina – Theater, 1833
Fresko, 144 x 170 cm
Inv. Res. Mü. 359 G.w., WV 259
Residenzmuseum München - Bayerische Verwaltung der staatlichen Schlösser, Gärten und Seen
Lit.: Haderer 1834, S. 71-71; Schorns Kunstblatt, 28.8.1834, Nr. 69, S. 273f; Pecht 1879, S. 19; Krauß 1930, S. 172, 176, 197; Beenken 1941, S. 268-272; Kat. Ausst. München 1955, Nr. 47; Decker 1957, Nr. 402, S. 77, Abb. 116; Kat. Ausst. London 1959, Nr. 304; Bierhaus-Rödiger 1978, Kat. Nr. 239; Kat. Ausst. Darmstadt 1989, Nr. 24, S. 70f (m. Abb.)

84
Taormina mit Ätna, 1828
Öl/Lw., 49 x 73 cm
Bez. rechts unten: *C. Rottmann*
Inv. WAF 845, WV 162
Bayerische Staatsgemäldesammlungen München
Lit.: Schorns Kunstblatt, 8.8.1825, Nr. 63, S. 251; Kat. Ausst. München 1829, Nr. 419; Schorns Kunstblatt, 30.11.1829, Nr. 65, S. 258; Boetticher II, 1898, Abt. I, Nr. 41, 82; Pecht 1879, S. 15; Kat. Ausst. Berlin 1906, Nr. 1454; Kircher 1928, S. 23; Krauß 1930, S. 154, 172, 200; Beenken 1941, S. 257-277; Decker 1957, Nr. 407, S. 77, Abb. 119; v. Schneider 1968, S. 73; Bierhaus-Rödiger 1978, Kat. Nr.162; Kat. Mus. München 1982, S. 285f (m. Abb.)

85
Taormina mit Ätna, 1829 (?)
Öl/Lw., 81,2 x 122 cm
Privatbesitz
Lit.: Kat. Aukt. Christie's, London, 19.6.1992, Nr. 33

86
Zyklopenfelsen, um 1830
Kohle, weiß gehöht auf Papier/Lw., 148 x 175 cm
Inv. AE 2546
Hessisches Landesmuseum Darmstadt
Lit.: Frommel 1825, II, S. 569; Kat. Ausst. München 1851, Nr. 418; Bruckmann 1871, Taf. 23; Decker 1957, Nr. 400, S. 77; Bierhaus-Rödiger 1978, Kat. Nr. 255; Kat. Ausst. Darmstadt 1989, Nr. 28, S. 78f (m. Abb.)

87
Zyklopenfelsen, 1833
Fresko, 148 x 172 cm
Inv. Res. Mü. 358 G.w.
Residenzmuseum München – Bayerische Verwaltung der staatlichen Schlösser, Gärten und Seen
Lit.: Schorns Kunstblatt, 28.8.1834, Nr. 69, S. 273f; Haderer 1834, S. 75; Krauß 1930, S. 175; Decker 1957, Nr. 399, S. 77, Abb. 115; Bierhaus-Rödiger 1978, Kat. Nr. 256

88
Syrakus – Ohr des Dionysos, 1827
Blst., 27,4 x 53,2 cm
Bez. rechts unten: *D. Ohr des Dionis, rechts die Felsenwand, im Schatten gelblich-grau, nach oben feuchte gelb-rote Stellen. Die Gesträuche: Feigen, Cactus, Weinlaub, Granaten, Oliven, Melien.*
Inv. Hz 1279
Hessisches Landesmuseum Darmstadt
Lit.: Decker 1957, Nr. 389, S. 76, Abb. 111; Bierhaus-Rödiger 1978, Kat. Nr. 123; Kat. Ausst. Darmstadt 1989, Nr. 4, S. 28 (m. Abb.)

89
Syrakus – Archimedes' Grabmal, 1830/32
Öl/Holz, 43 x 58,7 cm
Bez. rechts unten: *Rottmann*
Inv. WAF 1846
Schloßmuseum Berchtesgaden
Lit.: Boetticher II, 1898, Abt. I, Nr. 42; Krauß 1930, S. 201; Decker 1957, Nr. 391, S. 76, Abb. 113; Bierhaus-Rödiger 1978, Kat. Nr. 289; Wichmann 1981, S. 79, Abb. 174

90
Messina, 1827
Aq./Blst./Feder, 20,6 x 29,5 cm
Bez. links unten: *CRottmann 1829*
Inv. DN 392/289
Museum Boijmans Van Beuningen, Rotterdam
Lit.: Kat. Ausst. Rotterdam 1964, Nr. 134. (m. Abb.); Bierhaus-Rödiger 1978, Kat. Nr. 186; Kat. Mus. Rotterdam 1987, Nr. 41, S. 38 (m. Abb.)

91
Meerenge von Messina, 1828
Öl/Lw., 61,7 x 102,9 cm
Bez. links unten unterhalb des Felsblocks: *C. Rottmann/München*
Staatliche Kunstsammlungen Dresden, Leihgabe aus Privatbesitz
Lit.: Rödiger-Diruf 1989, S. 172-184, Kat. Nr. N16; Kat. Mus. Dresden 1993, Nr. 181, S. 86

92
Messina, 1833
Kohle, weiß gehöht auf Papier/Lw., 148,3 x 173 cm
Inv. AE 2567
Hessisches Landesmuseum Darmstadt
Lit.: Kat. Ausst. München 1851, Nr. 422 (»Scylla« betitelt); Bruckmann 1871, Taf. 25; Decker 1957, Nr. 409, S. 78; Bierhaus-Rödiger 1978, Kat. Nr. 260; Kat. Ausst. Darmstadt 1989, Nr. 29, S. 8of (m. Abb.)

93
Messina, 1833
Fresko, 144 x 177 cm
Inv. Res. Mü. 360 G.w., WV 261
Residenzmuseum München – Bayerische Verwaltung der staatlichen Schlösser, Gärten und Seen
Lit.: Schorns Kunstblatt, 28.8.1834, Nr. 69, S. 273f; Haderer 1834, S. 81-83; Krauß 1930, S. 197; Decker 1957, Nr. 408, S. 77f, Abb. 117; Bierhaus-Rödiger 1978, Kat. Nr. 261

Leopold Rottmann nach Carl Rottmann

94
Ätna
Aq./Blst./Papier, 22,9 x 29,7 cm
Bez. links unten: *Rottmann*
Privatbesitz

95
Reggio, 1827
Blst., 38,5 x 53 cm
Bez. links unten: *Aetna*, rechts unten: *Reggio*
Inv. HZ 762
Hessisches Landesmuseum Darmstadt
Lit.: Decker 1957, Nr. 421, S. 78; Bierhaus-Rödiger 1978, Kat. Nr. 118; Kat. Ausst. Darmstadt 1989, Nr. 3, S. 26 (m. Abb.)

96
Reggio, 1829
Öl/Papier/Lw., 23 x 32 cm
Bez. verso: *Reggio in Calabrien mit dem Aetna. CRottmann 1829*
Inv. 1118
Städelsches Kunstinstitut, Frankfurt am Main
Lit.: Boetticher II, 1898, Abt. I, Nr. 9; Krauß 1930, S. 184; Decker 1957, Nr. 416, S. 78, Abb. 122; Kat. Mus. Frankfurt a. M. 1972, I, S. 319, II, S. 31; Bierhaus-Rödiger 1978, Kat. Nr. 187

97
Reggio, 1833
Kohle, weiß gehöht auf Papier/Lw., 146,5 x 172 cm
Inv. AE 2537
Hessisches Landesmuseum Darmstadt
Lit.: Kat. Ausst. München 1851, Nr. 420; Bruckmann 1871, Taf. 26; Decker 1957, Nr. 414, S. 78; Bierhaus-Rödiger 1978, Kat. Nr. 263; Kat. Ausst. Darmstadt 1989, Nr. 30, S. 82f (m. Abb.)

98
Reggio, um 1833
Fresko, 140,5 x 169,5 cm
Inv. Res. Mü. 361 G.w.
Residenzmuseum München – Bayerische Verwaltung der staatlichen Schlösser, Gärten und Seen
Lit.: Schorns Kunstblatt, 28.8.1834, Nr. 69, S. 273f; Haderer 1834, S. 84-86; Pecht 1879, S. 19; Pecht 1888, S. 159 (m. Abb.); Krauß 1930, S. 197; Kat. Ausst. München 1955, Nr. 48; Decker 1957, Nr. 413, S. 78, Abb. 123; Bierhaus-Rödiger 1978, Kat. Nr. 264

99
Scylla und Charybdis, 1829
(verso: Kapfelsen/Cefalù?)
Aq./Blst., 20,2 x 26,5 cm
Inv. Z 1405
Kurpfälzisches Museum Heidelberg
Lit.: Decker 1957, Nr. 387, S. 76; Bierhaus-Rödiger 1978, Kat. Nr. 265

100
Cefalù, 1833
Kohle, weiß gehöht auf Papier/Lw., 146,5 x 170 cm
Inv. AE 2543
Hessisches Landesmuseum Darmstadt
Lit.: Kat. Ausst. München 1851, Nr. 423; Bruckmann 1871, Taf. 28; Kat. Ausst. München 1955, Nr. 32; Decker 1957, Nr. 431, S. 79; Bierhaus-Rödiger 1978, Kat. Nr. 270; Kat. Ausst. Darmstadt 1989, Nr. 32, S. 86f (m. Abb.)

III. Antikischer Figurenzyklus

101
Heimkehr von der Ernte, um 1834
Aq./Blst./Feder, 20 x 33,5 cm
Bez. rechts unten: *CR* (ligiert)
Inv. G 4961
Städtische Galerie im Lenbachhaus, München
Lit.: Förster 1834, S. 64; v. Schaden 1835, S. 131; Nagler 1845, XV, S. 231-233; Marggraff 1846, S. 320f; Kugler 1854, S. 546; Reidelbach 1888, S. 188; Boetticher II, 1898, Abt. 3, Nr. 8; Krauß 1930, S. 250; Decker 1957, Nr. 960, S. 107, Abb. 305; Kat. Ausst. Hannover 1962, Nr. 76; Bierhaus-Rödiger 1978, Kat. Nr. 303

102
Fest des Pan, um 1834
Aq./Blst., 20 x 34 cm
Inv. Nr. 213 Verzeichnis Hausmann
Herzog Anton Ulrich-Museum Braunschweig, Kupferstichkabinett, Dauerleihgabe
Lit.: Förster 1834, S. 64; v. Schaden 1835, S. 131; Nagler 1845, XV, S. 231-233; Marggraff 1846, S. 320f; Kugler 1854, S. 546; Reidelbach 1888, S. 188; Boetticher II, 1898, Abt. 3, Nr. 8; Krauß 1930, S. 250; Decker 1957, Nr. 957, S. 107, Abb. 302; Kat. Ausst. Hannover 1962, Nr. 76; Bierhaus-Rödiger 1978, Kat. Nr. 306

103
Antike Jagdgesellschaft, um 1834
Aq./Blst., 19,5 x 33,5 cm
Privatbesitz
Lit.: Förster 1834, S. 64; v. Schaden 1835, S. 131; Nagler 1845, XV, S. 231-233; Marggraff 1846, S. 320f; Kugler 1854, S. 546; Reidelbach 1888, S. 188; Boetticher II, 1898, Abt. 3, Nr. 8; Krauß 1930, S. 250; Decker 1957, Nr. 958, S. 107, Abb. 303; Bierhaus-Rödiger 1978, Kat. Nr. 308

IV. Griechenland

104
Korfu, 1834
Aq./Blst. 15,3 x 26 cm
Privatbesitz
Lit.: Bierhaus-Rödiger 1978, Kat. Nr. 314

105
Korfu, 1834/35
Öl/Holz, 25 x 31 cm
Bez. rechts unten: *C. Rottmann*
Inv. WAF 850
Schloßmuseum Berchtesgaden. Im Besitz der Bayerischen Staatsgemäldesammlungen München
Lit.: Boetticher II, 1898, Abt. I, Nr. 40; Krauß 1930, S. 208, 219, 223, 234; Decker 1957, Nr. 583, S. 87, Abb. 126; Lydakis 1963, S. 175, Nr. 773; Kat. Ausst. München 1972, Nr. 1612, S. 475f; Bierhaus-Rödiger 1978, Kat. Nr. 316; Bruckmann 1982, Nr. 607 (m. Abb.)

106
Korfu
Öl/Papier/Pappe, 33,6 x 25,8 cm
Privatbesitz

107
Korfu, 1840/42
Öl/Lw., 63,5 x 109 cm
Inv. 1242
Hamburger Kunsthalle
Lit.: Boetticher II, 1898, Abt. I, Nr. 89; Decker 1957, Nr. 586, S. 87, Abb. 130; Kat. Ausst. Hamburg 1967, Nr. 32; Kat. Mus. Hamburg 1969, S. 273 (m. Abb.); Bierhaus-Rödiger 1978, Kat. Nr. 631; Kat. Mus. Hamburg 1993, S. 171 (m. Abb.)

108
Patras, 1842
Aq./Blst., 19,6 x 24,9 cm
Inv. 21393
Staatliche Graphische Sammlung München
Lit.: Decker 1957, Nr. 701, S. 94, Abb, 132; Bierhaus-Rödiger 1978, Kat. Nr. 628

109
Nauplia, 1854
Aq./Blst., 35,8 x 54,4 cm
Inv. Hz 1301, WV 326
Hessisches Landesmuseum Darmstadt
Lit.: Decker 1957, Nr. 654, S. 91, Abb. 147; Bierhaus-Rödiger 1978, Kat. Nr. 326; Kat. Ausst. Darmstadt 1989, Nr. 33, S. 92f (m. Abb.)

110
Nauplia, 1854/55
Aq./Blst., 24,7 x 35 cm
Bez. rechts unten: *Nauplia*
Inv. 21380
Staatliche Graphische Sammlung München
Lit.: Decker 1957, Nr. 649, S. 91, Abb. 146; Bierhaus-Rödiger 1978, Kat. Nr. 620; Kat. Ausst. München 1979, Nr. 330

111
Mykene – Atreusgrab, 1854
Aq./Blst., 45,5 x 49,8 cm
Inv. Hz 1305
Hessisches Landesmuseum Darmstadt
Lit.: Krauß 1930, S. 217; Decker 1957, Nr. 642, S. 91, Abb. 164; Bierhaus-Rödiger 1978, Kat. Nr. 354; Kat. Ausst. Darmstadt 1989, Nr. 37, S. 100f (m. Abb.)

112
Mykene – Atreusgrab, 1855/56
Aq./Blst., 30,3 x 38,7 cm
Inv. 21362
Staatliche Graphische Sammlung München
Lit.: Decker 1957, Nr. 640, S. 91, Abb. 162; Bierhaus-Rödiger 1978, Kat. Nr. 356; Kat. Ausst. München 1979, Nr. 324

113
Mykene – Atreusgrab, 1856
Öl/Lw., 49,5 x 59,5 cm
Bez. rechts unten: *CRottmann*
Sammlung Johann Christian Freiherr von Jenisch als Leihgabe im Altonaer Museum in Hamburg
Lit.: Boetticher II, 1898, Abt. I, Nr. 8; Krauß 1930, S. 232; Decker 1957, Nr. 643, S. 91; Kat. Ausst. Hamburg 1973, Nr. 47, Abb. S. 71; Bierhaus-Rödiger 1978, Kat. Nr. 357

114
Mykene – Löwentor, um 1857
Aq./Blst., 25 x 32 cm
Inv. 21375
Staatliche Graphische Sammlung München
Lit.: Decker 1957, Nr. 637, S. 91, Abb. 159; Bierhaus-Rödiger 1978, Kat. Nr. 553

115
Mykene – Löwentor, 1856
Aq./Blst., 25,5 x 36 cm
Bez. rechts unten: *C. Rottmann 8/36*
Inv. Nr. 146 Verzeichnis Hausmann
Herzog Anton Ulrich-Museum, Braunschweig, Kupferstichkabinett, Dauerleihgabe
Lit.: Decker 1957, Nr. 638, S. 91, Abb. 160; Kat. Ausst. Hannover 1962, Nr. 74; Bierhaus-Rödiger 1978, Kat. Nr. 359

116
Tiryns, 1834
Aq./Blst., 33,4 x 48,5 cm
Inv. HZ 1290
Hessisches Landesmuseum Darmstadt
Lit.: Krauß 1930, S. 216; Decker 1957, Nr. 769, S. 98; Bierhaus-Rödiger 1978, Kat. Nr. 343; Kat. Ausst. Darmstadt 1989, Nr. 36, S. 98f (m. Abb.)

117
Tiryns, 1834/35
Aq./Blst., 33,5 x 42,5 cm
Bez. rechts unten: *Rottmann*
Inv. 21363
Staatliche Graphische Sammlung München
Lit.: Krauß 1930, S. 223; Decker 1957, Nr. 763, S. 98, Abb. 156; Bierhaus-Rödiger 1978, Kat. Nr. 345

118
Pronoia, 1834
Aq./Blst., 14,9 x 27,3 cm
Inv. Z 1427
Kurpfälzisches Museum Heidelberg
Lit.: Decker 1957, Nr. 706, S. 94; Bierhaus-Rödiger 1978, Kat. Nr. 337

119
Pronoia, 1841
Aq./Blst., 24,1 x 32,2 cm
Inv. 21385
Staatliche Graphische Sammlung München
Lit.: Decker 1957, Nr. 704, S. 94; Bierhaus-Rödiger 1978, Kat. Nr. 626

120
Pronoia, Friedhof der Deutschen bei Nauplia
Öl/Lw., 25 x 30,5 cm
Privatbesitz

121
Pronoia, Friedhof der Deutschen, 1841
Öl/Lw., 55 x 73 cm
Inv. MO 684
Muzeum Narodowe, Poznań
Lit.: Kat. Ausst. Hannover 1852, Nr. 347; Boetticher II, 1898, Abt. I, Nr. 48; Krauß 1930, S. 233; Kat. Mus. Posen 1931, Nr. 184, S. 171 (m. Abb.); Decker 1957, Nr. 707, S. 94f; Bierhaus-Rödiger 1978, Kat. Nr. 627

122
Pronoia (Vorstudie)
Blst., 21,4 x 31,5 cm
Privatbesitz

123
Pronoia, 1846/47
Harz-Ölmalerei auf Steinguß, 157 x 200 cm
Inv. WAF 854
Bayerische Staatsgemäldesammlungen München
Lit.: Lange 1854, S. 17f; Reidelbach 1888, S. 175f; Boetticher II, 1898, Abt. 2, Nr. 8; Krauß 1930, S. 215; Decker 1957, Nr. 703, S. 94, Abb. 148; Bierhaus-Rödiger 1978, Kat. Nr. 603; Kat. Mus. München 1984, S. 412f (m. Abb.)

124
Korinth – Stadt, um 1835
Sepia/Blst., 15,5 x 21,8 cm
Inv. Z 1424
Kurpfälzisches Museum Heidelberg
Lit.: Krauß 1930, S. 224, Abb. 28; Decker 1957, Nr. 598, S. 88, Abb. 137; Bierhaus-Rödiger 1978, Kat. Nr. 370

125
Korinth – Stadt, 1835
Aq./Blst./Feder, 9,8 x 13,5 cm
Inv. 1915.62
Staatliche Graphische Sammlung München
Lit.: Decker 1957, Nr. 601, S. 88, Abb. 135; Bierhaus-Rödiger 1978, Kat. Nr. 374

126
Korinth – Umgebung, 1834
Öl/Lw., 23,5 x 22 cm
Inv. 1245
Hamburger Kunsthalle
Lit.: Schorns Kunstblatt 2.6.1836, Nr. 44, S. 186; Boetticher II, 1898, Abt. I, Nr. 88; Kat. Mus. Hamburg 1927, Nr. 1245; Krauß 1930, S. 234; Decker 1957, Nr. 616, S. 89f; Abb. 144; Kat. Mus. Hamburg 1969, S. 273 (m. Abb.); Bierhaus-Rödiger 1978, Kat. Nr. 376; Kat. Mus. Hamburg 1985, Nr. 104, S. 61 (m. Abb.); Kat. Mus. Hamburg 1993, S. 171 (m. Abb.)

127
Korinth von Westen, 1834
Blst., 53 x 107 cm
Inv. 18693
Staatliche Graphische Sammlung München
Lit.: Decker 1957, Nr. 606, S. 89; Bierhaus-Rödiger 1978, Kat. Nr. 387

128
Korinth von Westen, 1845
(verso: ähnlich recto)
Aq./Blst., 29,2 x 47,6 cm
Bez. verso: *Korinth von der Westseite II*
Inv. 21396
Staatliche Graphische Sammlung München

Lit.: Krauß 1930, S. 225; Decker 1957, Nr. 607, S. 89, Abb. 140; Bierhaus-Rödiger 1978, Kat. Nr. 653

129
Korinth – Akrokorinth, 1847
Harz-Ölmalerei auf Steinguß, 157 x 200 cm
Inv. WAF 853
Bayerische Staatsgemäldesammlungen München
Lit.: Lange 1854, S. 15-17; Reidelbach 1888, S. 175f; Boetticher II, 1898, Abt. 2, Nr. 7; Decker 1957, Nr. 590, S. 87f, Abb. 139; Bierhaus-Rödiger 1978, Kat. Nr. 604; Kat. Mus. München 1984, S. 413f (m. Abb.)

130
Poros, 1845/46
Harz-Ölmalerei auf Steinguß, 157 x 200 cm
Inv. WAF 859
Bayerische Staatsgemäldesammlungen München
Lit.: Lange 1854, S. 21f; Reidelbach 1888, S. 175f; Boetticher II, 1898, Abt. 2, Nr. 4; S. 215; Decker 1957, Nr. 688, S. 93, Abb. 252; Bierhaus-Rödiger 1978, Kat. Nr. 602; Kat. Mus. München 1984, S. 410f (m. Abb.)

131
Griechische Landschaft, um 1849
Öl/Lw., 42 x 53,7 cm
Inv. 60/1218
Städtische Galerie Karlsruhe

132
Sikyon – Korinth, 1834/35
Aq./Blst., 24,2 x 30,9 cm
Inv. 21368
Staatliche Graphische Sammlung München
Lit.: Decker 1957, Nr. 723, S. 95, Abb. 169; Bierhaus-Rödiger 1978, Kat. Nr. 548

133
Sikyon – Korinth, 1856/58
Öl/Lw., 85,5 x 102 cm
Inv. WAF 843
Bayerische Staatsgemäldesammlungen München
Lit.: Schorns Kunstblatt, 10.7.1838, Nr. 55, S. 220; 13.11.1838, Nr. 91, S. 370; Boetticher II, 1898, Abt. I, Nr. 20, 38; Krauß 1930, S. 234; Decker 1957, Nr. 728, S. 96; Kat. Mus. München 1967, S. 81f, Abb. 45; Bierhaus-Rödiger 1978, Kat. Nr. 551; Kat. Ausst. München 1979, Nr. 329; Börsch-Supan 1988, S. 371f, Abb. 50, S. 260

134
Sikyon mit Parnaß, 1854
Aq./Blst., 46 x 75,6 cm
Inv. HZ 1304
Hessisches Landesmuseum Darmstadt

Lit.: Krauß 1930, S. 222; Decker 1957, Nr. 736, S. 96; Bierhaus-Rödiger 1978, Kat. Nr. 399; Kat. Ausst. München 1979, Nr. 325; Kat. Ausst. Darmstadt 1989, Nr. 42, S. 110f (m. Abb.)

135
Sikyon mit Parnaß, 1856/58
Aq./Blst., 24,4 x 31,8 cm
Inv. 21367
Staatliche Graphische Sammlung München
Lit.: Decker 1957, Nr. 730, S. 96; Bierhaus-Rödiger 1978, Kat. Nr. 559; Kat. Ausst. München 1979, Nr. 326

136
Sikyon mit Parnaß, 1859
Öl/Pappe/Holz, 49,3 x 62 cm
Inv. 1735
Museum der bildenden Künste Leipzig
Lit.: Boetticher II, 1898, Abt. I, Nr. 16; Krauß 1930, S. 233; Decker 1957, Nr. 738, S. 96; Kat. Mus. Leipzig 1967, S. 170, Nr. 1735, Abb. 53; Bierhaus-Rödiger 1978, Kat. Nr. 562; Bleyl 1983, S. 184, 187, Abb. 8; Neidhardt 1990, S. 146, Abb. 72; Kat. Ausst. Leipzig 1992, Nr. 146, S. 149 (m. Abb.); Kat. Mus. Leipzig 1995, S. 160

137
Nemea, 1834/35
Aq./Blst., 40 x 55 cm
Inv. 18690
Staatliche Graphische Sammlung München
Lit.: Decker 1957, Nr. 678, S. 93, Abb. 167; Bierhaus-Rödiger 1978, Kat. Nr. 450

138
Sitzende reichgekleidete Griechin, 1854/35
Blst., 31,7 x 26,4 cm
Inv. MS II 2234
Münchner Stadtmuseum
Lit.: Maillinger 1876, II, S. 123; Kat. Ausst. München 1911, Nr. 21; Krauß 1930, S. 246; Decker 1957, Nr. 948, S. 106, Abb. 293; Bierhaus-Rödiger 1978, Kat. Nr. 414

139
Athen vom Brunnen aus, 1855/56
Blst./Feder, 12 x 16,5 cm
Inv. 35805
Staatliche Graphische Sammlung München
Lit.: Krauß 1930, S. 226; Decker 1957, Nr. 470, S. 81, Abb. 190; Bierhaus-Rödiger 1978, Kat. Nr. 427

140
Athen vom Brunnen aus, 1855/56
Aq./Blst., 25 x 36 cm
Bez. links unten: *C. Rottmann*
Inv. Nr. 147 Verzeichnis Hausmann

Herzog Anton Ulrich-Museum Braunschweig, Kupferstichkabinett, Dauerleihgabe
Lit.: Decker 1957, Nr. 464, S. 81, Abb. 200; Kat. Ausst. Hannover 1962, Nr. 75 (m. Abb.); Bierhaus-Rödiger 1978, Kat. Nr. 413; Kat. Ausst. München 1979, Nr. 322

141
Athen vom Brunnen aus, 1835/36
Aq./Blst., 28,2 x 41 cm
Inv. 21360
Staatliche Graphische Sammlung München
Lit.: Krauß 1930, S. 218-226; Decker 1957, Nr. 463, S. 80f, Abb. 199; Bierhaus-Rödiger 1978, Kat. Nr. 434; Kat. Ausst. München 1979, Nr. 323

142
Athen – Quelle Kallirhoe, 1835
Aq./Blst., 36 x 51,4 cm
Bez. rechts unten: *S 8 L.tollis*, bez. verso: *die Bäder am Ilyssus*
Inv. HZ 1308
Hessisches Landesmuseum Darmstadt
Lit.: Decker 1957, Nr. 486, S. 82; Bierhaus-Rödiger 1978, Kat. Nr. 408; Kat. Ausst. München 1979, Nr. 321; Kat. Ausst. Darmstadt 1989, Nr. 44, S. 114f (m. Abb.)

143
Athen – Quelle Kallirhoe, 1835
Öl/Lw., 48,5 x 71,7 cm
Inv. 11475
Bayerische Staatsgemäldesammlungen München, Schack-Galerie
Lit.: Boetticher II, 1898, Abt. I, Nr. 69; Berggruen 1883, S. VI; Krauß 1930, S. 234, 242; Decker 1957, Nr. 558, S. 86, Abb. 206; Kat. Mus. München 1969, I, S. 312-14, II, Abb. 21; Bierhaus-Rödiger 1978, Kat. Nr. 406, S. 313

144
Athen – Quelle Kallirhoe, 1837
Öl/Lw., 39,5 x 53,5 cm
Inv. 4017
Kunstmuseum St. Gallen, Sturzeneggersche Gemäldesammlung
Lit.: Kat. Ausst. Kunstverein München 1837, Nr. 439; Decker 1957, Nr. 492 bzw. 647, S. 82 u. 91; Bierhaus-Rödiger 1978, Kat. Nr. 409

145
Ägina – Apollotempel, 1836
Öl/Lw., 35 x 60 cm
Inv. 2162
Staatsgalerie Stuttgart
Lit.: Decker 1957, Nr. 447, S. 79f; Kat. Ausst. Karlsruhe 1965, Nr. 37 (m. Abb.); Bierhaus-Rödiger 1978, Kat. Nr. 445; Kat. Mus. Stuttgart 1982, S. 122 (m. Abb.)

146
Ägina – Apollotempel, um 1840
Öl/Lw., 29 x 42,5 cm
Kunsthaus Bühler, Stuttgart
Lit.: Bierhaus-Rödiger 1978, Kat. Nr. 616; Rödiger-Diruf 1989, S. 190

147
Ägina – Apollotempel, um 1840
Öl/Pappe, 48 x 63 cm
Bez. links/Mitte unten: *C Rottmann*, bez. verso: *Ruinen des Tempels der Hekate auf Aegina mit dem Blick nach dem Cap Methana. München 1840*
Inv. 596
Staatliche Kunsthalle Karlsruhe
Lit.: Boetticher II, 1898, Abt. I, Nr. 77; Decker 1957, Nr. 453, S. 80; Kat. Mus. Karlsruhe 1964, Nr. 28 (m. Abb.); Kat. Mus. Karlsruhe 1971, I, Nr. 596, S. 202f, Abb. S. 347; Bierhaus-Rödiger 1978, Kat. Nr. 618, Farbtaf. XVII; Bruckmann 1982, Nr. 605 (m. Abb.)

148
Ägina – Aphaiatempel, um 1842
Öl/Lw., Durchm. 55 cm
Bez. rechts unten: *CR* (ligiert)
Inv. 1493
Städelsches Kunstinstitut, Frankfurt am Main
Lit.: Krauß 1930, S. 233; Decker 1957, Nr. 446, S. 79; Kat. Mus. Frankfurt a. M. 1972, I, S. 319f, II, Taf. 32; Bierhaus-Rödiger 1978, Kat. Nr. 638

149
Ägina – Aphaiatempel, 1841
Aq./Blst., 27,5 x 34,2 cm
Inv. 21389
Staatliche Graphische Sammlung München
Lit.: Krauß 1930, S. 227; Kat. Ausst. München 1955, Nr. 68; Decker 1957, Nr. 443, S. 79, Abb. 242; Bierhaus-Rödiger 1978, Kat. Nr. 577

150
Ägina – Aphaiatempel, 1841
Harz-Ölmalerei auf Steinguß, 157 x 200 cm
Inv. WAF 858
Bayerische Staatsgemäldesammlungen München
Lit.: Schorns Kunstblatt, 28. 4. 1842, Nr. 34, S. 136; 2.1.1844, Nr. 1, S. 1-3; Lange 1854, S. 20; Reidelbach 1888, S. 175f; Boetticher II, 1898, Abt. 2, Nr. 3; Decker 1957, Nr. 442, S. 79, Abb. 240; Bierhaus-Rödiger 1978, Kat. Nr. 578; Kat. Mus. München 1984, S. 398f (m. Abb.)

151
Kap Sunion, um 1856
Aq./Blst., 21,3 x 30,8 cm
Inv. 21377
Staatliche Graphische Sammlung München
Lit.: Krauß 1930, S. 219; Rehm 1952, Taf. VIII; Decker 1957, Nr. 756, S. 98, Abb. 219; Bierhaus-Rödiger 1978, Kat. Nr. 440

152
Marathon, 1841
Aq./Blst., 28,7 x 38,2 cm
Inv. 21386
Staatliche Graphische Sammlung München
Lit.: Biehler 1924, S. 269; Krauß 1930, S. 227, Abb. 29; Decker 1957, Nr. 627, S. 90, Abb. 213; Kat. Ausst. Hamburg 1976, Nr. 225, S. 250f (m. Abb.); Bierhaus-Rödiger 1978, Kat. Nr. 625; Kat. Ausst. München 1979, Nr. 331; Kat. Ausst. München 1980, Nr. 90, Farbtaf. 23; Wichmann 1981, S. 66, Abb. 140; Kat. Ausst. München 1985, Nr. 82, S. 168-172 (m. Abb.); Kat. Ausst. Berlin 1990, Nr. 328, S. 233f (m. Abb.)

153
Marathon, um 1847
Öl/Pappe, 16,6 x 20,6 cm
Inv. 11140
Bayerische Staatsgemäldesammlungen München
Lit.: Decker 1957, Nr. 628, S. 90, Abb. 214; Kat. Ausst. München 1972, Nr. 1716, S. 485; Bierhaus-Rödiger 1978, Kat. Nr. 611; Busch 1993, S. 372f

154
Aulis, 1847
Aq./Blst./Feder, 33,7 x 44,5 cm
Inv. HZ 1289
Hessisches Landesmuseum Darmstadt
Lit.: Decker 1957, Nr. 496, S. 82; Bierhaus-Rödiger 1978, Kat. Nr. 607; Kat. Ausst. Darmstadt 1989, Nr. 52, S. 132f (m. Abb.)

155
Aulis, 1841
(verso: Skizze zum rechten Teil von recto)
Aq./Blst., 21,2 x 28,1 cm
Bez. verso: *Aulis*
Inv. 21390
Staatliche Graphische Sammlung München
Lit.: Krauß 1930, S. 227; Decker 1957, Nr. 495, S. 82; Bierhaus-Rödiger 1978, Kat. Nr. 624.

156
Aulis, 1848
Öl/Pappe/Holz, 43 x 55 cm
Bez. verso: *Aulis mit Euboea, dem Berg Mefajeion und Parnaß (in voller Sonne). C. Rottmann 1848*
Privatbesitz

Lit.: Kat. Ausst. München 1848, Nr. 315; Schorns Kunstblatt, 18.10.1848, Nr. 53, S. 210-212; Kat. Ausst. München 1858, Nr. 1126; Boetticher II, 1898, Abt. I, Nr. 25; Krauß 1930, S. 234; Decker 1957, Nr. 510, S. 83; Bierhaus-Rödiger 1978, Kat. Nr. 663

157
Aulis, 1847
Harz-Ölmalerei auf Steinguß, 157 x 200 cm
Inv. WAF 862
Bayerische Staatsgemäldesammlungen München
Lit.: Lange 1854, S. 25f; Reidelbach 1888, S. 175f; Boetticher II, 1898, Abt. 2, Nr. 10; Krauß 1930, S. 227, 241; Decker 1957, Nr. 494, S. 82, Abb. 230, Farbtaf. 3; Bierhaus-Rödiger 1978, Kat. Nr. 608; Kat. Mus. München 1984, S. 416f (m. Abb.)

158
Salamis, 1856/58
Aq./Blst., 24,5 x 34 cm
Inv. 21364
Staatliche Graphische Sammlung München
Lit.: Krauß 1930, S. 226f; Decker 1957, Nr. 709, S. 95, Abb. 238; Bierhaus-Rödiger 1978, Kat. Nr. 456

159
Theben, 1841
(verso: Ägina – Aphaiatempel)
Aq./Blst., 27,7 x 38,1 cm
Inv. 21391
Staatliche Graphische Sammlung München
Lit.: Decker 1957, Nr. 759, S. 98, Abb. 222; Bierhaus-Rödiger 1978, Kat. Nr. 579

160
Eleusis, 1859
Aq./Blst., 24,3 x 32 cm
Bez. verso: *Eleusis*
Inv. 21381
Staatliche Graphische Sammlung München
Lit.: Biehler 1924, S. 268; Krauß 1930, S. 229, Abb. 31; Decker 1957, S. 85, Abb. 217; Bierhaus-Rödiger 1978, Kat. Nr. 405
Lit.: Decker 1957, Nr. 519, S. 84, Abb. 236; Bierhaus-Rödiger 1978, Kat. Nr. 479

161
Chalkis, 1856
Aq./Blst., 26,8 x 32,1 cm
Inv. 21376
Staatliche Graphische Sammlung München
Lit.: Decker 1957, Nr. 519, S. 84, Abb. 236; Bierhaus-Rödiger 1978, Kat. Nr. 479

162
Kopaissee, 1835
Öl/Pappe, 25 x 37 cm
Privatbesitz
Lit.: Fiedler 1840/41, S. 101-104; Lohmeyer 1935, S. 216f; Decker 1957, Nr. 569, S. 86, Abb. 223; Bierhaus-Rödiger 1978, Kat. Nr. 483

163
Kopaissee, 1837
Öl/Pappe, 36 x 45 cm
Inv. 483
Museum der bildenden Künste Leipzig
Lit.: Boetticher II, 1898, Abt. I, Nr. 53f; Krauß 1930, S. 21, Abb. 8, S. 233; Decker 1957, Nr. 571, 573, S. 86; Kat. Ausst Berlin 1965, Nr. 211; Bierhaus-Rödiger, 1978, Kat. Nr. 484; Kat. Mus. Leipzig 1979, Nr. 483, S. 198; Kat. Mus. Leipzig 1981, Nr. 107, S. 202 (m. Abb.); Kat. Ausst. Leipzig 1992, Nr. 143, S. 148 (m. Abb.); Kat. Mus. Leipzig 1995, S. 159

164
Kopaissee, 1836
Aq./Blst., 25,9 x 36,2 cm
Inv. 21365
Staatliche Graphische Sammlung München
Lit.: Krauß 1930, S. 230; Decker 1957, Nr. 566, S. 86, Abb. 225; Kat. Ausst. Rotterdam 1973, Nr. 60; Bierhaus-Rödiger 1978, Kat. Nr. 564

165
Sparta – Taygetos, 1836/38
Aq./Blst., 24,4 x 32,1 cm
Inv. 21373
Staatliche Graphische Sammlung München
Lit.: Krauß 1930, S. 220; Decker 1957, Nr. 747, S. 97; Bierhaus-Rödiger 1978, Kat. Nr. 463

166
Sparta – Taygetos, 1835
Aq./Blst., 36,6 x 109,8 cm
Inv. 41615
Staatliche Graphische Sammlung München
Lit.: Decker 1957, Nr. 749, S. 97, Abb. 174; Bierhaus-Rödiger 1978, Kat. Nr. 459

167
Sparta – Ebene, 1835
Aq./Blst., 40,5 x 50,4 cm
Inv. 18665
Staatliche Graphische Sammlung München
Lit.: Decker 1957, Nr. 743, S. 96f; Bierhaus-Rödiger 1978, Kat. Nr. 464

168
Sparta – Ebene, 1841
Aq./Blst., 25,8 x 34 cm
Inv. 21384
Staatliche Graphische Sammlung München
Lit.: Decker 1957, Nr. 742, S. 96, Abb. 176; Bierhaus-Rödiger 1978, Kat. Nr. 575

169
Karithena, 1839
Aq./Blst., 24,8 x 32,5 cm
Inv. 21382
Staatliche Graphische Sammlung München
Lit.: Decker 1957, Nr. 562, S. 86, Abb. 183; Bierhaus-Rödiger 1978, Kat. Nr. 469

170
Kalamata, 1835
Aq./Blst., 33,5 x 92,8 cm
Bez. rechts unten: *Karythina in Arkadien*
Inv. 15277
Staatliche Graphische Sammlung München
Lit.: Decker 1957, Nr. 561, S. 86, Abb. 181; Bierhaus-Rödiger 1978, Kat. Nr. 466

171
Kalamata, 1836/38
Aq./Blst., 24,8 x 32,2 cm
Inv. 21374
Staatliche Graphische Sammlung München
Lit.: Krauß 1930, S. 222; Decker 1957, Nr. 556, S. 86, Abb. 177; Bierhaus-Rödiger 1978, Kat. Nr. 467

172
Olympia, um 1837
Aq./Blst., 21,3 x 29,7 cm
Inv. 21366
Staatliche Graphische Sammlung München
Lit.: Decker 1957, Nr. 682, S. 93; Bierhaus-Rödiger 1978, Kat. Nr. 556; Kat. Ausst. München 1979, Nr. 327

173
Delos, 1840
Aq./Blst., 24,7 x 35 cm
Inv. 21379
Staatliche Graphische Sammlung München
Lit.: Decker 1957, Nr. 522, Abb. 245, Farbtaf. 4; v. Schneider 1968, Farbtaf. S. 35; Bierhaus-Rödiger 1978, Kat. Nr. 572

174
Delos, 1837
Öl/Pappe, 35,5 x 45,5 cm
Bez. links unten: *CRottmann*
Inv. 595

Staatliche Kunsthalle Karlsruhe
Lit.: Boetticher II, 1898, Abt. I, Nr. 76; Krauß 1930, S. 232, 234; Decker 1957, Nr. 532/534, S. 84; Kat. Mus. Karlsruhe 1971, I, S. 203, II, Abb. 248; Bierhaus-Rödiger 1978, Kat. Nr. 519

175
Naxos – Geröllhalde, 1835
Aq./Blst., 29,8 x 44,4 cm
Bez. links unten: *Naxos*
Inv. 21-496
Düsseldorf, Kunstmuseum im Ehrenhof
Lit.: Bierhaus-Rödiger 1978, Kat. Nr. 498

176
Naxos, um 1836
Aq./Blst., 24,5 x 30,2 cm
Bez. rechts unten: *CRottmann*
Privatbesitz
Lit.: Kat. Aukt. Helbing, München, 1.7.1909, Nr. 389 (m. Abb.); Kat. Aukt. Ketterer, Stuttgart, 24./26.11.1954, Nr. 651, Abb. Taf. 6; Bierhaus-Rödiger 1978, Kat. Nr. 501

177
Naxos, um 1836/38
Aq./Blst., 23 x 30,4 cm
Inv. 21371
Staatliche Graphische Sammlung München
Lit.: Decker 1957, Nr. 657, S. 91f; Bierhaus-Rödiger 1978, Kat. Nr. 506

178
Naxos, 1845/48
Öl/Lw., 68,2 x 84 cm
Inv. 82296134
Sammlung Georg Schäfer Schweinfurt
Lit.: Kat. Aukt. Fleischmann, München, 9.9.1893, Nr. 43 (m. Abb.); Decker 1957, Nr. 676, S. 92, Abb. 250; Kat. Ausst. Kiel 1972, Nr. 98; Kat. Ausst. Nürnberg 1977, Nr. 154, S. 153 (m. Abb.); Bierhaus-Rödiger 1978, Kat. Nr. 662

179
Santorin, 1835
Blst., 49 x 67,2 cm
Inv. HZ 1310
Hessisches Landesmuseum Darmstadt
Lit.: Krauß 1930, S. 221, 230; Decker 1957, Nr. 718, S. 95; Bierhaus-Rödiger 1978, Kat. Nr. 520; Kat. Ausst. Darmstadt 1989, Nr. 50, S. 126f (m. Abb.)

180
Santorin, 1835
(verso: ähnlich recto)
Aq./Blst., 25,2 x 44,3 cm
Inv. Z 1422

Kurpfälzisches Museum Heidelberg
Lit.: Krauß 1930, S. 230; Decker 1957, Nr. 720, S. 95; Bierhaus-Rödiger 1978, Kat. Nr. 523

181
Santorin, 1845
Aq./Blst., 27,7 x 38 cm
Inv. 21394
Staatliche Graphische Sammlung München
Lit.: Biehler 1924, Farbtaf. Krauß 1930, S. 230, Farbtaf. III; Decker 1957, Nr. 715, S. 95, Abb. 254; Halm 1963, Nr. 94 (m. Farbtaf.); Kat. Ausst. München 1972/73, Nr. 199, Farbtaf. S. 164; Bierhaus-Rödiger 1978, Kat. Nr. 651

V. Kosmische Landschaften

182
Priester bei Sonnenaufgang, um 1845
Aq./Blst., 11,5 x 18,2 cm
Inv. Z 1437
Kurpfälzisches Museum Heidelberg
Lit.: Decker 1957, Nr. 823, S. 101; Bierhaus-Rödiger 1978, Kat. Nr. 667

183
Sonnenuntergang (wohl nach 1845)
Aq., 16,3 x 25,8 cm
Inv. Z 1387
Kurpfälzisches Museum Heidelberg
Lit.: Decker 1957, Nr. 126, S. 62; Bierhaus-Rödiger 1978, Kat. Nr. 684

184
Klippe im Ägäischen Meer, um 1850
Öl/Pappe, Durchm. 30 cm
Inv. 11477
Bayerische Staatsgemäldesammlungen München, Schack-Galerie
Lit.: Boetticher II, 1898, Abt. I, Nr. 68; Krauß 1930, S. 235; Decker 1957, Nr. 861, S. 101, 103, Abb. 279; Kat. Mus. München 1969, I, S. 314f, II, Abb. 25; Bierhaus-Rödiger 1978, Kat. Nr. 687

185
Landschaft mit Regenbogen, gegen 1850
(verso: ähnlich recto)
Kohle, 15,8 x 22,5 cm
Inv. Z 1436
Kurpfälzisches Museum Heidelberg
Lit.: Decker 1957, Nr. 174, S. 64, Abb. 325; Bierhaus-Rödiger 1978, Kat. Nr. 693

186
Meeresküste bei Sturm, um 1849
Öl/Lw., 80 x 143,8 cm
Inv. 11519
Bayerische Staatsgemäldesammlungen München,
Schack-Galerie
Lit.: Boetticher II, 1898, Abt. I, Nr. 70; Biehler 1924, Abb. S. 262;
Kat. Ausst. München 1955, Nr. 21; Decker 1957, Nr. 831, S. 101;
Kat. Mus. München 1969, I, S. 316f, II, Abb. 23; Ludwig 1978,
Nr. 47, S. 72 (m. Abb.); Bierhaus-Rödiger 1978, Kat. Nr. 696

187
Marathon, um 1849
Öl/Lw., 91 x 90,5 cm
Inv. NG 282
Staatliche Museen zu Berlin, Nationalgalerie
Lit.: Boetticher II, 1898, Abt. I, Nr. 23; Decker 1957, Nr. 632,
S. 90, Abb. 215; Kat. Mus. Berlin 1968, S. 176; Kat. Ausst. Hamburg 1976, Nr. 224, S. 250 (m. Abb.); Bierhaus-Rödiger 1978, Kat.
Nr. 698 (m. Farbtaf.); Kat. Mus. Berlin 1979, S. 342, Abb. IV; Kat.
Ausst. München 1979, Nr. 335; Kat. Ausst. Düsseldorf 1980,
S. 92; Wichmann 1981, S. 19, Abb. 25; Kat. Mus. Berlin 1983,
S. 24 (m. Abb.); Kat. Ausst. Berlin 1990, Nr. 329, S. 234 (m. Abb.)

188
Einsame Landschaft mit Schafherde, um 1848/50
Öl/Lw., 76,5 x 69,5 cm
Inv. 393
Landesmuseum Oldenburg
Lit.: Bierhaus-Rödiger 1978, Kat. Nr. 700

189
Kosmische Landschaft
Mischtechnik/Holz, 23 x 32 cm
Bez. verso: *Von Rottmann getuscht, unterzeichnet Chr.[istian]
Morgenstern, München 10. März. Eigenthum von W. Xylander.*
Sammlung Maibaum, Lübeck

190
Kosmische Landschaft
Öl/Lw., 40 x 55 cm
Privatbesitz
Lit.: Rödiger-Diruf 1989, Kat. Nr. N27, S. 200f

191
Delos, 1849
Öl/Lw., 49 x 61 cm
Bez. verso: *Delos Skizze zu dem Wandgemälde in München von
CR, Berg des Apollo, Poros, Nauplia*
Inv. G 4
Städtische Galerie im Lenbachhaus, München
Lit.: Decker 1957, Nr. 529, S. 84; Kat. Ausst. München 1967,
Nr. 144; Börsch-Supan 1972, S. 97f, Abb. 55; Bierhaus-Rödiger
1978, Kat. Nr. 680; Kat. Ausst. München 1979, Nr. 333

192
Epidauros, 1843
Öl/Lw., 49,5 x 62,5 cm
Bez. verso: *Epidauros mit Aegina, Skizze zu dem griechischen
Wandgemälde zu München. gem. v. CR 1843*
Inv. 13042
Bayerische Staatsgemäldesammlungen München
Lit.: Krauß 1930, S. 234; Decker 1957, Nr. 458, S. 80; Kat. Ausst.
Kunstverein Karlsruhe 1965, Nr. 38 (m. Abb.); Bierhaus-Rödiger
1978, Kat. Nr. 584; Kat. Ausst. Berlin 1987, Nr. 14, S. 98 (m. Abb.);
Kat. Ausst. Tampere 1991, Nr. 138, Abb. 117

Zusätzliche Exponate

August Riedel (1799-1883)
A 1 Abb. S. 2
Porträt Carl Rottmann, 1824
Öl/Lwd., 66,8 x 54,2 cm
Bez. links unten: *A. Riedel pinx. 1824.*
Inv. WAF 833
Bayerische Staatsgemäldesammlungen München

Ernst Jenichen (1822-1874)
A 2
Porträtzeichnung Carl Rottmann, 1844
Blst., 32,3 x 26,8 cm
Bez. links: *E. Jenichen fe. 44*
Inv. 1910:10
Staatliche Graphische Sammlung München

Wilhelm von Kaulbach (1804-1874)
A 3 Abb. S. 341
»Die von König Ludwig I. zur Ausführung seiner Ideen berufenen Künstler im Fache der Historien-, Schlachten-, Landschafts- und Genremalerei«
Öl/Lwd., 80,3 x 167 cm
Inv. WAF 410
Bayerische Staatsgemäldesammlungen München

Joseph Stieler (1781-1858)
A 4 Abb. S. 20
Ludwig I. als Kronprinz in altdeutscher Tracht, um 1816
Öl/Lwd., 70 x 55 cm
Bez. rechts unten: *Jos. Stieler*
Inv. BIa 338
München, Wittelsbacher Ausgleichsfonds

Michael Wening (1645-1718)
A 5
Hofgarten und Residenz von Norden, 1701
Kupferstich
München, Bayerische Verwaltung der staatlichen Schlösser, Gärten und Seen – Graphiksammlung

Leo von Klenze (1784-1864)
A 6
Entwurf zu den Hofgartenarkaden
Feder/Blst., 47 x 64,5 cm
Inv. A XVI a/6
München, Bayerische Verwaltung der staatlichen Schlösser, Gärten und Seen – Plansammlung

Leo von Klenze
A 7
Grundriß des Galeriegebäudes, Umbauplan, nach 1836
Inv. A XIV b/1
München, Bayerische Verwaltung der staatlichen Schlösser, Gärten und Seen – Plansammlung

Leo von Klenze
A 8
Entwurf für die Gestaltung der Rückwand und Decke im Ostabschnitt der nördlichen Hofgartenarkaden unter Einbeziehung der Herkulesfiguren von Roman Anton Boos, um 1840
Inv. A XVI b/5
München, Bayerische Verwaltung der staatlichen Schlösser, Gärten und Seen – Plansammlung

Leo von Klenze
A 9 Abb. S. 342
Wanddekoration der Hofgartenarkaden (Projekt zum Griechenland-Zyklus)
Aq./Blst., 21,5 x 33,5 cm
Inv. 1957:41
Staatliche Graphische Sammlung München

Anonym
A 10
Aufriß der Hofgartenfassade, Innenwand-Dekor, Decken-Dekor, Grundriß, 19. Jahrhundert
Lithographie, 34,7 x 46,6 cm
Inv. L III 34
Münchner Stadtmuseum

Georg Michael Kurz (1815-1883)
A 11 Abb. S. 343
Die Italienischen Landschaften Carl Rottmanns, um 1870
Öl/Lwd., 28 Einzelbilder à 20,5 x 24 cm im gemeinsamen Rahmen
Inv. G 2088
Kurpfälzisches Museum Heidelberg

Wilhelm Scheuchzer (1803-1866)
A 12
Kopien nach Carl Rottmanns Italien-Zyklus unter den Arkaden im Münchner Hofgarten
28 Aquarelle, je 12,7 x 15 cm, in einer ledernen Kassette mit Goldprägung
(ausgestellt: *Messina, Lago d'Averno* und *Colosseum*)
Inv. 19580
Staatliche Graphische Sammlung München

Wilhelm Scheuchzer
    A 13
Zeichenbuch mit Kopien nach Carl Rottmanns Italien-Zyklus unter den Arkaden des Münchner Hofgartens
(aufgeschlagen: Messina / fol. 25)
Feder/Pergament, ca. 22,3 x 29,4 cm
Inv. M II 88
Münchner Stadtmuseum

Verlagsanstalt für Kunst und Wissenschaft, vormals Friedrich Bruckmann, München (Hrsg.)
    A 14
Kunstdruckmappe mit 30 Photographien nach den Originalkartons des Italien-Zyklus
Privatbesitz

Eugen Napoleon Neureuther (1806-1882)
    A 15
Schlachtfeld von Marathon (nach Carl Rottmann)
Radierung, 44,5 x 55,2 cm
Inv. M II 2787
Münchner Stadtmuseum

Eugen Napoleon Neureuther
    A 16
Olympia (nach Carl Rottmann)
Radierung, 35 x 40,5 cm
Inv. M II 2786
Münchner Stadtmuseum

Friedrich Hohe (1802-1870)
    A 17
Sikyon – Korinth (nach Carl Rottmann)
Lithographie, 51 x 54 cm
Inv. M II 2238
Münchner Stadtmuseum

Andreas Hahn
Carl Rottmann – Hofmaler König Ludwigs I.
Lebensdaten

1797
Am 11. Januar 1797 wird Carl Anton Joseph Rottmann in der kleinen Gemeinde Handschuhsheim bei Heidelberg getauft. Er ist der zweite Sohn von Christian Friedrich Josef Rottmann (1768-1816) und dessen Ehefrau Maria Anna Susanna Werner (1776-1844). Sein Großvater Karl Franz Josef Rottmann (1738-1822) ist Verwalter des kurfürstlich-geistlichen Waisenhauses in Handschuhsheim samt der dazugehörigen Güter und in dieser geachteten Position zu einigem Wohlstand gelangt. Er besitzt eine eigene kleine Sammlung von Gemälden, Graphik und Kupferstichen. In seinem Hause hielt sich Kronprinz Ludwig eigenen Angaben zufolge zumindest einmal auf.
Carl Rottmanns Vater ist zunächst als Nachfolger im Amt des Waisenhausschaffners vorgesehen, doch entscheidet er sich gegen die wirtschaftliche Sicherheit dieser Stellung für eine künstlerische Laufbahn. Nach autodidaktischem Erwerb von Zeichen- und Aquarellierkenntnissen geht er 1803 für ein halbes Jahr nach München, um sich dort künstlerisch weiterzubilden.

1805
Friedrich Rottmann siedelt mit seiner Frau und den beiden Söhnen Anton und Carl nach Heidelberg über und tritt dort zunächst eine Stelle als Zeichenlehrer am Gymnasium an. Bereits im folgenden Jahr wird er zum Universitätszeichenmeister berufen und hat diesen, allerdings schlecht bezahlten Posten bis zu seinem Tod inne.

Von Herbst 1804 bis zum Frühjahr 1805 unternimmt der junge bayerische Kurprinz Ludwig nach Abschluß eines Studienaufenthaltes von jeweils einem Semester an den Universitäten in Landshut und Göttingen in Begleitung seines Lehrers Kirschbaum seine erste Italienreise. Schnell empfindet er schwärmerische Begeisterung für die Landschaft sowie die klassische Kunst. Besonders Rom schlägt ihn in seinen Bann, das er durch seinen späteren Kunstagenten Friedrich Müller kennenlernt; dieser bringt ihm auch die Kunst besonders der Renaissance nahe. Zu Ludwigs großem Bedauern kommt es nicht zu einem Sizilienaufenthalt.

1807
In München wird die Akademie der bildenden Künste wiedereröffnet; Generalsekretär wird der Philosoph Friedrich Wilhelm Schelling.

1812/13
Carl wie auch sein 15 Jahre jüngerer Bruder Leopold, der später gleichfalls Landschaftsmaler wird, erhalten erste künstlerische Anregungen im Elternhaus. Während der Zeit als Schüler des Gymnasiums gilt ein regelrechter Zeichenunterricht beim Vater zusammen mit Ernst Fries (1801-1833), Carl Philipp Fohr (1795-1818) sowie dem älteren Bruder Anton als wahrscheinlich, doch beginnt Carl Rottmann früh, sich von dessen noch im 18. Jahrhundert verhafteter Kunst zu lösen. Erste eigenständige Zeichnungen entstehen.
Folgenreicher als das künstlerische Vorbild des Vaters sind wohl die Impulse gewesen, die er an der Universität seiner Heimatstadt und durch den Kontakt des Elternhauses mit den wichtigsten Vertretern der Heidelberger Romantik wie etwa Achim von Arnim empfängt. Dies erklärt auch seine Vertrautheit mit den kunstästhetischen Fragen seiner Zeit.
1812 kommt für vier Jahre der schottische Maler George Augustus Wallis (1768-1847) aus Italien nach Heidelberg. Carl Rottmann setzt sich intensiv mit dessen von Joseph Anton Koch geprägter Landschaftsauffassung auseinander und läßt sich von einzelnen Werken inspirieren.

1815
Das wichtige Frühwerk, die aquarellierte *Ansicht des Heidelberger Schlosses* (Kat. 2) entsteht. Im folgenden Jahr läßt sich Franz Xaver Xeller (1784-1872) in Heidelberg nieder. Von dem Maler und Restaurator erhält Rottmann möglicherweise später Unterweisungen in der Technik der Ölmalerei; erste eigene Ölbilder stammen jedoch erst aus der Zeit um 1818/19.

Carl Philipp Fohr, mit dem Carl Rottmann seit der Zeit des gemeinsamen Zeichenunterrichts beim Vater Friedrich Rottmann eine enge Freundschaft verbindet, hält sich für ein Jahr an der Münchner Akademie auf. Wegen seiner freiheitlich-nationalistischen politischen Agitation und auch wegen seiner als provokativ empfundenen Kleidung (er trägt eine von den Freiwilligenverbänden der Befreiungskriege inspirierte Uniform) droht ihm der Verweis von der Akademie und aus der Stadt.

1816
Tod des Vaters Friedrich Rottmann. Carl unternimmt Wanderungen durch die Pfalz und zeichnet gemeinsam mit den Freunden Fries und Fohr in den romantischen Gegenden rund um Heidelberg.

Der erst im Januar von Kronprinz Ludwig nach München geholte Architekt Leo von Klenze (1784-1864) fertigt einen »General-Plan einer neuen Stadtanlage zwischen dem Schwabinger-Thore, dem Hofgarten und der Fürstenstraße« an. Zu diesem Zeitpunkt besteht noch die Absicht, an der Westseite des Hofgartens einen Erweiterungsbau der königlichen Gemäldegalerie zu errichten.

1818

Zusammen mit Xeller, Fries und den Malern Rudolf Kuntz, Daniel Fohr und Joseph Wintergerst unternimmt Rottmann im Auftrag des Heidelberger Verlegers Joseph Engelmann eine Künstlerfahrt in das Rhein- und Moseltal, um dort gemeinsam zu zeichnen. Nach den Studien der Reiseteilnehmer entsteht später eine Folge von Stichen.

Im Winter 1817/18 unternimmt Kronprinz Ludwig endlich die langersehnte Italienreise, die ihn bis nach Sizilien führt. Begleitet u.a. von Johann Georg von Dillis und seinem Jungendfreund Graf Carl von Seinsheim sucht er die bedeutenden antiken Stätten der Insel auf und zeigt sich anläßlich des Besuches der Weihnachtsmesse in der aus normannischer Zeit stammenden Palastkapelle von Palermo von dieser mosaikgeschmückten Architektur tief bewegt.

1819

Rottmann besucht auf einer weiteren Studienfahrt Baden-Baden. Für einige Monate hält er sich in Stuttgart im Hause der Brüder Boisserée auf, die in diesem Jahr mit ihrer wertvollen Sammlung altdeutscher und altniederländischer Bilder aus Heidelberg dorthin umgezogen sind.

1821

Um sich künstlerisch fortzubilden, geht Rottmann im Herbst des Jahres nach München. Er findet Aufnahme bei seinem Onkel, dem Hofgartenintendanten Friedrich Ludwig Sckell (1750-1823). An der Akademie ist er für Historienmalerei eingeschrieben und kopiert das dort für diesen Zweck ausgestellte Bild *Heroische Landschaft mit Regenbogen* von Joseph Anton Koch (vgl. Abb. S. 32).

1822

Im Sommer des Jahres unternimmt Rottmann zusammen mit dem Kollegen und Freund Dietrich Heinrich Maria Monten (1799-1843) und einem weiteren Begleiter die erste Reise nach Salzburg, Tirol und in die bayerischen Alpen. Die Route führt die drei Künstler über das Inntal mit Brannenburg, Traunstein, Reichenhall, Berchtesgaden, Ramsau und Salzburg zurück nach München. Die häufigen Klagen über schlechtes Wetter werden später zu einem stets wiederkehrenden Merkmal Rottmannscher Reisen.
Verlobung mit seiner Cousine Friederike Sckell.

1823

Zusammen mit dem Münchner Maler Albrecht Adam (1786-1862) reist Rottmann im Sommer in das Inntal und die Gegend südlich von München. Die Landschaften rund um den Ammersee, Peißenberg, Murnau, Staffelsee, Kochelsee und Walchensee beeindrucken ihn nachhaltig.

Gründung des Münchner Kunstvereins. Die ständig wechselnden Ausstellungen im Kunstvereinslokal am Hofgarten machen die Münchner Kunstproduktion einem breiten Publikum bekannt und sind somit für die Künstler ein wichtiger Absatzmarkt.

1824

Im Sommer heiratet Rottmann Friederike von Sckell. Zusammen mit seiner jungen Frau besucht er Heidelberg. Im Oktober wird der Sohn Hermann Anton Leopold (1824-1879) geboren.

Peter von Cornelius wird Akademiedirektor in München. Die Landschaftsklasse der Akademie, der ehemals Johann Georg von Dillis sowie Wilhelm von Kobell vorstanden, wird von ihm aufgelöst.

1825

Zweite Reise ins Salzburger Land. Das Gemälde *Eibsee* (Kat. 22) entsteht und wird von Leo von Klenze erworben. Rottmann ist Mitglied im jungen Münchner Kunstverein und stellt in den folgenden Jahren regelmäßig dort aus.

Nach dem Tode seines Vaters Maximilian I. Joseph wird Ludwig König von Bayern.
Der Staat schließt mit dem Bankier Freiherrn von Eichthal und dem Baurat Himbsel einen Vertrag über den Abbruch des alten Turnierhauses und des Café Tambosi an der Westseite des Hofgartens und über die Neuerrichtung des sog. Bazargebäudes mit Arkadengang an dieser Stelle. Die Pläne dazu stammen von Leo von Klenze.

1826

Im April des Jahres bricht Rottmann auf eigene Kosten zu einer Italienreise auf. Über die Schweiz und Mailand gelangt er nach Genua. Nach einem Abstecher nach Nizza kehrt er nach Genua zurück und überwirft sich dort mit seinem Reisebegleiter, dem Lithographen Franz Hohe (1802-1870). Er erfährt brieflich vom Tode seines zweiten Kindes, der Tochter Paulina Luise. Zudem bedrückt ihn ein sich in den folgenden Jahren langsam verschlimmerndes Augenleiden.
Künstlerisch erschließt sich ihm die italienische Landschaft nur langsam, doch hat er für mehrere Werke bereits Abnehmer in München gefunden. Mehr als von Florenz zeigt er sich von Rom begeistert, wo er im Oktober eintrifft und schnell Anschluß an den Kreis der deutschen Künstler findet. Die klassischen Ruinenstätten beeindrucken ihn tief. Lange Ausflüge in das Sabiner-Gebirge sowie in die Campagna finden ihren Niederschlag in zahlreichen Zeichnungen und Skizzen der romantischen Landschaft.

Im Spätherbst ist der Neubau des Bazargebäudes mit Arkadengang auf der Hofgartenseite fertiggestellt.
Baubeginn der Alten Pinakothek.
Die von Landshut nach München verlegte Universität wird vorerst im Michaelskloster eröffnet.

1827

Im Frühjahr reist Rottmann weiter nach Neapel. Über Professor Johann Martin von Wagner, einen Kunstagenten König Ludwigs I., ist ihm der Auftrag zu einer Ansicht von Palermo übermittelt worden, weitere Aufträge werden in Aussicht gestellt. Möglicherweise ist bereits von dem geplanten Zyklus italienischer Landschaften für die Hofgartenarkaden die Rede. Rottmann bricht deshalb nach Sizilien auf. Auf einer Rundreise besucht er verschiedene historische Stätten.
Nachdem ihm in Messina ein Teil seiner Reisekasse gestohlen worden ist, kehrt er im August über den Brenner nach München zurück.

Der Akademiedirektor Peter Cornelius übergibt dem König einen Vorschlag zur Dekoration des zwischen Residenz und Bazargebäudes gelegenen Abschnitts der westlichen Hofgartenarkaden. In Anknüpfung an den zerstörten Freskenzyklus Peter Candids unter den maximilianischen Bogengängen wünscht Ludwig für die 16 Arkadenbögen je ein kriegerisches und ein friedliches Ereignis aus acht Jahrhunderten Wittelsbacher Herrschaft dargestellt. Bis 1829 werden die Fresken von Cornelius-Schülern ausgeführt.
Erwerbung der Gemäldesammlung der Brüder Boisserée durch Ludwig I.

1828

Geburt der Tochter Silvia Maria Theresia.
Vollendung des ersten Auftragsbildes *Palermo* für Ludwig I.
Rottmann liefert mit der Ansicht des Colosseums die Vorlage für die Jahresgabe des Münchner Kunstvereins und ist für die geplante weitere Ausstattung der westlichen Hofgartenarkaden mit einem Zyklus von 28 italienischen Landschaften in Freskotechnik vorgesehen.

1829

Da Rottmann auf seiner ersten Italienreise nicht von allen geplanten Motiven Skizzen anfertigen konnte, folgt Ende 1828 oder Anfang 1829 eine zweite Italienreise in königlichem Auftrag, die ihn wiederum bis nach Sizilien führt. Bei Perugia hat er Gelegenheit, persönlich mit dem König zu sprechen.

Leo von Klenze wächst mit dem Vorsitz der obersten Baubehöde gewissermaßen die Aufsicht über seine eigenen Projekte und damit eine besonders einflußreiche Position zu.
Rottmanns für den König gemalte Ansicht von Palermo wird in Schorns Kunstblatt begeistert besprochen.

1830

Im Sommer beginnt Rottmann unter schwierigen äußeren Umständen mit der Ausführung der jeweils von einem Karton vorbereiteten Fresken des Italienzyklus. Trotz der wechselnden Temperaturen im Freien und Krankheit des Malers wird der Zyklus 1833 abgeschlossen. König Ludwig I. nimmt großen Anteil und sucht den Künstler häufig bei der Arbeit auf.

1832

König Ludwig I., dessen Sohn Otto von den alliierten Großmächten Frankreich, England und Rußland in diesem Jahr zum König von Griechenland erhoben wird, gibt Rottmann den Auftrag, auch den nördlichen Arkadengang des Hofgartens mit einem Landschaftszyklus auszumalen, der 38 Felder umfassen soll.
Änderung der Motivfolge für den Italienzyklus durch den König.

1833

Ludwigs erst 17jähriger Sohn trifft als König Otto I. in Griechenland ein, das erst kürzlich seine Freiheit von jahrhundertelanger türkischer Fremdherrschaft erringen konnte.

1834

Versehen mit einer Liste der als Bildmotive vorgesehenen Landschaften und Orte sowie einem königlichen Reisestipendium bricht Rottmann zusammen mit dem Maler Ludwig Lange im August zu einer einjährigen Reise nach Griechenland auf. Von Nauplia und später von Athen aus unternehmen die beiden ausgedehnte Reisen in die verschiedenen Landesteile. Das unter der Türkenherrschaft heruntergekommene und vom Befreiungskrieg weitgehend verwüstete Griechenland, die geringen Spuren antiker Hochkultur sowie die Unbequemlichkeiten und primitiven Reiseumstände stehen im krassen Widerspruch zu den von einer klassisch-idealen Vorstellung geprägten Erwartungen. Gleichwohl faszinieren Rottmann die vielfältigen Landschaftseindrücke.

1835

Im Oktober 1835 trifft Rottmann wieder in München ein. In den folgenden Jahren entstehen auf der Grundlage des mitgebrachten Materials zahlreiche Entwürfe und ausgeführte Werke, die er zum Teil auf eigene Rechnung verkauft. Dem König erstattet er persönlich Bericht und legt wohl auch seine Entwürfe für den Griechenlandzyklus zur Begutachtung vor.

Im Dezember bricht Ludwig I. selbst zu einer viermonatigen Seereise mit einer englischen Fregatte nach Griechenland auf und besucht seinen Sohn, den griechischen König Otto I. Von Athen aus unternimmt er per Schiff weite Erkundungsfahrten, die ihn u. a. bis an die kleinasiatische Küste führen (s. Karte S. 344/345).

1838

Die Arbeit am Griechenlandzyklus beginnt. Anders als beim Italienzyklus wird nicht *al fresco* direkt auf die Wand gemalt, sondern in verschiedenen, enkaustisch genannten Techniken, wobei Rottmann jedoch schnell von der höchst umständlichen Wachs-Ölmalerei auf andere, auf Öl-Harz-Rezepten basierende Techniken ausweicht. Den Farbträger bilden große, transportable Zementplatten. Da sich sein Atelier als ungeeignet erweist, bezieht Rottmann hierfür einen großen Raum in der Residenz. Neben der dauernden Arbeit an dem Zyklus, die sich bis zum

Lebensdaten

Todesjahr 1850 hinzieht und von Ludwig I. aufmerksam verfolgt wird, widmet sich der Maler weiterhin auch Motiven aus Oberbayern und dem Alpenvorland. In den folgenden Jahren verbringt er ausgedehnte Sommeraufenthalte mit der Familie und Freunden am Starnberger See.
Es treten Fälle von Vandalismus an den Bildern des Italienzyklus unter den Hofgartenarkaden auf.

1839
Rottmann äußert dem König gegenüber Bedenken, ob die Griechischen Landschaften das wechselhafte Klima im Hofgarten vertragen werden.

1840
Er schlägt Ludwig I. vor, den Griechenlandzyklus im neuen Kunstausstellungsgebäude am Königsplatz geschützt unterzubringen und in die Wand einzulassen; der König akzeptiert den Vorschlag.
Rottmann teilt dem Hof mit, daß man ihn in Berlin mit der Ausführung eines repräsentativen Zyklus von Motiven aus dem Heiligen Land zu betrauen gedenkt. Die folgende Ernennung zum königlichen Hofmaler und die Gewährung einer lebenslangen Pension bewegen ihn, in München zu bleiben.

1841
Anstelle des nun für einen anderen Ausstellungsort vorgesehenen großen Zyklus der Griechenlandbilder Rottmanns malt Christoph Friedrich Nilson von 1841-1844 insgesamt 39 Fresken mit Szenen aus dem griechischen Befreiungskampf in den oberen Bereich der nördlichen Hofgartenarkaden (im 2. Weltkrieg zerstört). Die Entwürfe dazu stammen von Peter von Hess, der Dekorationsentwurf für die in pompeianischer Ornamentik verzierten Wandfelder von Leo von Klenze. (s. Abb. S. 342).

1843
Rottmann empfängt das Ritterkreuz des bayerischen Ordens vom Heiligen Michael.

Die Zahl der Bilder für den Griechenlandzyklus wird – wohl auch mit Rücksicht auf seine angegriffene Gesundheit – von ursprünglich 38 auf zunächst 32, später auf 24 bzw. 23 reduziert.

1844
Zum wiederholten Male werden einzelne Bilder des Italienzyklus durch mutwillige Zerstörungen und Vandalismus in Mitleidenschaft gezogen. In Schorns Kunstblatt werden diese Beschädigungen mit einem an die Regierung gerichteten anonymen Protest gegen zu hohe Nahrungsmittelpreise in Verbindung gebracht. Ludwig I. bestimmt die noch zu erbauende Neue Pinakothek als endgültigen Aufbewahrungsort für die Bilder des Griechenlandzyklus. Ein eigener, von Rottmann konzipierter Saal mit einer indirekten, effektvollen Beleuchtung soll die Werke aufnehmen. 1854 ist dieser »Rottmann-Saal« fertiggestellt.

1845
Rottmann wird vom belgischen König das Offizierskreuz des belgischen Leopoldordens verliehen.

1848
Nach Unruhen in München, zu denen die Affäre um die Tänzerin Lola Montez den äußeren Anlaß liefert, verzichtet König Ludwig I. zugunsten seines Sohnes Maximilian auf den Thron.

1850
Kurz nach der Vollendung des Griechenlandzyklus im Sommer des Jahres 1850 erfolgt der physische und psychische Zusammenbruch Carl Rottmanns, der von Erblindung bedroht ist und an einer unheilbaren Lebererkrankung leidet.

Am 7. Juli 1850 stirbt Carl Rottmann in München.
Am 9. Juli wird er unter großer Anteilnahme der Münchner Künstlerschaft auf dem Südlichen Friedhof beigesetzt.

Bibliographie

in Auswahl. Bearbeitet von Andreas Hahn

Aigner, F. und Bernrieder, J.: Mit den Malern durch den Landkreis Rosenheim. Rosenheim o. J. (1990)

Angerer, B.: Die Münchner Kunstakademie zwischen Aufklärung und Romantik (Miscellanea Bavarica Monacensis, Heft 123). München 1984

Baudissin, K. Graf von: Georg August Wallis. Maler aus Schottland 1768-1847 (Heidelberger kunstgeschichtliche Abhandlungen VII). Heidelberg 1924

Bauer, H.: Kunstanschauung und Kunstpflege in Bayern von Carl Theodor bis Ludwig I. In: Kat. Ausst. München 1980 b, S. 345-355

Bayersdorfer, A.: Carl Rottmann, Biographische Skizze, München 1873. In: ders., Leben und Schriften. München 1908, S. 193

Beenken, H.: Das Panorama von Taormina in der deutschen Landschaftsmalerei vor 1850. In: Das Werk des Künstlers, Jg. 2, 1941, S. 257-277

Ders.: Das 19. Jahrhundert in der deutschen Kunst. Aufgaben und Gehalte. München 1944

Benz, R.: Heidelberg. Schicksal und Geist. Konstanz 1961

Beringer, J. A.: Badische Malerei 1770-1910. Karlsruhe 1922

Bernhard, M.: Deutsche Romantik. Handzeichnungen. 2 Bde. München 1973

Biehler, O.: Karl Rottmann. In: Die Kunst, Jg. 39, 1924, S. 257-271

Bierhaus-Rödiger, E.: Zum ehemaligen Dekorationsprogramm der Münchner Hofgartenarkaden. In: Weltkunst, Jg. 47, 21.10.1977, Sondernummer, S. 2149-2151

Dies.: Karl Rottmann. Monographie und kritischer Werkkatalog (Studien zur Kunst des 19. Jahrhunderts, Sonderband). Mit Beiträgen von Hugo Decker und Barbara Eschenburg. München 1978

Dies.: Die historische Landschaftsmalerei in München unter König Ludwig I.. In: Kat. Ausst. München 1979, S. 126-148

Bleyl, M.: Carl Rottmann und Ludwig Lange. Zwei Beiträge zur Griechenlandrezeption im 19. Jahrhundert. In: Pantheon, Jg. XLI, 1983, Heft III, S. 183-193

Bock, L.: München. Ein Führer durch die Isarstadt und deren Umgebung. Leipzig 1860

Börsch-Supan, E.: Garten-, Landschafts- und Paradiesmotive im Innenraum. Eine ikonographische Untersuchung. Berlin 1967

Börsch-Supan, H. (Hrsg.): Die Kataloge der Berliner Akademie-Ausstellungen 1786-1850. 3 Bde. Berlin 1971

Ders.: Deutsche Romantiker. Deutsche Maler zwischen 1800 und 1850. München, Gütersloh, Wien 1972

Ders.: Die Deutsche Malerei von Anton Graff bis Hans von Marées 1760-1860. München 1988

Ders.: Caspar David Friedrich. München 1990[4]

Boetticher, F. von: Malerwerke des 19. Jahrhunderts. Beitrag zur Kunstgeschichte. 4 Teile, Leipzig 1891-1901; Bd. II, 1898, Teil 3, Abt. 1-3, S. 477-480

Boisserée, S.: Briefwechsel, Tagebücher. Faksimiledruck nach der 1. Aufl. von 1862. Ergänzt durch ein Personenregister. Nachwort von W. Klotz. 2 Bde. Göttingen 1970

Bruckmann, F.: Carl Rottmanns italienische Landschaften. Ausgeführt in den Arkaden des K. Hofgartens in München. Photographiert nach den in der großherzoglichen Galerie in Darmstadt befindlichen Original-Kartons. Berlin o. J. (1871)

Bruckmanns Lexikon der Münchner Kunst: Münchner Maler im 19. Jahrhundert (4 Bde.). Bearb. von Horst Ludwig. Bd. 3. München 1982, S. 391-395

Bülau, E.: Der englische Einfluß auf die deutsche Landschaftsmalerei im frühen 19. Jahrhundert. Diss. Freiburg i. Br. 1955 (Masch.-Schr.)

Büttner, F.: Peter Cornelius. Fresken und Freskenprojekte. Bd. 1. Wiesbaden 1980

Ders.: Bildungsideen und bildende Kunst in Deutschland um 1800. In: R. Kosellek (Hrsg.), Bildungsbürgertum im 19. Jahrhundert. Teil II, Bildungsgüter und Bildungswissen. Stuttgart 1990, S. 259-285

Ders.: Unzeitgemäße Größe. Die Fresken von Peter Cornelius in der Münchner Ludwigskirche und die zeitgenössische Kritik. In: Das Münster, Bd. 4/1993, S. 293-304

Busch, W.: Das sentimentalische Bild. Die Krise der Kunst im 18. Jahrhundert und die Geburt der Moderne. München 1993

Butlin, M. u. Joll, E.: The paintings of J. M. W. Turner. New Haven, London 1977

Buttlar, A. von und T. Bierler-Rolly (Hrsg.): Der Münchner Hofgarten. Beiträge zur Spurensicherung. München 1988

Carus, C. G.: Neun Briefe über Landschaftsmalerei. Geschrieben in den Jahren 1815 bis 1825. Zuvor ein Brief von Goethe als Einleitung (hrsg. und mit einem Nachwort begleitet von Kurt Gerstenberg). Dresden o. J. (1927)

Decker, H.: Carl Rottmann (Denkmäler deutscher Kunst, hrsg. vom Deutschen Verein für Kunstwissenschaft). Berlin 1957

Doeberl, M.: Entwicklungsgeschichte Bayerns. Bd. III, hrsg. von M. Spindler. München 1931

Eberle, M.: Individuum und Landschaft. Zur Entstehung und Entwicklung der Landschaftsmalerei. Gießen 1986[3]

Eckermann, J. P.: Gespräche mit Goethe in den letzten Jahren seines Lebens, hrsg. von R. Otto und P. Wersig. München 1984[2]

Einem, H. von: Deutsche Malerei des Klassizismus und der Romantik 1760-1840. München 1978

Ders. (Hrsg.): Goethe, Italienische Reise. In: Goethes Werke,

Bd. XI (Hamburger Ausgabe), Autobiographische Schriften III. München 1982¹

Ders. (Hrsg.): Goethe, Schriften zur Kunst, Schriften zur Literatur, Maximen und Reflexionen. In: Goethes Werke, Bd. XII (Hamburger Ausgabe). Hamburg 1967⁶

Engelhardt, D. von: Naturgeschichte und Geschichte der Kultur in der Naturforschung der Romantik. In: Kat. Ausst. Hannover u. Karlsruhe 1994, S. 53ff.

Eschenburg, B.: Landschaftsmalerei in München zwischen Kunstverein und Akademie und ihre Beurteilung durch die Kunstkritik. In: Kat. Ausst. München 1979, S. 93-115

Fernow, C. L. von: Römische Studien. 3 Teile. Zürich 1808

Fiedler, K. G.: Reise durch alle Theile des Königreiches Griechenland im Auftrag der Königlich Griechischen Regierung in den Jahren 1834 bis 1837. 2 Bde. Leipzig 1840/41

Flashar, H.: Inszenierung der Antike. Das griechische Drama auf der Bühne der Neuzeit 1585-1990. München 1991

Förster, E.: Leitfaden zur Betrachtung der Wand- und Deckenbilder des neuen Königsbaues in München. München 1834

Friedel, H.: Das Bild Griechenlands in der Münchner Malerei um 1800. In: Kat. Ausst. München 1979, S. 116-125

Frommel, C. L.: 50 Bilder zu Vergils Aeneide. Gestochen unter der Leitung von C. Frommel. Carlsruhe bei August Klose und C. Frommel. Karlsruhe o. J. (1825)

Ders.: Dreißig Ansichten Griechenlands zu den Werken griechischer Autoren, Gegenden und Monumente vorstellend, wie sie von denselben beschrieben und jetzt noch vorhanden sind, nach Cockerell, Williams u.s.w. gestochen unter der Leitung des Herrn Prof. Frommel. 2 Hefte. Karlsruhe 1830/31

Ders.: C. L. Frommels pittoreskes Italien. Nach dessen Original-Gemälden und Zeichnungen. Die Scenen aus dem Volksleben nach Zeichnungen von Catel, Goetzloff, Mosbrugger, Weller, Pinelli etc. In Stahl gestochen in dem Atelier von C. Frommel und H. Winkles. Leipzig 1840

Funk, Ph.: Von der Aufklärung zur Romantik. Studien zur Vorgeschichte der Münchner Romantik. München 1925

Fuss, M.: Carl Ludwig Frommel (1789-1863). Maler und Kupferstecher. In: Badische Heimat, Jahrbuch für das Badner Land, 1970, S. 95-100

Gärtner, F. von: Ansichten der am meisten erhaltenen griechischen Monumente Siciliens. Nach der Natur und auf Stein gezeichnet von Friedrich Gaertner, Architekt. München 1819

Gage, J.: Colour in Turner. Poetry and Truth. London 1969

Geese, W.: Die heroische Landschaft von Koch bis Böcklin (Studien zur deutschen Kunstgeschichte 271). Straßburg 1930

Geismeier, W.: Caspar David Friedrich. Berlin 1973

Goethe, J. W. von: Schriften zur Kunst I: Philipp Hackert. Biographische Skizze, meist nach dessen eigenen Aufsätzen entworfen. In: Goethe-Gesamtausgabe, IX, Leipzig 1923, S. 705-877

Ders.: Über den Granit (handschriftliches Fragment von 1784). In: Johann Wolfgang von Goethe: Schriften zur Geologie, Mineralogie und Meteorologie (dtv-Gesamtausgabe). München 1963

Gollwitzer, H.: Historismus als kultur- und sozialgeschichtliche Bewegung. In: Geschichte, Politik und ihre Didaktik, Jg. 10 (1982), S. 5-16

Ders.: Ludwig I. von Bayern. Königtum im Vormärz. Eine politische Biographie. München 1986

Griesinger, P.: Christian Xeller. Ein Biberacher Landschaftszeichner der Romantik 1784-1872. Biberach a. d. Riß 1966

Grote, L.: Die Brüder Olivier und die deutsche Romantik (Forschungen zur deutschen Kunstgeschichte 31). Berlin 1938

Gurlitt, C.: Die deutsche Kunst des 19. Jahrhunderts. Berlin 1899

Ders.: Die deutsche Kunst seit 1800, ihre Ziele und Taten. Berlin 1924⁴

Guttenhöfer, M.: Erinnerungen an Carl Rottmann von seiner Enkelin. In: Münchner Neueste Nachrichten, 5.7.1925, Nr. 184

Haderer, G.: Begleiter zu den landschaftlichen Freskogemälden unter den Arkaden des Königlichen Hofgartens in München, welche auf Befehl Seiner Majestät des Königs Ludwig von Bayern von Karl Rottmann im Jahr 1830 begonnen und im Jahr 1834 vollendet wurden. München 1834

Halm, P.: Carl Rottmann, »Santorin«. In: Kunstwerke der Welt, III, München 1963

Hamdorf, F. W.: Klenzes archäologische Studien und Reisen, seine Mission in Griechenland. In: Kat. Ausst. München 1985, S. 117-212

Hauke, W.: Der Landschaftsmaler Johann Jakob Dorner der Jüngere 1775-1852 (Oberbayerisches Archiv XCI). München 1969

Heideck, K. W. Freiherr von: Die bayerische Philhellenen-Fahrt 1826-1829. Aus dem handschriftlichen Rücklaß des Herrn K. B. Generallieutenants Karl Freiherrn von Heideck (Darstellungen aus der Bayerischen Kriegs- und Heeresgeschichte, hrsg. vom K. B. Kriegsarchiv, Heft 6). München 1897

Heigel, C. Th.: Ludwig I. König von Bayern. Leipzig 1888

Heilmann, Ch.: »Ostende«. Ein Gemälde aus Turners Spätzeit für München. In: Pantheon, Jg. 36, 1976, S. 221-230

Ders.: Zur Tradition Roms als Kunstzentrum und seine Wirkungen auf die Münchner Landschaftsmalerei um 1800. In: Kat. Ausst. München 1979, S. 12-19

Ders.: Zu Ludwigs I. Kunstpolitik und zum Kunstverständnis seiner Zeit. In: »Ihm, welcher der Andacht Tempel baut...« Ludwig I. und die Alte Pinakothek. Festschrift zum Jubiläumsjahr 1986. München 1986, S. 16-24

Heiderer, O.: Leo v. Klenze. Persönlichkeit und Werk. München 1964

Ders.: Friedrich von Gärtner 1792-1847. Leben, Werk, Schüler. München 1976

Heine, B.: Max Joseph Wagenbauer (Oberbayerisches Archiv XCV). München 1972

Höhn, H.: Studien zur Entwicklung der Münchner Landschaftsmalerei vom Ende des 18. und vom Anfang des 19. Jahrhun-

derts (Studien zur deutschen Kunstgeschichte 108). Straßburg 1909
Holland, H.: Carl Rottmann. In: Allgemeine Deutsche Biographie XXIX, 1889, S. 396-399
Homer: Ilias und Odyssee, übersetzt von J. H. Voss, mit Anmerkungen von H. F. Cavy. Essen o. J.
Hormayr, J.: Die geschichtlichen Fresken in den Arkaden des Hofgartens zu München. München 1831
Jastrow, E.: Zur Darstellung griechischer Landschaft. In: Die Antike, Bd. 8, 1932, S. 201ff
Jensen, J. C.: Das Werk des Malers Josef Wintergerst. In: Zeitschrift des deutschen Vereins für Kunstwissenschaft, Jg. 21, 1967, S. 21-58
Karlinger, H.: München und die Kunst des 19. Jahrhunderts, 2. Aufl., hrsg. von Hans Thoma. München 1966
Kern, G. J.: Karl Blechen. Sein Leben und seine Werke. Berlin 1911
Kircher, G.: Vedute und Ideallandschaft in Baden und in der Schweiz 1750-1850 (Heidelberger kunstgeschichtliche Abhandlungen VIII). Heidelberg 1928
Knüttel, B.: Zur Geschichte der Münchner Residenz 1600-1616. I. In: Münchner Jahrbuch der bildenden Kunst XVIII, 1967, S. 187-210
Krauß, F.: Carl Rottmann. Mit einem Anhang: Stift Neuburg, eine Romantikerklause (Heidelberger kunstgeschichtliche Abhandlungen IX). Heidelberg 1930
Krönig, W.: Carl Rottmanns Ansichten von Cefalù. In: Mouseion. Studien aus Kunst und Geschichte für O. H. Förster, hrsg. von Heinz Ladendorf und Horst Vey. Köln 1960, S. 243-246
Kugler, F.: Kleine Schriften und Studien zur Kunstgeschichte III. Stuttgart 1854, S. 126-133 u. 536-550
Lammel, G.: Deutsche Malerei des Klassizismus. Leipzig 1986
Lange, L.: Die griechischen Landschaftsgemälde von Carl Rottmann in der königlichen Pinakothek zu München. München 1854
Langen, A.: Zur Lichtsymbolik der deutschen Romantik. In: Märchen, Mythos, Dichtung. Festschrift Friedrich von der Leyen. München 1963, S. 447-485
Lankheit, K.: Der Maler Carl Rottmann. In: Ruperto-Carola (Mitteilungen der Vereinigung der Freunde der Studentenschaft der Universität Heidelberg e.V.), Jg. 5, Heft 11/12, 1953, S. 51-55
Lessing, W.: Johann Georg von Dillis als Künstler und Museumsmann. München 1951
Lohmeyer, K.: Heidelberger Maler der Romantik. Heidelberg 1935
Ludwig, H.: Münchner Malerei im 19. Jahrhundert. München 1978
Lutterotti, O. R.: Joseph Anton Koch 1768-1839. Mit Werkverzeichnis und Briefen des Künstlers (Deutscher Verein für Kunstwissenschaft - Denkmäler deutscher Kunst). Berlin 1940
Maillinger, J.: Bilder-Chronik der Königlichen Haupt- und Residenzstadt München. Verzeichnis einer Sammlung von Erzeugnissen der graphischen Künste zur Orts-, Cultur- und Kunst-Geschichte der bayerischen Capitale vom fünfzehnten bis in das neunzehnte Jahrhundert. 4 Bde; I-III München 1876; IV Augsburg 1886
Mann, G.: Versuch über König Ludwig I. In: Jahresbericht der Bayerischen Akademie der Schönen Künste. Bd. I. München 1987, S. 116-159
Marggraff, R.: Über die neue enkaustische Malerei in München und deren Stellung zu anderen Ausübungsarten der Malerei in älterer und neuerer Zeit. In: Münchener Jahrbücher der bildenden Kunst, Jg. 1, 1840, S. 1-41
Marggraff, R. und H.: München in seinen Kunstschätzen und Merkwürdigkeiten. München 1846
Messerer, R.: Georg von Dillis, Leben und Werk (Oberbayerisches Archiv LXXXIV). München 1961
Mittlmeier, W.: Die Neue Pinakothek in München 1843-1854. Planung, Baugeschichte und Fresken. Mit einem Beitrag über die Sammlung Ludwigs I. von Christoph H. Heilmann (Studien zu Kunst des neunzehnten Jahrhunderts XVI. Forschungsunternehmen der Fritz Thyssen Stiftung, Arbeitskreis Kunstgeschichte). München 1977
Neidhardt, H.-J.: Deutsche Malerei des 19. Jahrhunderts. Leipzig 1990
Nerdinger, W.: Weder Hadrian noch Augustus – Zur Kunstpolitik Ludwigs I. In: Kat. Ausst. München 1987, S. 9-16
Neufang, H.: Die Restaurierung des italienischen und des griechischen Landschaftszyklus. In: H. Decker, Carl Rottmann (Denkmäler deutscher Kunst). Berlin 1957, S. 182f.
Noack, F.: Das Deutschtum in Rom. 2 Bde. Berlin u. Leipzig 1927, bes. Bd. II, S. 370
Oldenbourg, R.: Die Münchner Malerei im 19. Jahrhundert. Teil 1. Die Epoche Max Josephs und Ludwigs I. München 1922
Pecht, F.: Deutsche Künstler des 19. Jahrhunderts, Studien und Erinnerungen. Reihe 2. Nördlingen 1879
Petzet, M. (Hrsg.): Denkmäler am Münchner Hofgarten. Forschungen und Berichte zu Planungsgeschichte und historischem Baubestand. Bayerisches Landesamt für Denkmalpflege, Arbeitsheft 41. München 1988
Plagemann, V.: Das deutsche Kunstmuseum 1790-1870. Lage, Baukörper, Raumorganisation, Bildprogramm (Studien zur Kunst des 19. Jahrhunderts III; Forschungsunternehmen der Fritz Thyssen Stiftung, Arbeitskreis Kunstgeschichte). München 1967
Pölnitz, W. von: Ludwig I. von Bayern und Johann Martin von Wagner (Schriftenreihe zur bayerischen Landesgeschichte, hrsg. von der Kommission für bayerische Landesgeschichte bei der Bayerischen Akademie der Wissenschaften II). Aalen 1974 (München 1929)
Raczynski, A. Graf von: Geschichte der neueren deutschen Kunst. Aus dem Französischen übersetzt von Friedrich Heinrich von der Hagen. II. Berlin 1840
Rall, H.: König Ludwig und Schelling. In: Zeitschrift für Bayerische Landesgeschichte, Bd. 17, 1953/54, S. 431ff.

Rave, P. O.: Karl Blechen. Leben, Würdigungen, Werk (Deutscher Verein für Kunstwissenschaft, Denkmäler deutscher Kunst). Berlin 1940

Regnet, C. A.: Münchener Künstlerbilder. Ein Beitrag zur Geschichte der Münchener Kunstschule in Biographien und Charakteristiken. 2 Bde. Leipzig 1871

Rehm, W.: Griechentum und Goethezeit. München 1952³

Reidelbach, H.: König Ludwig I. von Bayern und seine Kunstschöpfungen, zu allerhöchstdessen hundertjähriger Geburtstagsfeier. München 1888

Reynolds, G.: Turner. London 1969

Ringseis: Erinnerungen des Dr. J. N. Ringseis, hrsg. von Emilie Ringseis. 3 Bde. Regensburg 1886-1889

Ringseis, B.: J. N. Ringseis, ein Lebensbild. Zusammengestellt von Bettina Ringseis, Regensburg 1909

Robels, H.: Sehnsucht nach Italien. Bilder deutscher Romantiker. München 1974

Rodenwald, G.: Otto Magnus von Stackelberg. Der Entdecker der griechischen Landschaft (1786-1837). München, Berlin 1957

Rödiger-Diruf, E.: Landschaft als Abbild der Geschichte. Carl Rottmanns Landschaftskunst 1820-1850. Mit einem Nachtrag zum Werkkatalog von 1978. In: Münchner Jahrbuch der bildenden Kunst (Dritte Folge), Bd. XL. München 1989, S. 153-224

Dies.: Eintrag »Carl Rottmann«, in: The Dictionary of Art, Bd. 27. New York 1996, S. 231-233

Ruhmer, E.: Malerei des 19.Jahrhunderts. In: Kat. Ausst. München 1972, S. 156-171

Runge, Ph. O.: Hinterlassene Schriften, hrsg. von dessen ältestem Bruder. 2 Bde. Hamburg 1840/41 (Faksimile-Ausgabe Göttingen 1965)

Schaden, A. von: Die landschaftlichen Fresken unter den Arkaden des Hofgartens in München. München 1832

Schedler, U.: Die Freskenzyklen Ludwigs I. in den Hofgartenarkaden. In: A. v. Buttlar / T. Bierler-Rolly, Der Münchner Hofgarten. München 1988, S. 92-101

Schiller, F.: München, dessen Kunstschätze, Umgebungen und öffentliches Leben. München 1841

Schilling, K.: Geschichte der Philosophie. Bd. II. München und Basel 1953

Schneider, A. von: Badische Malerei des 19. Jahrhunderts. Karlsruhe 1968²

Schober, W.: Bilder aus dem Fünf-Seen-Land. Starnberg 1979

Schorns Kunstblatt, hrsg. von Ernst Förster und Franz Kugler. Stuttgart, Tübingen 1820-1849

Schottky, J. M.: Münchens öffentliche Kunstschätze im Gebiete der Malerei. München 1833

Schrott, L.: Biedermeier in München. Dokumente einer schöpferischen Zeit. München 1963

Schuchardt, Chr.: Goethes Kunstsammlungen. I. Jena 1848

Seidl, W.: Bayern in Griechenland. München 1965

Sepp, J. N.: Ludwig Augustus, König von Bayern und das Zeitalter der Wiedergeburt der Künste. Regensburg 1903

Söltl, J.: Die bildende Kunst in München. München 1842

Spindler, M.: Briefwechsel zwischen Ludwig I. von Bayern und Eduard von Schenk 1823-1841. München 1930

Stackelberg, O. M. von: La Grèce. Vues pittoresques et topographiques. Paris 1834

Ders.: Schilderung seines Lebens und seiner Reisen in Italien und Griechenland von N. von Stackelberg. Heidelberg 1882

Staiger, E.: Goethe. 2 Bde. Zürich 1956

Staudinger, U.: Carl Rottmanns »Golf von Bajae«. Ein wiederentdecktes Gemälde in der »Bildersammlung« des Fürsten Maximilian Karl von Thurn und Taxis. In: Regensburg und Ostbayern. Max Piendl zum Gedächtnis, hrsg. von F. Karg. Kallmünz 1991, S. 167-176

Thiele, U.: Die Randbebauung des Münchner Hofgartens. Baugeschichtliche Entwicklung vom ausgehenden 18. Jahrhundert bis zum Ersten Weltkrieg. In: M. Petzet (Hrsg.), Denkmäler am Münchner Hofgarten. München 1988, S. 45-134

Thieme, U. und Becker, F.: Allgemeines Lexikon der bildenden Künstler von der Antike bis zur Gegenwart. 37 Bde. Leipzig 1907-1950; Bd. XXIX, 1935, S. 100-102

Thiersch, F. (u. a.): Reisen in Italien seit 1822. Von F. Thiersch, L. Schorn, E. Gerhardt und L. von Klenze. 1. Theil. Leipzig 1826

Träger, J.: Der Weg nach Walhalla. Denkmallandschaft und Bildungsreise im 18. Jahrhundert. 2., erweiterte Aufl. Regensburg 1991

Uhde-Bernays, H.: Münchner Landschafter im 19. Jahrhundert. München 1921

Vergil: Aeneis. 12 Gesänge. Übers. u. hrsg. von W. Plankl und K. Kretska. Stuttgart 1981

Vignau-Wilberg, P.: Stiftung Oskar Reinhart Winterthur. Bd. 2: Deutsche und österreichische Maler des 19. Jahrhunderts. Zürich 1979

Ders.: Rezension von Bierhaus-Rödiger 1978, in: Weltkunst, 49. Jahrgang, Nr. 7, 1.4.1979, S. 798 (zit. 1979 a)

Vischer, F. Th.: Kritische Gänge. 4. Bde. 2. Aufl. 1914-1923; bes. Bd. 1, Teil 2, S. 331-333

Waetzoldt, W.: Das klassische Land. Leipzig 1927

Wagner, M.: Allegorie und Geschichte. Ausstellungsprogramm öffentlicher Gebäude des 19. Jahrhunderts in Deutschland. Von der Cornelius-Schule zur Wilhelminischen Ära (Tübinger Studien zur Archäologie und Kunstgeschichte, Bd. 3). Tübingen 1989

Wegner, M.: Land der Griechen. Reisebeschreibungen aus 7 Jahrhunderten. Berlin 1943

Wichmann, S.: Realismus und Impressionismus in Deutschland. Stuttgart 1964

Ders.: Wilhelm von Kobell. Monographie und kritisches Verzeichnis der Werke. Mit Beiträgen von Heinz Bauer, Irmgard Gierl und Rotraud Wrede (Münchner Forschungen zur Kunstgeschichte, hrsg. von den Bayerischen Staatsgemäldesammlungen). München 1970

Ders.: Meister, Schüler, Themen: Münchner Landschaftsmaler im 19. Jahrhundert. Herrsching 1981

Wilton, A.: J.M.W. Turner, Leben und Werk. München 1979

Wolf, G. J.: Die Entdeckung der Münchner Landschaft. München 1921

Ders.: Verlorene Werke deutscher romantischer Malerei. München 1931

Wünsche, R.: »Göttliche, paßliche, wünschenswerthe und erforderliche Antiken«. L. v. Klenze und die Antikenerwerbungen Ludwigs I. In: Kat. Ausst. München 1985/86, S. 9-115

Ders.: Die erträumte Nation. Griechenlands Wiedergeburt im 19. Jahrhundert. In: Jahresbericht der Bayerischen Akademie der Schönen Künste, Bd. IX. München 1995, S. 5-49

Zeitler, R.: Die Kunst des 19. Jahrhunderts (Propyläen Kunstgeschichte XI). Berlin 1966

Zimmermann, K.: Johann Wilhelm Schirmer. Diss. Saalfeld 1920

Zucconi, A.: Ludovico inamorato. Mailand 1983

Museumskataloge

Berlin 1964: Verzeichnis der Gemälde und Bildwerke der Nationalgalerie Berlin in der Orangerie des Schlosses Charlottenburg. Berlin 1964

Berlin 1968: Haftmann, W.: Nationalgalerie, Staatliche Museen Preußischer Kulturbesitz. Verzeichnis der Vereinigten Kunstsammlungen Nationalgalerie (Preußischer Kulturbesitz), Galerie des 20. Jahrhunderts (Land Berlin). Berlin 1968

Berlin 1976: Verzeichnis der Gemälde und Skulpturen des 19. Jahrhunderts. Nationalgalerie, Staatliche Museen Preußischer Kulturbesitz. Berlin 1976

Berlin 1979: Dieter Honisch: Die Nationalgalerie Berlin. Recklinghausen 1979

Berlin 1987: Galerie der Romantik, hrsg. von der Nationalgalerie Berlin. Berlin 1987[2]

Darmstadt 1979: Gabriele Howaldt: Kataloge des Hessischen Landesmuseums. Malerei 1800 bis um 1900. Darmstadt 1979

Dresden 1993: Staatliche Kunstsammlungen Dresden, Gemäldegalerie Neue Meister, Skulpturensammlung: Vom Klassizismus zum Jugendstil. Dresden 1993

Essen 1994: Költzsch, G.-W. und U. Köcke: Museum Folkwang Essen. Bilder für eine Sammlung. Köln 1994

Hamburg 1927: Pauli, G.: Kunsthalle zu Hamburg. Katalog der neueren Meister. Hamburg 1927[2]

Hamburg 1985: Bildführer Hamburger Kunsthalle, hrsg. von Werner Hofmann. München 1985 (2. Aufl. 1989)

Hamburg 1993: Honold, J. C. und A. Baur: Die Gemälde des 19. Jahrhunderts in der Hamburger Kunsthalle. Hamburg 1993

Heidelberg 1991: Jörn Bahns (Hrsg.): Bildführer durch die Sammlungen des Kurpfälzischen Museums der Stadt Heidelberg. Heidelberg 1991

Heidelberg o. J.: Ernst Fries. Gemälde, Aquarelle und Zeichnungen im Besitz des Kurpfälzischen Museums Heidelberg. Bearb. von S. Wechsler. Heidelberg o. J.

Karlsruhe 1964: Lauts, J.: Deutsche Meister 1800-1850. Aus der Staatlichen Kunsthalle Karlsruhe. Karlsruhe 1964

Karlsruhe 1966: Lauts, J. und E. Ammann: Deutsche Zeichnungen des 19. Jahrhunderts. Aus der Staatlichen Kunsthalle Karlsruhe. Karlsruhe 1966

Karlsruhe 1971: Lauts, J. und W. Zimmermann: Katalog der Staatlichen Kunsthalle Karlsruhe, Neuere Meister 19. und 20. Jahrhundert. 2 Bde. Karlsruhe 1971

Karlsruhe 1978: Staatliche Kunsthalle Karlsruhe, Kupferstichkabinett. Die deutschen Zeichnungen des 19. Jahrhunderts. 2 Bde. Bearb. von R. Theilmann und E. Ammann. Karlsruhe 1978

Karlsruhe 1988: Ausgewählte Werke der Staatlichen Kunsthalle Karlsruhe, Bd. 2: 100 Zeichnungen und Drucke aus dem Kupferstichkabinett. Karlsruhe 1988

Kiel 1973: Schlick, J.: Katalog der Gemälde, Kunsthalle Kiel. Kiel 1973

Kiel 1991: Kunsthalle zu Kiel. 150 Handzeichnungen und Aquarelle aus fünf Jahrhunderten. Bearb. von J. Schlick, hrsg. von J. C. Jensen. Kiel 1991

Leipzig 1967: Winkler, G.: Katalog der Gemälde. Museum der bildenden Künste zu Leipzig. Leipzig 1967

Leipzig 1995: Dietulf Sander: Museum der bildenden Künste Leipzig. Katalog der Gemälde. Leipzig 1995

München 1967: Söhner, H.: Meisterwerke der deutschen Malerei des 19. Jahrhunderts (Ausgestellte Werke, II, Neue Pinakothek und Staatsgalerie München). München 1967

München 1969: Ruhmer, E., R. Gollek, Chr. Heilmann, H. Kühn, R. Löwe: Schack-Galerie, vollständiger Katalog (Bayerische Staatsgemäldesammlungen, Gemäldekataloge II). 2 Bde. München 1969

München 1982: Neue Pinakothek München. Erläuterungen zu den ausgestellten Werken. München 1982[4]

München 1984: Spätromantik und Realismus (Bayerische Staatsgemäldesammlungen, Gemäldekataloge, Bd. V). Bearb. von B. Eschenburg u. a. München 1984

Posen 1931: Gumowski, M.: Galerja Raczynskich w Poznaniu. Galerjy Obrazów A. Hr. Raczynskiego w Museum Wielkop. Poznań 1931

Rotterdam 1987: Duitse tekeningen uit de negentiende eeuw, De verzameling Domela Nieuwenhuis. Museum Boymans-van Beuningen Rotterdam 1987

Stuttgart 1982: Holst, C. von: Staatsgalerie Stuttgart. Malerei und Plastik des 19. Jahrhunderts. Stuttgart 1982

Winterthur 1971: Keller, H. und L. Stähelin: Stiftung Oskar Reinhart Winterthur. Gemälde, Aquarelle, Zeichnungen und Skulpturen. Winterthur 1971

Winterthur 1979: Vignau-Wilberg, P.: Stiftung Oskar Reinhart Winterthur. Bd. 2: Deutsche und österreichische Maler des 19. Jahrhunderts. Zürich 1979

Winterthur 1993: Wegmann, P.: Museum Stiftung Oskar Reinhart Winterthur. Deutsche, österreichische und schweizerische Malerei aus dem 18., 19. und frühen 20. Jahrhundert. Frankfurt a. M., Leipzig 1993

Ausstellungskataloge

Alzey 1997: Carl Ludwig Seeger. Alzey 1997

Basel 1982/83: Zeichnungen deutscher Künstler des 19. Jahrhunderts aus dem Basler Kupferstichkabinett. Basel 1982/83

Berlin 1906: Ausstellung deutscher Kunst aus der Zeit von 1775 bis 1875 in der Königlichen Nationalgalerie Berlin 1906. Mit einer Einführung von Hugo von Tschudi. 2 Bde. München 1906

Berlin 1936: Jubiläums-Ausstellung der Preußischen Akademie der Künste 1786-1936. Berlin 1936

Berlin 1939: Joseph Anton Koch. Ausstellungskatalog der Nationalgalerie Berlin. Berlin 1939

Berlin 1965: Deutsche Romantik. Staatliche Museen zu Berlin, National-Galerie. Berlin 1965

Berlin 1987: Kunsträume. Die Länder zu Gast in der Nationalgalerie. Berlin 1987

Berlin 1990: Carl Blechen. Zwischen Romantik und Realismus. Nationalgalerie Berlin 1990

Braunschweig 1834: Verzeichnis der 3. Kunstausstellung vom Braunschweigischen Kunstverein. Juli 1834

Bremen 1845: Verzeichnis der 4. Gemälde-Ausstellung in Bremen. Bremen 1945

Bremen 1847: Verzeichnis der 5. Gemälde-Ausstellung in Bremen. Bremen 1847

Darmstadt 1989: Carl Rottmann 1797-1850. Kartons, Aquarelle, Zeichnungen. Bearb. von Barbara Strieder, mit einem Beitrag von Peter Märker. Hessisches Landesmuseum Darmstadt 1989

Darmstadt/München 1995/97: Carl Philipp Fohr. Romantik - Landschaft und Historie, Katalog der Zeichnungen und Aquarelle im Hessischen Landesmuseum Darmstadt und Gemälde aus Privatbesitz. Bearb. von Peter Märker. Darmstadt/München (Haus der Kunst) 1995-1997

Düsseldorf 1980: Deutsche Malerei des 19. Jahrhunderts aus der Nationalgalerie Berlin. Kunsthalle Düsseldorf 1980

Frankfurt a. M. 1968: Karl Philipp Fohr 1795-1818. Städelsches Kunstinstitut, Frankfurt a. M. 1968

Hamburg 1967: Selten gezeigte Bilder der Hamburger Kunsthalle III. Die Münchner Maler des 19. Jahrhunderts. Hamburger Kunsthalle 1967

Hamburg 1973: Die Gemäldesammlung des Hamburgischen Senators Martin Johann Jenisch d. J. (1793-1857). Altonaer Museum Hamburg 1973

Hamburg 1974: Caspar David Friedrich 1774-1840. Kunst um 1800. Hamburger Kunsthalle 1974

Hamburg 1976: William Turner und die Landschaft seiner Zeit. Hamburger Kunsthalle 1976

Hannover 1962: Handzeichnungen des 19. Jahrhunderts aus der Sammlung Bernhard Hausmann. Sonderausstellung im Kestner-Museum Hannover 1962

Hannover/Karlsruhe 1994: Die Erfindung der Natur. Sprengel Museum Hannover, Badischer Kunstverein Karlsruhe, Rupertinum Salzburg 1994

Heidelberg 1919: Heidelberger Maler der Romantik. Städtisches Sammlungsgebäude Heidelberg 1919

Heidelberg 1927: Ernst Fries 1801-1833, Landschaftsmaler aus Heidelberg. Bearb. von K. Lohmeyer. Kurpfälzisches Museum Heidelberg 1927

Heidelberg 1965: Romantiker und Realisten. Badischer Kunstverein Heidelberg 1965

Heidelberg 1981: Erwerbungen des Landes Baden-Württemberg für das Kurpfälzische Museum der Stadt Heidelberg. Hrsg. von Jörn Bahns. Heidelberg 1981

Heidelberg 1995: Carl Philipp Fohr und seine Künstlerfreunde in Rom. Hrsg. von U. Andersson und A. Frese. Kurpfälzisches Museum Heidelberg 1995

Karlsruhe 1965: Romantiker und Realisten. Maler des 19. Jahrhunderts in Baden. Kunstverein Karlsruhe 1965

Karlsruhe 1989: Carl Ludwig Frommel 1789-1863. Aquarelle, Zeichnungen und Druckgraphik aus dem Kupferstichkabinett der Staatlichen Kunsthalle Karlsruhe. Bearb. von R. Theilmann. Karlsruhe 1989

Karlsruhe 1996: Aquarelle 1800-1850. Ausgewählte Werke aus dem Kupferstichkabinett der Staatlichen Kunsthalle Karlsruhe. Karlsruhe 1996

Kiel 1972: Carl Spitzweg und sein Münchner Malerkreis. Gemälde aus der Sammlung Georg Schäfer, Schweinfurt. Ausstellung der Kunsthalle Kiel und des Schleswig-Holsteinischen Kunstvereins im Stadtmuseum Kiel, 1972

Köln 1949: Deutsche Malerei und Zeichnungen im Zeitalter Goethes. Wallraf-Richartz-Museum, Köln 1949

Leipzig 1992: Das 19. Jahrhundert in München. Gemälde und Zeichnungen aus dem Besitz des Museums der bildenden Künste, Leipzig 1992

London 1959: The Romantic Movement, Fifth Exhibition to Celebrate the Tenth Anniversary of the Council of Europe. The Tate Gallery and the Arts Council Gallery, London 1959

London 1972: Caspar David Friedrich 1774-1840. Romantic Landscape Painting in Dresden. The Tate Gallery, London 1972

Marbach am Neckar 1966: Auch ich in Arkadien, Kunstreisen nach Italien 1600-1900. Schiller-Nationalmuseum Marbach am Neckar 1966

München 1823: Katalog der 5. Kunstausstellung der kgl. Akademie der bildenden Künste am 12.12.1823, München 1823

München, Kunstverein 1825 ff.: Jahresbericht über den Bestand und das Wirken des Kunst-Vereins in München während des Jahres 1825ff. München 1825 ff.

München 1826: Katalog der 6. Kunstausstellung der kgl. Bayerischen Akademie der bildenden Künste am 12.12.1826, München 1826

München, Kunstverein 1850: Rechenschafts-Bericht des Verwaltungs-Ausschusses des Kunstvereins in München für das Jahr 1850, München 1851

München 1858: Katalog zur deutschen allgemeinen und historischen Kunstausstellung in München 1858

München 1955: Carl Rottmann 1798-1850. Bayerische Staatsgemäldesammlungen, Kunstverein München 1955

München 1967: Bayern in Griechenland. Ausstellung aus Anlaß des 100. Todestages von König Otto I. von Griechenland. Kunstverein München 1967

München 1969: 100 Jahre alpine Malerei. Alpine Kunstausstellung in den Räumen des Berufsverbandes Bildender Künstler München e.V. München 1969

München 1972: Bayern, Kunst und Kultur. Ausstellung des Freistaates Bayern und der Landeshauptstadt München. Veranstaltet von den Münchner staatlichen und städtischen Museen, dem Zentralinstitut für Kunstgeschichte und dem Bayerischen Rundfunk. Münchner Stadtmuseum 1972

München 1972/73: Das Aquarell 1400-1950. Haus der Kunst, München 1972/73

München 1979: Münchner Landschaftsmalerei 1800-1850. Städtische Galerie im Lenbachhaus, München 1979

München 1980: Von Dillis bis Piloty. Staatliche Graphische Sammlung, München 1980

München 1980 a: Glyptothek München 1830-1980. Jubiläumsausstellung zur Entstehungs- und Baugeschichte. Glyptothek, München 1980

München 1980 b: Wittelsbach und Bayern, Bd. III,1 (Krone und Verfassung). München 1980

München 1981: Deutsche Künstler um Ludwig I. in Rom. Staatliche Graphische Sammlung, München 1981

München 1984: Von der Aufklärung zur Romantik. Geistige Strömungen in München. Ausstellung der Bayerischen Staatsbibliothek München, Katalog 29. Regensburg 1984

München 1985: Deutsche Romantiker. Bildthemen der Zeit von 1800 bis 1850. Kunsthalle der Hypo-Kulturstiftung, München 1985

München 1985/86: Ein griechischer Traum. Leo von Klenze. Der Archäologe. Glyptothek, München 1985/86

München 1987: »In uns selbst liegt Italien«. Die Kunst der Deutsch-Römer. Bayerische Staatsgemäldesammlungen München/Haus der Kunst, München 1987

München 1987 a: Romantik und Restauration. Architektur in Bayern zur Zeit Ludwigs I. 1825-1848. Ausstellung der Architektursammlung der Technischen Universität München und des Münchner Stadtmuseums in Verbindung mit dem Zentralinstitut für Kunstgeschichte, hrsg. von Winfried Nerdinger. Münchner Stadtmuseum 1987

München 1995: Ernste Spiele. Der Geist der Romantik in der deutschen Kunst 1790-1990. Haus der Kunst München 1995

Nürnberg 1966: Klassizismus und Romantik in Deutschland. Gemälde und Zeichnungen aus der Sammlung Georg Schäfer, Schweinfurt. Germanisches Nationalmuseum, Nürnberg 1966

Nürnberg 1977: Deutsche Malerei im 19. Jahrhundert. Sammlung Georg Schäfer Schweinfurt. Germanisches Nationalmuseum, Nürnberg 1977

Paris 1976/77: La peinture allemande à l'époque du Romantisme. Orangerie des Tuileries, Paris 1976/77

Rotterdam 1964: Duitse Tekeningen uit de 18e en 19e Eeuw. Museum Boymans-van Beuningen, Rotterdam 1964

Rotterdam 1973: Duitse Tekeningen uit de 19e Eeuw. Museum Boymans-van Beuningen, Rotterdam 1973

Salzburg 1960: Die Alpen, Malerei und Graphik aus sieben Jahrhunderten. Residenz-Galerie, Salzburg 1960

Stuttgart 1989: Joseph Anton Koch 1768-1839. Ansichten der Natur. Staatsgalerie Stuttgart 1989

Tampere 1991: Alles drängt zur Landschaft. Deutsche Romantik 1800-1840. Kunstmuseum Tampere 1991

Winterthur 1933: Deutsche und Schweizer Maler des XIX. Jahrhunderts. Aus der Sammlung Oskar Reinhart. Winterthur 1933

Im Text verwendete Abkürzungen

GHA = Bayerisches Hauptstaatsarchiv München – Geheimes Hausarchiv

BSB, HS, L.A. = Bayerische Staatsbibliothek München, Handschriftenabteilung – Ludwig I.-Archiv

Fotonachweis

Öffentliche Kunstsammlung Basel, Kupferstichkabinett,
   Foto: Martin Bühler
Schloßmuseum Berchtesgaden, Foto: Ammon
Staatliche Museen zu Berlin, Kupferstichkabinett,
   Foto: Jörg P. Anders
Staatliche Museen zu Berlin, Nationalgalerie
Herzog Anton Ulrich-Museum Braunschweig, Kupferstichkabinett, Foto: B. P. Kelser
Hessisches Landesmuseum Darmstadt, Foto: W. Kumpf
Staatliche Kunstsammlungen Dresden, Kupferstichkabinett,
   Foto: Herbert Boswank
Kunstmuseum Düsseldorf im Ehrenhof, Foto: Horst Kollberg
Museum Folkwang Essen, Foto: J. Nober
Städelsches Kunstinstitut, Frankfurt am Main, Foto: Ursula Edelmann
Altonaer Museum in Hamburg, Norddeutsches Landesmuseum
Hamburger Kunsthalle, Foto: Elke Walford
Kurpfälzisches Museum der Stadt Heidelberg, Foto: W. Semet
Staatliche Kunsthalle Karlsruhe
Städtische Galerie Karlsruhe
Kunsthalle zu Kiel
Museum der bildenden Künste Leipzig, Foto: Gerstenberger

Bayerische Staatsgemäldesammlungen, München,
   Foto: Gottfried Schneider, Bruno Hartinger, Sybille Forster, Maren Bochenek
Bayerische Verwaltung der staatlichen Schlösser, Gärten und Seen, München
Staatliche Graphische Sammlungen, München,
   Foto: Engelbert Seehuber, Christina Pahnke
Städtische Galerie im Lenbachhaus, München
Münchner Stadtmuseum
Wittelsbacher Ausgleichsfonds, München
Germanisches Nationalmuseum, Nürnberg
Landesmuseum für Kunst und Kulturgeschichte, Oldenburg,
   Foto: H. R. Wacker
Museum Narodowe Poznań (Posen)
Museum Boijmans Van Beuningen, Rotterdam
Kunstmuseum St. Gallen
Dieter Geissler, Stuttgart
G. und E. von Voitenberg, München
Bibliothek und Kupferstichkabinett der Akademie der bildenden Künste, Wien
Museum Oskar Reinhart am Stadtgarten, Winterthur
Schweizerisches Institut für Kunstwissenschaft, Zürich

Die Kunsthalle der Hypo-Kulturstiftung gibt zu jeder Ausstellung
sorgfältig bearbeitete Kataloge heraus.
Ihr Wert liegt sowohl in den wissenschaftlichen Beiträgen
als auch in den zahlreichen Abbildungen.

Deutsche Romantiker
Bildthemen der Zeit von 1800-1850
14. Juni bis 1. September 1985
314 Seiten, 139 Abbildungen,
50 in Farbe
(vergriffen)

Jean Tinguely
27. September 1985 bis 6. Januar 1986
130 Seiten, 105 Abbildungen,
34 in Farbe
(vergriffen)

Lovis Corinth. 1858-1925
24. Januar bis 30. März 1986
224 Seiten, 157 Abbildungen,
90 in Farbe
(vergriffen)

Ägyptische und moderne Skulptur
Aufbruch und Dauer
18. April bis 22. Juni 1986
170 Seiten, 102 Abbildungen
(vergriffen)

Fernando Botero
Bilder – Zeichnungen – Skulpturen
4. Juli bis 7. September 1986
194 Seiten, 141 Abbildungen,
67 in Farbe
(vergriffen)

Albertina Wien
Zeichnungen 1450-1950
18. September bis 19. November 1986
248 Seiten, 113 Abbildungen,
101 in Farbe
(vergriffen)

Fabergé
Hofjuwelier der Zaren
5. Dezember 1986 bis 22. Februar 1987
360 Seiten, 383 Abbildungen,
220 in Farbe
(vergriffen)

Niki de Saint Phalle
Bilder – Figuren – Phantastische Gärten
26. März bis 5. Juli 1987
160 Seiten, 187 Abbildungen,
66 in Farbe
(vergriffen)

Venedig
Malerei des 18. Jahrhunderts
24. Juli bis 1. November 1987
188 Seiten, 71 Abbildungen in Farbe
(vergriffen)

René Magritte
13. November 1987 bis 14. Februar 1988
283 Seiten, 161 Abbildungen,
132 in Farbe
(vergriffen)

Georges Braque
4. März bis 15. Mai 1988
238 Seiten, 140 Abbildungen,
106 in Farbe
(vergriffen)

München Focus '88
10. Juni bis 2. Oktober 1988
196 Seiten, 86 Abbildungen,
53 in Farbe
DM 34,– (erhältlich)

Fernand Léger
25. Oktober 1988 bis 8. Januar 1989
180 Seiten, 95 Abbildungen,
86 in Farbe
DM 37,– (erhältlich)

Paul Delvaux
20. Januar bis 19. März 1989
180 Seiten, 83 Abbildungen,
66 in Farbe
(vergriffen)

James Ensor
Belgien um 1900
31. März bis 21. Mai 1989
272 Seiten, 115 Abbildungen,
105 in Farbe
DM 42,– (erhältlich)

Kleopatra
Ägypten um die Zeitwende
16. Juni bis 10. September 1989
324 Seiten, 185 Abbildungen,
61 in Farbe
(vergriffen)

Egon Schiele und seine Zeit
28. September 1989 bis 7. Januar 1990
295 Seiten, 196 Abbildungen,
137 in Farbe
DM 45,– (erhältlich)

Anders Zorn
24. Januar bis 25. März 1990
234 Seiten, 150 Abbildungen,
86 in Farbe
(vergriffen)

Joan Miró – Skulpturen
7. April bis 24. Juni 1990
247 Seiten, 139 Abbildungen,
62 in Farbe
(vergriffen)

Königliches Dresden
Höfische Kunst im 18. Jahrhundert
17. November 1990 bis 3. März 1991
216 Seiten, 307 Abbildungen,
141 in Farbe
(vergriffen)

Marc Chagall
23. März bis 30. Juni 1991
298 Seiten, 122 Abbildungen,
114 in Farbe
(vergriffen)

Denk-Bilder
13. Juli bis 8. September 1991
156 Seiten, 47 Abbildungen,
26 in Farbe
DM 29,– (erhältlich)

Matta
20. September bis 11. November 1991
264 Seiten, 107 Abbildungen,
85 in Farbe
DM 42,– (erhältlich)

Traumwelt der Puppen
6. Dezember 1991 bis 1. März 1992
360 Seiten, 475 Abbildungen,
355 in Farbe
DM 48,– (erhältlich)

Georg Baselitz
20. März bis 17. Mai 1992
264 Seiten, 132 Abbildungen,
119 in Farbe
(vergriffen)

Karikatur & Satire
5. Juni bis 9. August 1992
349 Seiten, 396 Abbildungen,
109 in Farbe
(vergriffen)

**Expressionisten
Aquarelle, Zeichnungen, Graphiken der »Brücke«**
21. August bis 1. November 1992
460 Seiten, 410 Abbildungen,
119 in Farbe
(vergriffen)

**Friedrich der Große
Sammler und Mäzen**
28. November 1992 bis 28. Februar 1993
423 Seiten, 317 Abbildungen,
209 in Farbe
(vergriffen)

Picasso – Die Zeit nach Guernica
13. März bis 6. Juni 1993
248 Seiten, 227 Abbildungen,
191 in Farbe
(vergriffen)

**Günther Uecker
Eine Retrospektive**
19. Juni bis 15. August 1993
213 Seiten, 150 Abbildungen,
121 in Farbe
DM 42,– (erhältlich)

Dada – Eine internationale Bewegung
4. September bis 7. November 1993
270 Seiten, 351 Abbildungen,
75 in Farbe
(vergriffen)

**Winterland –
Von Munch bis Gulbransson**
19. November 1993 bis 16. Januar 1994
240 Seiten, 123 Abbildungen,
113 in Farbe
(vergriffen)

Pierre Bonnard
28. Januar bis 24. April 1994
375 Seiten, 170 Abbildungen,
149 in Farbe
DM 42,– (erhältlich)

**El Dorado –
Das Gold der Fürstengräber**
20. Mai bis 4. September 1994
244 Seiten, 252 Abbildungen,
225 in Farbe
(vergriffen)

Munch und Deutschland
23. September bis 27. November 1994
287 Seiten, 321 Abbildungen,
110 in Farbe
(vergriffen)

Paris Belle Epoque
16. Dezember 1994 bis 26. Februar 1995
448 Seiten, 368 Abbildungen,
197 in Farbe
(vergriffen)

Wilhelm Trübner
10. März bis 21. Mai 1995
324 Seiten, 150 Abbildungen,
117 in Farbe
DM 39,– (erhältlich)

**Das Ende der Avantgarde –
Kunst als Dienstleistung**
13. Juni bis 13. August 1995
176 Seiten, 92 Abbildungen,
10 in Farbe
(vergriffen)

Félix Vallotton
25. August bis 5. November 1995
255 Seiten, 220 Abbildungen,
116 in Farbe
(vergriffen)

**Das Alte China. Menschen und Götter im Reich der Mitte
5000 v. Chr. – 220 n. Chr.**
2. Dezember 1995 bis 3. März 1996
500 Seiten, 420 Abbildungen,
152 in Farbe
(vergriffen)

Christian Rohlfs. 1849-1958
22. März bis 16. Juni 1996
256 Seiten, 160 Abbildungen,
144 in Farbe
DM 39,– (erhältlich)

**Amerika – Europa
Sammlung Sonnabend**
5. Juli bis 8. September 1996
167 Seiten, 97 Abbildungen,
65 in Farbe
DM 39,– (erhältlich)

Sudan – Antike Königreiche am Nil
3. Oktober 1996 bis 6. Januar 1997
427 Seiten, 483 Abbildungen,
386 in Farbe
(vergriffen)

Karl Schmidt-Rottluff. 1884-1976
18. Januar bis 31. März 1997
414 Seiten, 379 Abbildungen,
214 in Farbe
DM 46,– (erhältlich)

Alberto Giacometti
17. April bis 29. Juni 1997
224 Seiten, 188 Abbildungen,
90 in Farbe
(vergriffen)

Markus Lüpertz
11. Juli bis 14. September 1997
237 Seiten, 150 Abbildungen,
136 in Farbe
DM 42,– (erhältlich)

Cobra
26. September 1997 bis 11. Januar 1998
245 Seiten, 306 Abbildungen,
161 in Farbe
DM 42,– (erhältlich)